壱巻
YE BOOK

让思想流动起来

论世衡史
- 丛书 -

心通意会

历史研究中的虚证

杨天宏 著

四川人民出版社

图书在版编目（CIP）数据

心通意会：历史研究中的虚证 / 杨天宏著. — 成都：四川人民出版社，2023.8
（论世衡史 / 谭徐锋主编）
ISBN 978-7-220-13304-6

Ⅰ.①心… Ⅱ.①杨… Ⅲ.①史学—研究—中国
Ⅳ.①K092

中国国家版本馆CIP数据核字（2023）第111937号

XINTONG YIHUI:LISHI YANJIU ZHONG DE XUZHENG

心通意会：历史研究中的虚证

杨天宏　著

出 版 人	黄立新
策划统筹	封　龙
责任编辑	葛　天
封面设计	周伟伟
版式设计	张迪茗
责任印制	周　奇

出版发行	四川人民出版社（成都市三色路238号）
网　　址	http://www.scpph.com
E-mail	scrmcbs@sina.com
新浪微博	@四川人民出版社
微信公众号	四川人民出版社
发行部业务电话	（028）86361653　86361656
防盗版举报电话	（028）86361653
照　　排	四川胜翔数码印务设计有限公司
印　　刷	成都东江印务有限公司
成品尺寸	145mm×210mm
印　　张	13.75
字　　数	298千
版　　次	2023年8月第1版
印　　次	2023年8月第1次印刷
书　　号	ISBN 978-7-220-13304-6
定　　价	89.00元

■版权所有·侵权必究
本书若出现印装质量问题，请与我社发行部联系调换
电话：（028）86361656

目 录

序 / 001

上编　史学理论与方法探讨

心通意会：历史研究中的"虚证" / 003

中国文化中的"形上"与兰克史学中的"虚质" / 026

人类学对历史学的方法启示 / 047

典范兴替：桐城义法与桐城派的近代命运 / 075

系统性缺失：中国近代史研究现状之忧 / 121

政治史在民国史研究中的位置 / 142

日薄虞渊："北洋军阀史"研究之两面观 / 158

"无名艺术史"的概念与引喻 / 179

论雅俗：从一位青年学子的小书说起 / 205

他山之石如何攻玉：城市史研究方法浅议 / 209

学术论文的选题原则与技术处理 / 219

博雅创新与学术诚信 / 230

读书六法：朱熹读书方法演绎 / 242

中　编　史学论著方法点评

边政何以成"学" / 257

地方性知识的发掘与超越 / 269

道与道台研究之道 / 279

民国医患关系的社会史解读 / 285

执两用中与政治保守主义 / 290

中国地方议会政制研究的正奇之道 / 299

立足全境的区域毒品与禁毒史研究 / 309

走向川康地区的身体史研究 / 315

康区近代社会研究的域外视角 / 322

地方军事史志撰述中的"内行说法" / 333

下　编　史书序跋中的方法论提示

《基督教与民国知识分子》序与跋 / 343

《中国的近代转型与传统制约》序 / 355

《救赎与自救：中华基督教会边疆服务研究》序 / 373

《门罗宗派在中国》序 / 390

《晚明书风与碑学思想滥觞》序 / 402

附录一　酒量与学术豪气：纪念隗瀛涛先生 / 412

附录二　我与龚书铎先生的学缘 / 420

序

过去十年，我出版了几本研究民初及北洋时期政治、外交与法律史的著作，受到学界关注，书评不少，月旦各异。有可能是我的研究在方法上相对"另类"，与时下流行的研究方法比较，显现出某种程度的人我之别，有朋友建议我写一本有关历史研究理论与方法的著作。考虑到史学理论高度抽象，方法讲究颇多，非我的学术能力与知识储备所能支撑胜任，未敢应承。

不久前朋友再提此议，且提示说，我近年来陆续发表不少讨论史学理论方法的文论，散见各处，难窥全豹，若合为一卷，汇集成书，既可贡献学界，对自己也不乏纪念意义。"贡献学界"不敢奢望，有"纪念意义"却暗合我心。从1984年底研究生毕业到高校从事教学科研，不知不觉，已历38年。我自己也从当初的"学术青年"，到了习惯回首往事的古稀年岁。若能出版一本小书，将自己对史学理论方法的所思所想作一总结，对我至少有"留此存照"的意义。于是整理电脑，在存留的文稿中拾掇出有关史学理论方法的论文、学术讲稿以及为师友著述写的书评、书序等30余篇，近30万字，篇幅上已可凑成一本小书。恰好青年出版家谭徐锋老弟正策划"论世衡史"学术丛书，问我有无书稿，告以朋友的建议，得到首肯，这本小书，遂得面世。

最初为此书设想的书名是《心通意会：史学方法"门内谭"》，意谓书中文字系在相对狭小的师友范围所作学术探讨，尚不成熟，不足为他人道；同时暗示我对史学理论方法尚缺乏自信，试图以"示弱"的方式寻求批评者缓颊。但转念寻思，隐约感觉，所谓"门内谭"可能引来自诩"内行"之讥，未必妥帖。

中国文化从来都刻意区分门内与门外。古代有所谓"程门立雪"的掌故，说明要想成为学术上的"门内"人，除了心诚，学问的门槛也是很高的。相对中国固有的人文传统，佛门讲究更甚，常据呈偈者对"佛性"理解之深浅及是否见到"自性"，将礼拜佛祖之人作严格的门墙内外区处。慧能和尚在拜谒佛教五祖大师弘忍时，一度因所作之偈"未见本性"，被认为"只到门外，未入门内"[①]。可见佛教门墙极高，即便修行很深的人，也难真正进入"门内"。

也许正因为如此，一般人都不敢轻言居处"门内"。就连堪称"文豪"的鲁迅，也曾放下身段，作状谦虚，把讨论文字的著作命名为《门外文谈》[②]。鲁迅之后，黄裳有《门外谈红》，葛兆光有《门外谈禅》，杨成凯有《人间词话门外谈》，钱理群有《语文教育门外谈》，凡此种种，不一而足。

有如此多高人的"门外谈"，鄙人岂敢固执己见，以"门内

[①] 丁福保笺注：《坛经》行由第一，陈兵导读，哈磊整理，上海：上海古籍出版社，2011年，第17页。
[②] 鲁迅：《且介亭杂文集·门外文谈》，鲁迅先生纪念委员会编、吴龙辉整理：《鲁迅全集》第2卷，乌鲁木齐：新疆人民出版社，1995年，第611页。

谭"为拙著题名？最初设想，因此作罢。但究竟作何修改却让人犯难。由于是出版论文集，文各有旨，缺乏重心，很难确定主题。无奈之下，只好仿效时贤，以偏概全，用书中《心通意会：历史研究中的"虚证"》一文的文题，权充书名。

好在这一书名并非不能统摄全书。这些年来，在实际研究中，我越发意识到形上思维对历史研究的重要性，当初我写《"虚证"》一文，是针对既有研究大多强调实证，而所谓实证，其实并未甚至无法落实，有感而发。而书中其他文论，也多少体现我对历史研究中"务虚"一面的强调。

将这些文论汇聚成书并明示"虚证"主题，似乎有些不合时宜，因为近一个世纪以来，史学研究的主流都是倾向"实证"的。

然而鄙意以为，历史研究路径多元，方法因人而异，本不应拘泥一法。记得曾到新都宝光寺拜谒，在大雄宝殿前看到清代名士何元普撰写的对联："世外人法无定法然后知非法法也；天下事了犹未了何妨以不了了之。"读后感触良多。下联命意且不论，上联却可用来比附历史研究的方法选择。中国历史文化源远流长，史学有着数千年的学术积淀，作为现代学科，历史学的发展也已远逾百年。百余年来，新的理论方法层出不穷，研究者目迷五色，无所适从，近乎到了"非法法也"的地步。在这种情况下，一味株守旧法，崇尚实证，未必合宜。就我而言，尽管鲁钝，但相信"史无定法"，在认同"实证"价值的前提下，探索自己的路，别人"求实"，我偏"务虚"，或不失为合宜的选择。

2022年仲夏于成都

上　编

史学理论与方法探讨

心通意会：历史研究中的"虚证"

历史研究是历史学者的心智活动，所凭借者虽是"实"的史料，研究过程却不能没有"虚"的功夫。"历史"并非有了史料便可"不证自明"，主观的认识因素须参与其间。历史学者应在研究中明确基本学术思想，详尽而又严谨地展开论证过程，有立论，有驳论，有推理，有臆断，有演绎，有归纳，有想象，有虚构，有假设，有创制，有关联性思考，有研究性结论，有时甚至需要陈寅恪所说的"神游冥想"和"心通意会"。历史研究中的虚实关系有如范缜在《神灭论》中阐释的形神关系，两相附丽，缺一不可。但在现今史学界"实"尚差强"虚"远不足的情况下，强调研究中"虚"的一面，加强学者形上功夫的自我训练，对提高中国历史研究的整体水平，或更具积极意义。

一、"虚证"的史学凭借与哲理依据

中国当代历史学者几乎都崇尚"实证"，这据说是受到19世纪中后期德国兰克史学的影响①。兰克史学以重视资料利用和考辨为特征,于二十世纪初传入中国,影响深远。受兰克史学影响甚大且自身影响亦大的傅斯年,曾直言"史学就是史料学",认为历史学者的主要工作就是"上穷碧落下黄泉,动手动脚找东西"。虽然傅斯年未必忽略形上层面的研究功夫②,他自己的研究与其提倡者也未尽一致,但他对史料的极端强调却给人留下远比他的其他主张更深的印象。兰克史学对史料的重视,加上清代"朴学"的崇实遗风,影响了一代又一代中国学人,发展成中国学者称为"实证史学"的重要史学流派。1949年之后至改革开放前,"实证史学"虽较少被中国学人提及,但以"物质第一性"为哲学基础的唯物史观与实证史学有诸多相通之处,故未完全遁形。"实证史学"及包含"实证"的马克思主义唯物史观,在很长一段时间内,成为中国大陆历史研究主流的理论与方法。

---

① 兰克史学强调史料的重要性,认为历史可以认识,但不能完全认识;历史著述的作用在于恢复历史的本来面貌;负有盛名的史著未必是可靠的;史著之可信与否关键在于是否有可信的原始材料作根据;一般的史著内容不能作为资料来源,必须深入档案库;写作的目的在于复原历史,要达此目的,最重要的是找到同时代或接近此时代的原始史料。需要指出的是,兰克虽然注重史料,却并不像一些人理解的那样忽略思辨。兰克强调,历史要成为一门学科就必须超越"事实的大量堆砌",主张历史应"按照自己的方式,将自己从对个别事务的研究和观察,提升为一种关于事件的普遍观点,提升为一种关于客观存在的相关性知识",就明显包括了对"虚"的强调。费利克斯·吉尔伯特著、刘耀春译:《历史学:政治还是文化——对兰克和布克哈特的反思》,北京:北京大学出版社,2012年,第29页。
② 1928年,傅斯年在《历史语言研究所工作之旨趣》一文中,明确提出"将历史学语言学建设得和生物学地质学等同样",并直言其方法是"能够借用新工具,扩张新材料"。傅氏所欲借用的"新工具"是欧洲东方学的方法论,试图将历史学自然科学化,表现出虚实结合的研究取向。傅斯年:《历史语言研究所工作之旨趣》,《傅斯年全集》第3册,长沙:湖南教育出版社,2003年,第4、12页。

这是值得肯定的。正因为实证史学与马克思主义史学理论盛行，中国史学研究才取得令人瞩目的成就。因而至少从实践效果上看，崇尚实证，坚持唯物史观，是有充分理由的。

然而按照唯物辩证法对立统一原则，认识任何事物都应遵循两分法，有实即有虚，有物便有心，如果我对今日学者标榜的"实证史学"（历史上的同名存在另当别论）还有那么一点不满的话，正在其偏重强调史料之"实"而相对忽略论证之"虚"。至于中国学者长期宗奉的唯物史观，虽包含系统周密的历史认知理论，对研究者探索宏观世界具有积极指导意义，却因高度抽象，偏向揭示"普遍规律"的历史哲学一路，而与注重具体事实重建与解释的历史研究毕竟有别，加之国家"拨乱反正"之前对唯物史观的误读误用（此乃"用"之误而非"体"之过），以及当时特定政治环境下学者对"独立思考"的疑虑，也在一定程度上束缚了历史学者思辨的个性展开。

物极必反，万物皆变。梁启超在《清代学术概论》中指出：思想学术之发展，如"主智与主意、唯物与唯心、实验与冥证，每迭为循环，大抵甲派至全盛时必生流弊，有流弊斯有反动，而乙派与之代兴，乙派之由盛而弊而反动亦然。每经一度之反动再兴，则该派之内容，必革新焉而有以异乎前。人类德慧智术之所以进化，胥特此也"[1]。梁氏所言，意在主变，而尤在强调由"实"向"虚"之变。文中提到的与"实验"对应的"冥证"即"虚证"，盖"验"者"证"也，"实验"即"实证"，其反面自是"虚证"，可见梁启

---

[1] 梁启超：《清代学术概论》，《饮冰室合集·专集》之三十四，北京：中华书局，1989年，第6—7页。

超对研究中"虚"的功夫的重视。揆诸梁氏"人类德慧智术"趋极必变之义,历史研究在"实证"路线走了百余年后,是否已经到了"峰回路转"的境地?能不能尝试走一段强调"虚"的或至少是"虚实并进"的路线?这是每一个从事历史研究的学者都应思考的问题。

从史学史的立场观察,学界过去标榜的"实证",早已面临严峻的理论挑战和实践困境。就理论而言,后现代史学业已指出,历史学者赖以进行实证研究或认为能赋予其研究"实证"性质的史料,基本是以"文本"(text)的形式存在,文本是人做成的,当时当事人在记录历史的时候,是通过观察认知,进行有选择的记录,本身就带有很大的主观性[1]。即便是档案,也存在制作成分,不可尽信。美国学者戴维斯的《档案中的虚构:16世纪法国的赦罪故事及其讲述者》,提供了档案不尽征实可信的证明[2]。在这种情况下,以重视史料为主要特征的"实证"研究能否完全落在"实"处,值得怀疑。

---

[1] 参阅海登·怀特著,陈永国等译:《后现代叙事史学》,第6部分"作为文学仿制品的历史文本",北京:中国社会科学出版社,2003年,第169—192页。
[2] 在该书中,戴维斯一反历史学家(包括她本身)惯常的从历史文献中爬梳资料,讨论文献所涉论题的做法,她讨论的出发点,是"赦免书"这类文献是在何种情形下被制造出来。通过戴维斯的研究,传统史学借以建构历史过程的媒介——史料,反过来成为历史学家考察的焦点,这种方法论取向,与海登·怀特对所谓"形式的内容"亦即历史编纂中"情节设置"等问题的兴趣颇为类似。不过,戴维斯的目的并不是要弥合历史与文学之间的鸿沟,她对这一宏大的工程似乎从未表现出特别的兴趣。她的目标十分具体:即使在讨论"史料"本身的制作过程与"情节设置"过程时,她念兹在兹的目标仍是对过去的建构,是对16世纪法国的法制、社会、文学史的讨论。参见娜塔莉·泽蒙·戴维斯著,饶甲荣等译:《档案中的虚构:16世纪法国的赦罪故事及其讲述者》,北京:北京大学出版社,2015年。

心通意会：历史研究中的"虚证"

1930年，陈寅恪在《陈垣〈敦煌劫余录〉序》中指出："一时代之学术，必有其新材料与新问题。取用此材料，以研求问题，则为此时代学术之新潮流。治学之士，得预此潮流者，谓之预流。其未得预者，谓之不入流。此古今学术之通义。非彼闭门造车之徒，所能同喻者也。"[①]与极端强调史料重要性的傅斯年同处一个时代，陈先生强调的却是"研求问题"，仅将"材料"作为问题研究的凭借。我揣摩陈先生突出问题研究的原因，是想强调研究中独立思想的重要性。盖学者若无独立之思想见解，即便占有大量史料，顶多只能算是学术研究中的匠人，适合做资料整理类的基础工作，却不能将学术推进到崇高境界。这明显是在强调研究中"虚"的功夫[②]。

然则何为"虚证"？言"虚证"首先得"务虚"，要强调研究者主体作用的发挥。主张"虚证"与历史研究所具"虚"质有关。就性质言，历史研究是一项心智活动。心智对于认识人类自我及外部世界极为重要。笛卡儿说："我思故我在。"（I think, therefore I am.）比较直白的解释是，在思考和怀疑的时候，一定存在某个执行思考的主体，这个作为主体的思考者即"我"的存在不容怀疑，因为当怀疑产生时，我的存在已被我的怀疑证明。笛卡儿此言，旨在强调认识的主体性及认识的主观性。既然历史研究可界定为历史

---

① 陈寅恪：《陈垣〈敦煌劫余录〉序》，见氏著《金明馆丛稿二编》，北京：生活·读书·新知三联书店，2001年，第266页。
② 陈寅恪尝说："中国之哲学美术，远不如希腊。不特科学为逊泰西也。但中国古人，素擅长政治及实践伦理学，与罗马人最相似。其言道德惟重实用，不究虚理。其长处短处均在此。长处即修齐治平之旨。短处即事实之利害得失，观察过明，而缺乏精深远大之思。"陈先生在这里指出的国人"不究"的"虚理"，正是他所欲探究的一个重要学术方向。引文见吴宓著，吴学昭整理注释：《吴宓日记》第2册，北京：生活·读书·新知三联书店，1998年，第101页。

007

学者的心智活动，按照笛卡儿所言，其被视为一项在很大程度上体现研究者主体性的活动，应无疑义。

当代史学理论可以说明历史研究重视研究者主体因素的合理性。克罗齐（Benedetto Croce）说，"一切真历史都是当代史"[1]，意谓一切"历史"都存在于当代人认知之中，如果没有当下的主观认知，"历史"几乎不可能存在。克氏是思想解放论者，主张历史家的思想"从超尘世的随心所欲和盲目的自然需要的奴役中要求解放，从超验论和假内在论（它也是一种超验论）要求自由"，"把历史看成人类的作品，看成人类意志和心智的产物，这样，它就进入了那种我们将称之为人本主义历史的历史形式"。值得注意的是，克罗齐明确把"历史"定义为人的"心灵作品"，并刻意将其与没有心灵活动参与的"自然史"加以区别[2]。"历史"的性质如此，加之史家始终是以个别及确定的人事而非以整体存在为研究对象，方法上无法作"外在重建"，而只能是"内在的再造"，主观因素参与就更加不可避免[3]。

然而，因片面强调"物质第一性"，对于人类认识论中被视为"唯心"的命题，学者多持批判态度。应当承认，带有"唯心"色

---

[1] 贝奈戴托·克罗齐著，傅任敢译：《历史学的理论和实践》，北京：商务印书馆，1982年，第31页。
[2] 克罗齐指出，在人们的"历史"概念中，"其中一种尽可能为我们提供真正的历史，例如：伯罗奔尼撒战争史、汉尼拔作战史、古埃及文明史等；其他一种则是一种伪装的历史，例如被称为动物机体史、地球构造史或地质学、太阳系构造史或宇宙进化论等的历史。在许多论著中，第一类历史和第二类历史被错误地联系起来了，就是，把文明史和自然史联系起来了，好像文明史历史地跟在自然史之后一样。"贝奈戴托·克罗齐著、傅任敢译：《历史学的理论和实践》，第128页。
[3] 贝奈戴托·克罗齐著，傅任敢译：《历史学的理论和实践》，第94、100页。

彩的历史命题在逻辑上确实不尽周延,与唯物史观把物质主义强调到极端相反,唯心史观将人的主观心智作用强调到极端,不免失之偏颇。但若站在"心物二元"立场,执两用中,或站在辩证立场,讲究对立统一,也可发现其认识论的某些合理性。这正是在历史研究中"实证"被强调得过多的情况下,需要适当提倡"虚证"的哲学依据所在。

二、"虚证"内涵的经典诠释

不过历史研究不能以"思辨哲学"作为入手功夫,而要讲究具体的研究方法。伊格尔斯(Georg G.Iggers)说:"尽管历史学家们在对科学权威的信仰上变得小心翼翼,然而他们确实是怀着这种信仰在进行工作,即历史学家研究的是一个真实的而非想象中的过去,这个真实的过去虽则只有通过历史学家的心灵的媒介才能接触到,但他却要求遵循学术研究的逻辑方法和思路。"[1]

从方法论立场看,所谓"虚证"不是捕风捉影,不是凭空捏造,不是添字解经,而是梁启超笔下与"实验"对应的"冥证",是指历史研究中复杂的运思与抽象证明过程。在此过程中,应明确基本学术观点,详尽而又严谨地展开论证,有立论,有驳论,有推理,有演绎,有归纳,有想象,有假设,有虚构,有臆断,有创制,有关联性思考,有研究结论,有时甚至需要陈寅恪所说的"神

---

[1] 格奥尔格·伊格尔斯:《二十世纪的历史学——从科学的客观性到后现代主义的挑战》,转引自何兆武、陈启能主编:《当代西方史学理论》,上海:上海社会科学院出版社,2003年,第50页。

游冥想"和"心通意会"①。在整个研究过程中,研究者既要为自己的思想见解提供证据,更要建立证据链和分析论证的逻辑链,证据可能具有部分客观性,证据链的形成则是基于事实的主观运思,至于逻辑链以及与此相关的认识论框架,则是纯主观建构。这一充满思辨的学术制作过程,指向性只有一个,就是"证明"历史学者对于"历史"的构想。

胡适说:"历史家需要有两种必不可少的能力:一是精密的功力,一是高远的想象力。"前者用于"严格的评判史料",近乎科学;后者则偏于艺术。因为"史料总不会齐全的,往往有一段,无一段"。那没有史料的一段空缺,需要"靠史家的想象力来填补"。有时"史料所含的意义往往不显露,这时候也须靠史家的想象力来解释"②。可见胡适对属于"虚证"功夫的"史料评判能力"及历史"想象力"的重视,亦可见历史学者在时过境迁之后重建"历史",需要何等的苦心孤诣。

全球史家欧阳泰(Tonio Andrade)在一篇或属"微观史"的文章中提到一则布罗代尔(Fernand Braudel)的趣事,可支持胡适对"想象力"的主张。众所周知,布罗代尔强调历史研究中关注长时段的重要性,尤重"结构"分析,相对忽视"人事"。1967年,帕克(Geoffrey Parker)在写博士论文期间,拜访了在法国的布罗代尔,向他请教"历史学家最重要的特质是什么"。帕克原以为布罗代尔会给出诸如"努力工作"或"语言能力"之类答案,结果他

---

① 陈寅恪:《冯友兰〈中国哲学史〉上册审查报告》《陈述辽史补注序》,《金明馆丛稿二编》,第234、247页。
② 曹伯言整理:《胡适日记全编》第3册,合肥:安徽教育出版社,2001年,第431页。

只给出一个词:"想象力"(imagination)。这一回答让帕克印象深刻,直到40年后仍记忆犹新[1]。胡适与布罗代尔强调的"想象力",均属"虚"的性质,可见形上功夫对历史研究的极端重要性。

当然"虚"不能离开"实",体现虚实结合证明功夫的学术在清代"朴学"那里表现得颇为鲜明。乾嘉时期的考据,依据的是材料,运用的却是严格的分析归纳方法,遵循后来被视为"科学"的原则,苦苦运思,层层推导,得出结论。梁启超转述戴震之言说:"学有三难,淹博难,识断难,精审难。三者仆诚不足以与于其间,其私自持及为书之大概,端在乎是。"[2]所谓"识断""精审",需要刘知幾强调的"史识",属于主观认识的功夫。胡适据此认为清代朴学家已经有了"科学精神",正是从清代学者的治学经验里,胡适总结出"大胆的假设,小心的求证"的研究方法,强调"假设不大胆,不能有新发明;证据不充足,不能使人信仰"[3]。所谓"大胆假设",其实就是"虚构"(fiction)即主观构想与创制发明;而"小心求证",如果不是简单罗列资料,而是包含分析推导判断,亦带"虚"风,属形上思辨范畴。

但历史研究中"虚"的建构须有讲究,应符合生活常理与事实逻辑。《左传》记晋灵公派刺客鉏麑刺杀赵盾一事,堪称"虚构"的成功案例。晋灵公治国,横征暴敛,专断独裁,奢侈荒淫。大臣

---

[1] Tonio Andrade, *"A Chinese Farmer, Two African Boys, and a Warlord: Toward a Global Microhistory"*, Journal of World History, Vol. 21, No.4, 2011, University of Hawai'i Press, p.591, note 45.此文承川大的赵力博士提示,谨致感谢。
[2] 梁启超:《清代学术概论》,《饮冰室合集·专集》之三十四,第27页。
[3] 胡适:《清代学者的治学方法》,欧阳哲生编:《胡适文集》2,北京:北京大学出版社,1998年,第302页。

赵盾和士季苦心劝谏，晋灵公非但不纳忠言，反而派鉏麑去刺杀赵盾。鉏麑凌晨潜入赵盾家中，试图行刺，却见房门洞开，赵盾已穿好朝服准备上朝奏事，只因为时尚早，坐着打盹。鉏麑见此，心中暗想："不忘恭敬，民之主也。贼民之主，不忠；弃君之命，不信。有一于此，不如死也。"于是一头撞死在槐树下[1]。可以想象，鉏麑死前内心一定十分纠结，但他未将内心活动告诉任何人就自杀了，没留下遗嘱，左丘明如何知道他临死前的内心独白？这明显是虚构，也有人提出质疑[2]，但所作"虚构"符合情理，即便是批评者，也未必能想到更恰当的鉏麑自杀原因的解释。

不仅《左传》中这类"虚构"具有历史认识的合理性，就连"无中生有"，也是历史研究一项重要的"虚证"功夫。在中国语言中，"无中生有"常被用作贬义。其实世事之有无从来都是相对的，无就是有，有就是无。《老子》说："天下万物生于有，有生于无。"揭示了有无依存及相互转化的关系。史料之有无亦类此。梁启超在《中国历史研究法》中把史料区分为积极与消极两类，认为消极性质的史料也十分重要。而梁氏所谓"消极史料"其实就是没有史料。明明没有史料如何能"无中生有"？梁启超解释说："某时代有某种现象，谓之积极的史料，某时代无某种现象，谓之消极的史料。"他以清季中外交涉案为例论证说，道、咸以还教案数量占到全部中外交

---

[1] 《晋灵公不君》（鲁宣公二年），徐中舒编著：《左传选》，北京：中华书局，1963年，第115—119页。
[2] 钱锺书对《左传》中的"虚构"曾有专论，他说鉏麑自杀前的感慨"皆生无旁证，死无对证者"，说这样的记载乃是左氏设身处地的猜想，属"假之喉舌，想当然耳"。钱锺书：《左传正义》，《管锥编》第1册，北京：中华书局，1979年，第165页。

涉案的十之六七，当时士大夫论著时势，均认为是一大问题。迨光宣之际，教案日少一日，入民国之后，则几乎没有。梁启超认为，对于历史研究而言，"没有史料"实际上是一种"消极史料"。他强调指出："此等史料，正以无史迹为史迹，恰如度曲者于无声处寄音节，如作书画者于不著笔墨处传神，但以其须向无处求之，故能注意者鲜矣。"甚至某时某地某事之史料近乎全无，也可以从异时异地他人他事留下的零星史料与数据，类比推导，获知大概。这样的史料对所论人事，不一定有直接关系，可称作"抽象的史料"，但合理运用，未尝不能产生证明效果。就重要程度而言，此类史料"殊不让积极史料，盖后代极普通之事象，何故前此竟不能发生，前代极普通的事象，何故愈时乃忽然灭绝，其间往往含有历史上极重大之意义，倘忽而不省，则史之真态未可云备矣"①。

梁氏所言，颇中肯綮。盖世间许多未被发现的东西其实并非真不存在，说"无"者很可能是视而不见。一些隐形的存在，要能真正见闻明白，主观认知的作用至关重要。白居易《琵琶行》中"此时无声胜有声"，就是有无转化，无中生有，无声亦含音乐功效的绝妙写照。绘画也一样，高明的画家很少会将画面填满，而刻意"留白"。"白"不等于空白，"留白"是一种构图法，是以无实际物相的方式去表达画中意境，以"无相"表达意象，看似虚境却又不虚。"白"乍看似无，细想则有。越是写意的画家，越讲究"留白"，有了"空白"，想象的空间才大。这也是"无中生有"的习见事例。

---

① 梁启超：《中国历史研究法》，《饮冰室合集·专集》之七十三，第66—67页。

需要提请注意的是,"虚证"既是引导历史研究达至崇高境界的途径,也是步入历史研究殿堂的起码门槛。原因在于,历史研究之"虚"不仅体现在上文已提及的论证上,也体现在史料搜集上。如果研究者没有主观想法,有时甚至连作为研究起步的资料搜集工作也无法展开,只能算是史学研究的"门外汉"。年鉴学派的吕西安·费弗尔曾引用心理学家达斯特的话说:"如果你不知道自己在寻找什么,你也不会知道自己找到了什么。"[1]此言从心理学立场说明,对文字材料是否"史料"的判断,早有主观因素参与其间,本身就不尽客观。有人认为历史研究就是搜集史料然后让史料说话,似乎有了史料,历史就可不证自明。殊不知同样的史料,因为制作与使用两方面的主观性,见仁见智,解读异趣,任何史料都不具有唯一的说明性。因而,史料重要,解读更重要;独家占有的史料重要,但对寻常史料不寻常的认知更重要。

至于档案,因其具有原始性质,对历史的证明价值或超过寻常史料,值得研究者高度重视,但档案的利用也常常需要主观认知参与其间。上文提到的戴维斯,长于利用档案做微观史,对档案研究颇有心得。她写《马丁·盖尔归来》等书,栩栩如生,引人入胜,据说曾"合理地虚构"了某些情节,并坚持认为这些"虚构"经得起严格的历史检验。虽然与她大致同时的一些历史学家,比如写《奶酪与蛆虫》的金兹堡就坚决反对她这种做法,认为历史不能虚构,但她这样做也有其理由。她做微观史,史料殊难尽如人意,她又追求"故事"的连贯,故另辟蹊径,在历史叙事中加入"合理"

---

[1] 弗朗索瓦·多斯著,马胜利译:《碎片化的历史学:从〈年鉴〉到"新史学"》,北京:北京大学出版社,2008年,第45页。

想象，弥缝罅漏，导致"档案中的虚构"现象出现[①]。戴维斯所为，站在科学主义的立场认知，固属"越轨"，若居于"后现代叙事史学"的认知立场，亦未尝不可接受。

对于历史研究中属于"虚证"手段之一的"虚构"，汤因比（Arnold J. Toynbee）的见解最为独到。在其巨著《历史研究》中汤因比指出：有人说对于《伊利亚特》，如果你拿它当历史来读，你会发现其中充满了虚构，如果你拿它当虚构的故事来读，你又会发现其中充满了历史。对此汤氏评论说：所有的历史都同《伊利亚特》相似到这种程度，它们不能完全没有虚构的成分。仅是把事实加以选择、安排和表现，就已属于"虚构"方法。一般认为，历史学家如果不同时是一个伟大的艺术家就不可能成为一个"伟大的"历史学家，这种说法是正确的[②]。可见对历史研究而言，虚构不仅不可避免，而且是一部历史著作成为"伟大作品"必不可少的制作元素，亦可见历史学者不仅需要崇实，更要务虚。

三、"虚证"的规则与禁忌

在历史的"虚证"过程中，除了基于想象的"虚构"及遵循思

[①] 何兆武、陈启能主编：《当代西方史学理论》，上海：上海社会科学院出版社2003年，第58页。另外，罗志田教授注意到，史料不足是任何史家始终面临的常态，有此不足之感，则立言或能不失分寸；那些每觉史料充足而勇于立言者，除表明自身的胆大敢言外，也婉转道出其尚未入流的消息。这是见道之论。其实不仅是一般史料有其局限性，就连档案也不尽可靠。罗志田：《史学最需要想象力》，《南方周末》2009年12月10日，第F30版。

[②] 汤因比著，曹未风等译：《历史哲学》上，上海：上海人民出版社，1986年，第54—58页。

辨逻辑的"臆断",理论的运用也不可或缺,是将历史研究推进至形而上认识层次的一大关键。

今日中国学者习用的史学理论主要来自西方。西方史学理论多元,流派众多,近百年来,除了国人熟知的马克思主义历史唯物论外,诸如新康德主义、新黑格尔主义、西方马克思主义、自由主义、文化形态理论、生命派历史理论、分析的历史哲学,以及后现代史学理论等,层出不穷。在方法上,比较史学、计量史学、心理史学、科学史学等,作为"工具理性"性质的存在,对于历史研究均有积极功用,尽管适用范围各有不同。

高度抽象理论的恰当利用,对于提高历史认识层次极为重要,对于习惯作"宏大叙事"的学者尤具指导意义。比如,德国古典唯心主义哲学特别是黑格尔关于事物发展变化呈"正—反—合"运动轨迹的"三段论",用于认识宏观历史现象就极具价值。冯友兰曾用"三段论"来描述国人对于中国古代历史文化的认知及其变化。他指出,传统国人的文化立场是"信古",认为古代一切都好,且越古越好,对古代文化及制度盲目崇信。新文化运动兴起后,尼采"重新估定一切的价值"的信条受到追捧,国人的文化观骤然变成"疑古"甚至反古,故有新文化运动中一些人反孔非圣,从根本上否定传统文化的激烈思想及行为。后五四时期,胡适等人倡导整理国故,以平和心态对待传统文化,"疑古"变成"释古"。冯友兰认为,国人对传统文化的态度从"信古"到"疑古"再到"释古"之变化,体现了事物"正—反—合"的发展变化逻辑。这是用黑格尔哲学"三段论"认识中国学术史及国人文化立场变化的一个经典学案，极富启发性①。

抽象的认识框架建构也是历史研究的重要"虚"功。梁启超所作"中国的文艺复兴"研究堪称运用新的认识论框架的成功范例。这项"研究"由其学生蒋方震为所著《欧洲文艺复兴史》向老师索序引起，在后来独立成书的这篇"序言"中，梁借用"Renaissance"所含"复古"意蕴，以及佛教"一切流转相，例分四期，曰生、住、异、灭"的说法，逆向求索，研究中国"文艺复兴"之道。指出中国的"文艺复兴"即中国思想文化的近代发展同样是一个分为四期、不断从形式上回复古代文明的过程：先是复两宋之古，继复"汉唐之古"，再复"西汉之古"，最后上溯到先秦，回到中国文化的源头。这种看似光复旧物的努力，实含文明再造的新机，促进了中国传统文化的近代发展②。虽然梁启超的解释不免套用西人（佛亦西来）概念之嫌，暗含的历史循环论亦属舶来理论，但所论对于解释高度信仰古代文明的国人思想的近代变化，对于认识习惯"托古改制"即假借古人行变法之事的近代国人的思想与政治行为，无疑是一极具启示性的主观认识路线。

类似成功学案尚多，兹不赘列。需要强调的是，所谓"虚证"并非脱离历史本体的凭空臆断。历史研究中的虚实关系颇类范缜

---

① 冯友兰：《中国近年研究史学之新趋势》，原文载1935年5月14日《世界日报》，收入氏著《三松堂全集》第14卷，郑州：河南人民出版社，2001年，第255—257页。
② 梁启超指出："有清二百年之学术，实取前此二千余年之学术，倒卷而缫演之，如剥春笋，愈剥而愈近里，如啖甘蔗，愈啖而愈有味，不可谓非一奇异之现象也。此现象谁造之？曰：社会周遭种种因缘造之。""综观二百余年之学史，其影响及余劲思想界者，一言以蔽之，曰："以复古为解放。"《清代学术概论》，梁启超：《饮冰室合集》专集之三十四，北京：中华书局，1989年，第1—6页。

《神灭论》中阐释的形神关系:"形者神之质,神者形之用,是则形称其质,神言其用,形之于神,不得相异也",两者在某种意义上乃是"名殊而体一也"的关系①。不过从研究立场上看,"形"与"神"不可等量齐观。主张"实证"者就未将二者比肩看待,而是将"形"放在高于"神"的位置。鄙意以为后者位置似应更高。中国传统文化讲究道器之辨,《周易》强调"形而上者谓之道,形而下者谓之器"。按照《周易》的标准衡量,一味走偏重史料搜集,强调事实重建,认为"事实胜于雄辩"的研究路线,必然会因对"道"的疏离而陷于形而下的低浅层次。章学诚曾批评清代一度出现的片面强调"征实"的学风说:"近日学者风气,征实太多,发挥太少,有如桑蚕食叶,而不能抽丝。"②蒙文通先生亦十分警惕"有实无虚",曾告诫年轻学人:"史料是实,思维是虚,有实无虚,便是死蛇。"③他以治经为例解释说:"若只能讲些六经义例,做些'道问学'的功夫,而把明庶物、察人伦、致广大、尽精微等一般'尊德性'的事都放置一边,也还是未到顶上的一层。……不能作明道的学问,那还算不得一个造诣高深的学问家。"④蒙先生所说的"道",显然不只是内在的人伦道德,而应包含外在的天道物理,所

---

① 范缜:《神灭论》,姚思廉:《梁书·范缜传》,北京:中华书局,1973年,第665—666页。
② 章学诚:《与汪龙庄书》,见章学诚:《章学诚遗书》,北京:文物出版社,1985年,第82页。
③ 蒙文通:《治学杂语》,《蒙文通学记》,北京:生活·读书·新知三联书店,2006年,第1—2页。蒙先生论述虚实关系说:"清代一大批搞《水经注》的学者,把《水经注》当作一门专门学问来搞,跳不出郦道元的圈子,常常死于注下,就很难如实讲出《水经注》的用处来。杨、熊注疏也难免于此,等而下者就更无论了。"见蒙先生同书第29页。
④ 蒙默:《〈理学札记〉整理记》,《蒙文通文集》第3卷,《经史抉原》,成都:巴蜀书社,1995年,第44—45页。

谓"明庶物""致广大""尽精微",虽被纳入"尊德性"的范畴,实际也包含研究方法上"虚"的讲究,将学问上升至如此境界,才是学者做人及做学问的最高追求[1]。

当然"虚证"也得遵循法轨,如果随心所欲,所做结论也难以成立。曾国藩读古代史书有关战争的记载,就发现了其中的问题。他说古代史家最受后人尊崇者莫过班、马,就才学言,"班固不逮司马子长远矣"。但即便是司马迁,其《史记》也不尽可信。他说《史记》最好的涉及战争的篇目是《淮阴侯传》,其中写得最精彩的韩信克敌制胜的办法为"沙囊壅潍"与"木罂渡河",但两种办法均违反常识,不可置信。他根据自己领军作战的经验判断,这是没有战争经验的司马迁采信传闻所致[2]。在湘军与太平军作战过程中,曾发生著名的"靖港之战"。此战湘军惨败,曾国藩为总结教训,战后召集参战将领,命其讲述战役经过,结果言人人殊,有的说法甚至截然相反。亲自参战的军人尚且如此,从未打过仗的文人更不待言。由此曾国藩推断古来史书言兵事者多系伪造。他在给李元度

---

[1] 历史研究中的虚实关系从形式上看颇类清代学术中的汉宋关系。汉学讲究音韵、训诂、词章,体现出务实的特征,却相对忽略经典教义的领悟与践行。宋学讲求义理及心性修养,虽不能说完全不做"小学"方面的考究,却主要是在"内修"上用功,两者各有长短。优秀的学者及思想家虽标榜执两用中,实际却稍稍偏重宋学。曾国藩即是如此。在汉宋之争余波犹存的咸、同之际,旗帜鲜明地提出:"国藩一宗宋儒,不废汉学。"曾氏能清楚看到汉、宋两家的短长与互补关系,认识到宋学因其内在思想性而具有的高于单纯学术之汉学的可宗奉地位。这是他作为一个儒家学者的高明之处。不过指出朴学较少内修之"虚",并不意味着没有研究方法上的审断推理之"虚"。批评朴学支离破碎缺乏统摄,往往是从义理考究立言,与本人所说朴学家也讲究"虚证"不是在同一的言论立足点上。引文见曾国藩:《复颖州府夏教授书》(同治元年十二月),《曾国藩全集》(二十六),长沙:岳麓书社,2011年,第335页。

[2] 曾国藩对史记中的两个战例的分析见《曾国藩全集·诗文·杂著》,长沙:岳麓书社,1986年,第393页。

的信中说:"军事是极质之事,《廿三史》除班马外,皆文人以意为之,不知甲仗为何事,战阵为何物,浮词伪语,随意编造,断不可信。"①这是"虚证"不合事理逻辑而遭人诟病的突出史例。

不过研究者不必因噎废食,对历史研究而言,形而上的主观建构仍是有力的叙事与证明手段。况且强调历史研究"虚"的一面,并不意味着对"实"的否定,只是今日学者强调的"实证"多不得要领,有所偏颇,重视了史料上的所谓"实",而忽略了论证过程的"虚",把"证"当成了名词而不是动词,方法上出现严重缺陷。眼下中国已进入学术论文高产期,但各类学术期刊推出的历史学论文,大多偏重历史事实重建,堆砌史料,平铺直叙,缺乏思想见解,没有逻辑设计,见不到形上层面的建构,"实"尚差强,"虚"则不足,充其量只能纳入纂述及纪实作品之列,很难上升到属于"心智活动"的历史研究层次②。

四、"虚证"与学者的思维训练

这种情况的出现,与中国学者很少受过严格的思维训练有关。西方国家自古就有思辨术,将抽象的思维能力发展到极致,现代西方大学里也有思维训练课程,就连口头表达如演讲,也有专门的课程训练。中国先秦时代曾一度盛行思辨术,名家学派代表公孙龙的

---

① 曾国藩:《复李元度》(咸丰十年七月十九日),《曾国藩全集·书信》二,长沙:岳麓书社,1991年,第1509页。
② 指出这一点并不意味着既有的"实证"研究都没在"证"字上下功夫,事实上,当今史学界不少学者在这方面功夫了得,他们中的一些人,脚踏实地而又高屋建瓴,虚实结合,做出了卓越的学术贡献,堪称"实证"研究的典范。

"离坚白"和惠施的"合同异"之说,以及"白马非马"一类被视为诡辩的命题,乃是古人重视思辨的产物。正因为重视思辨,故先秦时代思想学术高度繁荣。"秦王扫六合"之后,政制统一;汉武帝"独尊儒术"之后,思想统一,只认同,不求异,思辨在中国学者及其著述中日益少见。西方中世纪,经院哲学盛行,哲学家曾围绕"天堂里的玫瑰是否有刺"激烈争辩,看似无聊,实则是在揭示人类认识中的悖论,对于思维训练很有作用。到了人文主义兴起的启蒙时代,按照汤因比(Arnold J.Toynbee)的说法,启蒙思想家对《圣经》的批判性研究已被作为"高级批判的一种练习过程,这种高级批判,以后能够而且确已运用于一切学术方面"。[1]西方带有批判性的思辨传统,从神学与世俗两方面在今天的欧西社会得到传承,而中国先秦的思辨及立说传统在秦汉以后"大一统"的政治及思想文化格局下,未能发扬光大。

今天中国的学生更是很少受过这方面的严格训练,人文学科的学生尤其差劲。我的印象,中国的大学,至少历史学系,基本没有专门的思维训练课程,甚至罕闻有哪个学校将逻辑学列为历史专业的必修课,加上中学文理分科,带有逻辑训练性质的数学训练不够,以至很多历史专业学生都存在思维逻辑的缺陷,毕业之后从事学术研究,思维训练的先天不足便暴露出来。比如有一种在学生中流行的观点认为,历史研究不能用归纳法。这是什么道理?归纳与演绎如鸟之双翼,是人类思维的两大基本方法,从事历史专业的学术研究怎能不用归纳法?实际上,类此"某学科不能用归纳法"的

---

[1] 汤因比著,曹未风等译:《历史哲学》下,上海:上海人民出版社,1986年,第317页。

判断，本身就是"归纳"所得，而古今学术史上随处所见各种历史研究结论，泰半都带归纳性质。胡适曾以清代学术为例，对此作过十分精到的分析总结①。尽管历史因无法在真正意义上"重演"，不能"回到实验室"，加之例证不全，归纳无法周延，因而不宜期待历史学者做带有普遍性或规律性的归纳结论，但具体的归纳判断则必不可少。不归纳，如何能下断语？不下断语，一切存在均模棱两可，历史研究还有何价值？但历史研究不能用归纳法的意见却殊少有学生怀疑。学生是中国学术的未来，代表未来的学生思维出了问题，中国学术还有未来吗？可见加强包括思维逻辑在内的"虚"的功夫训练，提高主观认识能力对历史研究的重要性。

从中国史学研究的现状来看，对"虚证"的强调也十分必要。在我看来，目前中国国内学者的学术段位之别，中外史学的高下之差，主要并不体现在对史料的掌握上，而是体现在形而上的分析层面。史料的掌握是苦功夫，笨功夫，任何人，只要舍得做，愿当苦

---

① 中外历史学者最常用的先列举若干史实，然后得出结论的方法，或反过来先提出某种观点或结论，然后举证证明的方法，就是归纳法，只因举证不充分，属"不完全归纳法"。胡适在介绍清代学者的治学方法时，就十分强调归纳法，认为正是归纳法的运用，清代学者才取得一系列重要成就。他具体分析说：清代朴学家方法上体现的观念可以包括以下内涵：1.研究古书古史，并非不能不许有独立见解，但是，每立一种新说，必须有物观的证据；2.汉学家的"证据"乃是"例证"，也就是举例为证。3.举例作证是归纳的方法，举的例不多，便是类推（Analogy）的证法。举的例多了，便是正当的归纳法（Induction）了。类推与归纳，不过是程度的区别，其实他们的性质是根本相同的。4.汉学家的归纳手续不是完全被动的，是很能用"假设"的，这是他们和朱子大不相同之处。他们所以能举例作证，正因为他们观察了一些个体的例之后，脑中先已有了一种假设的通则，然后用这通则所包含的例来证同类的例。他们实际上是用个体的例来证个体的例，精神上实在是把这些个体的例所代表的通则，演绎出来，故他们的方法是归纳和演绎同时并用的科学方法。胡适：《清代学者的治学方法》，欧阳哲生编：《胡适文集》2，第288—290页。

行僧，假以时日，都可达到熟练掌握的程度。但认识能力的提高却非堆砌时间就能奏效，若不刻意训练，永远都不能到达学术的至高境界。况且，在科学技术高度发达的今天，资料的数字化以及查找资料的网络化，使资料搜集整理的难度大大降低，掌握起码的资料已不是学者面临的主要困难。对中国的历史研究而言，现在的问题是，如何解读浩若烟海又云遮雾障般的史料？在已经搜集到的资料根本不可能看完的当下，应该怎么做有价值有意义的历史研究？

答案显然只能是虚实并重。但在中国史学界"实"尚差强"虚"已严重不足的情况下，我宁愿更加强调试着走一段偏重"务虚"的路线。汉学家德沃斯金指出："自从十九世纪以来，我们已普遍接受这样一种看法，即历史学的灵魂不是按年罗列事实，而是解释。""任何历史著作要取得足够的连贯性，取得'叙事'的称号，都是虚构"。科林伍德（R.G.Collingwood）曾从康德的知识论中借取"建设性"这一概念，提出历史研究中"建设性想象"（constructive imagination）的概念，这是对历史研究须作"虚证"更具学术意味的表达[①]。中国的历史学者，如果能够从科林伍德提出的"建设性想象"概念中汲取灵感，历史研究或将呈现新的面貌。

然而现实的导向似乎有些异趣。以"双一流"建设中备受高校重视的国家课题为例。近年来，国家加大哲学社会科学课题基金投入，这是好事，值得赞许。但国家课题的设计亦出现重视"实"而忽略"虚"的明显偏斜。从最近若干年国家"重大课题"指南上看，诸如"某某档案资料的整理与研究"之类课题所占比例越来越

---

① 转引自杨周翰：《攻玉集·镜子和七巧板》（杨周翰作品集），上海：上海人民出版社，2016年，第218页。

大。受此影响，为数众多的学者（有的十分优秀）为获取国家"重大课题"，将精力耗在其实无须整理的档案及其他各类历史文献的"整理"上，形而上的研究工作只是课题研究中的点缀。虽然某些档案资料的整理作为历史研究的基础性工作很有必要，但大面积报批这类课题，蔚为风气，就明显存在偏颇。就历史研究而言，属于第一手资料的档案无疑至关重要，但档案的问题不在整理而在保护和利用。保护的最佳手段是将档案数字化，然后将原档以技术手段妥善保存不令损毁。利用则是凡过了国家规定的保密年限就要解密，成为公共资源，能让人看。相比之下，档案"整理"很大程度上是做无用功。因为对真正从事研究的人来说，需要看的是原档而非整理过的档案（数字化的档案若未作非数字化的加工亦可视为原档）；对不做研究的人来说，整理了人家也未必看。且从技术发展日新月异的立场看，今天让那么多优秀学者劳神费力从事的档案数字化工作，十年后很可能几个工人在档案馆工作人员指导下就能在短期内轻松完成，事半功倍，且质量更好（比如录入方式集成化及所作数字化文件可自由转换成各类可检索文本）。国家社科基金的设置具有学术"司南"及"风向标"的重要作用，要明白真正高段位的历史研究是形而上的研究，是要出思想、出认知，要做到培根说的"历史使人智慧"，如果不把学者的用心朝着这一方向引导，中国的人文社科学术前景将不容乐观。

或有学者担心，过分强调"虚证"，突出形而上的证明过程，将导致有形的历史本体的弱化。其实这种担心大可不必。中国有一个成语叫"得意忘形"，往往被狭义理解为因心意得到满足而失去常态。在我看来，这个成语也可做正面解读。比如从绘画的立场上看，如果你是标榜写意甚至大写意的画家，你的作品达到"得意忘形"的境界，那么所谓写意派画家的称谓就名实相符了。同理，如果你是历史学者，你的历史写作能够基于历史资料，写出一般人看不出的历史意义，有时甚至因此忽略了作为实体的历史形态本身的存在，进入《周易》称为"道"的形上境界，"得意忘形"便成得"道"的最佳写照。

最后，鉴于现今历史研究中"实"的功夫尚属差强，"虚"的功夫严重不足，鄙人呼吁历史学者在强调"实证"的同时，适当宣传学术思想中的"虚风"与历史研究中的"虚证"，使中国的历史研究能虚实结合，既有清代学者的"朴学"基因，又有马克思主义"唯物史观"对物质性强调的赓续，更有中西方古代思辨哲学遗风，使我国的历史研究真正上档次。司马迁作《史记》，有"藏之名山，传之后世"的抱负。我想每个研究历史的学者，也都希望为历史留下一点真正属于自己的东西，要做到这一点，关键在思考。再次借用笛卡儿话"我思故我在"来强调思考的重要性，如果不思考，研究中没有主观的"虚"而只有材料的"实"，你就永远不会成为学术史上一个真实的存在，因为材料并不属于你。

中国文化中的"形上"与兰克史学中的"虚质"

本文偏重讨论历史研究中"形而上"的一面,在历史学者近乎一致标榜实证的今日,多少不合时宜。作者之所以这样做,并非固执一端,立异为高,菲薄实证,而是希望在研究方法上执两用中,求实务虚。只因既有研究强调实证有些过头,稍稍偏向形而上即"虚"的一端,便隐含"矫枉必须过正"的用意①。

---

① 有关中国文化中形上取向研究的论著不少,对本文写作有参考价值的主要包括:丁为祥:《张载对"形而上"的辨析及其天道本体的确立》,《哲学研究》2020年第8期;贺来:《论马克思哲学与形而上学的深层关系:"形而上学的终结"与"形而上维度的拯救"》,《哲学研究》2009年第10期;薛立波,李蜀人:《形而上还是形而下:中西形而上学比较研究中的一个问题》,《四川大学学报》2010年第3期;陈赟:《形而上与形而下:后形而上学的解读——王船山的道器之辨及其哲学意蕴》,《复旦学报》2002年第4期;任继愈主编:《中国哲学史》,北京:人民出版社,1979年;张隆溪著,冯川译:《道与逻各斯:东西方文学阐释学》,成都:四川人民出版社,1997年。涉及兰克史学部分,本文参考了胡昌智:《论兰克的史学思想》,《学术研究》2021年第8期;李孝迁:《探源与传衍:近代中国史家的兰克论述》,《学术研究》2021年第8期;吕和应:《20世纪历史哲学中的兰克形象》,《世界历史评论》2014年第1期。费利克斯·吉尔伯特:《历史学:政治还是文化——对兰克和布克哈特的反思》,北京:北京大学出版社,2012年;贝奈戴托·克罗齐:《历史学的理论和实际》,北京:商务印书馆,1982年;杰弗里·巴勒克拉夫:《当代史学主要趋势》,上海:上海译文出版社,1987年,及其他相关论著。

一、中国文化中的"形上"取向

对"形上"或"务虚"的强调是包括史学在内的中国文化的传统，流布已久，上溯其源，可达老庄。

道家哲学的核心命题是"道"，老子称道之为物，恍兮惚兮，有物有象，有精有真且有信①。在老子那里，"道"是抽象的精神意义上的存在，它依托物象却又高于物象。作为名词，"道"不同于动词的"道"即语言学意义上的"言说"。在道家创始人看来，"道可道非常道，名可名非常名。"《老子》一书开宗明义，三次辨"道"，揭示了"道"具有的"思想"和"言说"双重含义。按老子所言，"道"既内在而又外化，乃万物之源，不能混同物象，不可言说及命名。之所以如此，是因为它"玄之又玄"，为言说之力量所不能及。如果"道"可言及，就不是通常意义上的"道"。不宁唯是，甚至"道"的称谓也不是其本名，老子就说他不知其"名"，姑以"道""字之"（"吾不知其名，字之曰道"）。由此可见"道"在老子认知中的高度抽象性②。

庄子哲学中同样包含对"形上"的精神追求。但与老子不同，

---

① 老子曰："道之为物，惟恍惟惚。惚兮恍兮，其中有象；恍兮惚兮，其中有物；窈兮冥兮，其中有精；有精甚真，其中有信。"《老子》二十一章，王弼注，上海：上海古籍出版社，1989年，第5页。
② 老子的这一思想和柏拉图的思想神髓相通，几乎可以互绎。柏拉图指出："没有任何聪明的人会鲁莽得把他的理性沉思付诸语言，特别是付诸那种不能改变的形式。……我认为名称在任何形式下都是不稳定的。"钱锺书说这段话"几乎可以译《庄子》也。"张隆溪著，冯川译：《道与逻各斯：东西方文学阐释学》，成都：四川人民出版社，1998年，第68页。

庄子注意到前人不怎么强调的"言"与"意"的区别并注重抽象的"意"的表达。《庄子·外物》曰:"筌者所以在鱼,得鱼而忘筌;蹄者所以在兔,得兔而忘蹄;言之所以在意,得意而忘言。吾安得夫忘言之人而与之言哉?"①有学者认为,庄子希望找到的"得意忘言"的人,是"保持其内在意义而非外在形式的'道'或逻各斯的容纳者"②。这一将"逻各斯"与中国古代"形而上学"相提并论的认知,显然已意识到二者在追求超越物象上的精神共性,应出见"道"之人。

在"言"与"意"的关系问题上,王弼的认知较之庄子似进了一步。王弼是魏晋时期"玄学"的代表,认为"无"是"万物之所资",主张"以无为本"。其与庄子不同之处在于,他将"言"与"象"联系起来思考,认识到以"言"名"象"具有无法克服的内在缺陷,试图以"意"实现联通与超越。王弼说:"夫象者,出意者也,言者,名象者也。尽意莫若象,尽象莫若言。"又说:"言生于象,故可寻言以观象;象生于意,故可寻象以观意。""意以象尽,象以言著。故言者所以明象,得象忘言,象者所以存意,得意忘象。"③这些言论,充分体现了王弼以言尽意,将抽象的"意"置于具体"物象"之上的形上思考。

多少有些悖谬的是,被界定为"古代朴素唯物主义"思想家的

---

① 《庄子·外物》第二十六,郭庆藩:《庄子集释》卷九上,北京:中华书局1961年,第944页。
② 张隆溪著,冯川译:《道与逻各斯:东西方文学阐释学》,第77页。
③ 王弼:《周易略例·明象章》,转引自前揭任继愈书第2册,第174—175页。王弼的主张,和海德格尔注重抽象的"无"而非具象的"有",把"在者在而无反倒不在"视为"所有问题中的首要问题"有异曲同工之妙。海德格尔著,熊伟、王庆节译:《形而上学导论》,北京:商务印书馆,1996年,第3页。

张载,解读《易经》时亦强调"形上"精神追求,对"形而下"者似不屑一顾。张子曰:"形而上者,得意斯得名,得名斯得象;不得名,非得象者也。"又曰:"运于无形者谓之道,形而下者不足以言之。"可见张子异常重视观察认识中超越物象的"得意"。不仅如此,张氏似已觉悟直观感觉的局限,把知识区分为"闻见之知"与"德性之知",强调:"闻见之善者,谓之学则可,谓之道则不可。"在性质上,张载把"闻见之知"归于"学"的范畴,认为"道"是超越闻见的。为追求层级更高的"道",他抛弃耳目闻见的直接认知手段,采用孟子"尽心"的办法,强调主观意志对认识客观物象的作用[1]。

有人认为,中国并无西方式的以研究存在(being)为特征的形而上学(metaphysics)。此说不免偏颇。中国文化中很早就已出现"形上"与"形下"的认识范畴,并以"道""器"对立的形式予以表述,确立起"道"高于"器"的认知等级观念。《周易·系辞》曰:"形而上者谓之道,形而下者谓之器。"《周易》是卜辞,用于占卜吉凶,关注的是"顺性命之理,尽变化之道"。这固然与西方形而上学旨趣有别,但两者都强调抽象,内涵对物象的超越。西方形而上学有"物理之后的学问"的定义,被看成"第一学术"或"第一哲学"。其实中国古代思想中也有这样的元素。莱布尼兹就表示,他在中国文字中"看到了一种脱离于历史之外的哲学语言的模

---

[1] 张载:《正蒙·天道篇》《正蒙·大心篇》《经学理窟·义理》《语录下》,以上各篇见章锡琛点校:《张载集》,北京:中华书局,1978年,第14—15、24、273、333页。

式"①。严复用被视为"道"的中国古典术语"形而上"缀以"学"对译西文表述中的"metaphysics"，虽略牵强，却不离谱②。

在注重"形而上"的文化语境中，中国古人在文章写作上十分考究虚实处置。《易经》所谓"书不尽言，言不尽意"，体现出将抽象的"尽意"而非穷尽笔墨"叙事""状物"作为"书写"终极追求的取向。汉代思想家王充也极为重视作品中的虚实处置，视之为文章成功的关键，强调"实虚之分定，而华伪之文灭"③。如果说王氏所论尚含"崇实"成分，那么，到了魏晋南北朝，士风丕变，追求超脱成为时尚，文学创作遂"虚"风盛行。对文学而言，对"虚"的讲究能激发想象，打破有形的文字表现手段束缚，以无衬有，以虚托实，产生"不著一字，尽得风流"④的意境和观察认知效果。

作为古代文论的巅峰之作，《文心雕龙》对虚实关系的论述最为详尽，其《隐秀》篇有云："夫心术之动远矣，文情之变深矣，渊奥而派生，根盛而颖峻。是以文之英蕤，有秀有隐。隐也者，文外之重旨者也；秀也者，篇中之独拔者也。隐以复意为工，秀以卓绝为巧，斯乃旧章之懿绩，才情之嘉会也。夫隐之为体，义主文外，

---

① 雅克·德里达著，G. C. 斯皮瓦克译：《论文字学》，约翰·霍普金斯大学出版社，1976年，第3页。(Jacques Derrida, Of Grammatology, Trans., Gayatri Chakravorty Spivak, Baltimoe: Johns Hopkins University Press, 1976, p.3.) 转引自张隆溪著，冯川译：《道与逻各斯》，第68页。
② 黄克剑：《"形而上"致思之中西考辨》，《哲学研究》2018年第11期，第115页。
③ 王充：《论衡》卷二十九，"对作篇"，上海：上海人民出版社，1974年，第442页。
④ 司空图：《二十四诗品·含蓄》，杜黎均：《二十四诗品译著评析》，北京：北京出版社，1988年，第115页。

秘响旁通，伏采潜发，譬爻象之变互体，川渎之韫珠玉也。"①刘勰强调"复意"即言外之意，将"隐"（"不显"或"虚"）视为文之"体"，强调"义主文外"，彰显了对空灵虚无即形上精神的看重。

与哲学、文学比较，中国史学传统中的"务虚"成分更为浓重。司马迁著《史记》，怀有"究天人之际，通古今之变，成一家之言"的抱负，对主观形上异常看重。司马迁被尊为中国的史学之父，他的主张和著史实践，奠定根基，开通风气，嘉惠学人，影响深远。

刘知幾作《史通通释》，曾自叙"指归"曰："若《史通》之为书也……虽以史为主，而余波所及，上穷王道，下掞人伦，总括万殊，包吞千有。"他特别交代其"著书之义"，指出《史通》一书有与夺、有褒贬、有鉴诫、有讽刺，贯穿者深，网罗者密，商略者远。强调以往学者谈论经史多讳言前贤（如班、马）之失，此书反其道而行，"多讥往哲，喜述前非"②，故能彰显自身的特点与价值。刘氏"指归"极富批判性，可见其对"形上"史论的看重。

司马光作《资治通鉴》，书成，在给皇上的"进书表"中表露心迹，号称要"鉴前世之兴衰，考当今之得失，嘉善矜恶，取是舍非，足以懋稽古之盛德，跻无前之至治，俾四海群生，咸蒙其福，则臣虽委骨九泉，志愿永毕矣"。"臣常不自揆，欲删削冗长，举

---

⑤ 刘勰：《文心雕龙》卷八，《隐秀》第四十，北京：中华书局，2012年，第491页。
② 刘知幾：《史通通释》卷十《自叙》，上海：上海古籍出版社，2009年，第217页。但章学诚并不满意刘知幾之"虚"，故转而强调自己与刘知幾的不同："人乃拟吾于刘知幾，不知刘言史法，吾言史意"。甚至有"刘知幾得史法而不得史意，此予《文史义义》所为作也"的说法。《章学诚遗书》卷九《家书二》，北京：文物出版社，1985年，第92页。《章学诚遗书》外编卷十六《志隅自叙》，第552页。

撮机要，专取关国家盛衰，系生民休戚，善可为法，恶可为戒者，为编年一书，使先后有伦，精粗不杂。"①司马光将著史视为经国大计，抱负宏阔，不输刘氏②。

逮及清代，情况稍变。然而即便在考据盛行、朴学强势的乾嘉时期，研究中"形而上学"的阵地也未完全丧失。斯时不仅有章学诚这样的史家"务虚"，与钱大昕、王鸣盛并列号称清代史学三大家之一的赵翼，也不以考据为宗旨，强调关注"古今风会之递变"及"有关于治乱兴衰之故者"③。这种情况，直到西学东渐的清季，仍然不变。如所周知，清代曾发生所谓"汉宋之争"，汉学重视考据，强调证据，类似实证主义，宋学偏重心性义理，强调形而上的功夫。在两派斗争中，无论朴学家如何诋毁宋学，认为空虚无实学，宋学的"宗主"地位都未曾动摇。曾国藩时代虽出现某种程度的折中，但曾氏"一宗宋儒，不废汉学"④的表白，成为"汉宋之争"在清季的最后总结。

近代学人继承传统史学求实务虚的传统。吾蜀先贤刘咸炘认

---

① 司马光著，胡三省音注：《资治通鉴》"进书表"（元丰七年十一月进呈），北京：中华书局，1956年，第9608页。
② 宋人吴缜作《新唐书纠谬》，认为历史撰述须讲究事实、褒贬、文采，视之为著史"三要"。强调"有是事而如是书，斯谓事实；因事实而寓懋勤，斯谓褒贬；事实褒贬既得矣，必资文采以行之，夫然后成史"。若反其道而行，不考虚实，不校同异，修纪志者专以褒贬笔削自任，修传者独以文辞华采为先，"不相通知，各从所好"，不可能成就传世之史乘。吴缜：《新唐书纠谬》（附钱校补遗附录、修唐书史臣表），收入"丛书集成初编"，北京：中华书局，1985年，序第3页。
③ 赵翼：《廿二史劄记校证》（订补本），王树民校，北京：中华书局，2001年，"廿二史劄记校证小引"，第1页。
④ 曾国藩：《复夏教授》，《曾国藩全集·书信》七，长沙：岳麓书社，1986年，第3467页。

为，史家职能是"纪事"，其要在"察势观风"。在刘氏看来，所谓"史"不过系一器皿，器中所盛，不外政事、风俗、人才三端。"三端交互，政俗由人成，人又由政俗成"，由于政事、人才"皆在风中"，"事实实而风气虚"，故"事势与风气相为表里，事势显而风气隐"，"察势易而观风难"。鉴于传统书志"止记有形之事，不能尽万端之虚风"[①]，无以反映历史全貌，故刘氏主张治史者须重视"虚风"。

要之，"道器之辨"在中国延续两千余年，重"道"轻"器"观念不变，充分说明传统文化对"形上"精神追求的重视。清季以降，至于今日，中国史林风气几度翻转。随着西学东渐，科学主义盛行，加之政治干扰，学者一趋一避，重视形上思维、追求哲理抽象者日稀，"实证史学"，遂成时尚。然而，无论如何变及变如何，至少上列论述证明，标榜"实证"的学风并非源于中国悠久的主流文化与史学传统。

二、兰克史学理论中的"虚质"

近代中国实证主义史学来源安在？考镜源流，厥有二端：一是清代朴学，即乾嘉以来的考据学；二是被某些近代国人不恰当表述为"实证主义"的兰克史学。两大源头，前者出现时间稍早，却非中国文化主流，对现代史学作用有限，真正对中国实证史学产生影响的是兰克及其弟子。然而，尽管近年来史学理论界对兰克的研究

---

① 刘咸炘：《中书·道家史观说》，《推十书》第1册，成都：古籍书店，1996年，第32—33页。

已取得较大进展,但仍有部分历史学者认知片面,未能跟进吸纳相关成果,一定程度上存在对兰克史学理论方法的误读。

按照实证学者的说法,所谓历史实证就是用事实材料证史。这一史学流派被一些国内学者认为源于德国史学家兰克(Leopold Von Ranke)。这种认知未必能准确概括兰克史学,却也并非完全离谱。如所周知,兰克终身致力于考证史料、依据史实撰写历史。他曾表示,历史著作的主要要求是确保真实性,事实是怎样发生的就怎样描写[1]。在历史与哲学的关系上,兰克认为,使历史从属于哲学是错误的,因为史学的路径与哲学的路径截然相反:历史的方法是认识个别事务,哲学的方法是对个别事务进行抽象,两者不能相互替代[2]。

就历史方法而言,兰克将事实描述放在至高无上的位置。他在《拉丁与日耳曼诸民族史》的序言中写道:"一直以来,历史被赋予评判过去、为了未来岁月指导当今世界的任务。本研究不奢望如此崇高的功能,它只想陈述过去实际发生的事情。……虽然严格描述事实可能会限制我们,并且结果证明令人不愉快,但他无疑是最高

---

[1] 列奥波德·冯·兰克:《法国史》,罗格·文斯编:《世界历史的秘密:关于历史艺术与历史科学的著作选》,上海:复旦大学出版社,2012年,第346—347页。
[2] 转引自费利克斯·吉尔伯特:《历史学:政治还是文化——对兰克和布可哈特的反思》,第28页。兰克在研究中注重史料尤其是档案史料,但他重视带着问题寻找史料。例如在研究宗教改革时期的德国史的时候,兰克指出,"在研究的每一步中,我都会努力寻求关于酝酿着那个时代政治宗教运动的相关背景,即导致宗教改革运动加速发展的我们民族的生活状态,以及宗教改革所遭遇的抵抗是如何产生以及如何作用的相关新史料。"列奥波德·冯·兰克:《宗教改革时期的德国史》导言,罗格·文斯编:《世界历史的秘密:关于历史艺术与历史科学的著作选》,第94页。

法则。"① 在剖析奎昔亚迪尼的《意大利史》时，兰克断言："我们有一种不同的历史观：通过考察单个事实得到赤裸裸的、未经装饰的真相，其余的留给上帝，但不诗意化，不凭空想象。"②

兰克对后世的最重要影响是把史学建立在坚实的史实基础上，传播了考证史料以及追寻历史真相的学风。克罗齐曾将兰克定位为"实证主义"（positivism）历史学家。③ 巴勒克拉夫说："兰克有关发现什么是真实存在的教诲已成为历史智慧的全部语言。"④ 英国和美国历史学界将兰克视为"科学历史学"的奠基人。在美国史学界，兰克被塑造成"客观史学之父"⑤。

这一定位把握了兰克史学的重要特征，有事实依据却失之片面。因为兰克被认为将历史提升到与哲学、文学及其他学科并立的现代学科地位，除了对"实证"的强调，还有对历史的精神层面认知即强调形上精神的一面。简单作"实证主义"定位，是对兰克的误读。如学者提示，在德国史学中，兰克并不属于实证主义传统，他本人及其早期弟子恰好是反对实证主义的。在19世纪欧美史学界，实证主义特指从历史中发现规律的那种史学范式（比如英国文化史学家巴克尔所代表的传统）。兰克所属的德国历史主义传统追求历史中的个体性，与实证主义正相反对。把兰克视为实证主义的

---

① 列奥波德·冯·兰克：《拉丁与条顿民族史》导言（1824年），罗格·文斯编：《世界历史的秘密：关于历史艺术与历史科学的著作选》，第79页。
② 费利克斯·吉尔伯特著，刘耀春译：《历史学：政治还是文化——对兰克和布可哈特的反思》，北京：北京大学出版社，2012年，第22—23页。
③ 克罗齐著，傅任敢译：《历史学的理论和实际》，第230—232页。
④ 杰弗里·巴勒克拉夫著，杨豫译：《当代史学主要趋势》，上海：译文出版社，1987年，第24页。
⑤ 罗格·文斯编：《世界历史的秘密：关于历史艺术与历史科学的著作选》，第137页。

代表，是近代中国史家的说法，即使是误解了兰克的英美史学家，也只是将兰克史学视为"科学史学"或"客观史学"[①]。在西方学者中，像克罗齐那样将兰克史学定义为"实证主义"的只是个别现象。

就身份言，兰克虽是史学家，却是在擅长思辨的德国学术和人文环境濡染熏陶下成长起来的，在史学撰述中不可能感受不到单纯"实证"的局限。因而在将依靠史料寻求历史真相视为历史研究"最高原则"的同时，兰克一直在努力寻求对史料的超越。

在《宗教改革时期的德国史》导言中，兰克宣称自己"运用了大量的档案文献"，但也意识到，如果仅以此为凭借进行研究，自己"就会面临失去从整体上把握整个历史主题的危险；这样做或者是必然耗费大量时间，或者是打破我之前研究中所形成的统一观念"[②]。

然而，由于兰克史学思想中的"实证"特征被人为放大，掩盖了他对历史的形上思考，兰克曾遭到黑格尔讥讽，说他不过是一个"平庸的历史学家"。对此，一些学者不以为然，但兰克却坦然接受。他十分清楚，离开抽象思维，不足以为史学争取到其他学科业已获得的拓展"事实世界"和"思想世界"知识的学科重要性。因而他强调，历史要成为一门"学科"就必须超越"事实的大量堆积"。他相信历史"能够按照自己的方式，将自己从对个别事物的研究和观察，提升为一种关于事件的普遍观点，提升为一种关于客观存在的相关性的知识"[③]。

[①] 这一学术史的梳理，承我的同事和朋友吕和应教授提示，谨表谢忱。
[②] 列奥波德·冯·兰克：《宗教改革时期的德国史》，罗格·文斯编：《世界历史的秘密：关于历史艺术与历史科学的著作选》，第97—98页。
[③] 转引自费利克斯·吉尔伯特著，刘耀春译：《历史学：政治还是文化——对兰克和布可哈特的反思》，第29页。

有可能是受到黑格尔批评并意识到历史研究离不开抽象的哲学思考,兰克后来明确了他对哲学及与哲学相关的宗教的认同。尽管因为历史学的特殊性,兰克与历史哲学家在研究方法上异趣,但观念上却与之相同,都重视形而上的思维。兰克曾以调侃语气谈论他人对自己的误解:"非常好笑的是,有人说我对哲学以及宗教兴趣缺缺。事实上,正是哲学和宗教因素,也只能是这些因素将我引入历史研究之中。"①

兰克在历史研究中注重形上思考,与他曾经的哲学训练有关。兰克早年在莱比锡大学就学,起初学的是古典语文学(philology),后来转习历史。在研习语文学期间,他对康德哲学及康德本人发生浓厚兴趣,直接研读康德的著述。他曾得到一本康德的《纯粹理性批评》,挑灯夜读,兴味盎然。此外,德国哲学家费希特(Fichte)也给他留下深刻印象。费希特风行一时的著作大多是关于宗教与政治的,所著《对德意志民族的演讲》一书让兰克"无比崇拜",长期"沉浸在神学问题的研究上",无以自拔②。

在哲学和神学双重影响下,兰克异常重视主观意志与精神作用,强调研究主体的"自我主义",认为"精神能立即产生出再生的力量","没有什么比这一点对我整理研究方面的思想更为重要的了"。他特别指出:"对一个人的内心存在而言,这种自我主义不

---

① 罗格·文斯编:《世界历史的秘密——关于历史艺术与历史科学的著作选》,导言第28页。对兰克及其著作与黑格尔哲学的关系一直存在争议,威廉·谢勒坚持认为兰克的著作是浪漫主义哲学的结果而兰克本人本质上与黑格尔接近,尽管兰克本人不认同这一说法。罗格·文斯编:《世界历史的秘密:关于历史艺术与历史科学的著作选》,第137页。
② 列奥波德·冯·兰克:《口述自传》,罗格·文斯编:《世界历史的秘密:关于历史艺术与历史科学的著作选》,第49—50页。

仅是一种可允许的形式，而且是一种必要的形式。"①作为一个具有明确目的论的历史学家，兰克的研究甚至带有某种程度的"观念先行"取向，认为"一个历史学家的目的取决于其采取何种观点"②。由此可见兰克对思想认知的看重。

与思想意志相关的是情感，这在兰克的史学思想中也有体现。在研究中，兰克注意到情感在人类历史发展中的地位和作用，强调研究者也不能无情无义："一个人应当从内在的感情去理解历史……历史学家存在的价值就是，在这种潮流中或为了这一潮流而理解并学会理解每一个时代的意义与价值。"在兰克看来，历史学辨别真伪、寻求真相的方法"与人类最高层次的问题——上帝的神秘意志——直接相关"③。兰克所论涉及宗教，而宗教又牵涉到人的精神世界，这种因宗教而及于精神世界的关注，使兰克在历史研究中感受到某种程度的神秘意志，超越了形而下的"实证"范畴。

兰克的史学理论与方法的主张，与他对历史学的性质认知密切相关。他指出：历史学家既要博学，又要有文采，因为历史既是艺术也是科学。历史学的这一性质，决定了历史研究如同哲学一样，既要有批评性又要具有知识性。没有透视社会的人文与艺术眼光，没有严密的富有创建性的科学头脑，不可能与历史学的学科性质达

---

① 《兰克日记》（1875年11月），罗格·文斯编：《世界历史的秘密：关于历史艺术与历史科学的著作选》，第353页。
② 列奥波德·冯·兰克：《拉丁与条顿民族史》导言（1824年），罗格·文斯编：《世界历史的秘密：关于历史艺术与历史科学的著作选》，第76页。
③ 列奥波德·冯·兰克：《给儿子奥托的书信》（1873年5月5日），罗格·文斯编：《世界历史的秘密：关于历史艺术与历史科学的著作选》，第349—350页。

成吻合[①]。

从目的论立场观察，历史学的目的在很大程度上决定兰克不可能将目光滞留在依据"客观"史料书写历史故事上。在兰克看来，历史首先是"依靠批判的理解，把真相与谬误区别开来"。但这只是历史研究任务中的一部分。更为辉煌灿烂也更为困难的任务是探究历史事件的原因与前提、结果与影响，以及准确区分人类的意图，分析那些导致一些人失败而另一些人成功的错误和过失[②]。"最后的结果是对世界有一个和谐的理解"，即"以设身处地的方式（Mitgefühl），移情（Mitwissenschaft）地理解所有的一切"[③]。如此繁复的任务，离开高度的抽象与深刻的批判，绝不可能完成。

值得注意的是，兰克不仅勤于写作，撰写大量历史著作，在这些著作中展示自己的史学理论与方法，对时人的史学论著，兰克留下的批评言论，也充分体现出他对形上精神层面的看重。

在兰克批评的历史著作中，奎昔亚迪尼的《意大利史》堪称不朽。兰克认为，这一作品之所以不朽，除了作者以其胆略直面教皇和教会，揭露诸侯的秘密，绝无谄媚迎合之迹外，主要原因在于能注意到当时政治生活中派别错综复杂，意识到不对"普遍事态"

---

① 列奥波德·冯·兰克：《法国史》，罗格·文斯编：《世界历史的秘密：关于历史艺术与历史科学的著作选》，第346—347页。
② 列奥波德·冯·兰克：《论历史与政治的区别和联系》，罗格·文斯编：《世界历史的秘密：关于历史艺术与历史科学的著作选》，第147—148页。
③ 《兰克1840年左右的笔记》，罗格·文斯编：《世界历史的秘密：关于历史艺术与历史科学的著作选》，第328页。尽管兰克高度重视基于史料回复历史真相，但他也意识到，如果"没有当前时代所产生、激发的研究兴趣，那些时代会被研究吗？考虑到这一点，我们必须总是尽力对事件有一个更清楚的了解。这一最珍贵而高尚的目标，既是哲学研究的目标，也是研究人类历史的目的"。罗格·文斯编：《世界历史的秘密：关于历史艺术与历史科学的著作选》，第328—329页。

进行考察就无法书写历史的现实，从复杂的关联中探析具体事件，再解释"人类行为在多大程度上产生于人与生俱来的激情、虚荣心和自私自利方面，表现出无愧于一个真正的天才和大师"[①]。这一评论，体现了兰克对历史学家把握比思想更加内在的人类心理活动的高度重视。

在评价意大利政治家、历史学家马基雅维利时，兰克的见解最能体现其历史观念。他认为马基雅维利并不是一个"我们时代意义上的真正历史学家"，但他带给人们如此多的时代信息，不仅有助于构建他所处时代的大致轮廓，更重要的是，这些信息"有着如此深的时代烙印，提供了反映那个时代的深刻洞见，以至于马基雅维利是我们最不能忽略的历史学家"[②]。可见作为卓越的历史学家，兰克固然重视基本的历史信息，但他更关心这些信息包含的作者对时代认知的深刻性，这一关注，使其史学观实现了对史料的超越。

然而兰克毕竟是大师，大象无形，大音希声，他的过人之处在于不轻下论断，这给人以注重事实重建忽略历史诠释的印象，但他一旦作出论断，便无可辩驳。英国史家古奇论述兰克的生平和著述，把他的《近代史家批判》定位为"史学的批判时代的开端"。认为兰克研究方法的新奇之处，在于他能抓住历史写作者的性格，并查究他的资料是从哪里获得的。在兰克的著作中，人们较少看到主观的议论，然而"正因为他很少发表论断，所以他的论断就更有

[①] 列奥波德·冯·兰克著，孙立新译：《近代史家批判》"历史的观念译丛"第22种，北京：北京大学出版社，2016年，第58—59页。
[②] 列奥波德·冯·兰克：《对奎昔亚迪尼的批判》导言，罗格·文斯编：《世界历史的秘密：关于历史艺术与历史科学的著作选》，第102页。

力量"①。

问题在于，兰克既将利用史料以寻求事实真相视为史学"最高原则"，又被视为开启了"史学的批判时代"，研究者将如何协调两者的关系？

对这一问题，马克思的一封信或可提供解答之门的锁钥。1864年9月7日，马克思在给恩格斯的信中不带褒贬地提到兰克，说当时很多青年人（如"巴伐利亚公使段尼格斯的女儿"等）追随兰克，兰克让他们参与德意志皇帝编年史的工作。在编写过程中，兰克要求他们只关注现象，死守客观，不让他们涉猎属于精神层面的内容（如奇闻逸事背后的意义、重大事件的因果等），自己却掌控编年史中属于精神与智慧层面的存在。正因为如此，他的学生段尼格斯被视为"叛逆者"，因为他不满兰克对历史撰述中的"精神垄断"②。

---

① 古奇：《十九世纪历史学与历史学家》上册，北京：商务印书馆，1997年，第214—215页。
② 恩格斯给马克思的信有李季翻译的三联书店版和中央编译局版，本文系根据马克思给恩格斯通信的英文文本梳理文义，其英文原文为："The Bavarian envoy's daughter, is none other than the daughter of Donniges of Berlin, a fellow university demagogue of Rutenberg and co.'s, originally one of that little weed Ranke's jeunes gents — or rather, since they were no gentlemen, jeunes gents — whom he got to edit beastly old German imperial annals, etc. What that capering little troll Ranke regarded as wit — playful anecdotalism and the attribution of all great events to mean and petty origins — was strictly forbidden these young men from the country. They were supposed to stick to what was 'objective' and leave wit to their master. Our friend Donniges was regarded as something of a rebel, since he contested Ranke's monopoly of wit, in deed if not word, and showed ad oculos in various ways that he, no less than Ranke, was a born 'valet' of 'history'."《马克思致恩格斯》（1864年9月7日于曼彻斯特），《马克思恩格斯著作选》第41卷，苏联进步出版社、伦敦劳伦斯/威斯亚特出版社、纽约国际出版社联合编印，1985年，第560页。（Marx To Engels In Manchester, 1864.9.7, Marx and Engels Collected Works, vol.41, compiled and printed by Progress Publishers of the Soviet Union in collaboration with Lawrence & Wishart (London) and International Publishers: New York, 1985, p. 560.）

马克思对兰克的历史研究所作层次区分极具提示性。由此可知，在兰克的历史撰述工程中，存在作为基础工程的史料"编纂学"和解释历史事实的"思想观念"阐发两部分。他给学生的任务是前者，而把后者留给自己，充分说明他对历史的哲学思考的重视。尽管兰克曾表示，历史学被赋予评判过去、教导现在、以利将来的职能。对于这样的重任，他不敢企望。但这只能理解成一种"谦词"。因为兰克在做类似表态的同时，又强调研究者"对事件的同一性和发展进步的说明"，认为"只有详尽地阐述它们，我们才能够更好地把握历史发展的主要脉络、发展方向以及决定历史发展动机的那些思想观念"[①]。

像马克思这样区分历史研究层次的在当时并非特例。19世纪末20世纪初，多数历史学家在理论上都认同唯心主义，严格区分历史学与科学，强调直觉（Erlebnis）是历史学家处理历史的最终手段。当时，历史学家设定的目标主要有两个：一是发现新事实，一是"历史的批判"[②]。在巴勒克拉夫看来，通过将历史研究区分为两个阶段可以实现两者的结合：其一是搜集和准备资料阶段，其二是解释资料和表述成果阶段。前一个阶段以"实证主义"为主，在后一个阶段中，历史学家的"自觉本能和个性起主要作用"[③]。在这种具有研究段位高下之分的工作中，兰克给自己设定的任务目标无疑是后者。

---

① 列奥波德·冯·兰克：《拉丁与条顿民族史》，罗格·文斯编：《世界历史的秘密：关于历史艺术与历史科学的著作选》，第78页。
② 列奥波德·冯·兰克著，孙立新译：《近代史家批判》，第38页。
③ 杰弗里·巴勒克拉夫著，杨豫译：《当代史学主要趋势》，上海：译文出版社，1987年，第7页。

中国文化中的"形上"与兰克史学中的"虚质"

巴勒克拉夫敏锐观察到兰克史学中精神层面的突出地位,指出兰克的历史研究是要呈现每个时代特殊的精神,他不是让史料自己讲话、藐视有历史观点的史家。相反,兰克著作中的历史观点极为丰富并有一致性,它们都融入在他的叙述中。著作表达的方式与内容都透露着他的历史看法以及他所见到的历史特质与精神,而且那些观点与看法更隐含着一个共同的原则——个体性(Individualität)的原则。兰克不自限于史料档案中,他并不认为,找到史料历史即不证自明,所谓让史料说话或据实直书也都不是完整的说法。正因为如此,他不满意史添策(G. Stenzel),认为他收集了丰富的数据,虽有"学术性整理",却没能呈现真相,因为在选择使用哪些史料重建历史事件时,他"消弭"了自我,很少把自己提升到能把握全貌的高度[1]。

以上论述表明,尽管兰克的史学主张体现出鲜明的实证性并因此形成与同侪的学术个性区别,但其学术追求主要表现在形上层面。然而兰克留给世人的却是与此不同的印象。个中原因,克罗齐做了仔细的观察分析。他注意到,虽然兰克"老是攻击哲学,尤其攻击黑格尔哲学,大大地有助于历史家们对哲学的不信任",但他仍然信仰宗教、钟情哲学。他的过人之处在于,由于他富于"文采",善于表达,所以"能在礁石之间行驶甚至不暴露自己的宗教信念或哲学信念"[2]。克罗齐说得很含蓄,兰克是有哲学观念和宗教信仰的历史家,其史学思想被误读,很大程度上是因为"没有暴露"他笃信并践行的宗教理想与哲学信念。

---

[1] 参见自胡昌智:《论兰克的史学思想》,《学术研究》2021年第8期,第110页。
[2] 贝奈戴托·克罗齐著,傅任敢译:《历史学的理论与实际》,第230—232页。

三、结论

综上所述，中外史学传统无不强调求实务虚，既注重实证，也不忽略形而上的功夫。在此两面性的关照下，我国的史学理论研究已克服一度出现的片面性，取得较大进展。就兰克研究而言，史学理论界的学者开始注意到过去相对忽略的兰克史学主张中的"虚质"，深入发掘这方面的思想内涵，为中国的史学理论研究提供了有价值的思想资源借鉴。

然而，由于史学理论学科与历史研究学科分工形成的区隔，当史学理论学界已对兰克研究取得长足进展之时，仍有部分历史学者的认知未能跟进：言及兰克，某种程度上还停留在狭义理解的"实证"阶段，以为其高妙只在依据材料作史实重建；谈到兰克的中国传人，以为傅斯年等人受兰克影响，只强调搜集史料的功夫，忽略形而上的历史思考。这不仅是对兰克史学思想的片面理解，对兰克的中国传人的史学思想与实践，也未能准确把握[①]。

回顾"新史学"在中国的兴起可知，傅斯年等人虽宗奉兰克，

[①] 承吕和应教授提示，兰克本人对民国史学影响应该很有限，对中国史学界影响大的可能只是兰克的影子或兰克传了几代的弟子。兰克与前三代弟子所处的理论语境差异很大，即便看起来很类似的论述，其涵义可能都不一样，比如对神学和哲学，兰克多有借重，但其弟子对这两个维度已经失去了兴趣。如果要谈论兰克对中国史学界的影响，可能需要更多引述兰克徒子徒孙的观点。

做过"史学就是史料学"一类极端表述,高调提倡"实证主义"[①],并因此被视为"中国的朗克学派"[②],但傅氏以及受其影响的那一代看似偏执于"实证"一端的学者,实际做的并不只是搜罗史料作简单史实重建的工作,而是虚实并进,践行陈寅恪以"新材料"研究"新问题"的主张。[③]其志向并不只在基于"实证"的简单事实重建,而是"要把科学的东方学建立在中国"[④]。其能开一代新风,取得巨大成就,原因盖在于此。

傅斯年等人的史学实践说明,研究兰克及其对中国的影响,须执两用中,应意识到史料是历史研究的基础,是从事史实重建的建材,是历史书写赖以展开的前提。而对历史问题的深入发掘,对历史现象的批判性认知,对历史经验的概括总结,对历史事件的形而上思考,是决定历史研究水准及学术段位高下的关键。善于发掘史料并利用史料作历史编撰,体现的是唐代史家刘知幾强调的才、

---

① 傅氏一生讲到兰克次数不多,1943年12月他为《史料与史学》撰写发刊词,说明该刊之所以命名"史料与史学"的用意时提到兰克:"本所同人之治史学,不以空论为学问,亦不以'史观'为急图,乃纯就史料以探史实也。史料有之,则可因钩稽有此知识;史料所无,则不敢臆测,亦不敢比附成式。此在中国,固为司马光以至钱大昕之治史方法。在西洋,亦为软克(兰克)、莫母森之著史立点。史学可为绝对客观者乎?此问题今姑不置答,然史料中可寻得之客观知识多矣。"傅斯年:《〈史料与史学〉发刊词》,《国立中央研究院历史语言研究所集刊》外编第二种《史料与史学》,重庆:独立出版社,1944年,第2页。
② 邓广铭:《怀念我的恩师傅斯年先生》,《邓广铭全集》第10卷(书评序跋杂著),石家庄:河北教育出版社,2005年,第312页。
③ 1930年,陈寅恪在《陈垣〈敦煌劫余录〉序》中指出:"一时代之学术,必有其新材料与新问题。取用此材料,以研求问题,则为此时代学术之新潮流。治学之士,得预此潮流者,谓之预流。其未得预者,谓之不入流。此古今学术之通义。非彼闭门造车之徒,所能同喻者也。"陈寅恪:《陈垣〈敦煌劫余录〉序》,见氏著:《金明馆丛稿二编》,北京:生活·读书·新知三联书店,2001年,第266页。
④ 邓广铭:《怀念我的恩师傅斯年先生》,《邓广铭全集》第10卷,第313页。

学、识中的"才"与"学",对历史进行形上思考表现的是才、学、识中的"识"。没有凭借"才""学"搜集编撰的史料,历史研究缺乏"物质基础",所论无以坐实;离却"识"即形而上的思考,历史研究将丧失灵魂,没有意义。因而对历史研究来说,才、学、识如鼎立之三足,缺一不可。

然而,历史在发展,历史研究的手段亦须不断更新。尽管史家须同时具备才、学、识的讲究仍能成立,但本世纪以来,随着IT技术发展,纸本文献数字化的工作全面展开,互联网沟通全球,检索手段高度完善,获取历史研究基本史料的难度已较"手工时代"大幅降低。在此新的学术语境下,对历史学者而言,提高研究水准的主要努力已转移至相对"虚"的分析认识层面,带有技术性质的史料搜集整理工作以及"以史料取胜"的研究套路已然成为历史研究多数领域中的过去式。学者生当今日,若对此缺乏清醒认知,一味固执"实证"传统,只注重史料搜集,忽略"务虚",不在形上思辨与抽象认知上狠下功夫,不善于建构认识架构,不提高对历史的解析与批判能力,即便文献功夫了得,也很难适应科技高度发展时代史学研究的需要。

人类学对历史学的方法启示[1]

人类学在中国经历了近百年的发展历程，成就斐然，对历史学提供了诸多理论及方法上的启示，但也面临学科被泛化的局面。当越来越多的学科被冠以"人类学"头衔时，人类学究竟是什么也随之成为问题。在操作层面，人类学从心理学那里借取的"移情"以及从语言学那里借取的将研究者作为"参与者"的"主位"角色强调，对学者确定研究立场裨益良多，对历史研究尤具启发意义。但学者毕竟是象牙塔中人，能在多大程度上"移情"或"参与"研究对象，值得怀疑。另外，人类学者重视"田野作业"，对历史研究提供了行之有效的方法。然而不可忽略的是，"田野"亦有类"文本"，存在人为制作的成分。这些因素迫使人类学者在方法上做新的探索。人类学面临的困境和人类学者在理论方法上的探索，为历

---

[1] 文本根据作者在四川大学历史文化学院与文学人类学研究所共同主办的学术报告会上的谈话稿《一位历史学者眼中的中国人类学》整理而成。在文稿整理过程中，承老友张隆溪教授提出中肯的书面意见和建议。另外，刘复生教授、李禹阶教授、陈波教授、汪洪亮教授、李沛容副教授、李倩倩副教授、徐法言博士、车人杰博士、陈默博士等师友，或提示资料，或指正文中疏漏，受益匪浅，谨致谢意。

史研究提供了有益的学术借鉴。

一、人类学的泛化与学科认同危机

人类学（Anthropology）旨在从生物和文化等角度对人类群体进行比较研究。按照马林诺夫斯基（B.Malinowski）在《大英百科全书》中的定义，人类学是研究人及人的文化在不同水平线上发展的科学[①]。由于学术传统有别，各国学者对"人类学"名称及各分支学科有不同的理解。在欧洲大陆，很长一段时间内，"人类学"多被狭义解释，特指对人类体质方面的研究，对人类文化方面的研究则称"民族学"。如果撇开体质人类学，我们今天所说的"人类学"更多指的是与"民族学"概念极易混淆的"文化人类学"。

不过，文化人类学并不能与民族学简单画等号。广义的文化人类学包括考古学、语言学和民族学，狭义的文化人类学才特指民族学。民族学偏重在民族志基础上进行文化比较研究。文化人类学学

[①] 19世纪以前，"人类学"这个词的含义大致相当于今天所谓的"体质人类学"（Physical Anthropology），往往特指人体解剖学和生理学的研究。进入19世纪后，欧洲学者开始对考古发掘的化石遗骨发生兴趣，这些遗骨常伴有人工制品，因这些制品仍在现有的原始族群中使用，所以学者们开始注意有关原始族群体质类型和原始社会文化的报道。原始族群的信息最初是由探险家、传教士带到欧洲，后来人类学家也亲自到异质文化中去搜集相关资讯。人类学因此中止了仅仅关注人类解剖学和生理学的传统，改从体质、文化、考古和语言诸方面对人类进行广泛综合的研究。本文所引马林诺夫斯基对人类学的定义参见吴文藻：《文化人类学》（1932年）、《功能派社会学的由来与现状》（1935年），《吴文藻人类学社会学研究文集》，北京：民族出版社，1990年，第37、122—123页。此外，本文对人类学具体分支与学科关系的解释，还参考了学界通行的工具书和研究论著，因为系讲稿，未及一一注明资料来源，尚请被引用的作者谅解。

者最有成就的工作是对人类的婚姻家庭、亲属关系、宗教巫术、原始艺术等方面的研究。英国学术界倾向于将这部分内容称为"社会人类学",有时又笼统称"社会文化人类学"。19世纪中叶以后,发掘并研究人类社会"原生形态"一度成为人类学的学科主流。

人类学自从传到中国并成为大学里的一门学科,就呈现出某种程度的学科交叉融合状态。20世纪前半期,中国学界常将"民族学"与"文化人类学"视为内涵相同的概念。凌纯声解释说:"因民族学研究的对象为文化,故又称'文化人类学'。"[1]基于民族识别主要是"文化"的而非"种族"的认知,学者每致力于不同族群文化异同的探讨。与民族学和人类学的关系类似,当时社会学与人类学在大学的学科设置上也严重交叉。如燕京大学社会学系当时培养学生,在专业设置上就不区分社会学还是人类学,因而从事民族学研究的学者,同时也被认为是在从事社会学研究。

学科的交叉重叠使人类学的学科疆域逐渐变得宽广,学科边界越来越模糊,很少有哪个与人相关的学科未被纳入人类学范畴[2]。除了前面提到的几种人类学之外,还有历史人类学、文学人类学、医学人类学、生态人类学甚至饮食人类学等,不一而足。在五花八门的"人类学"中,一些体现学科交叉特征的"人类学"值得历史学者重视。例如,医学人类学作为已创立的最具活力和最成功的人类

---

[1] 凌纯声:《民族学与现代文化》,《国立中央大学日刊》第873号,1932年12月,第21页。
[2] 这与人类学的学科性质包含的"整体论"有关。科塔克说:人类学和其他研究人的学科的主要区别在于整体论,独一无二地融生物、社会、文化语言、历史和当代视角于一体。然而悖论是,这种包容和广博在使人类学显得独特的同时也使之与很多其他学科联系起来。康拉德·菲利普·科塔克:《人类学:人类多样性的探讨》,北京:中国人民大学出版社,2012年,第15页。

学分支领域，它的大多数研究路线都欣欣向荣，这得益于跨学科的支持，不同学科学者的参与使它在人类学中赢得声誉。而生态人类学，经过学者的积极探索，也取得一定成绩，受到关注。

学科交叉能促进学科发展，但也存在异化的潜在危险。当一个学科涵盖了其他一切学科的时候，人们也可说它什么也不是。人类学家罗德尼·尼达姆（Rodney Needham）曾指出："人类学领域可能很快就会重新分配到多个邻近学科中去"，断言"当前形式的人类学将经历'一种彩虹般的变形'"[1]。这绝非危言耸听。要确定一个学科的性状，必须有一个"亲本"（parental stock）。以植物嫁接为例，无论你怎么嫁接，首先要找到一个用作嫁接的砧木。以梨嫁接苹果产生梨苹果，以苹果嫁接梨产生苹果梨。"亲本"决定植物的基本性状和品质。学科交叉融合也一样。一个冠以"人类学"的学科，你叫它文学人类学也好、历史人类学也好、医学人类学也好、生态人类学也好，不管如何吸纳别的学科质性，其"亲本"都应该是人类学，这一点不能忽略。但我总感觉现在学界一些人多少忽略了这一点，使你弄不清学科"亲本"究竟是什么，实际做成用人类学的方法研究历史、研究文学、研究生态、研究医学等，却仍然叫"人类学"，好像人类学比较时髦，故而用之，然而这还是不是原初意义上的人类学，已成问题。

---

[1] 詹姆斯·克利德福、乔治·E.马库斯编：《写文化：民族志的诗学与政治》，北京：商务印书馆，2006年，第33页。作为人类学教授，乔健在回答学生人类学毕业生将来能做什么的时候坦承：我自己从事人类学教学与行政工作二十多年，回答过这样的问题无数次，我最常用的一个答案便是："人类学系的毕业生什么都能作。"但我深深了解这句话背后的含意却是："什么都不能作。"乔教授此言，道出了人类学与人类学者的认同尴尬。乔健：《中国人类学发展的困境与前景》，《广西民族学院学报》1995年第1期。

人类学的这一学科现状导致了人类学者的认同困境。有不少身边的事例可以说明这一点。大家知道，由于目前国内设置人类学系的高校不多，一些在国内外受过良好人类学学科训练的优秀学者到了历史系工作。"入乡随俗"，在方法上自然选择历史学和人类学的结合，走上"历史人类学"的路线，做出不少成果。然而，在"双一流"学科建设中，他们的成果归类却发生了问题。貌似"正宗"的史学界同人似乎并不怎么认同他们用人类学"田野"方法"调查"出的本属史学范畴的成果，而人类学界对他们的研究用了太多历史文献的做法也未必都能首肯，致使他们进退失据，其中一些人甚至职称评定都受到影响。这种状况的出现当然不一定是因为这些学者的"跨界"研究出了问题，而可能是目前历史学及人类学的学科生态尚难适应他们在研究中对人类学与历史学学科元素的双重吸纳。但即便从这个立场观察，人类学的"异化"仍隐约可见。因而今天的人类学，至少中国大陆的人类学，应该有一个回归人类学本体的问题[1]。

中国人类学面临的另一困境是传统人类学者往往习惯以"原始部落"为研究对象，"将高等文明交给社会学去研究"，这与19世

---

[1] 张隆溪教授对此有独到认知，他在致笔者的信中，结合自己从事的同样带有跨学科性质的比较文学指出："一个人文学者超出学科界限，进入跨学科研究时常常会遭遇困境。人类学的研究方法被许多学科借鉴甚至挪用，一方面固然显示人类学的研究方法很有活力，但另一方面也使该学科逐渐丧失其特性，变得不伦不类。这和1990年代美国比较文学面临的问题颇为类似。因为比较文学有语言和文学研究传统的独特优势，最先引入欧洲、尤其是法国的批评理论，但后来英文系和许多其他科系、乃至其他学科都采用比较文学最先引入的各种理论和方法，使比较文学本身反而有丧失自己特殊身份的危机（identity crisis）。这在十多年前美国比较文学学会提出的报告中，有清楚的论述，与兄文可谓不谋而合。"张隆溪：《回复大作论人类学与历史研究》，2019年3月14日于香港城市大学。

纪西方人类学者对"原始主义"(primitivism)的崇拜有关[①]。而中国境内有无或有多少"原始部落"却是首先需要正视的问题。有一本书，是乔治·彼得·穆达克写的，30年前由童恩正先生翻译成中文出版，书名叫《我们当代的原始民族》，其中涉及澳洲的阿兰达人、马来半岛的色曼人、印度南部的图达人、中亚的哈萨克人、日本北部的虾夷人、北极的因纽特人、北美的易洛魁人、墨西哥的阿兹特克人、秘鲁的印加人、亚马孙河的威图土人、乌干达的干达人、西非的达荷美人等，全书共18章，每章写一个"原始民族"，却没有收录中国境内的少数族群[②]。虽然这并不意味着中国境内没有"原始部落"，像鄂伦春人、摩梭人等，当其被"发现"时，文明发展相对滞后，近乎"原始"，但类似的族群在中国境内数量较少，而且是否够得上是独立的"民族"也多少存在争议。将习惯用于原始族群研究的文化人类学的理论及方法用来研究中国境内的少数民族究竟是否适合[③]？换言之，如果人类学者囿于传统，在中国"原始部落"如此稀少的情况下，其用武之地究竟何在？这个问题，中国的人类学者没有理由回避。

突破传统人类学设定的学科边界的努力因此而展开。从20世

---

① 吴文藻：《文化人类学》（1932年），《吴文藻人类学社会学研究文集》，第37—38页。
② 乔治·彼得·穆达克著，童恩正译：《我们当代的原始民族》(Murdock, G.P., Our Primitive Contemporaries, Oxford, England: Macmillan. 1934)，成都：四川省民族研究所，1980年印行，民族研究资料丛刊之一。
③ 王铭铭在谈到中国人类学者的关注重心时指出："就中国学界来说，社会学家更多关注城市，或者乡村的城市化，也就是传统社会过渡到现代社会的过程。人类学家更多地沉浸在农村或少数民族研究里。如今这个区分变小了，有社会学家研究历史和传统社会，也有人类学家研究现代性。但一般来说，我们更习惯于从非工业化的社会之世界观为出发点。"参阅王铭铭等：《人类学究竟是什么：一门学科的公众形象问题》，《中华读书报》2007年6月19日。

30年代开始，中国的人类学者将主要精力用于境内并非"原始"的少数民族的研究，甚至有学者将注意力转向汉族社会。费孝通在英国功能派人类学家拉德克里夫-布朗教授（A.R.Radcliffe-Brown）鼓励下所作的"江村调查"以及后来在"云南三村"（禄、易、玉）展开的研究，在我看来就不是传统意义上被用于汉族学者眼中属于"他者"（the other）的少数民族尤其是"原始民族"的人类学研究，因其接触到文明发达程度较高的民族，方法上接近社会学路数，体现了与传统人类学的区别。而林耀华的《金翼》，更是堪称研究汉族社会文化与社会结构的典范[1]。我们没有理由怀疑费、林等前辈学者选择的正确性。原因很简单，"人类"是一个内涵看似固定实则变动不居的概念，既包括"原始"的存在，也包括"现代"的形态，"人类学"怎么能够画地为牢，作茧自缚，只研究"少数民族"呢[2]？事实上，20世纪中叶以来，人类学的发展已经越来越多的以现代人类及其文明作为研究对象，研究范围也不再局限于相对本民族的"他者"[3]。然而不管是要突破传统还是要固守传统，人类学究竟应当如何确定自己学科边界与研究内涵的问题，已摆在每

---

[1] 参阅林耀华：《金翼：中国家族制度的社会学研究》，北京：生活·读书·新知三联书店，2008年。

[2] 对于人类学的研究现状，贝克尔（Ernest Becker）曾悲叹道：社会和文化人类学在社会科学的边缘地带苟延残喘，它与具有历史渊源的姐妹学科考古学和生物人类学之间存在着不稳定的松散联系，并且常被责怪为一种对于与世隔绝的"原始"奇风异俗的描述。乔治·E.马尔库斯等著，王铭铭等译：《作为文化批评的人类学：一个人文学科的实验时代》，北京：生活·读书·新知三联书店，1998年，第38页。

[3] 20世纪50年代以来，人类学者开始"把在研究'非西方民族'中很管用的同样技术运用于研究诸如街头帮派、公司官僚制、宗教崇拜团体、保健投递系统、学校，以及人们如何应付消费投诉等这类不同的事情上"。威廉·A.哈维兰：《文化人类学》（第10版），上海：上海社会科学院出版社，2002年，第15页。

个人类学者面前①。

在方法上，大概除了吴文藻相对谨守西方人类学的轨范之外，包括费、林等学者在内的早期研究都给人以学科性质不甚明确的印象。今天学界将二人视为人类学学者，实际上二人的研究更贴近社会学、民俗学的理路。费先生说："在我身上人类学、社会学、民族学一直分不清。"②这显然不是自嘲，而是客观反映了人类学在中国的初期发展状况。

不过这种从一开始就呈现的看似混沌的状况并不一定是坏事，或许正预示了人类学在中国的未来发展方向。某种程度上，人类学、民族学、社会学在中国已形成综合性的研究取向。多学科的融合，对人类学在中国的发展无疑能奠定更加厚实的发展基础。然而无论如何融合吸纳其他学科的因子，人类学自身的基本元素不应变化，这是必须坚守的学科底线。如果没有底线，中国就将失去可与国际学术对话的人类学，中国的"人类学"就会异化到不被国际学

---

① 关于人类学的边界问题，人类学者当然有自己的界定，但公众却有相对固定的认知。诚如马库斯所言："社会文化人类学者非常难以调节他们的抱负所发生的实际变化与他们的研究方式之间的矛盾，因为他们的公众——不论普通大众还是其他学术界人士——仍将首先将他们看作关于原始的、异域的和前现代社会的专家，即使他们对现代或当代世界作出了贡献，那也是因为这个传统的专业技能。"不能说，这种认知与人类学的实际状况无关。乔治·E.马库斯：《〈写文化〉之后20年的美国人类学》，见詹姆斯·克利德福、乔治·E.马库斯编：《写文化：民族志的诗学与政治》中文本序，北京：商务印书馆，2006年，第5页。

② 不过也应该指出，费孝通在承认自己的研究学界限不明确的同时，对应该做的人类学工作路线却十分清楚。他具体解释说："这种身份不明并没有影响我的工作。这一点很重要，我并没有因为学科名称的改变，而改变我研究的对象方法和理论。我的研究工作也明显地具有它的一贯性。也许这个具体例子可以说明学科名称是次要的，对一个人的学术成就关键是在认清对象，改进方法，发展理论。"费孝通：《关于人类学在中国》（1993年8月9日），《费孝通全集》第14卷，呼和浩特：内蒙古人民出版社，2009年，第263—264页。

术界公认的地步。人类学如此，其学科近邻历史学当然不能例外。人类学走学科交叉路线，历史学者自然也应从其他学科尤其是人类学那里汲取营养，丰富自身的学术内涵，但历史学基于深厚学术传统形成的自身学科认同，同样不能忘怀。

二、"移情"尴尬与"客位描述"解困

在人类学诸多分支中，与历史学内涵最为接近的是文化人类学（cultural anthropology）。按照美国人类学家S.南达的说法，文化人类学是以人类群体间的共性和相异性为研究对象并加以描述、分析、解释的独立的学科。人类学家的兴趣在于社会群体的特点，而不是某种畸形的现象或个人的独特性。因此，在研究人类进化时，人类学家把注意力集中在群体差异上，而不甚关注个体的不同。文化人类学与历史学有相通之处。杨希枚在给S.南达所著《文化人类学》中译本写序时称：文化人类学不仅是最具现代科学代表性的一门社会科学，而且是最具广泛性和综合性的一门史学。所不同的是，一般史学只是研究具体国家、地区或民族的物质及精神生活的发展演变，而且主要限于有文字以来的人类活动，而文化人类学是研究世界所有民族或人种（灭绝的和未灭绝的）数百万年悠久历史和文化的学科[1]。

在研究立场和方法上，文化人类学对历史学亦启示良多，其中影响较大的是从心理学借鉴而来的"移情"（empathy）。所谓"移

---

[1] S.南达：《文化人类学》，西安：陕西人民教育出版社，1987年。

情"，简单定义，就是"把自己置于另一个人的位置上的能力"[①]。"民族志学者的个人经验，尤其是参与和移情，被视为（人类学）调查过程的核心"[②]。文化人类学诸多学派中受弗洛伊德（Sigmund Freud）影响至深的"精神分析学派"最擅长这一方法，尽管人类学者更多将其表述为从语言学家派克（K. L. Pike）那里借用过来的体现"参与导向"的"主位描述"法[③]。历史学者明显受此影响。陈寅恪强调对历史事件和人物持"了解之同情"，主张研究者"神游冥想，与立说之古人处于同一境界"[④]，实际上就是对"移情"或"主位描述"的强调。人们通常说的"设身处地"观察认知人事，也类似文化人类学对这一方法的运用。保罗·柯文（Paul A. Cohen）主张"在中国发现历史"，一定程度上就是鉴于西方学者研究中国历史的"西方文化中心"立场的局限而提出，其中明显包含"移情"主张，绝不是简单的地理学意义上观察位置的变化问题[⑤]。

[①] 朱智贤主编：《心理学大词典》，北京：北京师范大学出版社，1989年，第845页。

[②] 詹姆斯·克利德福、乔治·E.马库斯编：《写文化：民族志的诗学与政治》，第42页。

[③] 在我看来，"主位描述法"强调参与导向，实际上也是心理学的"移情"法的运用。相对研究对象，研究者本来是外来者，却要反客为主，实现角色转换，这就是"移情"。

[④] 陈寅恪：《冯友兰〈中国哲学史〉上册审查报告》，陈寅恪：《金明馆丛稿二编》，上海：上海古籍出版社，1980年，第234页。

[⑤] 柯文著，林同奇译：《在中国发现历史：中国中心观在美国的兴起》，北京：社科文献出版社，2017年。林同奇在给概述中译本写序时强调，"移情"方法并非凭想象灵感一蹴而就的，而是建立在对历史现实与当事人的周密调查基础上的。……一旦史家进入局中人的世界，他就失去了"局外人"的优势，失去了从历史全局上、从整体上把握这一事件的可能。柯文曾正确地支持石约翰的看法，指出西方由于"从来没有从外界来观察自己"，而"被囚禁在自己近代经验的狭隘牢笼中"，成了"当代伟大文明中目光最为狭隘的文明"。这说明史家必须轮番采用"局中人"与"局外人"的观点，比较史学方法的作用就在于此。见同书第33页。

不仅如此，人类学的某些知识还有助于理解传统史学难以认知的社会历史现象。比如《国语》记载黄帝四妃之子与黄帝异姓的传说，历代经师在注释《国语》时均无法理解，清人崔述甚至认为这是"污古圣而惑后儒"①。作为父系社会中人，崔述自然无法理解父子异姓，但若以文化人类学所描述的母系氏族社会"子从母姓"的习俗来认知，则父子异姓就不是不可思议的怪异现象了。

在研究中国近代历史事件和人物时，人类学的理论及方法也十分有效。如义和团运动中，拳民标榜"刀枪不入"，其"神术"含有气功与巫术成分，以往学者从纯历史学视角观察都说不出究竟，但如果用马林诺夫斯基在《巫术科学宗教与神话》中运用的文化人类学理论方法去解释，就可以获得合理的认知②。我在写作《义和团"神术"论略》一文时，曾参考利用该书对巫术的认识分析框架，从仪式、咒语与禁忌等方面对义和团的巫术展开探讨，得出与之前历史学者的解释不一样的研究结论③。

如果研究少数民族族源，人类学的方法或视角助益更大。以羌族为例，但凡驻足这一领域的学者，都会注意到陶然士、葛维汉等人的研究④。1920年代英国传教士陶然士（Thomas Torrance）前往

---

① "晋语云：黄帝之子二十五人，其同姓者二人而已……其同生而异姓者，四母之子，别为十二姓。……余按：上古之时，人情朴略，容有未受姓者，故因锡土而遂赐之，所以禹贡有锡土姓之文，非每人皆赐以姓也，安有同父而异姓者哉。姓也者，生也，有姓者，所以辨其所由生也。苟同父而各姓其姓，则所由生者无可辨，有姓曷取焉。……然则是诬古圣而惑后儒者，皆国语为之滥觞也。"崔述：《补上古考信录》卷上，北京：中华书局1985年，第17—18页。
② 马林诺夫斯基：《巫术科学宗教与神话》，北京：中国民间文艺出版社，1986年中译本。
③ 拙文：《义和团"神术"论略》，《近代史研究》1994年第4期。
④ 拙文：《中华基督教会在川康地区的宗教活动》，《历史研究》2010年第3期。

川康边地布道，曾用"民族迁徙"说解释羌族独特的宗教信仰，认为该民族宗教文化中的许多特征，如信仰唯一最高之天神、不拜偶像、尚白以及杀羊还愿等，都与古犹太宗教传统或《圣经》中记载的习俗有神秘的内在联系，由此断言羌人是古犹太人的后裔，所传习的是古犹太宗教传统或《圣经》中记载的习俗，并将这种观点带到羌民中散布。1930—1940年代人类学者葛维汉（David C. Graham）前往岷江上游考察时，惊讶地发现许多羌民都自称是"以色列人的后裔"，并说他们信仰的天神就是"上帝耶和华"[1]。陶然士用的是比较宗教学方法，体现了"西方文化中心论"的偏见。葛维汉用人类学和历史学的理论方法，结合田野和史料，驳斥陶然士牵强附会的说法，划清人类学研究与某些西方学者文化上"自我中心主义"的界限，奠定了最早的有关羌族社会历史研究的基础，对后来中国羌族史研究，做出有益贡献。

然而人类学者使用的方法也存在局限。以"移情"及包含"移情"的"主位描述"为例，其主要困难在于研究者如何设身处地，实现与被研究者之间的角色转换。庄子观鱼，说鱼很快乐。惠施说，你不是鱼，你怎么知道鱼是否快乐？庄子无言以对，只好强辩说，你不是我，你怎么知道我知不知道鱼是否快乐？这则寓言，用

---

[1] Thomas Torrance, *China's First Missionaries: Ancient Israelites*, London: Thynne & Co. Ltd., 1937, pp.78—94; David C. Graham, *The Customs and Religion of the Ch'iang*, City of Washington: The Smithsonian Institution, 1958, pp.20—21. 详见拙著：《救赎与自救：中华基督教会边疆服务研究（1939—1955）》（三联·哈佛燕京学术丛书第13辑），北京：生活·读书·新知三联书店，2010年。

来比况人类学"移情"方法可能面临的困境,殊为恰当①。

我曾参加一位民族学专业年轻学子的博士学位论文答辩,她的论文是做当代藏民社会生活状况研究。论文颇有见地,总体感觉不错,但也存在一个问题,即她的研究很大程度上依赖2008年3月中旬以后她在藏族聚居区所作藏民"幸福感"的问卷调查。这位聪明的年轻人显然忽略了,对于"幸福"的感受会因文化及宗教信仰的不同存在巨大差异。作为一个研究者,去藏族聚居区调查藏民幸福不幸福,你不"移情"或站在藏民"主位"立场体验其生活及感受行吗?然而要真正做到"移情"并换位体验,其困难似乎比庄子知鱼之乐否更甚。因为作为一个汉族地区赴藏的汉人,你是不可能轻易消除与藏族聚居区原住民之间的文化隔膜的。反过来,在当时特定的形势下,被调查的藏民也很难相信你只是来做纯学术调查研究的。既然不能真正"移情",你凭借调查材料得出的研究结论能经得起事实检验吗?结论不言而喻。所以答辩时师生之间涉及藏民"幸福"与否的问答,同庄子观鱼时与惠施辩难的场景,如出一辙。

曾经到西非喀麦隆多瓦悠（Dowayo）聚落做人类学调查的英国人类学家巴利（Nigel Barley）对人类学者能否真正"移情",能否做到参与性的"主位描述",并使自己为研究对象接纳体会尤深。

---

① 张隆溪教授对庄子观鱼有基于学理的阐释,他在致笔者的信中提示,其英文著作 Allegoresis: Reading Canonical Literature East and West (Ithaca: Cornell UP, 2005) 一书,曾借此寓言讨论跨文化理解问题。此书出版于2005年,至今尚无中译本,但2016年年底有日译本在东京出版。2015年有两位学者编辑论文集,专门讨论"庄子知鱼乐"的问题,把张教授书中相关内容收进此书 (*Zhuangzi and the Happy Fish*, eds. Roger Ames and Takahiro Nakajima, University of Hawaii Press, 2015)。感谢隆溪教授提示。唯本文仅是借此寓言"比况"移情,非对庄子观鱼作"跨文化理解"和阐释,谨此说明。

他结合自己在多瓦悠族群中18个月的考察经历指出：声称人类学研究能被研究对象接纳的学者，"理应心知肚明这是胡说八道"。他明确表示，所谓一个陌生民族到头来会全盘接纳来自不同种族与文化的访客，以致这个外来者和本地人并无两样的说法，"让人悲哀的亦非事实"；"你顶多只能期望被当成无害的笨蛋，可为村人带来某些好处。（在他们眼中）人类学者是财源，能为村人带来工作机会。"①这种悲哀不仅在巴利的经历中体现，借用克利德福的说法，现在，人类学者普遍的遭遇是，"与他自己相关的他者，而亦视（人类学者）自己为他者"②。

显然，研究者原本的文化立场如何能够不影响其研究是一个几乎无法根本解决的问题。这类问题无处不在。如果你研究中华基督教会1930年代开始的边疆服务历史，就会发现，作为信仰"一神教"的基督教传教士到藏、羌、彝等族聚居区服务和传教，尽管表示要尊重少数民族的宗教信仰与文化，但文化上的排异现象却无法避免。尤其是在藏族聚居区，由于已形成罗素说的排他性很强的"制度的宗教"（Institutional Religion）③，教会在藏族聚居区布道，尽管也试图"移情"，但福音传播工作和教会其他事工，因难以融入

---

① 巴利的说法为后现代、反思式的人类学批评者提供了素材。但巴利与意在解构人类学的后现代批评者不同，他的自爆缺陷是反讽，虽然戏谑，骨子里却很严肃健康地交代了田野工作的局限和希望。奈杰尔·巴利：《天真的人类学家——小泥屋笔记》（Nigel Barley, The Innocent Anthropologist: Notes from A Mud Hut），上海：上海人民出版社，2003年，第55页。注释中的评价参考书序第6页。
② 原因很明白，本质上，任何"他者"的文本都同时是"自我"的建构。詹姆斯·克利德福：《导言：部分的真理》，见詹姆斯·克利德福，乔治·E. 马库斯编：《写文化：民族志的诗学与政治》，北京：商务印书馆，2006年，第52—53页。
③ 《罗素先生的演讲》，《少年中国》第2卷第8期，1921年2月。

藏民社会，效果很不理想。[①]这说明不同文化间的差异，是很难通过类似"移情"的方法，将彼此之间的鸿沟加以弥合的。

不过人类学者并不是单一的使用"移情"或包含"移情"的"主位描述"法。也许是意识到这一研究立场及方法存在不足，人类学者也从语言学家那里借取了"客位描述"的方法，强调以"观察者"身份对研究对象所做判断的恰当性，将客观性和科学性与"客位"相联系。然而，尽管从马林诺夫斯基的时代起，"参与"和"观察"的方法就被认为在主观性和客观性之间发挥了微妙的平衡作用[②]，但在操作层面，两者的平衡不一定把握得恰当。比如中国的人类学者似乎更强调前者，原因很可能是"主位描述"被认为更符合田野工作的标准。但能从立场及方法上注意到它的缺陷并试图补缺，对历史研究也具有启发意义。因为历史学者近年来将"了解之同情"当成口头禅，对"移情"似乎强调得有些过头，多少忽略了具有科学特质的观察取向研究的重要性。

三、"田野调查"的困境与文献补救

不仅如此，人类学调查方法的局限对历史学者也提供了方法论思考。讲到人类学，中国学者最津津乐道的莫过于"田野作业"（fieldwork，或译"田野调查""实地工作"）。我们知道，"田野作业"是人类学的基本方法，对历史学者有重要的方法论启迪，可

[①] 参见杨天宏：《救赎与自救：中华基础教会全国总会边疆服务研究（1939-1955）》，北京：生活·读书·新知三联书店，2010。
[②] 詹姆斯·克利德福，乔治·E.马库斯编：《写文化：民族志的诗学与政治》导言，第42页。

以改变传统史学单纯依靠文献的局限。广义理解，王国维的"双重证据法"就是在强调文献利用的同时，对这一方法的提倡。但"田野作业"也不免遭遇困难。首先，"田野"是什么就很难说清。科大卫（David Faure）在谈到历史人类学的尴尬时曾转述其同事的话说："人类学家可能不知道我们所谓的'历史'为何物；同样，历史学家也可能不知道我们的'田野'是啥意思。"①人类学者最初做"田野作业"，主要针对的是相对"原始"的族群，是没有文字传承的部落文化。摩尔根研究与他同时代的印第安人部落，其著作却冠以《古代社会》名称。明明是针对当下印第安部落写出的东西，却以"古代"命名，是因为原始部落的文明，当其尚未走出原始状态时，是很少性状变化的，故印第安人部落的社会既是"当代"的，也是"古代"的，具有说明其他文明初始阶段性状的普适性②。

　　对于非原始族群来说则情况迥异。今天中国境内的"少数民族"有些很早就有自己的文字，有些在近代接受外人帮助创造了自己的文字，其社会状况及历史演变，往往有详细的文字记载。这就使中国的人类学研究面临两难境地：依靠田野吧，人家有文字；依靠文字吧，又好像离开了人类学的研究轨范。换言之，以这

---

① 科大卫著，程美宝译：《历史人类学者走向田野要做什么》，《东方早报：上海书评》，2015年10月11日。
② 摩尔根认为："人类的起源只有一个，人类的发展进程基本上也是相同，只是在各大陆上采取了不同的但是一致的进程。所以在到达同等进步状态的一切部落及民族中都是极其相类似的。因此，美洲印第安人诸部落的历史及经验，或多或少地代表处于与他们相应状态的我们远祖的历史及经验。构成人类记录之一部分的美洲印第安人的制度、技术、发明以及实际上的经验，实具有超越印第安人种族本身界限的一种特殊的高超价值。"摩尔根著，杨东莼等译：《古代社会》（Lewis H. Morgan, LL.D., Ancient Society or Researches in the Lines of Human progress from Savagery Through Barbarism to Civilization）第1册，北京：商务印书馆，1971年，第5页。

样的族群作为研究对象是否仍然需坚持人类学主要依靠"田野"的传统？在社会急剧变化的时代，今天的"田野"能反映昨天的存在吗？如果不能，中国的人类学是否需要借助历史文献来从事相关研究或转而以研究少数族裔的现代生活为主？而借助历史文献展开研究是否又会因与人类学对"田野"的强调在方法上背离导致其研究失去人类学的学科属性？这都有待中国学者认真思考。至于广大汉族地区，其所拥有的以海量文献记载的高度文明和今日处于急剧变化中的社会生活场景，如何作为人类学者的"田野"纳入研究范围，恐怕也是一个极费思量的问题。

由于这一问题的存在，人们会发现，相当一部分中国大陆的人类学者都走上了狭义的文化人类学即民族学的研究方向，而所谓民族学研究，又有相当一部分走上依靠历史文献的民族史志研究方向[1]。乔健教授注意到，至少从1980年代起，研究中国的人类学者便开始强调历史文献的重要性，除田野调查"访问活人"外，也辛勤钻研历史文献，做Freedman所说的"访问死人"（interview the dead）的工作，由是中国丰富的历史文献成为人类学的又一宝藏[2]。

---

[1] 据王铭铭回忆说：直到20世纪80年代，中国尤其是华南的人类学者仍然把民族史研究当作人类学研究的根本来看待。当时的我年轻气盛，认为少数民族研究不代表中国人类学。去了英国后，我从东南民族史研究转做汉人研究，坚信少数民族研究是有问题的。回过头来看，我感到那时的简单化倾向问题很严重，对民族史研究的条条框框的"逆反心态"，本身并非完全合理。实际上，中国人类学传统的民族史研究，其蕴含的资源是值得我们珍惜的。这些研究让我们看到，在古代的"天下"，文化是多元的，而且，古代帝国把握着某些今日易于被错误地抛弃的处理文化关系的手法。借助民族史研究发现的丰富资料，我们可以看到在古代中国的国度里，存在着与近代西方社会科学所灌输的"一个民族一个国家"的观念完全不同的观念。王铭铭：《没有后门的教室》，北京：人民出版社，2006年，第136页。
[2] 乔健：《中国人类学发展的困境与前景》，《广西民族学院学报》1995年第1期。

这一变化并不意味着中国人类学者自废武功。事实上，先有民族志，后有人类学，人类学本身就是在民族史志基础上发展起来的。来源于西方的中国人类学的这一研究取向，虽然少了一些西方人类学者喜欢玩的形而上元素，但其崇实精神，对人类学而言，还有点返璞归真的意味，实际上就是人类学与历史学的结合。人类学家威廉斯（W. Carlos Williams）在谈到历史学与人类学的关系时曾把历史学比喻成"小提琴家的左手"①。历史学者是否可以将人类学视为"小提琴家的右手"，在自己从事的研究中，也主动吸纳人类学者重视抽象理论与宏大叙事的积极元素，以避免当下史学研究出现的"碎片化"倾向呢？

　　与田野相关的是历史遗存问题。"田野作业"最重要的是看遗存，即世代传承下来的物质和精神的制作。然而正如马林诺夫斯基所言，遗存能够延续，在于它已获得新的意义，除非采取某种明确的道德和价值态度，而不是按这一现象在今天的形态来研究它，否则，我们就只能对其用途和意义做失真的描述②。这真是人类学研究的金玉良言。很多流传至今的文化习俗或遗存，一旦其原生态环境不复存在，就已经变化失真了。以今日尚存的纳西古乐为例，你能相信它是真正的唐乐吗？虽然"礼失求诸野"在特定条件下有其依据，但在远离文明繁衍中心的边缘之地能有中原古礼的原生态环境吗？我以为是很难有的。作为"礼"重要标志的原本是中原的古乐，离开故土，脱离原先的"生态系统"，要在类似纳西族所在地

---

① 詹姆斯·克利德福，乔治·E. 马库斯编：《写文化：民族志的诗学与政治》，第31页。
② B.马林诺夫斯基著，黄建波等译：《科学的文化理论》，北京：中央民族大学出版社，1999年，第47页。

区孤独存在下去，实在难以想象。所以我很怀疑纳西古乐有"再造"（reconstruction）的因素，怀疑其是不是真正原始意义上的存在。

国外也有类似的事情发生。有一部人类学的学生应该都很熟悉的世界第一部人类学纪录片《北方的纳努克》。该片因细致展现了因纽特人茹毛饮血的独特生活方式，一度震撼世界，直接引发了人类学纪录片创作的热潮。影片中因纽特人通过原始工具捕杀海象的场景，更是给人留下深刻印象。然而，据影片导演弗莱哈迪后来在回忆录中透露，当时的因纽特人部落早已舍弃原始的捕猎海象的方法而改用猎枪捕杀，影片中的画面是为了重现以前的场景摆拍的。更出乎人们意料的是，影片中的部分镜头竟是由影片主角——一对因纽特人夫妇自己拍摄完成的[①]。不仅如此，就连北美印第安人的"居留地"（Indian Reservations），也因外部文化的侵蚀而失去原貌。这提醒研究者，随着现代文明的推进，很多号称"原始"的生活环境及生存方式，实际上已不复存在，或者至少已发生性状变化，很难通过田野调查探知原貌。

人类学史上发生的一个著名的造假案例，更是打破了人们对"田野作业"的迷信。在这个案例中，一度被吹捧为"人类学调查杰作"的《夏波诺：亲历远僻神秘的南美丛林中心地带》被指责为作伪，揭露其作伪的学者德奥姆斯写道："坦率地说，我认为很难相信多内尔曾在雅诺马马人那里生活过。"最终该书遭到了马林诺夫斯基所说的"科学处决"。然而批评者面临的难题在于，该书所描述事实的准确性却似乎不在讨论之列。揭露其欺骗的德奥姆斯对全

---

① 罗·弗莱哈迪著，陈梅译：《我怎样拍摄〈北方的纳努克〉》，《世界电影》1981年第5期。

书300页基于民族志而非田野调查写作的内容作缜密审查,也只发现一处民族志的错误。"这就默认如果拥有一定数量的二手资料,即便未在实地有亲身经历,实际上也可以对一种异文化建构一个可信的、生动的、民族志上也准确的文本"①。

不仅如此,前面提到的人类学家巴利在多瓦悠族群中做研究的经历亦清楚说明,"田野作业"并不尽然让人充满田园诗般的遐想。巴利曾自诩"虽不敢说在多瓦悠能做到宾至如归,但至少已进入所谓中间阶段"。然而,说到当地社会生活情形,他还是感慨"样样事物都有种虚幻的熟悉假象",并列举了一些极端事例来证明"田野作业"的困难②。更有甚者,被视为人类学田野工作方法开创者的马林诺夫斯基的田野日记,因披露大量田野作业中的"隐

---

① 玛丽·路易斯·普拉特:《寻常的田野工作》,詹姆斯·克利德福、乔治·E.马库斯编:《写文化:民族志的诗学与政治》,第57—58页。
② 巴利在书中列举了一些相对极端的例子,他写道:"殖民时代,你不能与'非我族类'者(包括社会阶级与信仰不同)发生性关系,现在界限已逐渐模糊。你很难想象早年的田野工作者可以自由行走在'野蛮人'中,不必担心受侵犯,只因为他不在'可性交对象'的图谱里。现在情况改变,单身女性田野工作者似乎有必要与田野对象发生关系,以迎合'被接纳'的新观念。田野工作结束,却未与田野对象发生关系,会让同僚诧异甚至谴责,宝贵的研究机会让你白白浪费了。至于男性田野工作者,他们有更多露水姻缘机会,通常都是金钱交易,较不引人侧目。和民族志学者的助理一样,这个话题也在人类学文献中完全缺席,但不代表人类学者没有这方面的经验。有些田野工作者基于性接触可能为家庭及个人生活带来极大冲击,极力避免,但是长时间放逐异文化,此类诱惑不可避免。以我而言,被多瓦悠人视为无性之人,反而是一大福气,使我享有多瓦悠男人所缺乏的自由。比如,孤男寡女共处一茅屋,这是通奸铁证,但是想象我与多瓦悠女性交合,却是闹剧。我很高兴他们如是想。"试想,能够像巴利那样被视为丧失性能力的人类学者能有多少? 反过来说,愿意表现自己这方面能力的人类学者又能有多少? 如果不多,一些重要知识又将从何获取?"田野工作"的困境,可见一斑。引文见奈杰尔·巴利:《天真的人类学家——小泥屋笔记》(Nigel Barley, The Innocent Anthropologist: Notes, From A Mud Hut),第166—167页。

私"并就此作"自我精神分析"[①],也在很大程度上颠覆了学者对田野作业的认知。凡此种种,均提醒历史学者必须保持高度的学术警惕,不能轻易相信"田野"里所谓的"原始"见闻。进而言之,鉴于人类学者将基于田野调查的民族志视为一种"经验"性质的书写,"它与实证主义者的社会科学方法论形成鲜明对照"[②],对之持某种程度的怀疑并做自我反省,历史学者对多少带有"田野"性质的通过"调查"历史当事人所作"口述历史",在时过境迁且缺乏佐证的情况下,也不能盲从礼拜,奉为信史。

研究人类文明,时间向度的把握尤为关键。不同的学科对此有不同偏向。历史学注重"历时性",历史学者眼里看到的是"变"的一面;人类学注重"共时性",人类学者眼里看到的更多是"不变"的一面。然而但凡是文化,在进入近代以后,在异质文明的侵蚀下,不管其基因如何强大,都不可能一成不变,依然故我。因而人类学家所谓的"田野"很大程度上只能是今天的田野,或是介于古今之间者,要找到"原生态"的文化田野,谈何容易!

四、"中国化"改造与学科基质捍卫

中国人类学的未来进路何在?历史学者应该如何借鉴人类学以丰富自身的学术资源?

人类学自20世纪初传入中国,就面临如何适应本土文化与社会

---

① 他在日记中诚实地说与黑人的接触令其乏味甚至有时愤怒,而且他深为田野调查中的欲望和孤寂所苦。参阅乔治·E. 马尔库斯等著,王铭铭等译:《作为文化批评的人类学:一个人文学科的实验时代》,第57—58页。

② 同上书,第43页。

的问题。为此,一些学者提出"人类学中国化"的主张,这无可非议。中国人类学者确实应该立足本土,主要研究中国问题,发掘自身的人类学资源。这一点,从中国人类学的开创者蔡元培、吴文藻及稍后一点的费孝通、林耀华等学者开始,便已十分明确。吴文藻很早就提出人类学"中国化"的主张,1935年吴文藻就在《现代社区实地研究的意义和功用》一文中指出:"现在大学生所受的教育,其内容是促进中国欧美化和现代化的,其结果是使我们与本国的传统精神愈离愈远。事实上我们对于固有文化,已缺乏正当认识,我们的意识中,已铸下了历史的中断。"正是出于这样的考虑,吴文藻主张对中国的文化社区展开"实地工作",到中国的社区"采风问俗",从事社会调查。吴文藻这篇文章,被认为是提倡社会人类学中国化的代表作之一[①]。新中国成立后,吴出任中央民院民族志研究室主任,更是"极力主张'民族学中国化'",强调"把包括汉族在内的整个中华民族作为中国民族学的研究,让民族学植根于中国土壤之中"[②]。吴文藻所说的"民族学",就是人类学分支的文化人类学。费孝通也在自己的研究中,结合中国国情,做了将人类学"中国化"的努力。他明确将自己的研究工作概括为"认识中国,改造中国"八个字。1980年费先生去美国应用人类学会领取马林诺夫斯基奖时,甚至明确提出"迈向人民的人类学"的主张[③]。中国人类学者对其学科"中国化"的强烈追求,可见一斑。

[①] 吴文藻:《现代社区实地研究的意义和功用》(1935年),《吴文藻人类学社会学研究文集》,北京:民族出版社,1990年,第144—150页。
[②] 冰心:《我的老伴吴文藻》,《吴文藻人类学社会学研究文集》,第13页。
[③] 费孝通:《关于人类学在中国》(1993年8月9日),《费孝通全集》第14卷,第263—264页。

但实践这一主张道路曲折。中国的人类学源于西方，开创之初深受西方学术影响。由于西方人类学当时并未完全与殖民主义文化划清界限，加上国内政治的原因，1949年之后，人类学在中国被苏联意识形态主导的民族学所取代。之后很长一段时间内，中国学者较少笼统地做人类学研究，而是按照苏联的民族理论来做民族学尤其是民族史研究，脱离了西方人类学的学术轨范。1978年以后，中国的人类学开始赓续最初的传统，回到相对学术化的人类学研究轨迹，寻求与国外的人类学研究接轨，"中国化"的问题也重新提出。

然而正如基督教在华传教史上有所谓的"本色化"（indigenization）运动一样，任何文化或学科都有入乡随俗的问题，都要适应所在环境，但其"本色"不能变。提出并实践"中国化"主张要警惕"淮南之桔变为枳"即失去人类学基本质性的危险。今天，在"中国化"的语境下，如何把握海内外人类学界共同认可的学科理论和研究方法已成为中国学者需要认真思考的问题。中国学者应该对人类学发展有自己的贡献，中国学者也应该在研究中形成自己的特色，但这种寻求学术"入乡随俗"的努力不应该以"化"掉人类学的基本特征为代价。

此外，人类学作为一门国际性极强的学科，如何与国际接轨，也值得注意。这不仅是理论方法的问题，也涉及研究对象选择。人类学者视自己为"我者"，视其他民族为"他者"。怀着研究"他者"的认识欲望，西方人类学者曾不远万里，来到中国，"深入不毛"，研究中国境内少数民族的历史文化。有鉴于此，中国学者是否也应逆向行走，视异域为"田野"，到中国境外去做同样属于"他者"的研究？

答案是肯定的。事实上，这样的努力早在上个世纪30年代，就已由后来被称为"祖尼人类学家"的李安宅做过成功尝试。李先生于1934年受罗氏基金会奖学金资助，前往美国加利福尼亚大学、耶鲁大学人类学系学习。次年夏，他深入美国新墨西哥州和墨西哥印第安部落，从事人类学考察，撰写出《印第安祖尼的母系社会》一文，交《美国人类学》发表，受到广泛赞誉。英国人类学家拉得克里夫·布朗称赞李安宅说："You gave the American anthropologist everyone a chair."[①] 具有讽刺意味的是，李安宅的这项工作具有挑战性，通过其研究，他要挑战美国人类学者在认识祖尼文化过程中囿于自身文化的偏见。他认为，在对祖尼印第安人研究方面，美国人类学者未能摆脱自我文化中心主义，尤其是没有摆脱西方现代宗教、法律观念和资本主义社会竞争意识的束缚[②]。一部带有如此挑战性的著作能获得巨大学术反响，可见李先生研究的分量和价值。

李安宅在境外所作的调查研究，展示了中国人类学者的务实精神与专业素养，也深化了他对人类学作为一门国际性极强的学科的

---

① 汪洪亮：《李安宅、于式玉先生编年事辑》，《民族学刊》2013年第6期，第66页。另外，本文有关李安宅对祖尼部落的人类学研究，参阅陈波：《祖尼小镇的结构与象征——纪念李安宅先生》，载王铭铭编：《中国人类学评论》第3辑，北京：世界图书出版公司，2007年。
② 曾经同样对北美印第安部落展开调查并撰有《拿瓦侯传统的延续》一书的华裔人类学家乔健说："李安宅与Benedict对祖尼文化解释的不同，大半归因于他们两人文化背景的不同。由此可见，人类学者本身的文化背景对他的研究有很大的影响，这种情形其实在整个社会科学界都存在。"乔健：《漂泊中的永恒》，济南：山东画报出版社，1999年，第35页。

理论方法的理解①。以此为铺垫，李先生后来在中国本土进行的人类学研究也取得较大成功。从1938年12月开始，他和他的妻子于式玉前往甘肃拉卜楞寺所作实地考察以及基于考察完成的《藏族宗教史之实地研究》系列论文，显然利用了当初他在境外所作人类学调查积累的经验与知识。反过来，李安宅在美国的学习研究经历，强化了他的国际学术背景，使他对欧美人类学的历史和现状有了全面认知，成为当时中国为数不多的有能力跨越国界并跨东西文化从事人类学研究和学术交流的著名学者之一。今天的中国人类学者，在强调"中国化"的同时，能否像李先生那样既具中国情怀又有世界抱负？这是需要每个中国人类学者认真思考的问题。

对于这一问题，王建民教授的思考颇中肯綮。由于意识到学理的世界性是学科存在的基础，一定程度上表现出学科的纯洁性，王教授主张对人类学的"中国化"或"本土化"作"反思性的理解"。他注意到，"本土化"既可能为学者实现本国学术独立的"学理追求"提供动力，又可能给以"本土化"口号作为标榜，拒绝在国际学术规范下建构学术研究共同基础者提供借口。王教授认为，学科"世界性"和学科在不同地域体现的"本土性"两者之间存在相辅相成的关系，在人类学的学科建设过程中，中国学者"应当有

---

① 李先生说："外国人到中国处处是新的，一切都是问题，可以帮我们的学子将许多习而不察，视为固然的东西重新反省起来，在观察者与对象之间产生相当的心理距离，增加特别的客观性。就此一点来看，其贡献亦不可以道里计。因为在社会界进行研究的公例，是研究文化距离越远的越容易，越切身的越困难；我们底急需，既然是研究我们自己，则这一类的帮助是极其切实的。"李安宅：《社会学论集》，北平：燕京大学出版部，1938年，第388—401页。

学科世界性和学术本土性两个方面的关怀"①。这是十分对路的建设性意见。

值得注意的是,人类学在中国的发展,不仅产生了"中国化"的追求,而且发展到"区域化"的境地。中国人类学这么多年的成就究竟如何？我作为外行无以判断,却注意到该学科在中国产生了比较其他学科更多的"学派"。人类学对中国而言是舶来品,其在华最初的植根土壤是东部沿海及附近地区,这些地区相关学术及教育机构中的领袖人物大多被认为是中国人类学的翘楚。由于学缘与地缘的因素,近代人类学一开始就被分为南、北两派。南派人类学者以中研院为中心,相关学者虽做少数族裔研究,却有嗜古倾向,偏重古代语言、文化及民族史研究,加上考古学家张光直在哈佛大学当过人类学系主任,强化了南派人类学者打通人类学与考古学的取向,对中国学界有广泛影响。北派以燕京大学社会学系主任吴文藻为代表。吴先生是学社会学的,人类学在他那里表现出"乡村社会学"的特征。他把费孝通引进人类学领域,是因为他想推进社会学的"中国化",结果却导致其研究取向的人类学化②。李绍明不满中国人类学派南北两分的状况,认为这种划分明显遮蔽了人们的学术视野,好像这两派就是中国人类学的全部,忽略了在中国少数族裔最多的西部地区从事研究的学者存在,因而提出"中国人类学华

---

① 王建民:《从中国人类学民族学的发展看学科的世界性与本土性》,《西南民族大学学报》2009年第4期。
② 有意思的是,受到吴氏影响的费孝通的人类学,按照他自己的说法,研究的却是"乡土性"。参阅王铭铭等:《人类学究竟是什么:一门学科的公众形象问题》,《中华读书报》2007年6月19日。

西学派"的主张[①]。

李绍明作为长期在中国西部民族地区从事民族研究的学者，所提出的"华西学派"主张及论证自然有其根据[②]。吾人没有理由否认长期在"华西"从事人类学研究的那批学人独具特色的研究和作出的重要贡献，更没有理由因华西学人的贡献而否认南北两派人类学者在中国人类学发展史上的崇高地位。但如何避免以学术群体所在地域来区分学派，寻求在学术的内在理路上与别的学术集群的区别，才是问题的关键。在人类学研究领域，中国的人类学研究刻意显示研究主体和地域的区别是不够的，只有在人类学的学术理路上形成与西方学者的不同，补充或修正基于别国研究得出的结论，发扬光大学科的内在性，中国的人类学才可以在世界上立足，才有发展前景。历史学也一样，在自身的发展中，要尽量避免门户之见，只有广泛吸纳其他学科与其他学派的学术资源，自身的发展才可能真正步入坦途。

---

① 李绍明：《略论中国人类学的"华西学派"》，《广西民族研究》2007年第3期。李先生的说法是有道理的。这不是西蜀学人自不量力要与南、北两派"三分天下"，而是因为"华西学派"是吾人研究人类学在中国发展历史时不可闭目不视的重要存在。姑不论《华西边疆研究学会杂志》外籍作者群体的巨大贡献（严格地说，他们也是"华西学派"的重要分子，他们的存在，显示了"华西学派"人类学研究所具有的充分的国际性），单是李安宅、任乃强、冯汉骥等西部学者所做贴近人类学"原教旨"含义的真正接地气的研究，已丝毫不亚于其他任何单一学派对人类学研究所做的贡献。其中李安宅尤为"华西学派"中国学人的杰出代表。案：李先生健在时，曾将此文未刊稿赠阅，获益匪浅，特此说明，以志不忘。
② 有关人类学华西学派的研究成果，参阅周蜀蓉：《发现边疆：华西边疆研究学会研究》，北京：中华书局，2018年。

五、结论

以上所述，可归纳出三点结论：其一，学科交叉融合是现代学术发展的重要条件，但需注意学科的基本认同。学术研究中，若无相对一致的学科认同，讨论各方均在交叉融合名义下将自己的学科边界无限扩大，很多问题的研究会因研究者在事实上消解了自身的学术存在而缺乏讨论前提。人类学这方面的经验，值得历史学者记取。其二，人类学强调"移情"，高度重视"田野"，可为历史研究提供重要的立场与方法借鉴，但也存在局限。研究者能否真正"移情"，本身就值得怀疑；而"田野"的可信度已受到来自人类学者的不少质疑，不可盲从。其三，学科的"中国化"须以坚守学科的基本质性及寻求学科的"国际化"为前提，学术"入乡随俗"的努力不应该以"化"掉学科的基本特征为代价，否则中国学术将会因无法与境外交流而失去应有的话语权。在这方面，历史研究尤其是中国史研究，可从人类学面临的困难和探索中受益。

由于一度研究中华基督教全国总会从1930年代末开始从事的边疆服务并因此涉足中国的边疆研究，我曾不幸却又有幸客串到人类学领域。所谓不幸，是因为在这个对我来说完全陌生的领域发表言论，暴露出自己知识的严重不足；所谓有幸，是因为这种缺陷暴露迫使我向该领域的学者请教，多少知道了一点相关知识，并结合自己的历史学学科背景，在一些问题上形成与真正内行的人类学者不同的粗浅认知。在这里冒昧提出，向各位同人请教，敬祈指正。

典范兴替：桐城义法与桐城派的近代命运

中国古代有发达的文论，古文文论包含其中却未独成系统。直到一批被称为"桐城派"的文章家出现，这种情况才得以改观。桐城派产生于明末清初，是清代著名的古文流派，因其最早的代表人物大多出自安徽桐城而得名。"桐城义法"是桐城派对古文的方法论讲究。桐城派研习义理词章，被视作宋学的一个分支。古文写作的讲究，在清代桐城派那里纵横演绎，集其大成，产生众多古文大家，留下较为成熟的文章写作规范。有清一代，桐城先贤教习古文，弟子云集，名满宇内，有"天下文章其在桐城乎"之说，桐城文章，遂成古文典范（paragon）。直到民初，桐城进入衰世，仍有不少人将其"视为正当之文章"[1]。然而，新文化运动中，桐城派及其古文义法遭到新文化人及章太炎一派学人的猛烈攻击，"桐城"与"选学"一道，被视为应当打倒的对象，"选学妖孽，桐城谬种"成为新文化人的口头禅。随着思想及学术范式的近代转型，白话文流行，在以汉学见长的古文经学家和新文化人的双重攻击下，

---

[1] 钱玄同：《复"南丰基督教徒悔"来函》，《新青年》第4卷第6号，1918年6月15日，总第627页。

桐城派及其"古文义法"被视为陈腐,从曾经的典范,化为历史陈迹。

对于桐城派、桐城古文及"桐城义法"这一重要的文化遗存,学界虽未曾漠视,研究成果甚多且不乏创建,却表现出认知上的某些偏颇①。受新文化人激烈反传统的影响,至少在史学领域,有关认知某种程度上还停留在"桐城谬种"的历史记忆阶段。在具体研究中,一些本属学术范畴的探讨也未能真正深入,这表现在三方面:其一,对桐城源流认知分歧,以至桐城"初祖"是谁,发展过程中如何变异,以翻译西书名世的严复、林纾是否桐城传人等问题,仍言人人殊,莫衷一是。其二,将桐城衰败的原因简单归咎于桐城

---

① 学术界有关桐城派的研究很多,与本文研究直接相关的较有分量论文的主要有:王镇远:《论桐城派与时代风尚:兼论桐城派之变》,《文学遗产》1986年第4期;时萌:《论桐城派》,《文学遗产》1983年正刊第15期;任学山《桐城派之名提出及其流变》,《合肥学院学报》2016年第6期;方铭:《桐城派评价新论》,《安徽大学学报》1986年第1期;王达敏:《桐城派与北京大学》,《安徽大学学报》2017年第6期;曾光光:《晚清桐城派嬗变的文化轨迹》,《江淮论坛》2006年第1期;刘春来:《曾国藩对桐城派文论的发展》,《湘潭师范学院学报》2004年第3期;张知强:《桐城派的"义法"实践与古文删改》,《文学遗产》2019年第5期;任雪山:《义理、考据、文章:桐城派的文章本义》,《淮北师范大学学报》2014年第6期;张迪平:《话语理论视域下的桐城文论》,《南京师范大学文学院学报》2015年第4期;霍省瑞,谢谦:《嘉道时期桐城派的传演特征》,《四川大学学报》2012年第4期;曾光光:《桐城派的宿命与五四新文化运动》,《江淮论坛》2009年第5期;蒋英豪:《林纾与桐城派、改良派及新文学的关系》,《文史哲》1997年第1期;关爱和:《姚鼐的古文艺术理论及其对桐城派形成的贡献》,《文艺研究》1999年第6期;关爱和:《20世纪初文学变革中的新旧之争:以后期桐城派与五四新学的冲突与交锋为例》,《文学评论》2004年第4期;潘务正:《"桐城谬种"考辨》,《安徽师范大学学报》2008年第1期;严迪昌:《姚鼐立派与"桐城家法"》,《文学遗产》2006年第1期;石雷:《方苞古文理论的破与立:桐城"义法说"形成的文学史北京分析》,《文艺理论研究》2013年第5期;刘春现:《西学东渐中的中国词章学立场:清末民初桐城后学的词章教育发微》,《南京大学学报》2018年第1期;黄伟:《曾国藩古文理论平议》,《文学评论》2008年第6期等,不胜枚举。

派"有文无学"及民初"新旧之争"中个别桐城后学的"守旧"立场，缺乏对斥桐城为"谬种"一方非学术动因的考察，一些重要结论有失公允。其三，对"桐城义法"的内涵及其与现代文章学的关系较少论及，其可"开新"的学术潜质与实际作用的研究尚存发掘空间。总体而言，既有研究文学色彩偏重，史学色彩相对淡薄。

本文拟从史学维度、以"典范"兴替为主旨，就这些问题略陈管见，非有意作"翻案"文章，探求历史真相及适得其平的解释，并借以向从事论文写作的年轻学者提供前人总结出来的具有中国意蕴的经验范式，如是而已[①]。

一、桐城源流与古文"典范"形成

有关桐城派源流的记述与讨论代不乏人，留下的文字不胜枚举，其中曾国藩的记述较为剀切明晰。咸丰年间，曾国藩为《欧阳生文集》作序，有曰："乾隆之末，桐城姚姬传先生鼐，善为古文辞，慕效其乡先辈方望溪侍郎之所为，而受法于刘君大櫆及其世父编修君范。三子既通儒硕望，姚先生治其术益精。历城周永年书昌为之语曰：'天下之文章，其在桐城乎！'由是学者多归向桐城，号'桐城派'，犹前世所称江西诗派者也。"[②] 按照曾国藩的说法，桐城

---

① 本文在写作过程中，除查阅基本的桐城文献，阅读时贤论文之外，还参考了一些近人及今人论著，其中郭绍虞的《中国文学批评史》，曹聚仁的《文坛五十年》，钱基博的《现代中国文学史》，萧一山的《曾国藩传》等，助益尤大。文章涉及清代学术与近代文学部分蒙陈力、周裕锴、张循教授指教，匿名审稿人提出很多有价值的意见，谨致感谢。
② 曾国藩：《欧阳生文集序》，《曾国藩全集·诗文》，长沙：岳麓书社，1990年，第245—246页。

门派得名是在姚鼐之时,姚"慕效"方苞,师事刘大櫆,因而桐城的"祖师"应为方、刘、姚三人,其中方苞的地位尤为显要。

方苞(1668—1749),字灵皋,亦字凤九,晚号望溪,安徽桐城人。桐城开宗立派之初,方苞作用巨大,无可替代。其有关古文"义法"的理论,奠定了桐城派文论的基石。虽因《南山集》案,方氏险遭文祸,康熙帝怜其才,纳李光地之谏将其赦免,并授官职,任内阁学士兼礼部侍郎,入南书房。此案方苞因祸得福,得皇帝赏识,享有其他桐城先贤没有的"钦定"地位,名重一时,海内学子,争相趋附,当其在世之时,"桐城"已隐然成"派"。不过或因曾国藩序文提到三位桐城先贤,而曾国藩地位崇高,故学界(如近人郭绍虞)又有尊方、刘、姚为"桐城三祖",其中方苞为桐城"初祖"的说法[1]。

梁启超对桐城源流的认知与曾国藩不同。在思想和学术源头梳理上,梁氏将时间上推至晚明。梁启超在《近代学风之地理的分布》中曾提出"桐城之学"的概念,称斯学自晚明开山立派到民初光华退去,三百年间,未曾中断,并历数其源流与师承关系,称"桐城派古文固当祖饮光而祢方、戴",认为钱澄之(饮光)、方苞和戴名世才是桐城的"始祖"[2]。

对梁启超所提桐城"始祖"中的戴、方,柳亚子表示认同,称"戴名世与方苞齐名,同为清代桐城派古文开山鼻祖"[3]。柳氏此说,似有意彰显戴氏而忽略钱澄之,认为方苞的思想学术受戴名世

---

[1] 郭绍虞:《中国文学批评史》下册,北京:商务印书馆,2010年,第371、357页。
[2] 梁启超:《近代学风之地理的分布》,《饮冰室合集·文集》之四十一,北京:中华书局,1989年,第68页。
[3] 柳亚子:《南明史料书名提要》,台北:华正书局,1977年,第91页。

影响甚大，戴氏所作《方灵皋稿序》记述了他与方苞切磋学问的情形，有谓："灵皋与余往复讨论，面相质正者且十年，每成一篇，辄举以示余。余为之点定评论，其稍有不惬于余心者，灵皋即自毁其稿。"①由此可见方、戴之间的关系。

以上数种说法，即曾国藩的方、刘、姚"三子"说，梁启超的钱、方、戴共同"始祖"说，柳亚子的戴、方同为"鼻祖"说，以及郭绍虞根据曾国藩之说演绎出的"桐城三祖"及方苞"初祖"说，各执一端，莫衷一是。不过尽管意见分歧，有一点却是共同的，即各家都不约而同提到方苞对桐城开宗立派的贡献，没有争议。如果将尚未达成共识的戴名世、钱澄之、刘大櫆、姚鼐暂时搁置，众口一词首肯的方苞应该就是桐城"初祖"。

但桐城"初祖"的认定显然不会如此简单。问题在于方氏之学亦有所本，未可视为桐城之学的学术源头。曹聚仁曾专门就此进行研究，认为桐城虽推崇方苞、刘大櫆、姚鼐三人，真正的"祖师"却是明末的归有光。曹氏的理由是，讨论学派成立须追溯"文统"，他认为桐城的"文统"即"宗法六经汉唐"，很大程度上是"直接震川"，即由归氏奠定②。刘师培在讨论桐城源流时，亦曾指出方苞之学与归氏古文的联系。其《清儒得失论》有曰："桐城方苞，善为归氏古文，明于呼应顿挫之法，又杂治宋学，以为名高，然行伪而坚，色厉内荏。姚鼐传之，兼饰经训以自辅。下逮二方，犹奉为圭臬。东树硁硁，尚类弋名，宗诚卑卑，行不副言。然倡言讲

---

① 戴名世:《〈方灵皋稿〉序》，王世明编:《戴名世集》卷三，北京：中华书局，1983年，第54页。
② 曹聚仁:《桐城派义法》，《文坛五十年》，北京：东方出版中心，1997年，第18—23页。

学,亦举世所难能,此一派也。"①萧一山也认为,方苞、刘大櫆等人"造立"古文义法一定程度上是在"诵法"归有光等前朝学者②。由于归氏之学构成桐城古文学的重要源头,刘声木考述桐城渊源,收录、补录凡1223人,明确将归氏排在首位③。

然而将归有光视为桐城"初祖"并不恰当。因为即便如曹聚仁所言,桐城之学的"文统"可追溯至归氏古文,将归有光作为桐城派的"初祖"理由也不充分。原因很简单。从空间上看,被命名为"桐城"的古文流派在开宗立派之初曾表现出鲜明的地域性,不可忽视。曾国藩在《〈欧阳生文集〉序》中之所以仅提方、刘、姚而未向前追溯,不仅因为"三子"研习古文,富有成就,而且因为他们均籍隶安徽桐城,所以才有"桐城派"及"桐城义法"的称谓。梁启超将钱、方、戴推为桐城"三祖",亦有三人皆出自桐城的考虑④。可见作为开宗立派者,"桐城"地域属性是重要的判断依据。归氏古文虽对桐城有所启迪,但归系江苏昆山人,若视之为明清古文的"初祖",则其学派就应叫"昆山派"。反过来说,既以"桐城"为名开宗立派,籍隶昆山的归氏就应排除在桐城"初祖"之外。从时间上看,归氏生于晚明(1507—1571),与生于清康熙年间的方苞(1668—1749)生死相隔,将近百年,无法共创一派,

---

① 刘师培:《清儒得失论》,《刘申叔遗书·左盦外集》卷九,南京:江苏古籍出版社,1997年,第1536页。
② 萧一山:《曾国藩传》,海口:海南国际新闻出版中心,1994年,第29页。
③ 刘声木:《桐城文学渊源·撰述考》(收入"安徽古籍丛书"),合肥:黄山出版社,1989年,第1页。
④ 钱澄之(1612—1693),字饮光,安徽桐城人。明末曾主持桐城复社,被阮大铖党捕追后逃亡。明桂王时,升礼部主事,授翰林院庶吉士。后辞官归乡。著有《田间诗学》《易学》《庄屈合诂》《藏山阁诗文集》等。戴名世(1635—1713),字田有,晚号南山先生,安徽桐城人。

而独自一人，亦无以成派。方苞则不同，方氏与刘大櫆（1698—1780）、姚鼐（1732—1815）生卒之年交叉，鼎足而三，已成气候，加之康熙帝对方苞的护持，地位钦定，"桐城"最终得以成"派"并流衍开去。从这个意义上讲，将方苞列在桐城"初祖"位置，较为妥帖。

不过诚如曾国藩所言，方苞等人只奠定了桐城开宗立派的基础，桐城到姚鼐讲学时代得以兴盛，桐城古文才具有"典范"意义。姚鼐，字姬传，室名惜抱轩，安徽桐城人，乾隆二十八年（1763）进士，授庶吉士，先后主讲敬敷、紫阳、钟山书院，传道授业，凡四十年，门庭光大。方东树、姚莹等桐城学者纷纷汇聚门下；桐城之外亦多服膺及受业者，上元的管同、梅曾亮即个中翘楚。嘉庆时期，桐城派扩至苏、赣、桂、湘诸省，突破桐城的狭小空间范围，姚鼐的古文学地位也由此奠定[①]。咸丰末年，曾国藩作《圣哲画像记》，"择古今圣哲三十余人，命儿子纪泽图其遗像，都为一卷"，"俎豆馨香，临之在上，质之在旁"。所选32位"古今圣

---

① 对此，曾国藩做了如下记述："姚先生晚而主钟山书院讲席。门下著籍者，上元有管同异之、梅曾亮伯言，桐城有方东树植之、姚莹石甫。四人者，称为高第弟子。各以所得，传授徒友，往往不绝。在桐城者，有戴钧衡存庄，事植之久，尤精力过绝人。自以为守其邑先正之法，礼之后进，义无所让也。其不列弟子籍，同时服膺，有新城鲁仕骥絜非，吴兴吴德璇仲伦。絜非之甥为陈用光硕士，硕士既师其舅，又亲受业姚先生之门。乡人化之，多好文章。硕士之群从，有陈学受艺叔、陈溥广敷（'新城二陈'），而南丰又有吴嘉宾子序，皆承絜非之风，私淑于姚先生。由是江西建昌，有桐城之学。仲伦与永福吕璜月沧交友，月沧之乡人有临桂朱琦伯韩、龙启瑞翰臣、马平王锡振定甫，皆步趋吴氏、吕氏，而益求广其术于梅伯言。由是桐城宗派，流衍于广西矣。"在学界尚未达成共识的情况下，或许倾向采撷曾国藩的说法，即桐城之学源于方苞，而桐城派之名起于姚鼐较为合宜，毕竟曾国藩是桐城重要传人，个中人的说法相对靠谱。引文见曾国藩：《欧阳生文集序》，《曾国藩全集·诗文》，第246页。

人"中，清代仅4人，其中就包括姚鼐，入"圣门文学之科"，位列王念孙之前①，可见曾对姚及其文章"典范"的高度认同。

桐城古文在开宗主派时期尚属可观，却后继乏人。桐城"三祖"之后，虽有被称为姚门"高第弟子"的管、梅、方、姚（莹）撑持门面②，但相较其师尊，四人均成就中庸，无以创制古文新局。除了人才不济，在时人眼中，桐城派最大的弱点是偏重讲求文章技法，不甚重视时人看重的"学"。乾嘉时期，汉学当道，若以汉学家的"学术"标准衡量，前期桐城确实乏善可陈。桐城派前期和中期的文章家，文字多以叙事抒情见长，精巧妙绝，但篇幅短小，殊少论辩，尤乏实证，没有说理高手，所谓"古文之道无施不可，但不宜说理耳"③，道出了前期和中期桐城古文的内在缺陷。

桐城的中衰境况持续了将近50年，直至道、咸以还，为应对家国之乱，世风文风丕变，人才辈出，仅湖南一地，便有大批俊秀横空出世，文宗姚鼐，变法革新，火继薪传，桐城文章才得以重放光彩。曾国藩写道：

> 昔者，国藩尝怪姚先生典试湖南，而湖南出其门者，未闻相从以学文为事。既而得巴陵吴敏树南屏，称述其术，笃好而不厌，而武陵杨彝珍性农、善化孙鼎臣芝房、湘阴郭嵩焘伯

---

① 四人分别为顾炎武、秦蕙田、姚鼐、王念孙。曾国藩：《圣哲画像记》，《曾国藩全集·诗文》，第251页。
② 四人分别指管同、梅曾亮、方东树、姚莹。见曾国藩：《欧阳生文集序》，《曾国藩全集·诗文》，第246页。
③ 曾国藩：《复吴敏树》（咸丰九年十二月初二日），《曾国藩全集·书信》二，长沙：岳麓书社，1991年，第1154页。

琛、溆浦舒焘伯鲁，亦以姚氏文家正轨，违此则又何求？最后得湘潭欧阳生。生，欧阳兆熊之子，而受法于巴陵吴君、湘阴郭君，亦师事新城二陈。其渐染者多，其志趣嗜好，举天下之美，无以易乎桐城姚氏者也[①]。

曾国藩在文中未提及自己的作用，实则这一变化与曾氏的治世论学关系极大。咸同年间，曾国藩出山，平定发捻，整饬地方，主持洋务，和睦中外，引领"同治中兴"，干的都是"大事业"。或与事业中养成的把握全局与精细处置习惯有关，他的文章气势宏大且绵密有致，堪称大手笔，为桐城前辈大师所不及。刘师培曾注意到曾对桐城学风转变的影响，称曾国藩"合古文理学为一，兼治汉学，由是学风骤易"[②]。曾国藩编有《经史百家杂钞》，该书与姚鼐的《古文辞类纂》、王先谦的《续古文辞类纂》，被桐城后学奉为典则。所作诗文、函稿及奏章，陈情、叙事、说理，风格独具，佳言警句甚多，不少文论及书信成为传世名篇。何贻焜对曾国藩有立德、立功、立言"三俱不朽"的评价[③]。梁启超赞誉曾国藩，说他是"事业家"，但他的文章也很好，即便没有事业，"单有文章，也可以入文苑传"[④]。

曾氏光大桐城不仅表现为让古文能"说理"及编纂《经史百家杂钞》，更主要的是门人弟子发扬光大门风，使桐城古文梅开二

[①] 曾国藩：《欧阳生文集序》，《曾国藩全集·诗文》，第245—246页。
[②] 刘师培：《近儒学术统论》，《刘申叔遗书·左盦外集》卷九，影印本下册，第1535页。
[③] 何贻焜：《曾国藩评传》，南京：正中书局，1937年，第614页。
[④] 梁启超：《中国历史研究法》（补编），《饮冰室合集·专集》之九十九，第78页。

度,再放异彩。曾门"四大弟子"吴汝纶、黎庶昌、张裕钊、薛福成皆文章高手①。曾氏本人虽非籍隶桐城,但文脉与桐城相袭,亦自承受姚鼐启蒙②,与桐城虽无地缘却有学缘。其弟子不仅文宗方、姚,亦有籍出桐城者(如吴汝纶及其弟子)。只因曾国藩官至一品且入翰林,位比相国,地位崇高,"桐城"已难将其笼罩,故曾氏及其弟子又被称为"湘乡派"③,然其桐城属性,并未改变。

与之前的"桐城派"不同,"湘乡派"桐城于义理、考据、词章之外,更阑入"经济",讲求经邦济世,使桐城古文面向社会,切合实际,更加"言之有物"。在学术资源继承上,与"正宗"桐城不同,曾氏文字"虽从姬传入手",却"探源杨马,专宗退之",直追汉、唐。在文章风格上,"湘乡派"桐城为文较少禁忌,纵横捭阖,奇偶并用,舒展自如,进退有据,将原本不擅长说理的古文写得议论风生,表现出新的文字活力。进一步奠定了桐城古文的"典范"地位④。

在曾国藩的弟子中,吴汝纶和张裕钊最负文名。吴汝纶系安徽

---

① 徐一士编著:《一士类稿》(收入史料笔记丛书),北京:书目文献出版社,1983年,第40页。
② 曾氏后来回忆早年就学经历,亦承认姚鼐文章对自己的启蒙,他说:"仆早不自立,自庚子以来稍事学问,涉猎于前明、本朝诸大儒之书,而不克辨其得失。闻此间有工为古文诗者,就而审之,乃桐城姚郎中鼐之《绪论》,其言诚有可取。于是取司马迁、班固、杜甫、韩愈、欧阳修、曾巩、王安石及方苞之作悉心读之。""国藩初解文章,由姚先生启之也。"曾国藩:《圣哲画像记》,《曾国藩全集》诗文,第250页。
③ 李详:《论桐城派》,《国粹学报》1908年第4卷第12期,第63—65页。另外,胡适也曾将曾国藩之后的桐城流派称作"湘乡派",见氏著:《五十年来中国之文学》,欧阳哲生编:《胡适文集》3,北京:北京大学出版社,1998年,第203页。
④ 关于曾国藩的文章风格及其与桐城前辈的异同,参见上引李详文。

省桐城人，同治四年（1865）进士，授内阁中书，曾作曾国藩幕僚兼李鸿章门徒[①]，后主讲莲池书院，并创办桐城学堂，是桐城衰变期重要的嫡系传人。张裕钊是湖北鄂州人，官授内阁中书，先后主讲凤池、莲池、江汉、鹿门书院。吴、张均曾讲学北方，传道授业，弟子满天下。桐城派由南向北发展，吴、张二人，功莫大焉[②]。而吴氏在桐城派发展中的地位，尤其突出。吴因参与曾国藩、李鸿章创办洋务，对西学西政有所了解，思想开通。他的文章，气魄虽不如曾氏雄伟，但识见明达，贯通中西，在曾氏幕府中是一流人物[③]。

梁启超溯源桐城时提到的马其昶和姚永朴、姚永概是吴汝纶及门弟子中的佼佼者，有"一马二姚"之称。三人均以诗文名世，声噪一时。严复、林纾等人曾造访门庭，亲炙学问。1902年，经礼部尚书暨管学大臣张百熙推荐，吴汝纶任京师大学堂总教习，严复、林纾分任大学堂译书局正副总办。1912年京师大学堂易名北京大学，严复出任校长，吴汝纶的及门弟子姚永概任北大文科学长，姚永朴任北大文科教授。桐城文章家接踵进入中国最高学府，为桐城派续写了最后的辉煌。但好景不长，不久新文化运动兴起，白话文逐渐取代古文，北大文科被新文化人及桐城宿敌朴学派占据。桐城派及其"义法"，从此光景不再。

总之，桐城派古文与清朝国运相维。在号称"盛世"的康、乾

[①] 徐一士说："汝纶为曾国藩门人，兼师事李鸿章，忠且谨，鸿章亦雅重之。"徐一士：《一士谈荟》（收入史料笔记丛书），北京：书目文献出版社，1983年，第299页。
[②] 刘师培：《清儒得失论》，《刘申叔遗书·左盦外集》卷九，影印本下册，第1539页。
[③] 曹聚仁：《桐城派义法》，《文坛五十年》，第18—23页。

时期，因其先贤努力，桐城盛极一时，形成"典范"，讲学范围突破桐城一隅。嘉庆之后一度中落，后继乏人。到曾国藩时代，随着同治中兴，经曾氏及其弟子大手笔演绎，桐城古文一度复盛。科举停废后，趋新求变成为时尚，传统文人边缘化，桐城古文亦随之步入衰年。民国建立后，桐城子弟为古文之树再发新枝竭尽其力，一定程度上表现了自己的存在，但此时的桐城古文已是明日黄花，光鲜难续①。

二、桐城义法与"典范"指归

桐城古文薪传火继，近三百年，学子趋附，视为典范（paragon）。然而桐城文派是否浪得虚名，其内囊能否支撑"天下文章尽在桐城"的外部盛名？具体分析"桐城义法"内涵，可以作出判断。

如所周知，"桐城义法"中"义法"二字是从《史记·十二诸侯年表序》中借取②，为桐城文论的核心。方苞在《又书货值传后》中指出："《春秋》之制义法，自太史公发之，而后之深于文者亦具焉。义即《易》之所谓'言有物'也；法即《易》所谓'言有序'

---

① 曾国藩曾替《欧阳生文集》作序，这篇序文堪称一部桐城流变史，道明了"湘乡"与"桐城"的学缘与人脉，可供研究桐城派源流及桐城文章变化参考。文见《曾国藩全集·诗文》，第246页。
② 司马迁说："孔子明王道，干七十余君，莫能用，故西观周室，论史记旧闻，兴于鲁而次《春秋》，上记隐，下至哀之获麟，约其辞文，去其烦重，以制义法，王道备，人事浃。七十子之徒口受其传指，为有所刺讥褒讳挹损之文辞，不可以书见也。"这可能是最早出现在史籍中的"义法"表述。引文见司马迁：《十二诸侯年表序》，《史记》卷十四，北京：中华书局，1975年，第509页。

也"①。"义求有物，法求有序"②。用现代术语表述，"物"对应的是"义法"中的"义"，是指文章的内容；"序"对应的是"法"，是指文章形式及与形式相关的内在性讲究。"义法"有骈、单两种理解。"单"即将"义法"视为一词，有类表"义"之"法"，作此解者较少，暂且不表。按照"骈"意，"义""法"为并列的两个词，各有指代，以下分别论其内涵：

（一）关于"义"的表述

对古文"义"的讲究并非始出桐城。远的姑且不论，至迟南朝，刘勰著《文心雕龙》时便已强调，文章须出自"道心"，重"神理设教"，以风化庶民③。桐城派文章须阐释"义"的主张，遥承斯旨。其诸多先贤中，较早强调古文"义法"中"义"之一面者可能是戴名世。针对明末以来文风颓唐，为拯救古文，戴氏提出以"言有物"为"立言之道"，强调立言须兼顾道、法、辞，"三者有一之不备而不可谓之文"④，明确将"道"置诸首位。其对道、法、辞关系的解释，直接影响到"桐城义法"中"义"的定位。方苞说："义以为经而法纬之，然后为成礼之文"⑤，把"义"放在"经"即主线位置，认为文章的功能是"成礼"，主张"非阐道翼教，有

---

① 方苞:《又书货殖传后》,《方苞集》卷二，上海：上海古籍出版社，2008年，第58页。
② 参见郭绍虞:《中国文学批评史》下册，北京：商务印书馆，2010年，第338页。
③ 刘勰著，黄叔琳注，李详补注，杨明照校注拾遗:《文心雕龙》上册卷一，北京：中华书局，2012年，第2页。
④ 戴名世:《己卯行书小题序》，王世明编:《戴名世集》卷四，北京：中华书局1983年，第109页。
⑤ 方苞:《又书货殖传后》,《方苞集》卷二，第58页。

关人伦风化者不苟作"①。在《礼闱示贡士》一文中方苞写道："我皇上……谆谕文以载道，与政治相通，务质实而言必有物，其于文术之根源阐括尽矣。"②将文章与"道"看作"文术"之"根源"，可见在方氏眼中"义"的内涵就是"载道"。姚鼐强调将"明道义、维风俗以诏世者"作为"君子之志"，也是基于同一立场③。

桐城派"文以载道"的主旨，曾国藩阐释得最为明晰，认为文章"必义理为质而后文有所归"④，直接把"义理"提到中国古代文论"文质"范畴中"质"的高度。曾氏在《致诸弟书》中明确表示："盖自西汉以至于今，识字之儒约有三：曰义理之学，曰考据之学，曰词章之学，各执一途，互相诋毁。兄之私意，以为义理之学最大，义理明则躬行省要，而经济有本。词章之学，亦所以发挥义理者也。考据之学，吾无取焉矣。"⑤强调"义理之学最大"，足见曾氏并未将"义"与"法"放在同样位置，等量齐观。

萧一山对历代桐城文家有关"义"的言论作了归纳，他认为，自方苞、刘大櫆诵法曾巩、归有光造立"古文义法"，姚鼐继之，

---

① 方望溪：《左忠毅公逸事》，王文濡编：《明清八大家文钞》，上海：上海古籍出版社，2008年，第89页。
② 方苞：《礼闱示贡士》，《方苞集·集外集文》卷八，第776页。
③ 姚鼐：《复汪进士辉祖书》，《惜抱轩文集》卷六，收入沈云龙编：《近代中国史料丛刊》二辑，台北：文海出版社（出版时间不详），第184页。
④ 曾氏指出："当乾隆中叶，海内魁儒畸士，崇尚鸿博，繁称旁证，考核一字累千万言不能休，别立帜志曰汉学，深摈有宋诸子义理之学，以为不足复存。其文尤芜杂寡要。姚先生独排众议，以为义理、考据、词章三者不可偏废，必义理为质而后文有所归，一编之内惟此兢兢。当时孤立无助，传之五六十年，近世学者稍稍诵其文，承用其说。"曾国藩：《欧阳生文集序》，《曾国藩全集·诗文》，长沙：岳麓书社，第246页。
⑤ 曾国藩：《致澄弟温弟沅弟季弟》道光廿三年正月十七日，《曾国藩全集·家书》一，长沙：岳麓书社，1986年，第55页。

持论闳通,遂因周濂溪"文以载道",欧阳修"因文见道"之言,以"道统"自任,与当时所谓汉学者相轻。一般人感觉考据、训诂规律太严,声希味淡,故诵习桐城文章者,几满天下[1]。萧氏所论。提示了"桐城义法"之"义"所含"文以载道"的基本义蕴。

不过桐城对"言之有物"的诠释并不止于"载道"。如果说,有关"载道"的阐释是桐城在当时语境下不得不说的"门面话",重要却无甚新意,那么,桐城诸公说了这些装饰门面的话语之后,在"义"的阐释上,也表达了一些有价值的"真知语"[2],将"言之有物"的"物"加以拓展,丰富了桐城古文作为"典范"的内涵。

比如,方苞就认为并反复强调,纪实、道古、论事、济世,"皆言之有物者也",主张古文须纪实存真,"本经术而依于事物之理,非中有所得,不可以为伪"。他特别指出:"古之所谓学者,将明诸心以尽物之理而济世用,无济于用者则不言也",唯有见闻广博,"质实而言有物"且"有见于义理",才是文章的至高境界[3]。达致这一境界的前提是格物致知,深喻其旨,不可自欺欺人。姚鼐强调:"文章之事,有可言喻者,有不可言喻者。不可言喻者,要必自可言喻者而入之。"他认为韩柳欧苏"所言论文之旨",根本在于"无欺人语"[4],故其文章,可大可久。

---

[1] 萧一山:《曾国藩传》,1994年,第29页。
[2] "门面话"与"真知语"系郭绍虞的表述,见上引氏著《中国文学批评史》下册第374页。
[3] 方苞:《与孙以宁书》《答申谦居书》《传信录序》《礼闻示贡士》,分别见《方苞集》卷六,第136、164页;《方苞集·集外集文》卷四,第603—604页;卷八,第776页。
[4] 姚鼐:《答徐季雅》,《惜抱先生尺牍》卷二,海源阁丛书十六,咸丰五年刊印,第11页。

值得一提的是，方苞所谓"言之有物"的"物"是新颖独见之"物"而非"故物"，讲究唯新是求，不袭古人。方苞认为文章"必发人所未见之义，然后其文传；而传之显晦，又视其落笔时精神机趣，如此文章，盖美得之"①。刘大櫆主张"文贵去陈言"，认为"文字是日新之物，若陈陈相因，安得不目为臭腐"②。姚鼐的新境追求不亚方、刘，声称："文章之事，欲能开新境……守正不知变者，则亦不免于隘也。"③吴德璇推崇王安石，认为王氏文章高人一等，系因"渠作文直不屑用前人一字，此所以高"④。追求创新自然不屑抄袭成说。方苞警示弟子戒"勤说雷同"⑤，指出："古之能于文事者，必绝依傍"，文章唯有"别出义意"，方能占据"胜地"⑥。方苞所言，涉及文章的选题。选题新颖是文章质量的决定因素。姚鼐曾从选题角度评价陈石士的文章："寄来文字无甚劣，亦非甚妙。盖作文亦须题好，今石士所作之题（案：寿序等题）内，本无甚可说，文安得而不平也。"⑦方东树说得更直白："文章之道，必师古人而不

---

① 方苞：《评曾子固〈寄欧阳舍人书〉》，方苞选、胤礼辑：《古文约选》二十一，曾文约选，雍正十一年果邸刻本（哈佛燕京图书馆藏、哈佛大学扫描本），第27页。
② 刘大櫆：《论文偶记》之二十六，（收入郭绍虞等主编"中国古典文学理论批评专著选辑"），北京：人民文学出版社，1959年，第11页。
③ 姚鼐：《与石甫侄孙莹》，《惜抱先生尺牍》卷八，海源阁丛书十六，咸丰五年刊印，第16页。
④ 吴德璇著，吕璜记述：《初月楼古文绪论》，北京：人民文学出版社，1959年，第5页。
⑤ 方苞：《礼闱示贡士》，《方苞集·集外集文》卷八，第776页。
⑥ 《欧阳永叔〈释秘演诗集序〉》，姚鼐纂集，胡士明、李祚唐标校：《古文辞类纂》卷八，上海：上海古籍出版社，2016年，第104页。
⑦ 姚鼐：《与陈石士》，《惜抱轩尺牍》卷六，合肥：安徽大学出版社，2014年，第103页。

可袭乎古人。"①古文家不因袭古人,追求选题新颖,看似悖论,却显示出其思想的活脱,这正是桐城古文能焕发生机的原因所在。

一言以蔽,"言之有物"是桐城派的作文宗旨,虽内含部分道德性质的"门面话",但更多则是古文写作的内在要求。是否遵循这些要求,将决定文章价值之高下。要达到"有物"的境界并非易事,就连对桐城"初祖"方苞产生过影响的归有光也力有未逮。对此方苞曾感叹,归氏"于所谓'有序'者盖庶几矣,而'有物'者则寡焉"②。可见桐城先贤对"言之有物"何等看重。

(二)关于"法"的表述

"法"是方法层面的考究。桐城派主张"言之有序",强调"言必雅驯"。所谓"言之有序",是要遵循章法;所谓"言必雅驯",是说文字须雅洁,不能落入俚俗鄙野。对何为"雅驯",桐城先贤少有直接论述,但对文字不"雅驯"及不"雅洁"的批评则在在皆是。方苞曾对南宋以还的文风提出批评,认为"南宋、元、明以来,古文义法不讲久矣。吴越间遗老尤放肆,或杂小说,或沿袭翰林旧体,无一雅洁者"③。

针对古来文章之病,桐城文家根据代代相传并不断充实的古文"典范",提出并践行诸多作文规则:

1."循名责实"。文章要名实相符,文题相维,概念准确,内

---

① 方东树:《答叶溥求论古文书》,霍松林主编:《中国近代文论名篇详注》,贵阳:贵州人民出版社,1986年,第4页。
② 方苞:《书归震川文集后》,《方苞集》卷五,第117页。
③ 沈廷芳:《隐拙轩集》卷四十一,清乾隆二十二年刻本。案:此段文章系方苞与其弟子沈廷芳的一段对话记录。

容充实，思想表达清晰晓畅，忌讳下笔千言离题万里，让人不知所云。方苞强调，文章必"于题切中而后能真，非然则循题敷衍，为直为率而已"①，直接提出"于题切中"即"切题"的作文要求。吴德璇论古文"义法"，认为最所忌讳者是"读一篇了不知其命意所在"。针对这种情况，吴氏特别强调"相题行文"②这一重要规范，主张作文者根据题目，阐释题中应有之义，避免产生阅读尴尬。对与题目相关各种"名"即概念的界定，桐城文章家也痛下功夫。受桐城影响甚深的严复自言翻译《天演论》时曾大费周章。他在该书《译例言》中写道："定名之难，虽欲避生吞活剥之诮有不可得者矣。他如'物竞''天择''储能''效实'诸名，皆由我始。一名之立，旬月踟蹰。我罪我知，是存明哲。"③不惜糜时旬月以求"一名"准确，这是何等功夫！严复译著得以流芳百纪，此其重要原因。

2."文质事核"。文章写作须实事求是，质实精准。此一讲究在曾国藩弟子黎庶昌那里表现最突出。黎与其同门吴、薛、张相较，稍逊风骚，却长于"经济"，颇具识见。王闿运所著《湘军志》，于湘军事功，多有异说，被称为"谤书"。唯黎氏力排众议，对斯书大加赞赏，将其中五篇收入《续古文辞类纂》。所作评注，重申桐城讲求"质实"④的古文主张，有云："此书不著作者名氏，盖湘潭举人王闿运笔也。文质事核，不虚美，不曲讳，其是非颇存咸同朝之真，深合子长叙事意理，近世良史也。大体皆善，今录五篇……庶昌不独赏其文词，且赞以良史，许以真核，所见与郭嵩

---

① 方苞:《礼闱示贡士》,《方苞集·集外集文》卷八, 第776页。
② 吴德璇著, 吕璜记述:《初月楼古文绪论》, 第6、3页。
③ 赫胥黎著, 严复译:《天演论》, 北京: 科学出版社, 1971年, 第11页。
④ 方苞:《礼闱示贡士》,《方苞集·集外集文》卷八, 第776页。

蕪辈大异矣。"① 为做到"文质事核",桐城文章家在强调义理、词章的同时也注重考证,认为"以考证助文之境,正有佳处"②,强调"古今所贵乎有文章者,在乎当理切事,而不在乎华辞"③。

3."布勒有体"。作文须认真谋篇布局,精心建构叙事框架,起伏铺陈,开阖照应,均有讲究。桐城文家深明此义,提出"布勒有体"的写作要求,并用以针砭史乘。在这方面,方苞最为用心,他点评说:"《左传》详简断续,变化无方;《史记》纵衡分合,布勒有体。"④ 他在评刘向《答苏武书》时解释自己对《左传》的评论说:"左氏叙事于极凌杂处用总束,或于首,或于尾,或于中。子政(刘向)用之,多于篇末。此古文义法之最浅者,不可数用。"⑤ 在具体人事铺排上,方苞主张把握用笔轻重,注意"虚实详略之权度",顾及人事间的关系平衡,不可人重事轻或人轻事重,认为"古之晰于文律者,所载之事,必与其人之规模相称",否则"文字虽增十倍,不可得而备矣"⑥。

4."辞尚体要"。文章须择要书写,要言不烦,虚实结合,详略得当,应选取最能反映事物特征、揭示事物本质、有利于记述事件

---

① 徐一士编著:《一士类稿》(收入史料笔记丛书),北京:书目文献出版社,1983年,第40—41页。
② 姚鼐:《与陈硕士》,《惜抱轩尺牍》,第100页。
③ 姚鼐:《刘海峰先生八十寿序》,《惜抱轩诗文集》,上海:上海古籍出版社,1992年,第274页。
④ 方苞:《〈序越州鉴湖图〉评语》,方苞选,胤礼辑:《古文约选》二十二,"曾文约选",雍正十一年果邸刻本(哈佛燕京图书馆藏、哈佛大学扫描本),第67页上。
⑤ 方苞:《评刘向〈答苏武书〉》,方苞选,胤礼辑:《古文约选》四,"西汉文约选",雍正十一年果邸刻本(哈佛燕京图书馆藏、哈佛大学扫描本),第33页。(页码不清晰,或有误)
⑥ 方苞:《与孙以宁书》,《方苞集》卷六,第136页。

颠末、符合人物身份的重要事件书写，不能把古文写成断烂朝报，事无巨细都塞进去，无所选择。为此，方苞提出"辞尚体要"的原则，并以此褒贬历代史乘与史家。他评价《汉书·霍光传》"详略虚实措注，各有义法"，"常事不书"[1]。他称道史迁著书"于萧相国非万世之功不著，于黯（汲黯）非关社稷之计不著，所谓'辞尚体要'也"[2]，认为"明于体要而所载之辞不杂"[3]，乃太史公高出于古今众多史家的原因所在。要做到"所载之辞不杂"，删繁就简乃必要手段。鉴于"文未有繁而能工者"[4]，桐城先贤告诫弟子，学习作文须注意古人的"简质"，观其"惜墨如金"之处，方得要领[5]。

5. "脉相灌输"。文章要气脉贯通，逻辑谨严，方为上乘。方苞讲习古文，最重此层。他以史书为例指出："记事之文，惟《左传》《史记》各有义法。一篇之中，脉相灌输而不可增损。然其前后相应，或隐或显，或偏或全，变化随宜，不主一道。"[6]方苞提出古文家异常看重的"脉相"概念，但未能阐释发挥。姚鼐意识到这一点，做了明晰表述，他将方苞的"脉相"概念替换成"意脉"，认为上乘文章须"意脉"贯通。所谓"意脉"就是文章的思想、情感及意念之脉，有如风筝之线，有线在手，虽放至数百丈亦无妨；"若本无线，虽数尺之高亦不可得"。他曾用此标准审视苏洵《书论》，认为该文前后两义，缺乏关联，强合为一，导致"意脉不

---

[1] 方苞：《书汉书霍光传后》，《方苞集》卷二，第62—63页。
[2] 方苞：《史记评语·汲郑列传》，《方苞集·集外集文补遗》卷二，第861页。
[3] 方苞：《书萧相国世家后》，《方苞集》卷二，第55页。
[4] 方苞：《与程若韩书》，《方苞集》卷二，第181页。
[5] 姚鼐：《与陈硕士》，《惜抱轩尺牍》卷六，第103页。
[6] 方苞：《书五代史安重诲传后》，《方苞集》卷二，第64页。

清"①，称苏洵的《审势论》"旁引曲证，务申己说……横纵往复，层出互见"，但"气转为之滞雍，意转为之懈散"②，气意不畅，是为大病。

6."辞好雅洁"。这一规范是由古文性质决定的。姚鼐视文章写作为艺，强调："夫文者艺也，道与艺合，天与人合，则为文之至。"③又说："文章之精妙，不出字句声色之间，舍此便无可窥寻矣。"④既是艺，文章就应"雅正"。将精当简练，去净繁芜，清澄无滓，"一字不可增损"，视为"文字之极则"。⑤达致这一境界需经艰苦磨砺。方苞以冶炼为喻指出：文章"未有繁而能工者，如煎金锡，麤矿去，然后黑浊之气竭而光润生"⑥。与"雅洁"对应的是诳野粗俗，为学者所深忌。尤其是史家，针砭人事须注意史家身份，不能出以市肆粗俗之语，有辱斯文。吴德璇说："史记未尝不骂世，却无一字纤刻。……史记于《左传》长篇，只用一二语叙过，正是其妙处。须知质而不俚，只叙此等，如道家常，所以高耳。"⑦"雅洁"是桐城方法论的重要指归，也是桐城古文能得到广泛认同的重要原因所在。

---

① 方苞：《评苏洵〈书论〉》，方苞选，胤礼辑：《古文约选》十六"老苏文约选"，雍正十一年果邸刻本（哈佛燕京图书馆藏、哈佛大学扫描本），第30页。
② 方苞：《评苏明允〈审势论〉》，彭林、严佐之主编：《方苞全集》第十二册，上海：复旦大学出版社，2017年，第449页。案：哈佛大学扫描本未检索到方苞对苏洵此文的点评。
③ 姚鼐《敦拙堂诗集序》，《惜抱轩文集》卷四，收入沈云龙编：《近代中国史料丛刊》二辑，第102—103页。
④ 姚鼐《与石甫侄孙莹》，《惜抱先生尺牍》卷八，海源阁丛书十六，咸丰五年刊印，第9页。
⑤ 方苞：《古文约选序例（代）》，《方苞集·集外文集》卷四，第615页。
⑥ 方苞：《与程若韩书》，《方苞集》卷六，第181页。
⑦ 吴德璇著，吕璜记述：《初月楼古文绪论》，第3—4页。

7.“义意隐深”。人贵直而文尚曲。文意表达要委婉隐深,不能过于直白,悉数道出,否则难以产生曲径通幽的表达效果。方苞曾以孔子所著《春秋》为例,对此作出明晰表述:"凡诸经之义可依文以求,而春秋之义,则隐之所不载。或笔或削,或详或略,或同或异,参互相抵,而义出于其间。"[1]在方苞看来,"春秋笔法"之高妙,乃在不用文字直接传达是非善恶判断,而是通过修辞及文法讲究,含而不露,表而不尽,意潜言表,尽在不言,让人领略弦外之音。刘大櫆亦同此主张,强调"理不可以直指也,故即物以明理;情不可以显出也,故即事以寓情"[2]。桐城这一主张,与刘勰"深文隐蔚,余味曲包"[3]之旨相合,颇得古文写作之奥秘。

8.“意趣妙远”。文章须讲求意趣,尤应追寻意趣之"妙远",这是文章家心营意造的境界极致。刘大櫆认为"文贵远,远必含蓄"[4]。姚鼐评价其侄孙石甫,说他缺乏"盘郁沉厚之力,淡远高妙之韵,瑰丽奇伟之观"[5],就语涉"意趣"。吴德璇批评桐城前辈方苞,亦以缺少"意趣"为憾。他说:"方望溪直接震川矣,然谨严而少妙远之趣。如人家房屋门厅院落厢厨,无一不备,但不见书斋别业。若园亭池沼,尤不可得也。"或许正因如此,他赞赏《后汉书》作者范晔"体大思精而无事外远致"的自我针砭,感佩其诚恳,并引申评论说:"事外远致,史记处处有之,能继之者,五代史

---

[1] 方苞:《春秋通论序》,《方苞集》卷四,第84页。
[2] 刘大櫆:《论文偶记》之二十八,(收入郭绍虞等主编"中国古典文学理论批评专著选辑"),北京:人民文学出版社,1959年,第12页。
[3] 刘勰:《文心雕龙》中册卷八,"隐秀第四十",第493页。
[4] 刘大櫆:《论文偶记》之十九,第7—8页。
[5] 姚鼐:《与石甫侄孙莹》,《惜抱先生尺牍》卷八,海源阁丛书十六,咸丰五年刊印,第11页下。

也，震川文也。"①

以上八条系从桐城派不同文论中撷取并略事演绎，可归纳为"桐城三十二字箴言"。这32字笔出多人，间隔数代，看似散乱落花，实则旨趣相连，均是桐城文家经验之谈，内容涉及篇目设置、内容筛选、篇章结构、语言修辞、逻辑贯通、意境提升等诸多文章讲究，意在教导学子认知何为古文佳构及如何写作古文。不过桐城对古文的讲究并不拘泥成法，而主变易。刘大櫆根据《易经》"物相杂，故曰文"的古训演绎说："文者，变之谓也"，强调作文须"一篇之中段段变，一段之中句句变，神变，气变，境变，音节变，字句变"，认为"文法有平有奇，须是兼备，乃尽文人之能事"②。

"桐城义法"体现出桐城派对古文内容与形式的审美追求。难能的是，在桐城先贤眼里，古文之美体现在"意脉"贯通产生的整体设计与运思效果，而不在个别章句的熠熠闪光。古人读书喜作圈点，寻章摘句，找出佳言妙语，视为文章优劣的判断依据。但桐城大师的讲究已明显超越文章的局部审美关怀，转而看重既有良好外部形象、更有依据内容匠心独运呈现出的整体美，对个别字句之良莠倒不甚措意。吴德璇对此有精到论述，他说："《古文辞类纂》，其启发后人全在圈点，有连圈多而题下只一圈两圈者，有全无连圈而题下乃三圈者，正须从此领其妙处。末学不解此旨，好贪连圈，而不知文品之高，乃在通篇之古淡，而不必有可圈之句。知此则于

---

① 吴德璇著，吕璜记述：《初月楼古文绪论》，第6、4页。
② 刘大櫆：《论文偶记》之二十二，第8页。

文思过半矣。"①

在阐释正面规条的同时，桐城派还不断总结文章写作教训，摸索出古文写作的诸多禁忌。道光戊子年，吴德璇在浙江宁波讲学，年底经杭州返宜兴，途经杭州被吕璜留住丛桂山房凡20余日。吕璜向吴德璇请教古文义法，吴口讲指画，吕氏笔录，留下后代文士珍视的《初月楼古文绪论》。其中记录了吴氏心中古文写作的诸多禁忌：

> 古文之体忌小说，忌语录，忌诗话，忌时文，忌尺牍，此五者不去非古文也。清初，如汪尧峰，文非同时诸家所及，然诗话尺牍气尚未去净；至方望溪乃去净耳。诗赋字虽不可有，但当分别言之，如汉赋字句，何尝不可用？惟六朝绮靡，乃不可用也。正史字句，亦自可用，如《世说新语》太隽者，则近乎小说矣。公牍字句亦不可阑入者。此等处辨之须细审。

吕璜记录的吴德璇这番议论，即所谓古文"五忌"，被桐城后学奉为师门秘传，从事古文写作，鲜有不知之而践行者。

约言之：从方苞、姚鼐到曾国藩，再到吴汝纶及其弟子"一马二姚"，桐城在近三百年的发展历史中，对文章的形式与内容进行研究，留下大量古文佳构，形成典范（paragon），"桐城义法"也在其文章家代代相续的传承中演变，成为近古学人作文秘籍。桐城文章及"古文义法"的价值与意义，彰彰在目。

---

① 吴德璇著，吕璜记述：《初月楼古文绪论》，第2页。下一自然段所引资料同此出处，第1页。

三、时代危机与"桐城变种"

然而"名满天下,谤亦随之"。桐城的对抗力量与桐城与生俱来,相伴始终,桐城古文的"典范"地位,一直面临挑战。

早在桐城开派之初,当方、姚文章开始受到追捧,桐城诸公正以古文"义法"自矜之时,钱大昕便开始批评桐城,称桐城巨子方苞"未喻乎古文之义法"①。章学诚则不以桐城"义法"为然,认为但凡学人总结的文章"义法",大多不合文理。原因在于,文章之妙全在作者心营意造,方法各异,不可授受②。道光年间,蒋湘南从道、法关系角度批评桐城,认为桐城诸公未能"明道",声称:"道之不明,何有于文;文之未是,何有于法?"③近乎明言"桐城义法"不能成立。

清末民初,尽管桐城古文已注入近代内容,对桐城的批评仍未止息。其中章太炎、刘师培的批评最具分量。章太炎系从"文""学"关系角度剖判桐城古文,认为桐城派"有文无学",直言:"桐城诸家,本未得程、朱要领,徒援引肤末,大言自状,故尤被轻蔑。"④章太炎是古文经学最后的大师,深通古文与历代经

---

① 钱大昕:《与友人书》,《潜研堂文集》卷三十三,南京:江苏古籍出版社,1991年,第575页。钱氏虽不以桐城义法为然,在评价方苞时,却也承认:"取方氏文读之,其波澜意度,颇有韩、欧阳、王之规橅,视世俗冗蔓獶杂之作,固不可同日语。"见同书同文同页。
② 郭绍虞:《中国文学批评史》下册,第414页。
③ 蒋湘南:《与田叔子论古文第三书》,《七经楼文抄》卷四,同治九年光州刻本,第48页。
④ 章太炎:《清儒》(一),收入徐亮工编:《中国近三百年学术史论》,上海:上海古籍出版社,2006年,第7页。

典,其批评桐城"无学",虽系基于"汉学"立场,不无偏颇,但其言论的分量却非同小可。刘师培也不以桐城为然,他在《近儒学术统系论》中对桐城的缺陷做了分析,认为姚鼐之后的桐城派"疏于考古,工于呼应顿挫之文,笃信程、朱,有如帝天,至今不衰,惟马宗琏、马瑞辰间宗汉学"①。章、刘所论,几成共识。郭绍虞说:"桐城之文,'有序之言虽多,而有物之言则少',这是昔人早有定评的。"②

新文化运动中,随着思想及学术范式发生现代转型,对桐城派的批评愈加激烈。胡适作为新文化人,虽肯定桐城派对古文革新的贡献,但对桐城派"自命为'卫道'的圣贤,如方东树的攻击汉学,如林纾的攻击新思潮",也颇为不满,说"那就是中了'文以载道'的话的毒,未免不知分量"③。与胡适的批评尚含恕道不同,钱玄同思想性格偏激,完全蔑视桐城派的存在,认为不应将其看作"与我异派之文章,而用相对的论调"与之辩论,主张出以激烈言辞,甚至不惜"诟谩"④。于是"选学妖孽,桐城谬种"⑤的谩骂便脱口而出,"桐城派"与"选学家"一起,被新文化人置于应打倒之列。

外在的批评和攻击,促使桐城派反躬自省。作为桐城殿军,吴汝纶对清中叶以来古文每况愈下地位的认知颇为剀切。他在与严复

---

① 刘师培:《近儒学术统系论》,《刘申叔遗书·左盦外集》卷九,第1535页。
② 郭绍虞:《中国文学批评史》上册,第398页。
③ 胡适:《五十年来中国之文学》,欧阳哲生编:《胡适文集》3,第205页。
④ 钱玄同:《复"南丰基督教徒悔"来函》,《新青年》第4卷第6号,1918年6月15日,第627页。
⑤ 唐德刚译注:《胡适口述自传》,上海:华东师范大学出版社,1993年,第153页。

的信中写道:"国朝文字,姚春木所选《国朝文录》较胜于廿四家。然文章之事,代不数人,人不数篇。若欲备一朝掌故,如文粹、文鉴之类,则世盖多有;若谓足与文章之事,则姚郎中之后,止梅伯言、曾太傅,及今日武昌张廉清数人,其余皆自郐也。"[1]所言文章之事"代不数人,人不数篇",姚、梅、曾、张之外,皆郐以下的悲叹,虽泛指"国朝文字",不一定特指桐城,却也道尽了桐城派的晚景悲凉。

桐城派的反省,带来桐城古文的范式变化。不过,这一变化并非始于近代。早在桐城派形成之初,姚鼐就曾借程晋芳、周永年之口提出"有所法而后能,有所变而后大"[2]的主张。在致张阮林的信函中他对此作了如下解释:"文章之事能运其法者才也,而极其才者法也。古人文有一定之法,有无定之法。有定者,所以为严整也;无定者,所以为纵横变化也。二者相济而不相妨。故善用法者,非以窘吾才,乃所以达吾才也。非思之深功之至者,不能见古人纵横变化中所以为严整之理,思深功至而见之矣,而操笔而使吾手与吾所见之相副,尚非一日事也。"[3]在姚鼐看来,所谓"桐城义法"实法无常法,因文设法,法随意变,不主一端[4]。有学者据此认为,桐城派遵循的是一种"超义法的义法":"由超义法的义法言,所以有

---

[1] 吴汝纶:《答严几道》,《吴汝纶全集》第三册,尺牍卷一,安徽:黄山出版社,2002年,第236页。
[2] 姚鼐:《刘海峰先生八十寿序》,《惜抱轩诗文集》,第114页。
[3] 姚鼐:《与张阮林》,《惜抱轩尺牍》卷三,第49—50页。
[4] 即便是姚鼐弟子中最拘谨的方东树,也主张文章要顺时应变,指出:"三代之书,词气递降,时代为之也。况在晚近,古训罕通,与其文之而人不晓,何如即所共喻而使之易喻乎?"方东树:《书林扬觯》,上海:华东师范大学出版社,2015年,第78页。

一定之法，也自有无定之法；有正格也自有变格，须摹拟同时也须要创造"①。

古文"义法"既变，古文本身亦不能不变。这种因"法变"即"典范"内涵变化导致的"文变"，在古文风格上有鲜明体现。早期桐城文家，方苞谈"义法"偏重"情辞"，刘大櫆偏重"文法"，姚鼐看重"风韵"，已呈明显区别。姚鼐之后，区别更甚。对此，即便对桐城多有微词的刘师培亦看得十分真切，认为桐城古文自方苞之后呈现出三种不同风格，即姚鼐的"风韵"，恽敬的"峻拔"，曾国藩的"博大"②。刘师培所言，准确概括了桐城古文的变化。

刘师培所言仅论及文辞风格，在文章内容上，桐城古文的变化更显著。从最初崇尚宋儒，不重汉学，单纯通过词章来表达义理，到融会汉、宋，同时讲究义理、词章、考据，再到于三者之外，研习"经济"，桐城派的思想学术视野一直在变化拓展，方法论的讲究也不断完善。逮及近代，西学东渐，在桐城派及其古文"义法"受到批评的背景下，一些曾经宗奉桐城的学者，逐渐离开桐城原有的文章窠臼，不再拘泥前辈讲究的"义法"，开始探寻新的文章表达途径，将"言之有物"之"物"扩大至西学，导致桐城古文从内容到形式均发生变异，以至一些与桐城有瓜葛者的学派界定也成为困难。

有鉴于此，胡适在《中国五十年来之文学》一文中提出"桐城嫡派"与"桐城变种"的概念。他虽未就此作出具体定义，但揆

---

① 郭绍虞：《中国文学批评史》下册，第397页。
② 刘师培：《论近世文学之变迁》，《刘申叔遗书·左盦外集》卷十三下册，第1648页。

其言旨,"嫡派"乃得桐城真传者,"变种"是指曾宗奉桐城,年轻时循其"义法"写作古文,后来因应时代,学识长进,风格变化,"典范"认同部分转移,或与桐城分道扬镳,或仍与桐城派藕断丝连的一批人。胡适明确指出,谭嗣同、康有为、梁启超等人是"桐城变种",因为三人"都经过一个桐城时代,但他们后来都不满于桐城的古文";而严复、林纾则是桐城"嫡派"。胡适高度评价严、林二人,称严复是介绍西洋近代思想的第一人,林纾则是介绍西洋近代文学的第一人,二人的"大功劳"在于用古文译介了此前被国人严重忽略了的西方哲学及人文著作[1]。

从与桐城殿军吴汝纶的关系上看,严、林二人亦可列入桐城门墙。严复翻译《天演论》,曾蒙吴氏指点。俞政对比《天演论》底本、修订本及商务印书馆"今本"(1981年本),发现严复《天演论》译稿至少有三次大的修改,而这三次修改均吸纳了吴的意见[2]。不仅如此,《天演论》的刊行也与吴有关。据严璩《严复年谱》记载:严译《天演论》,未数月而脱稿,"桐城吴丈汝纶,时为保定莲池书院掌教,过津来访,读而奇之。为序,劝付剞劂行世"[3]。林纾与严复类似,虽未正式隶籍吴门,但自1901年在京城向吴汝纶讨教《史记》后,吴就对其另眼相看,寄予厚望,而林也以"力延古文"使之"不至于颠坠"为己任。康有为曾就此责问林纾:"足下奈何学桐城?"[4]康氏此问,虽系不满林氏学问取径而发,却道出了他

---

[1] 胡适:《中国五十年来自文学》,欧阳哲生编:《胡适文集》3,第211、217页。
[2] 俞政:《严复著译研究》,苏州:苏州大学出版社,2003年,第15页。
[3] 严璩:《侯官严先生年谱》,王栻主编:《严复集》第五册,1986年,第1548页。
[4] 林纾:《方望溪集选·序》,转引自钱锺书:《林纾的翻译》,《七缀集》(修订本),北京:生活·读书·新知三联书店,2003年,第114页。

心目中林纾的桐城古文家认同。因而，即便林纾未正式拜师吴氏，其古文家身份亦可确认。

但严、林的桐城古文并不"纯正"，他们自己也未见表达明确的桐城认同，加之均致力于"正统"桐城蔑视的外文翻译，将二人视为桐城"嫡派"，易生争议。刘声木著《桐城文学渊源·撰述考》，收录明季以来近乎所有桐城学人，其中清末民初有郭嵩焘、王先谦、"一马二姚"，现代学者有陈去病、于省吾，甚至将宫岛诚一郎、中岛裁之等日本人囊括在内，却不见二人踪影[1]。刘声木站在正统桐城的立场，不将严、林视作桐城中人，虽略显拘泥"典范"与成法，不知权变，但他能看出以翻译西文西书为主要职志的二人与传统桐城的不同，所作区处也并非毫无道理。因此，较好的处置是将二人划在"桐城变种"之列。

一旦这样处置，严、林与"正宗"桐城的区别便彰明较著。就作品分析，二人对桐城古文"典范"的突破十分明显。以严复为例，其毕生文字事业以译介欧西学术经典为主。所译西书内容广泛，社会学有赫胥黎的《天演论》、斯宾塞的《群学肄言》、穆勒的《群己权界论》、杰克斯的《社会通诠》、经济学有亚当·斯密的《原富》，法律学有孟德斯鸠的《法意》，逻辑学有穆勒的《名学》等，这都是西方启蒙主义的思想学术经典。其中最著名的是《天演论》，该书以"物竞天择，适者生存"解释生物进化，成为19世纪后期启蒙运动的思想源头。

一般认为古文拙于说理，而严译西方经典大多是说理难度极

---

[1] 刘声木:《桐城文学渊源·撰述考》姓氏目录页。

大的作品，却思想把握准确，语言运用自如，符合他在翻译《天演论》时提出的"信、达、雅"标准①。吴汝纶替《天演论》译本作序，曾赞其"骎骎与晚周诸子相上下"，"自吾国之译西书，未有能及严子者"，"文如几道，可与言译书矣"②。在译文风格上，严复也十分讲究。对此吴汝纶曾致函严复予以高度评价："尊译《天演论》，名理络绎，笔势足穿九曲，而妙有抽刀断水之致，此海内奇作也。"③桐城"义法"讲究"有物""有序"，严复的翻译可谓真正达至这一境界，尽管所言之"物"，与传统桐城派理解有所不同。

与严复异趣，林纾翻译的主要是西方文学作品，却从文学艺术角度体现了桐城古文"典范"在近代的存续价值。林纾的第一部西方文学译作是小仲马的《茶花女》，该书翻译方式奇特，是由精通西文者口译，林纾改以古文表述。这本译著的面世，引起国人对外国文学的极大兴趣，也激发了林纾对文学翻译的热情。继《茶花女》之后，林纾用同样方式"翻译"了150余种、约1800万字的外国文学作品，创造出中国文学翻译史上的奇迹，影响巨大。钱锺书曾坦承，他对外国文学的兴趣系因林译小说而起④。

由于林纾是用古文作为工具语言，他对西方文学的翻译，颠覆了时人对古文表现力的认知。曹聚仁曾专门就此进行分析，他说中国不曾有古文写的长篇小说，林纾居然用古文译了百余种长篇小

---

① 赫胥黎著，严复译：《天演论》，严复"译例言"，北京：科学出版社，1971年，第9页。
② 吴汝纶：《天演论序》，《吴汝纶全集》文集第三，安徽：黄山出版社，2002年，第147—149页。
③ 吴汝纶：《桐城吴先生日记》，石家庄：河北教育出版社，1999年，第512页。
④ 钱锺书：《林纾的翻译》，《七缀集》（修订本），第80页。

说；古文很少滑稽幽默风味，林纾居然用古文译出狄更斯等人的作品；古文不长于写情，林纾居然用古文译了《茶花女》与《迦茵小传》，曹氏因此感叹："古文的应用，自司马迁以来，从没有这样大的成绩。"①胡适的认知与曹聚仁类似，他说："林纾《茶花女》，用古文叙事写情，也可以算是一种尝试。自有古文以来，从不曾有过这样长篇叙事写情的文章，《茶花女》的成绩，遂替古文开辟一个新殖民地。"②

林纾能用古文翻译出如此多的外国文学作品，与其不固守"桐城义法"，敢于突破"典范"有关。林纾虽与桐城大师吴汝纶过从密切，钟情古文，但也看到了桐城古文的种种弊病，反对墨守成规，主张"守法度，有高出法度外之眼光；循法度，有超出法度外之道力"③，寻求对古文"义法"的出入变化，反对株守桐城。他以姚鼐文章为例指出："姚文最严净，吾人喜其严净，一沉溺其中，便成薄弱。"④由于追求变化，林纾敢于以桐城派一贯鄙视的"小说笔法"，用古文来译介西洋文学。钱锺书认为，林纾的译文通俗、随意、富于弹性，虽保留有若干古文成分，但比古文自由，词汇句法，规矩灵活，收容量甚大，阅读效果极佳。钱氏在比较哈葛德的小说原著和林纾译作之后，甚至表示"自己宁可读林纾的译文，不

---

① 曹聚仁：《桐城派义法》，《文坛五十年》，第21页。
② 胡适：《五十年来中国之文学》，欧阳哲生编：《胡适文集》3，第213页。案：曹聚仁谓中国古代没有"长篇小说"或与胡适一样，是特指中国没有"叙事写情"的古文长篇。钱基博亦持同样看法（见氏著：《现代中国文学史》，第166页）。这与今人的判断或有不同，特此说明。
③ 林纾：《春觉斋论文·论文十六忌》，收入郭绍虞、罗根泽主编，范先渊校点：《中国古典文学理论批评专著选辑》，北京：人民文学出版社，1959年，第114页。
④ 林琴南：《桐城派古文说》，《民权素》第13集，1915年12月，第1页。

乐意读哈葛德的原文"①。若固守桐城"义法",林纾根本无法取得翻译西方文学作品的巨大成功。

但严、林之变只是权变而非经变,尚未异化到传说中被正宗桐城派贬为"野狐禅"②的地步,其基本古文立场,仍不离桐城。最典型的事例是,二人译书甚多,却都不愿以翻译外人著作自矜,而更乐意表现自己的古文功夫。林纾曾送康有为一幅《万木草堂图》,康写诗回赠,首句即"译才并世数严林"③,结果弄得严、林二人都不高兴。严不高兴,或因康将其与自己"一向瞧不起"的"小说家"林纾并列;而林不高兴,则在对"译才"称谓不满。钱锺书发现,林纾"不乐意人家称他为'译才',而宁取'古文家'这一认同"④。钱基博认为,林纾"虽译西书,未尝不绳以古文义法"⑤。钱氏父子可谓知林纾者。

让严、林始料未及的是,其"古文家"的身份认同却给桐城带

---

① 钱锺书:《林纾的翻译》,《七缀集》(修订本),第94—95、100页。
② 陈独秀1919年底在与育德中学学生的一封信中提到桐城大家吴汝纶及马其昶对林纾的评价,说"从前吴挚甫先生就说他只能译小说不能做古文;现在桐城派古文正宗马先生也看不起他这种野狐禅的古文家"(陈独秀:《复臧玉海》,载《新青年》第7卷第3号,1920年2月1日,第147页。)陈独秀的说法,涉及吴汝纶评价部分或不带褒贬,而涉及马(其昶)的部分则很可能与事实不符。林纾《韩柳文研究法》一书完成后,马其昶为之作序,开篇即称道:"今之治古文者稀矣,畏庐先生最推为老宿。其传译稗官杂说遍天下,顾其所自为者,则矜慎敛遏,一根诸性情。劬学不倦,其于史汉及唐宋大家文,诵之数十年,说其义,玩其辞,醰醰乎其有味也。"马其昶所言,不仅从桐城正宗传人立场认定了林纾的桐城派文章家地位,也肯定了他与众不同的古文学研究贡献。马其昶:《〈韩柳文研究法〉序》,林纾:《韩柳文研究法》,太原:山西人民出版社,2014年。
③ 康有为:《琴南先生写万木草堂图题诗见赠赋谢》,《康有为集》九,珠海:珠海出版社,2006年,第599页。
④ 钱锺书:《林纾的翻译》,《七缀集》(修订本),第102页。
⑤ 钱基博:《现代中国文学史》,北京:中国人民大学出版社,2009年,第166页。

来麻烦。尽管二人均非严格意义的桐城派，而只是"桐城变种"，但在民初，他们与新文化人及以汉学为依托的古文经学家的矛盾愈演愈烈，桐城也因此受累。

民国初年，随着西学进一步传播，新文化蓬勃兴起，桐城再度遭受攻击。在所有对桐城的攻击中，章太炎的批判最具分量，而严、林则成为攻击桐城的靶心。章氏评价同时代古文家说："并世所见，王闿运能尽雅，其次吴汝纶以下，有桐城马其昶为能尽俗（萧穆犹未能尽俗）。下流所仰，乃在严复、林纾之徒。复辞虽饬，气体比于制举，若将所谓曳行做姿者也。纾视复又弥下，辞无涓选，精采襮汗，而更浸润唐人小说之风。……自以为妍，而祗益其丑也，与蒲松龄相次。"① 在章太炎眼里，连吴汝纶都不被看好，只能"尽俗"的马其昶，以及"下流所仰"的严复更"丑"不堪言。至于林纾，最多等同蒲松龄一类志怪小说家。章氏此论，岂止是在贬抑严、林，几乎是将桐城派及桐城古文一棒打死！

四、"典范"替代与桐城义法的近代意义

桐城古文兴起于明末清初，到民国初年穷途末路，存在时间近三百年。西学东渐、新文化人对桐城的攻击、白话文兴起，及新的文章与学术"典范"形成，是其衰亡的基本原因。不过桐城亡于民初，尚有一层潜在原因。熟悉民初历史的人都知道，当时桐城面对的不仅有新派压迫，而且有旧派攻击，交锋结果，比桐城更"旧"

---

① 章太炎：《与人论文书》，马勇编：《章太炎书信集》，石家庄：河北人民出版社2003年，第287页。

的以"朴学"标榜的古文经学家取代桐城，占领北大文科讲坛，成为新文化运动的最大赢家。这种新、旧两派联手压迫桐城的现象表明，围绕古文的存废之争并非寻常意义上的"新旧之争"。

就历史渊源分析，民初喧嚣一时的桐城派与其对手的论争，一定程度上是清乾嘉以来汉学与作为宋学分支之一的桐城文派之争的延续。清学自康、乾之后，分为汉、宋两家。这一分野与清人入主中原，统治以汉族为主体的各民族，为钳制汉人的反清思想表达，实施文字狱有关。在清政府高压下，学者被迫将注意力转向与政治无关的技术路线，从事文字、音韵、训诂研究，致力于历代典籍的整理。积累数代，成就斐然，造就了与此相关的学问，使学者以学问渊博相标榜，蔚然成风，淡忘明朝故事，蔑视讲究义理、注重心性修养、标榜由"内省"转而"经邦治世"的宋学家，斥为空疏，徒有空文而无实学。而宋学家则反唇相讥，视汉学为饾饤之学，支离破碎，无补世用[①]。就学术归属言，桐城多少偏向"宋学"一路。早期桐城且不论，就连主张调和汉宋的曾国藩，也宣称"一宗宋儒，不废汉学"[②]，把"宋学"摆在宗奉位置。可见桐城也算学术上渊源有自的"学派"，属宋学支脉。但在汉学家看来，桐城在阐

---

① 毋庸讳言，桐城文家确实没有汉学家那种皓首穷经、对文字精细考辨的功夫。但如果不是将"学"的范围局限在"朴学"，桐城派中不少人在思想学术上亦可谓有所建树。例如，作为桐城前驱的方学渐就专注学术，姑不论其学具体内涵如何，方氏能入选《明儒学案》，就绝非"有文无学"者所能企及。至于方以智、钱澄之、方苞、刘大櫆的学术建树，亦不可漠视。其中方苞对"三礼"的研究，就值得重视。吾人不能因桐城对经学的研究偏向今文经一路，如姚鼐及其弟子对"公羊学"的启发，不被古文经学家承认，就对之视而不见。此外，清代朴学与明代讲求心性义理的空疏学问之间的转变关系，亦有桐城的作用在焉，不可小觑。
② 曾国藩：《复夏教授》，《曾国藩全集·书信》七，长沙：岳麓书社，1986年，第3467页。

释义理词章关系时偏重词章，徒饰辞藻，有文无学，只能叫做"文派"，未可僭称"学派"。

这一"文人"及"文派"的定位，成为新文化运动中桐城的致命伤。在与桐城的较量中，无论是新文化人还是传统的汉学家都故意隐去桐城"学"的色彩，凸显其"文"的质性，将桐城派界定为"文人"群体。尽管以今人眼光看，文人亦应享有社会尊重，但清末民初的情形却明显异是。中国传统士大夫对"文人"历来存在偏见，以为学士高于文人。历代史书作传，将学士列在"儒林"，将文人放在"文苑"，"小说家"则打入另册，凸显了传统文化对于文人及小说家的轻视。梁启超在《清代学术概论》中对桐城何以不入清代学术主流做过分析，他写道："当时诸大师方以崇实黜华相标榜，顾炎武曰：'一自命为文人，便无足观。'（《日知录》二十）所谓'纯文艺'之文，极所轻蔑，高才之士，皆集于'科学的考证'之一途，其向文艺方面讨生活者，皆第二派以下人物，此所以不能张其军也。"①梁启超所说的情况，有清一代，直至民国，近乎固定认知。民初赵尔巽编撰《清史稿》就曾受此影响。在《清史稿》中，等而下之者且不论，就连对桐城有开宗立派之功的戴名世、刘大櫆和姚鼐，仅备列"文苑"，而未归"儒林"②。在此文化背景下，作为"文人"及"文派"的桐城，欲与以章氏为代表的"学人""学派"较量短长，不知其较量结果早因观念前置，毫无胜算。

---

① 梁启超：《清代学术概论》，《饮冰室合集·专集》之三十四，北京：中华书局，1989年，第76页。
② 赵尔巽等：《清史稿》四册合订本，北京：中华书局，1998年。其中《戴名世传》见卷四八四列传二七一文苑一，总第3423页；《刘大櫆传》《姚鼐传》见卷四八五列传二七二文苑二，总第3425、3430页。

从社会学维度分析，桐城之败，还带有地域意义的"桐城派"输给"浙江派"的意味。"浙江派"以蔡元培、章太炎为首，蔡代表浙江派的政治势力，章代表浙江派的学术势力。当是之时，政学两界，彼此沟通：蔡、章是光复会首领，论"政治正确"，二人同为推翻清朝的革命元勋；论社会地位，蔡是前清翰林，章是公认的耆学巨儒；论门派，二人门下类多海外归国者。而清末民初的桐城，无论是一心讲学的吴汝纶及其弟子"一马二姚"，还是从事翻译的严、林，大多土生土长，其政治认同均属传统王朝，一旦民国代清，便失凭借。而桐城讲求的"义理"，因与历代王朝意识形态相关联，也明显不合时宜。就行为方式言，在民初与桐城派的论争中，"浙江派"是倾巢出动，有校园作为依托，有刊物作为阵地，掌握充分的"话语霸权"。而"桐城派"仅林纾一人孤军奋战，毫无凭借。显而易见，民初桐城派与对手的斗争，首先凸显的是不同地域、不同社会阶层、不同利益集团之争。而这一论争的结果，以浙江派凯旋，桐城派惨败收场，没有任何悬念。

不过历史研究者不能以成败论英雄。迄今所见对桐城派及桐城古文的批评，多为长期以来与桐城嫌怨未解一方的言说，若是桐城人自己看自己，说法会完全不同。就"文""学"认定而言，方东树站在与汉学"商兑"的立场，就认为桐城有"学"。他在《书惜抱先生墓志后》一文中称方苞深于学，刘大櫆优于才，而姚鼐尤以识称[①]。古人做学问看重的才、学、识，在桐城古文家那里虽未必集于一人之身，至少也是分别有之。今日研究者固不能以桐城人的

---

① 郭绍虞:《中国文学批评史》下册，第371页。

自我评价为依据，这与单纯引述汉学家对桐城的批评，一样有失公允，但将对立两方的言说对照观看，也有认识价值。

如果撇开门派利益的因素以及文化传统带来的偏见，对桐城的认知可能会与新文化运动中的贬斥性话语形成区别。且看被胡适说成"桐城的变种"，自己却声称"夙不喜桐城古文"①，因而立场相对中立的梁启超是如何评价桐城的。出乎寻常意料，梁启超不仅认为桐城是"学派"，而且是"很大的学派"，学养甚深。他虽然不怎么看得起方、姚的文章之学，却认为桐城有人才。在梁眼中，戴名世是早期桐城中难得的"史才"，戴有修《明史》之愿，因《南山集》案未能遂愿。从留存的数篇文论看，"其组织力不让章实斋"，可谓"天才"学者。对中期桐城学人中的方东树，以及转变桐城风气的曾国藩，梁启超也予以高度评价。通过梳理清代学术史，梁启超说："平心论之，桐城开派诸人，本狷洁自好。当汉学全盛时而奋然与抗，亦可谓有勇。不能以其末流之堕落而归罪于作始。"②除对已经"堕落"的桐城"末流"表示蔑视外，梁启超对清代前期和中后期的桐城，均评价甚高。

近世以还，西学东渐。若以对西学及异域文化的摄取作为判断

---

① 梁启超：《清代学术概论》，《饮冰室合集·专集》之三十四，第62页。
② 梁启超写道："桐城学派，以前实无可讲。嘉庆末年，出了一个伟大人物，即方植之。他生当惠戴学派最盛行的时候，而能自出主张，不随流俗所尚，可谓特出之士了。汉学全盛之后，渐渐支离破碎，轻薄地攻击程朱，自己毫无卓见。方承这种流弊，起一极大反动，作《汉学商兑》《书林扬觯》，对汉学为猛烈攻击，主张恢复程朱。他对于程朱究竟有多少心得，我不敢说，但在汉学全盛时代，作反抗运动，流弊深了，与他们一副清凉散吃，在思想界应有重要的地位……广东学风，采调和态度，不攻击宋学，是受他的影响，此犹其小焉者。还有更多的影响，就是曾文正一派。曾文正很尊敬他，为他刻文集……而他们与桐城关系极深，渊源有自。所以我们不能不认桐城为很大的学派。"梁启超：《儒家哲学》，《饮冰室合集·专集》之一百零三，第68—69页。

标准，桐城更不能说是"无学"。前已述及，桐城派主变，因而并不排斥西方文化。近代向西方学习的洋务运动的开创者曾国藩，正是桐城巨子。所编《经史百家杂钞》且不论，他对"夷务"的研究广泛涉及现代政治、经济、外交与文化，远远超出同时代人对异域文明的认知，绝非"有文无学"者可比。而被章太炎贬为"下流所仰"的严、林，乃是将西方近代思想文化传至中国的学人。尤其是严复，所译均为西方学术理论经典，若无高深学问并对书中内容有深刻理解，绝不可能完成其翻译工程。梁启超在严复所译《原富》出版后，发表《绍介新著〈原富〉》一文，予以高度评价："严氏于中西学，皆为我国第一流人物，此书复经数年之心力，屡易其稿，然后出书，其精美更何待言。……著译之业，将以播文明思想于国民也，非为藏山不朽之名誉也。"① 周作人对桐城的评价亦不低，他写道："到吴汝纶、严复、林纾诸人起来，一方面介绍西洋文学，一方面介绍科学思想，于是经曾国藩放大范围后的桐城派，慢慢便与新要兴起的文学接近起来了。"②

可见桐城并非"有文无学"，只因执两用中的路线选择，显得论旧学似不如章太炎一派旧，论新学似不如陈、胡一派新，加之民初政制鼎革，话语权势转移，桐城方家多成"失语者"（the voiceless），缄口不言。由林纾这位半新半旧之人孤身出场，力敌群雄，同时与已经联手的新、旧两派抗衡，显得自不量力，遭遇失

---

① 梁启超：《绍介新著〈原富〉》，《新民丛报》第1号，1902年2月，第3页。
② 周作人：《中国新文学的源流》，海口：海南出版社，1994年，第55页。

败,洵非偶然。①

但现实是非,当局者常迷。时过境迁之后,经过反省,平情回顾,往往会产生与历史发生之时不同的认知。左舜生曾著文对民初"文白之争"中的章、林互詈做出评价,他说:

> 文人相轻,自古已然,虽硕学通人,亦往往不免。先生一代大师,文宗汉魏。持论能言人所不能言,其精到处每发前人所未发。严又陵、林琴南与先生同时,均雅擅古文,并各以译述自显于当世。顾先生于严、林之文,乃深致不满,其言曰:"下流所仰,乃在严复林纾之徒……"林则反唇相讥,于先生之文亦抨击不遗余力,其言曰:"……庸妄巨子……"自吾人视之,章先生既非妄庸巨子,畏庐译西洋小说百余种,使国人略知异国情调,实亦未可侪于谈狐说鬼之蒲松龄。严幼陵功在介绍一时期之西洋思想于中国,初非以文字与人争短长。凡章、林之所云云,以批评之旨趣衡之,均非持平之论。②

左氏于"九一八"之后拜识太炎,自是每周必一两次,造访请益,历时两年有余,是太炎晚年及门弟子。左氏此言,从章门立场得出,实属难得,亦称公允,可作为民初桐城与汉学家及新文化人

---

① 陈独秀说:"其实林琴南所作的笔记和所译的小说,在真正旧文学家看起来,也就不旧不雅了。"陈独秀:《关于北京大学的谣言》,《陈独秀文章选编》上册,北京:生活·读书·新知三联书店,1984年,第363页。
② 左舜生:《我所见晚年的章炳麟》,氏著:《万竹楼随笔》,沈云龙主编:《近代中国史料丛刊》第五辑,台北:文海出版社,1967年,第201—202页。

之争的最后结论①。

然则时代变迁，沧海桑田，不仅战败一方的林纾，就连获胜一方的章、蔡，连同他们所属的时代，也都早已成为过眼烟云。民初"文白"之争去今已逾百年，桐城古文及"桐城义法"是否仍有存续价值？

对这一问题的回答涉及认识方法的讲究。如前所述，批评桐城派"有文无学"，是基于"学者"高于"文人"的认识传统，其间包含"文"与"学"二元对立的思维定式。传统学者大多把文章写作看作工具性质的存在，是用来阐发"学"的。如果打破这一思维定式，就会发现，古文经学家暗含贬斥意味的"有文"，恰是桐城的强项，因为桐城的"文"是与义理、考据、经济合而为一的，这种"文"本身就是"学"。

郭绍虞曾依据方东树《汉学商兑》中"义理、考证、文章本是一事，合之则一贯，离之则偏蔽"之说，认为"桐城之学虽不成为学，却正成其为学之大"②。郭氏所论，堪称见道。盖古文写作内涵丰富，除内容题材选择的考究外，还包含语言学、修辞学、阐释学、逻辑学、美学等诸多学科理论方法的摄取与运用，包罗万象。桐城"义法"的规范对象虽是古文，传达的却是可以跨越古今的文章学、文艺学、语言风格学的讲究。在这方面，历代文论存在明显缺失。中国古代有刘知幾的《史通》及章学诚的《文史通义》等史

---

① 近人刘声木在所著书中称："桐城文学流传至广，支流余裔蔓衍天下，实为我朝二百余年文学一大掌故，关系匪浅，非一人一家所得毁誉"。刘声木站在桐城的立场，高度评价桐城对清代"文学"的贡献。刘声木：《桐城文学渊源·撰述考》（收入"安徽古籍丛书"），合肥：黄山出版社，1989年，第3页。
② 郭绍虞：《中国文学批评史》下册，第399页。

学理论及方法著作，有由曹丕《典论·论文》肇始、经刘勰《文心雕龙》系统化阐释的文学文论，但古文文论则相形见绌。尽管历代古文写作成就斐然，从先秦诸子到唐宋八家，留下可以彪炳后世的大量古文佳构，却罕见独立的系统化的古文文论，形成为学人认同的古文"典范"[①]。八股文规范了古文写作的内容及起承转合变化的内在性，却未抽象出古文写作的理论方法。桐城派结合点评历代古文作品，参以古文写作经验教训，揭示其规律，对规范并提高时人的古文写作及今人研究历代古文，均提供了重要的方法论指导[②]。

不仅如此，桐城派讲究的作文规范，以及桐城古文的典范（paragon）作用与现代学术理论方法也有不少相通之处。在桐城讲究的义法中，"言之有物"讲的是内容充实且有意义，"言之有序""言必雅驯"讲的是形式和境界追求。桐城派反对用"魏晋六朝文人藻丽俳语"，反对"俚俗鄙野"的低级趣味，讲究的是文风。而"非阐道翼教，有关人伦风化者不苟作"[③]，表明桐城派将写作看成很严肃甚至神圣之事。用现代术语表达，桐城文章讲究原创性、讲究论旨、讲究取材、讲究写作目的性、讲究章法、讲究逻辑、讲究修辞、讲究文风、讲究忌讳，凡此种种，不一而足，就连

---

① 古文之学至迟可追溯到南宋的《古文关键》和《文章轨范》。两书系吕祖谦和谢枋得分别为其门人选编并略加点评的文章选本。选文按循序渐进的写作原则排序，解释选文文意并逐段点评，注重修辞技法。但两个选本均系应科举考试而作，属学生读本，够不上专门的古文文论。《文心雕龙》虽相对系统完备，但该书偏重骈文文论，与桐城的古文文论尚有区别。而明代以李梦阳、何景明、李攀龙、王世贞为领袖的"前后七子"，标榜"文必秦汉，诗必盛唐"，主张复古，单纯模拟古人，不仅文章少有建树，也无可以传世的古文理论。本文有关古代文论的部分蒙周裕锴教授指教，谨致谢悃。
② 参见刘声木：《桐城文学渊源·撰述考》，第1—2页。
③ 王文濡选编，李保民、冷时峻整理集评：《明清八大家文钞》，上海：上海古籍出版社，2008年，第89页。

现代学术文本与语境关系的理论,在桐城文家那里,也有相似表述①。

值得注意的是,桐城义法虽为古法,但一些优秀的近代学者在写作中亦时常借鉴。钱基博即是如此。1936年,钱氏的《现代中国文学史》增订版付梓,潘式君赞以"此书断自现代,部勒精整,叙次贯穿,其宛委相通之法,良得史公之遗。而摛辞雅洁,尤为独出冠时"。钱氏回应说:"'雅洁'愧曰未能,'部勒'则所经意,得失寸心,不敢自污。如云'宛委相通,史公之遗',虽不能至,然心向往之矣。"②一唱一和之间,桐城文家评价古文的语汇,近乎大部派上用场。可见桐城古文的"典范"作用,即便在现代学者那里,也可以派上用场。

具有讽刺意味的是,就连倡导白话、将桐城斥为"谬种"的新文化人,其白话文的某些主张,也曾受到桐城影响。如胡适在提倡白话文时提出的"八不主义",其中的"言之有物"、"务去滥调套语"、"不作无病之呻吟"、"不摹仿古人"、"不用典"、"不讲对仗"等③,就与桐城"有物""有序"之说及前引吴德璇的古文"五忌",明显存在表述借取及思想方法上的渊源关系。

当然,作为古人总结的文章规范,桐城"义法"也存在诸多

---

① 本文前引吕璜与乃师对话中的另一段充分体现出这一点。吕璜记述说:"右若干条,皆先生就璜所问而答者。璜退,以片纸书之,先生别去,乃稍比次而书于册。他日以告先生,先生曰:'此不可以示人也。凡论人论事,必本末具乃可,笔于书而无遗议。此等或舍大而专言其细,或举偏而不见其全,不量予者,将以为口实焉。'璜不敢忘,而并识于此。"吴德璇著,吕璜记述:《初月楼古文绪论》,第8页。
② 钱基博:《现代中国文学史》,第451页。
③ 胡适:《建设的文学革命论》、《文学改良刍议》,欧阳哲生编:《胡适文集》2,第6—15、44—45页。

缺陷。其中最要者为，桐城有关古文的文论虽多，却散见于不同时代不同文家的各种书论及函稿中，只言片语，缺乏论证深度和理论抽象。通观桐城全部文论尚成气象，单看某一时期某个桐城人的文论，则往往零碎浅薄不足观瞻。梁启超称桐城文论是"学"，桐城是"很大的学派"，并不意味着斯"学"已然成熟。若与现代学术的理论方法相较，桐城差距，更非可以道里计。因而桐城同时代人对桐城及其"古文义法"的批评，虽略显偏颇，亦非全是无根之论。

五、结论

桐城在近三百年的历史发展中，光照一时，被视为典范（paragon）。其对古文写作规律的总结及技艺概括，将古文文论从传统文论中独立出来，自成统系，为年轻学子从事古文写作提供了入门及进阶之道，并为历代古文价值的再发现，提供了基于中国传统话语的认识论工具。

桐城义法中包含很多"文章学"成分。所谓桐城"有文无学"的认知反映了清代"汉宋之争"中汉学家文化上的自我中心主义，也暗含传统思想中"学者"对"文人"的偏见。今日评价桐城，要认识到其时代局限及桐城之学的不成熟，要肯定新文化人以白话取代古文对推进教育与文化普及的积极作用，却不能以时人带有认识偏见的是非为是非，简单否定桐城。

桐城派在民初新旧之争中惨遭败北，新文化带来学术文章"典范"兴替固然是主要原因，但桐城派在社会学意义上居于劣势，也是致败因素。严、林不敌新、旧两派对手，并不意味着桐城古文窳劣。事实上，严、林作为转型时期的桐城文士，所译大量西方经典和文学名著，作用影响并不在章太炎一派古文经学家及推广白话诸公的文字之下。至于古文最终衰竭，那是时代因素使然。在西学东渐、西政袭来、科学民主思潮兴起、国家社会发生总体性新陈代谢、新的思想学术典范兴起之际，遭到淘汰的不仅是桐城古文及桐城派，就连貌似在与桐城派笔墨交锋中获胜的以古文经学及朴学见长的一派，不久也都化作故人，同成过往。

斯人已去，遗产尚存。60年前，冯友兰曾提出对历史文化遗产的"抽象继承法"[①]。采用这种方法可以发现，即便到了一切讲究"现代化"的今天，"桐城义法"作为古文写作与阅读的"典范"仍可存续。以桐城派讲究的"文以载道"而论，若在西学东渐时代仍不改变"道"之内涵，抱残守缺，顽固拒新，固不免落伍，应予摈斥。但若"抽象继承"，将其理解为一种"工具性文道观"，对"道"的内容加以改造，注入新学，也极具价值。不仅如此，桐城的许多文章古训，如本文根据桐城先贤作文教训总结出的"桐城三十二字箴言"，对于孜孜以求思想表达及文字写作的今日学人，亦可提供以古典语言和思维方式表达的方法启示。

然而这一讲究尚属细故，无关宏旨，在桐城看来，文章好坏根本在于作者的才学识。姚鼐说："论文之高卑以才也，而不以其

[①] 1957年，冯友兰曾提出继承中国哲学遗产的"抽象继承法"，主张在认识古代哲学命题时应该注意其具体和抽象两方面的意义。它的具体意义放在第一位，但是它的抽象意义也应该注意，忽略这一方面，也不全面。冯友兰：《中国哲学遗产底继承问题》，《光明日报》，1957年1月8日。

体。"① 这与刘熙载所谓"诗品出于人品"②，与刘勰所谓"积学以储宝，酌理以富才，研阅以穷照，驯致以绎辞"③，旨趣相同，提示文章直接与作者的人品与学识相关，而不尽在技巧表达是否娴熟。更重要的是，在桐城派看来，文章乃"经国之道"，文辞良莠与社会风气以及国家命运息息相关④。这一认知，虽然回到宋学"修齐治平"的路线，但抽象继承，亦可提升文章及文章家的作用与社会价值。

---

① 姚鼐:《陶山四书义序》，《惜抱轩全集·文后集》卷一，上海：世界书局，1936年，第208—209页。
② 刘熙载:《艺概·诗概》，陈良运:《中国历代诗学论著选》，天津：百花文艺出版社，1995年，第1081页。
③ 刘勰:《文心雕龙》中册卷六，"神思第二十六"，第365页。
④ 方苞认为，"以机法为贵，渐趋佻巧"的文章会败坏士风，"国运亦随之矣"。方苞:《礼闱示贡士（代）》，《方苞集·集外集文》卷八，第775—776页。

系统性缺失：中国近代史研究现状之忧

一、多元化追求中系统性理论的"褪色"

中国近代新史学基本是受西方影响发展起来的，在中国近代历史的研究中，有两个曾经产生过重要影响的思想家和因其学说构建的两套不同解释系统，这就是马克思偏重经济基础作用的解释系统和韦伯偏重精神意志作用的解释系统。

马克思对历史研究最大的贡献在于提供了合理排列人类社会历史复杂事变使之具备可认知性的重要基础，唤起了人们对历史研究理论前提的关注以及整个历史学理论的兴趣。马克思认为，历史无论表象多复杂，本质上不过是追求自己目的的人的活动而已[①]。马克思的历史观在《〈政治经济学批判〉序言》中有堪称经典的阐释，他指出：人们在社会生活中结成一定的、必然的、不以自己的意志为转移的关系，即生产关系，生产关系各方面因素的总和构成社会

---

① 马克思：《神圣家族》，《马克思恩格斯全集》第2卷，北京：人民出版社，1957年，第118—119页。

的经济基础,这是"有法律的和政治的上层建筑竖立其上并有一定的社会意识形态与之相适应的现实基础"。生产关系适应且随着生产力发展的不同阶段发生变更,并或快或慢地总会带来上层建筑的变革。马克思认为,已经和正在形成的生产方式大致可以区分为亚细亚、古代、封建和资本主义生产方式,未来还将过渡到社会主义生产方式,与之相适应的政治制度、意识形态、社会生活等等的变化都可以在作为经济基础的生产方式中寻找到根本原因。而政治、法律、宗教、哲学等上层建筑在适应某种经济状况后一旦形成,便会演化成自己的逻辑,对经济基础发生反作用[1]。马克思的论述,构成一个包括哲学、经济学、历史学、社会学学科内涵的完整的认识系统[2]。

在中国近代史研究领域,以马克思主义作为理论指导展开的研究历经数代,趋于成熟。老一辈史学家耳熟能详的关于中国近代半殖民地半封建社会性质的理论,关于近代历史上、下限的确立,关于近代史基本线索及分期的主张,关于中国革命的性质、革命对象及革命目标的理论,关于中国社会阶级的划分及革命力量的理论,

---

[1] 马克思:《〈政治经济学批判〉序言》,《马克思恩格斯全集》第2卷,北京:人民出版社,1972年,第82—83页。
[2] 从科学哲学的立场观察,马克思的学说也存在某些局限。正如英国现代科学哲学历史学派主要代表人物拉卡托斯(Imre Lakatos, 1922—1974)所说的那样,在一个"进步的"研究纲领中,理论导致发现迄今不为人们所知的新颖事实,但马克思主义从来没有"成功地预测过惊人的新颖事实",相反,却留下了一些"著名的失败的预测":如工人阶级的绝对贫困,社会主义革命将首先在发达的工业国家发生,社会主义国家之间没有利益冲突,社会主义社会将不再发生革命等等。(参见伊·拉卡托斯著,兰征译:《科学研究纲领方法论》,收入"二十世纪西方哲学译丛",上海:上海译文出版社,1986年,第7页)。尽管马克思的预言并不完全灵验,但他对既有社会存在的解剖却是系统深刻、为同时代人难以企及的。

关于中国社会主要矛盾及其变化的理论，关于帝国主义以及反对资本主义及帝国主义的无产阶级革命理论，凡此种种，构成一个缜密的思想及理论系统。某种意义上可以说，系统性是基于马克思主义展开的中国近代史研究呈现的重要特征。

然而，具有严格"系统性"的马克思主义在过去六十年的前半段因被尊奉为"唯一正确"的理论而转化成束缚思想的教条，后来又因被视为"教条"而在新的理论探索中被逐渐疏离。正如巴勒克拉夫（Geoffrey Barraclough）所说的那样："1949年以来，马克思主义的态度和社会—经济研究方法取得统治地位。但取得的成果并不总是尽如人意，因为十分清楚，在某个时期提供可促进力量和鼓舞的思想在另一个时期却可能转化为教条。"[①]我对过去30年近代史研究同人在理论和方法上所作新的探索和追求，对"多元"取代"独尊"，持充分肯定的态度。"改革开放"之后的中国近代史学界如饥似渴地学习西方现代人文及社会科学的理论和方法，特别是摆脱僵化的意识形态束缚之后思想解放导致研究领域的拓展，极大地推动了中国近代历史研究的发展。不过，我同时认为，无论拥抱或是离却一种理论，都应该经过理性思考。要离却一种被视为"教条"的主义或主义中的"教条"，似乎也应认识到，主义能成为普遍接受

---

① 杰弗里·巴勒克拉夫：《当代史学主要趋势》，上海：上海译文出版社，1987年，第222页。"到1955年，即使在马克思主义的反对者中，也很少有历史学家会怀疑聪明睿智的马克思主义历史研究方法的积极作用及其挑战。但是，他们越来越感到，对19世纪的历史状况作出反应从而形成的19世纪的思想体系，除一般推动力外几乎已经不能为20世纪中叶的历史学家提供什么了。用英国一位年轻历史学家的话来说，不仅'对社会学的兴趣'已经'失去它原有的激励作用'，而且发现马克思主义的旧的社会学词汇已经越来越不足以囊括历史发展的全部复杂现象'。"同上书第42—43页。

的"教条"也不是一件容易的事,并非所有的主义都有资格被当作"教条",一种主义能够被尊奉到如此地步,除了政治因素及受众认识的局限之外,一定有它的过人之处。马克思带给世人的正是这样的"主义"。

至于韦伯,虽不能与马克思比肩,也算得上是继马克思之后对世界学术思想影响最大的西方学者之一。在其学说的系统性建构中,韦伯获得了令人惊叹的触类旁通能力,被西方汉学界视为中国学研究的"伟大的外行"[1]。他的《中国宗教·儒教与道教》,与他对印度宗教的研究作品一样,一定程度上是其有关新教伦理与资本主义精神论述的反证[2]。与马克思相比,韦伯虽略逊深刻,却能以广博见长,在对印度、中国这样的东方国家及其文化的了解方面,甚至超过了马克思。作为杰出的社会学家,韦伯对中国近代史研究的主要贡献在于吸引了人们对近代中国社会发展精神层面的关注,使传统与近代的关系成为学者思考的问题,从而拓展了中国近代史的研究领域,加大了历史认识的深度。然而,在新儒家学者证明属

---

[1] 韦伯的解释与马克思不同,但也自成体系,他较为注重强调中国自身,认为中国文化传统缺乏基督新教伦理中所具有的有利于资本主义发展的因素,中国的近代发展受到了传统文化的明显制约。不过他寻求解释中国何以未能像西方那样发生出"资本主义"这一努力本身,已包含中国应该朝着这一历史方向发展的潜在判断。他并不否认,中国所发生的在他看来微不足道的近代性变化,是受西方刺激和向西方学习的结果。韦伯在比较研究儒教与新教伦理特性的异同时,就断言儒家伦理存在适应现实的世俗理性化的人文精神局限。他将这一局限表述为:儒家伦理之人文理想缺乏超越目的性,不能培养出现代职业者或专门化人才,而只是以非职业化或非专业化的雅儒为最高人格价值理想。参见马克斯·韦伯:《新教伦理与资本主义精神》,北京:生活·读书·新知三联书店,1987年。
[2] 马克斯·韦伯著,洪天富译:《儒教与道教》收入"海外中国研究丛书",南京:江苏人民出版社,1995年,第二、三编。

于"亚洲四小龙"的儒家文化圈也生长了工业化这一"资本主义文明"之后,韦伯在中国遭遇了带有文化民族主义色彩的抵制。

于是,不仅马克思的历史唯物主义渐渐离开多数中国学者理论追求的场域,韦伯的思想理论也几乎不见了踪影,西方世界对于中国近代历史及文明发展的两个主要解释系统,先后在中国学者不断趋新的理论追求中悄然逝去。

然而如果以被学者先后疏离的一姓一名两位"马克思"(Karl Marx, Max Weber)的学说作为参照系则可发现,过去30年的学术追求,至少在理论上并不成功,在离开具有系统性的理论解析之后,尚无一种完备的解释体系被成功引进并建构到中国近代史的研究中。在中国近代史研究领域,对马克思主义的疏离并不是理直气壮的,而有些类似"无声的告别",除了政治的原因之外,这多少反映出学者在作新的理论追求时底气的不足。我并不呼吁在学术研究中简单回归马克思,像马克思主义"被"意识形态化和"被"政治化那个时代那样要求所有的历史认知都纳入一个"唯一正确"的理论体系的做法绝非明智之举,但即便是特定的历史认知也应该自成体系,否则就不免鸡零狗碎之嫌。

历史要成为一门成熟学科应该有认识论的基础和系统的分析套路,不能"见子打子",不能只见树木,不见森林,也不能满足于引进几个于具体问题研究有助益的"范式"或几种新的人文社会科学理论。历史固然不是严格意义上的"科学",但在以往的研究中学者敢于说它是"科学"或至少是极力朝着这样的方向去建构,致力于对历史的宏观阐释以及规律性的探讨,这样的研究包含了对历史高度抽象的思维,尽管有时难免将历史做成相对空泛的"宏大叙事"，但形而上的功夫往往较深，能较好体现研究的系统性。现在的学术取向则强调专深精细，注重对历史个案作微观剖析，虽于具体问题的深入发掘有所裨益，却忽略了对历史的整体性把握，作茧自缚，将认识局限在一个狭窄的研究领域，不能从普遍联系中去认识具体的历史事件与人物，以至史学研究中系统性严重缺失。

二、若干近代通史类著作的贡献与理论短板

在中国近代史研究领域，这种缺失主要有两方面的表现：一是通史不通，没有将历史发展的内在逻辑梳理清楚，贯穿始终；二是专史过专，失去了与其他方面历史的内在联系。比如政治史没有经济史的支撑，细化到政治史内，作为其有机构成的政党史、议会史、内阁史被割裂肢解，而经济史也看不到政治的反作用，这显然不是完整的历史观指导下的学术建构。就好比今天的经济体制，是采用市场经济还是计划经济，能够离开政治甚至是国家基本制度的考量吗？过去30年，中国近代史的专题研究已经做得比较具体深入，但历史复杂的内在联系却变得更加模糊。现在已经很难看到严格的系统性很强的中国近代史著作了，在追求专门化研究的过程中，历史存在被孤立化了，全息的历史影像看不到了，姑不论基本没有系统性意识的学者炮制的作品，就连有着较高学养且学术认同度很高的学者的著作，也或多或少表现出系统性的缺失。兹略举数例，借窥其余：

陈旭麓的《近代中国社会的新陈代谢》是后"文革"时代尝试用新的认知模式解析中国近代历史的一部很有影响的著作。该书突

破了既有的中国近代史叙事及分析模式，不仅考察了近代社会经济与政治结构的变革，而且考察了城乡基层组织的演变；不仅研究了近代中国社会变化的内部因素，而且寻找出外部冲击引起的习尚改变；不仅论述了政治思想、哲学、文学等方面的变革，而且分析了欧风美雨影响下社会心态的变化，展示了许多按照传统理论方法观察看不到的历史面相，勾画出中国近代社会新陈代谢的全过程，被誉为"近代中国研究的一个标尺与典范"[1]。我自己也从陈先生的研究中汲取资源，受益匪浅。然因成书较早，该书也不无瑕疵。尽管视角新颖独到，但所谓"新陈代谢"只是指陈了代谢现象，代谢的内在机理却未能充分揭示。学术研究中基于现象的机理阐释对于提升研究"段位"至关重要。如达尔文的进化论学说就不仅指陈了物种进化的现象，而且用"物竞天择，适者生存"解释了进化的原理及机制[2]。但陈著则相对缺乏机理阐释，这不能说不是一个缺憾。此外，个别被作者归纳的历史结论亦稍感缺乏认识上的内在逻辑。比如作者分析鸦片战争失败究竟是由于武器陈旧、政治腐败还是社会落后时说："这三个东西是相互联系的：因社会落后而政治腐败，因政治腐败而武器落后。"[3]所揭示的因果关系让人不免云里雾里之感，多少影响到分析认识的深度。问题在于，作者做出的并非专门

---

[1] 高瑞泉等：《陈旭麓与中国近代研究传统笔谈》，《华东师范大学学报》2018年第6期。
[2] 赫胥黎将达尔文提出的进化原理做了如下概括："在生物界，这种宇宙过程的最大特点之一就是生存斗争，每一物种和其他所有物种的相互竞争，其结果就是选择。这就是说，那些生存下来的生命类型，总的来说，都是最适应于某一个时期所存在的环境条件的。"参阅赫胥黎著，进化论与伦理学翻译组译：《进化论与伦理学》(旧译《天演论》)，北京：科学出版社，1971年，第1—6页。
[3] 陈旭麓：《近代中国社会的新陈代谢》，上海：上海社会科学院出版社，2006年，第57页。

针对鸦片战争的具体判断，而是被贯彻到认识整个近代中国历史的全称判断，其解释体系的缺陷，可见一斑。

虞和平的《中国现代化历程》三卷、许纪霖的《中国现代化史》第一卷及陈勤等编著的《中国现代化史纲》，是用现代化理论认识中国近代历史或者至少是试图展示中国近代历史中的现代化面相的代表性著作，于近代史学术研究，贡献良多[1]。然而如众所知，"现代化史"有揭示近代史中现代化面相和以现代化为主轴描述中国近代史两种写法，我不能说这些著作的作者都有以单一面相的现代化史取代中国近代史的主观预设，但至少有部分作者主张"现代化"是可以包含近代历史上诸如反帝反封建的改革与革命及相关题材的。在这些作者看来，"现代化"应该是中国近代历史的主题。应当承认，用现代化理论研究中国近代史或中国现代化史，提供了观察认识近代中国历史的全新视角或"概念架构"，把握了近代中国历史发展的未来趋势[2]。但"现代化"并非观察近代中国历史的全息视角，现代化的内涵虽十分宽泛，基础却也只能是工业化，但近代中国工业化程度极度低下，直到1949年，工业产值也不过占经济总量的5%左右，中国仍然是一个传统的农业国。对于中国近代历史研究来说，"现代化"理论显然不是一种周至完备的理论，用这一理论指导中国近代历史研究，同样可能因内容狭隘导致

---

[1] 详见虞和平：《中国现代化历程》三卷，南京：江苏人民出版社，2001年；许纪霖、陈达凯主编：《中国现代化史（1800—1949）》第一卷，上海：上海三联书店，1995年；陈勤等：《中国现代化史纲》，南宁：广西人民出版社，1998年。
[2] 金耀基：《现代化与中国现代历史：提供一个理解中国百年来现代史的概念架构》，收入罗荣渠等主编：《中国现代化历程的探讨》（世界现代化进程研究丛书之一），北京：北京大学出版社，1992年，第1—22页。

系统性的缺失。

中国近代史由晚清史和中华民国史组成,从民国史的编纂来看,情况也不能令人满意。由李新主编的《中华民国史》是中国近代历史著述中部头较大的一套断代史,从酝酿写作至今已逾半个世纪。这部书已出版的各卷以史实见长,采获宽广,记事周至,给人以厚重翔实、体例完备的印象,惜至今尚未出齐。就已经出版的部分来看,第一卷1981年面世,最新一卷2005年才出版,相隔25年,撰稿人的历史观念、研究方法已发生很大变化。由于迁延时日,认识变化,今天来写后面的篇章必然与前面的写法形成反差。在学术急剧转型的时代,即便十年磨一剑,亦很难摆脱"以今日之我向昨日之我宣战"之尴尬,何况迁延近一代人的岁月,如何整合新旧,成为最大难题。过去十余年,近代史所民国史研究室中生代学人为完成这部著作付出艰辛努力,新出版的数卷也得到学界充分肯定,但整合新旧的问题始终无法解决。这期间,李新、孙思白、李宗一等相继故去,这部学界企盼多年的民国史,少了最初的"设计师",新一代的学者又理应与时俱进,不宜简单守成,如何收官,颇费踌躇。奉汪朝光教授之命,本人曾一度忝居撰写人之列,故能多少体会将几乎是两个不同时代的认识统一到一部书里的困难。这部按照当时标准衡量堪称设计完备的民国史著作,终因不得不由学术范式转移前后的两代人来撰写而多少丧失了认识上的系统性,如何将两种写法合为完璧,貂续前书,对中生代学者的智慧是一考验①。

由朱汉国、杨群主编的《中华民国史》是对辛亥革命之后38年中国历史采用有别于"新史学"叙事方式的一次有价值的撰写探索。该书凡10册，近600万字，可谓卷帙浩繁，然而从体例上看，却只能算是现代版或改良版的纪传体断代史。这从各册内容可清楚窥见：第一册为"论"，旨在取代纪传体的"本纪"，粗线条叙述民国历史发展的概貌与重要事件，以纲维其他各册内容。第二至第五册为"志"，分别记述经济、政治、军事、外交、文教及社会，与传统史书的"志"功用略同。第六至第九册为"传"，旨在为民国历史上有影响的人物"树碑立传"，与传统纪传体史书中的"传"亦无二致。最后一册为"表"，以图表方式罗列足以量化说明民国历史的大量繁琐数据，以避免在"志"与"传"的叙述中插入过量数据的繁琐②。从系统性的立场看，该书将民国历史纳入经过改良的传统纪传体的叙事架构之中，不能说不成体系，但我们却不能认同它是现代学术体系③。质言之，全书虽有叙事体例但缺乏深入的

---

① 汪朝光教授在致本人的邮件中对此作了如下说明："《民国史》正在陆续发稿，未来两年想可出齐，如果届时有何问题，再请教见。其实，平心而论，《民国史》虽然前后出版有年，但基本还是以史实见长，史料较为丰富，尤其是前期所出几卷的报刊史料，而论述方面的差异似并不很显著。不过这只是弟之私见，百家争鸣可也。"（2009年9月16日函）
② 朱汉国、杨群主编：《中华民国史》（全10册），成都：四川人民出版社，2006年。
③ 司马迁纪传体历史著述体裁的创立，即将中国通史及断代史著作建立在具有一定系统性的基础之上。纪传体以"本纪"为经，描绘历史发展主线，以"世家"及"列传"为纬，将作为历史主体的人网络其中，本纪世家列传均记载人的活动，再辅以志、书、表，记载经济、文化、社会、地理、水文及天文，加上司马迁那样的"究天人之际，通古今之变，成一家之言"的抱负贯穿其中，即很好地体现了系统性的原则。但这种系统主要表现为基于事实描述的价值评判系统而非带有学术性质的研究系统，今天的研究显然不能简单回归这样的传统。

解释体系与认识逻辑，将政治、经济、军事、文化、外交分列不同的"志"，将各色人物分类写入"传"，固然是一种很省力的叙事方法，却有将本来具有因果关联的历史存在孤立化的嫌疑，一定程度上与新史学的取向也背道而驰。

至于1997年出版的戴逸主编的《中国近代史通鉴（1840—1949）》10卷29册[1]，更是容量超大。该书按专题分类部勒，大量编入原始资料，可以起到资料长编的作用，对不能直接检阅原始资料却又希望有资料印证历史的读者具有一定的参考价值，对保存史料也不无裨益，但研究色彩相对淡薄，难以体现认识的系统性。

三、《中国近代通史》的学术成就与系统性缺失

有幸的是，已有学者意识到这一问题的存在，并作出积极努力，试图改变学术研究中几成共相的系统性缺失现状。张海鹏主编的10卷本《中国近代通史》，应是体现了这种学术自觉的目前最好的近代通史著作。过去30年，中国史学界在研究中出现了"告别革命"的非历史主义的倾向。张先生在这样的学术背景下旗帜鲜明地表示继续以"革命史范式"撰写中国近代史，他在该书"概说"中明确提出，中国近代史编纂应坚持"革命史范式"，认为革命、夺权、反抗、斗争是中国110年近代史的"基调"，强调从"革命的视角"观察那个时代，用"革命史范式"撰写近代中国的历史，"比较符合近代中国的时代特征"。对其他研究范式（如现代化范

---

[1] 戴逸主编：《中国近代史通鉴（1840—1949）》（全10卷29册），北京：红旗出版社，1997年。

式），张先生也不排斥，而是主张"兼采"①。很明显，张先生是试图用"革命史范式"来整合其他研究范式，这样的学术努力，体现出张先生维持其中国近代通史系统性的初衷，表现了张先生那一代史学家对既有学术立场信守的坚定与执着。今天的中国不宜"继续革命"不能成为否认近代历史上革命在很长时间内都是历史主轴的客观事实，坚持"革命史范式"，一定程度上把握了近代中国社会激剧变化的时代特征，维护了马克思主义史学对于中国近代史认识的系统性。在这一问题上，张先生的学术立场与思路非常明晰，在逻辑上也是周延的，《近代通史》的学术价值，也因这一学术立场的坚持而超出当下披着时髦理论外衣的轻率媚俗之作。

然而，如果求全责备，用严格的系统性标准衡量，该书也没能真正统一到一个独立的认识体系内去展开论述。美籍奥地利学者贝塔朗菲（Ludwig Von Bertalanffy，1901—1972）在其代表作《一般系统论》中指出："我们被迫在一切知识领域中运用'整体'或'系统'概念来处理复杂性问题，这就意味着科学思维基本方向的转变。"②实现这一转变前的科学思维方式是分析思维，转变后的科学思维方式是系统思维，即用系统概念来处理复杂问题的思维。系统的首要特征是整体性的凸显，系统作为一个整体具有部分或部分之和所没有的性质，即亚里士多德所说的"整体大于部分之总和"，因为在构成整体的过程中产生了其构成部件所没有的"系统质"。与此同时，系统之具体构件受到系统整体约束，性质被屏蔽，丧失

---

① 张海鹏主编：《中国近代通史》第1卷《近代中国历史进程概说》，南京：江苏人民出版社，2006年，第49页。
② 路德维西·冯·贝塔朗菲：《一般系统论：基础、发展和应用》，北京：清华大学出版社，1987年，第1页。

独立性，只能在服务整体时显示其存在[①]。用形象的话语表述，系统性在学术上要求建构的是航空母舰或各单一舰只间具有互补关系、配备合理的联合舰队，而非总吨位相等却不相互构成有机整体的若干舰只的随意组合。在历史著述中，通史性著作因所涉事件及因果关系的多元与复杂，尤其应当接受系统性的规范。

以此标准衡量，《近代通史》虽然在时间上把近代110年打通，认识上却并没有做到通。概论部分虽自成体系，表达了近代通史系统性建构的设想，正文各卷的作者却未必与主编的构想同质同构。从内容上分析，每一卷均有精深的研究作为铺垫，几乎都可独立成为一部具有传世价值的学术专著，却未能与其他各卷一起，构建成一个有机的学术整体，大致给人一种是混成舰队而非舰只构成有机互补的联合舰队或航空母舰的印象。形成这一状况的原因很多，从学术"代际关系"角度考察，要用"革命史范式"来整合有理由开始新的学术探索的"中生代"学者的研究殊非易事。各分卷的撰稿人都是在过去30年中国近代史学发生重大转型过程中成长起来并在各自的研究领域卓有建树的学者，掌握了新的学术和理论资源的这代学者未必都能认同中国近代史的编纂应坚持"革命史范式"。作为主编，张先生自己坚持"革命史范式"，却又不愿强人所难，这充分体现了张先生作为学术长者的宽广胸襟和兼容并包的学术雅

[①] 古希腊哲学家十分重视事物的整体性。赫拉克利特把世界看作"包括一切的整体"，反对孤立地认识客观及主观世界；亚里士多德提出的"整体大于部分之和"命题，成为古典"整体观"最有价值的遗产，至今仍然是现代系统论的基本原则。系统性讲求结构的有序与符合事物逻辑，唯有在优化的系统下，整体才能大于部分之和。案：以上有关系统论的分析均参阅前揭贝塔朗菲著书相关章节。

量,但也不可避免会付出不能将自己的主张贯彻始终的代价。此外,这套书各分卷由该卷作者单独署名因而"文责"必须"自负"的游戏规则也为分卷作者按照自己的想法去阐释发挥,较少顾及全书的统一性提供了方便。

于是突破设定革命范式的写法自觉或不自觉地出现了。比如在第二卷"中国近代史的开端"里,本来被视作近代历史上最重要的一次"农民革命"——太平天国仅仅被定义为"起义",作为太平天国起义背景或烘托的各地民众反抗则被定义为"动乱",而有关这一事变的论述又是以"太平天国战争造成了人民生命财产的巨大损失"的具体史实收束[1]。在内容上安排上,太平天国被涵化在"近代史的开端"里而非单列一卷,明显淡化了"革命"色彩。我不是认为这样处理不正确,而是认为这不符合作者设定的"革命史范式"的内在规定。至于辛亥革命,也被处理成与清末新政及立宪运动并列的一个事件,没有将其凸显到改变了中国两千多年政治制度这一深刻政制变革的显赫位置,更没有按照"革命史范式"通常采用的阶级分析法,将辛亥革命定性为"资产阶级革命"。本来这样的描写和分析是客观的,因为当历史学家重新认真审视"资产阶级革命论"时会发现,辛亥革命的主要参与者前期基本上是留学生、海外华侨和下层会党,后期则多数是新军,中、小资产阶级很少参与,大资产阶级更是寥若晨星。然而既然表示要坚持"革命史范式",就不能不进入"阶级分析"的理论窠臼,强调这次革命的资产阶级性质,否则就违反了思维逻辑的"同一律"。全书唯一单

---

[1] 同前引张海鹏先生主编书,第1卷,第210页。

列一卷且写得十分精彩的革命是国共联合推进的"国民革命",但这次革命是否应当被处理成比太平天国和辛亥革命更加重要的历史事件而占用比两者篇幅总和还要多的篇幅,也是在坚持"革命史范式"的前提下至少应当从写作技术层面思考的问题。这样的内容设置,明显跨越了张先生预设的"革命史范式"的认识边界,使张先生不能不承受在主观上须坚持既有学术立场,实际上却不能避免学术"失范"批评的双重压力。

我们现在尚难精确评估,《近代通史》在多大程度上突破了张先生最初的构想,但通观全书,问题肯定不是一个无足轻重的存在。如果全书相当多的卷册都未能严格按照主编的构想去写作,其症结所在,究竟是主编预设的研究范式对于中国近代历史在认识逻辑上并不周延,还是分卷作者尾大不掉,自行其是,导致主编与分卷作者自说自话?抑或两者均无过错,只是现今普遍存在的具有"跨代组合"特征的编写法本身就是一种缺乏"共同话语"的学术著作"生产方式"?这恐怕需要认真思考。如果是主编的构想出了问题,那有没有一种符合系统性要求的叙事与分析模式可以作为替代?如果是分卷作者的问题,为什么主编会宽容到不惜毁掉设定的编纂原则的地步?如果是"跨代组合"带来的问题,则不仅《近代通史》,恐怕现今许多大部头学术著作的"生产方式"都应该改变,否则将会不断出现类似的困难。

从学术范式"兼容性"角度考察,该书试图集"革命史范式"与"现代化范式"于一体的努力也只是一个成功与否很难预测的尝试。因为性质差异甚至对立,有些范式不一定能够兼容或被兼容于其他范式。例如,张先生自己就注意到现代化理论的最初提出者将自己的著作命名为"非共产党宣言"①，表明现代化理论与马克思主义"革命理论"是两种不同质的理论，将二者熔为一炉，和谐共处，实在是很困难的事情。

历史研究的系统性通常还表现在历史叙事的完备周至上，通史撰述尤其应有这方面的追求，否则会引来"通史不通"之讥。而所谓"通"，不仅有纵向的"贯通"，还有横向的"联通"，惟有纵横皆通，才能全息多维的展示历史。在这方面，张先生做了积极的努力和探索，但仍嫌略欠火候。从全书章节比例上看，除了作为"概述"的第一卷之外，全书正文共9卷85章376节，其中政治史、军事史、中外关系史共70章，占了82.4%的章节比例。值得注意的是，属于政治史的部分共44章，占到了全书比例的52%。余下部分，经济占5章1节，思想文化2章3节，文化与社会2章7节，边疆与边疆危机2节，教育1节，另有1节谈教案，合之所占比例不到全书的18%。该书编者虽有全面书写近代历史的良好愿望，但从内容比例上看，却并未实现其初衷，呈现给读者的仍是以政治为主轴、以军事及外交为两翼的中国近代史。在这部长达数百万言的巨著中，很少有为近年来学者看重的思想史。如果柯林武德（R. G. Collingwood）"一切历史都是思想史"的命题能够成立，则其疏漏更加重大，因为它忽略了从"思想"层面对近代中国发生的"一切"作出解释②。此外，书中也很少有教育史、宗教史、民族史

---

① 同前引张海鹏先生主编书，第1卷，第47—48页。
② 柯氏是这样表述其思想的："历史的过程不是单纯事件的过程，而是行动的过程，它有一个由思想的过程所构成的内在方面，而历史学家所要寻求的正是思想过程。一切历史都是思想史。"科林伍德著，何兆武等译：《历史的观念》第1卷，北京：中国社会科学出版社，1986年，第224页。

以及自近代新史学兴起之后学者一直倡导的"社会史",甚至被刘大年认为是近代史研究突破口的经济史,关注程度也明显不够。研究者的视野大致局限在城市及政治、经济中心地区,对于农村及处于边缘地带的边疆殊少措意,在主体内容上只能视为一部沿海及内陆发达地区的城市史,一部政治及经济中心地区的近代史。

这一研究状况凸显了用综合性研究来整合专门性探讨的困难。张先生及分卷作者为克服这一困难作了积极有益的探索,贡献为学界公认。我对张先生坚持用马克思主义整合近年来中国近代史研究的努力持敬佩的态度,事实上,我对近年来中国近代史研究呈现的系统性缺失的担忧,也是基于与我们过去所熟知的马克思主义对于中国近代历史系统性解释的比较而得出。罗志田教授认为,该书的出版"体现出马克思主义中国近代史学科体系在走向成熟"[①],这是十分中肯到位的评价。以我的理解,所谓"走向成熟"主要是就兼容性而言,以前马克思主义被弄成排他性很强甚至是具有独占性的理论,这严重制约了近代史研究的健康发展,也不符合马克思主义对立统一的法则。张先生主编的近代通史兼收并蓄了许多新的理论与学术探讨,当然趋向成熟。但从系统性的立场看,要说成熟,恐怕还有差距。

然而如果横向比较,其他著作差距或许更大。从已有的书评所做评判来看,张先生主编的近代通史几乎被誉为目前最好且在一定程度上创立了新典范(paradigm)的著作。我虽然不认同某些过分溢美的说辞,但也认为,在已经出版的林林总总的近代通史著作中

---

① 罗志田:《构建兼容并包的中国近代史学科体系》(《中国近代通史》笔谈之一),《近代史研究》2007年第5期,第18页。

（据说不下200种），张著在史实记述方面应该是最具参考价值的一部。我自己正是因为参考这套书的频率较高，才有了上面的学习体会。前面提到的另外几部著作，也是因为总体上品质秀异才被纳入评论人的视野。学术批评忌讳重复说别人已经说过的好话，本文略人所详，详人所略，故批评的言辞稍多，但这并不意味着我对这些著作的评价偏重于否定。我想表达的意见是，被学界认为是最好的中国近代通史尚且一定程度存在系统性缺失，考虑到中国近代史研究成果的良莠不齐，问题的严重性也就可想而知。

中国近代史研究中系统性的缺失与这些年来日渐兴起的以"解构"为特征的研究理论与方法不无关系。近年来，具有后现代色彩的"解构主义"充斥盛行，对一切事物都要下一番"解构"的功夫。"解构主义"将结构的"中心性"颠覆为"差异性"的意义链，对以追求整体性或系统性为特征的"结构主义"是一种理论挑战。这一"主义"对历史研究可能的贡献在于蔑视权威及已经建构的学术秩序，且因解析法的精密应用而带来研究局部的细致深入，缺陷在于容易导致史学研究的"无形化"，即导致研究客体整体形态的支离破碎，以至消失。而一旦历史人物和事件在形态上消失，"解构"则成了类似庖丁解牛的操作技巧表演，虽于牛的肌肤腠理掌握精确，达到出神入化、杀百牛不折一刃的神奇境地，却留下了"未见全牛"的遗憾。历史研究若被做成只分解"牛"的构成部件，不探究"牛"的身体面貌，系统性完备周至的原则也就随之落空。这些年来，学术专著做得越来越精深细密，而通史性的著作却越来越缺少综合性与系统性，究其原因，与研究方法选择上的偏至有直接关系。

此外，中国近代史研究中系统性的缺失尚与学人在理论追求上的浅尝辄止与见异思迁有关。过去三十年，学者在理论方法的追求上做足了功夫，西方各种人文社会科学的理论接踵而至，新的研究方法层出不穷，让人目不暇接，"你方唱罢我登场"已远不能形容其热闹境况，简直就是联翩而至，鱼贯出入。先是有系统论、控制论和信息论构成的"老三论"，接着又有由耗散结构理论、突变论和协同理论三门系统理论分支学科构成的"新三论"或DSC论，然后是现代化理论及作为其否定者的后现代理论，文明冲突理论，公共领域理论等。从学科上看，社会学、心理学、文化人类学、经济学、统计学、宗教学、政治学、阐释学等接踵进入学者视野。而研究模式也经历了由费正清的冲击—反应模式，勒文森的传统—近代模式，佩克等人的"帝国主义模式"，以及认定这些模式体现了"西方中心观"故思取而代之的柯文"在中国发现历史"研究模式走马灯似的替换。一种外来理论方法尚未来得及消化吸收，新的理论方法又变得时髦。就像胡适讥讽新文化运动被做成"新名词运动"[1]一样，过去三十年学界对西方新理论方法的追求，也大多仅仅借取了几个看似时髦的名词概念，明显存在"食洋不化"的问题。理论上高频度推陈出新的结果，且导致学者"邯郸学步，反失其故"，"最新最好"的理论方法尚未学到手，近代新史学兴起以来

---

[1] 1920年9月17日，胡适在北京大学开学典礼上说：十七省来的教员"他们见面第一句就恭维我，说我是'新文化运动'的领袖。我听了这话，真是'惭惶无地'。因为我无论在何处，从来不曾敢说我做的是新文化运动"。"现在所谓新文化运动，实在说得痛快一点，就是新名词运动。"胡适：《提高和普及》（1920年9月17日在北京大学开学典礼上的演讲），收入欧阳哲生编：《胡适文集》12，北京：北京大学出版社，1998年，第435—436页。

形成的实证主义史学传统以及建国头30年形成的马克思主义史学传统，却统统丢失。

不可思议的是，在学术研究系统性日渐缺失的同时，有关中国近代史著述的篇幅却越来越长。系统性虽然讲求历史著述内容的完备周至，但并不认为篇幅应与之构成正比例关系，因为历史素材详略取舍的精到安排也是系统性的内在要求。然而这些年来的中国近代通史及断代史类著作，一方面忘却系统性的内在要求，另一方面却像是在攀比究竟谁堪称"鸿篇巨制"，竞相拉长篇幅。像张先生主编的《近代通史》这样的著作，因每卷作者在自己的研究领域均有独到精深的研究，篇幅略长倒还勉强可以让人接受，其他的著作动辄就是10卷巨册，甚至是多达数十册的超长篇幅。从作者研究及读者学习两方面需求观察，近代通史及断代史类著作其实并无海量"扩容"的必要。如此巨大的篇幅与其说能产生"博大精深"的观感，不如说能带来"藏拙"的方便，因为很少有人愿意付出阅读数百万乃至数千万字的时间代价去发现一部中国近代史著作的缺陷。优秀的、体现了系统性的著作不一定篇幅都长，比如胡绳基于"资本—帝国主义"学说和近代中国史实写就的《帝国主义与中国政治》，被公认为他所在时代的学术经典，篇幅还不到15万字。

四、结论

综上所述，过去30年中国近代史研究取得了长足进展，成果丰硕，但也存在诸多令人担忧的问题，系统性缺失就是其中比较突出的一个。要弥补中国近代史撰写中的缺陷，应当强调系统性的原则。当然，前提仍是"多元"而非"一元"，要在多元化的学术氛围中追求中国近代历史研究的系统性，反对像过去那样将所有的研究都纳入一个被视为"唯一正确"的解释系统。以《近代通史》类著作为例，既可以采用"革命史范式"，也可以采用现今多数学者基于"实证主义"提出的新的研究范式，但不管采用什么，都应当有一个一以贯之的统系，否则就会惹来非驴非马之讥。

  概乎言之，我所理解的系统性至少应有四方面要求：一是内容完备周至，二是学术思想一以贯之，三是建构了能够将多层面的历史事实摆放在合理位置的逻辑框架，四是提供了能够自圆其说的解释体系。这样的理解应当大致符合现代中国学者逐渐熟识的西方历史学理论。比如克罗齐（Benedetto Croce）就曾提出三点在历史学家的历史意识中"具有一切理由谨守勿失"的原则，即："历史事件的完整性，叙述与文献的统一性和发展的内在性"[1]。这一"谨守勿失"的告诫，对于近年来中国近代史研究中层出不穷的部头巨大却不太讲求章法的学术著作，或者可以产生点石成金的幻化作用。

---

[1] 贝奈戴托·克罗齐著，傅任敢译：《历史学的理论和实际》，北京：商务印书馆，1982年，第230页。

政治史在民国史研究中的位置

几年前,杨念群教授在《历史研究》发表笔谈,呼吁加强政治史研究,拜读之后颇受启发,引为同调[①]。念群教授是在比较宽泛的意义上讨论这一问题,换言之,他是从新史学家称为"整体史"的立场提出呼吁的,我没做整体史研究的抱负,故缩小范围,续貂念群,从民国史尤其是民初15年历史研究的角度,提出加强政治史研究的呼吁。

一、新史学兴起与政治史"王冠"陨落

20世纪初以来,传统的以政治史为主轴的历史叙事或研究遭遇两次解构。一次是梁启超在海外接触到西方学术之后提倡新史学,

[①] 杨念群教授在文章中指出:政治史为什么"消失"了?这样的说法看上去似乎有些耸人听闻,在人们的记忆中,"政治史"曾经在现代中国的历史叙述系谱中占有至高无上的地位,除了社会经济史因论题内容与之相呼应,可以配合其某些讨论而拥有较为显赫的位置外,"历史学"几乎完全可以和"政治史"画等号。但进入20世纪80年代末期,"政治史"这块"帝国版图"迅速被"文化史"和"社会史"等新兴学科所吞噬和肢解,最终沦落成为边缘学科。杨念群:《为什么要重提"政治史"研究》,《历史研究》2004年第4期。

将中国传统史学著作斥为"帝王将相的家谱",呼吁史家从这种历史书写中摆脱出来,转而记录"匹夫匹妇"即普通老百姓的日常生活行迹,引发"史界革命",拓展了史学研究领域,推进了传统史学走向"近代"的初期转型。然而这次新史学对政治史的冲击力度并不大。上个世纪大半时段,政治史的崇高地位未能撼动,涉及政治的研究依然受到高度重视。以民国史研究而论,大批优秀学者都致力于政治史研究,推出众多有影响的学术著作。如李剑农的《中国近百年政治史》、鲍明钤的《中国的民治主义》、王世杰、钱端升的《比较宪法》、杨幼炯的《近代中国立法史》、顾敦鍒的《中国议会史》、胡绳的《帝国主义与中国政治》等,都表现出对政治史的高度关注。其他时段的研究状况亦是如此。以陈寅恪所作研究为例。陈先生学富五车,著述甚丰,但有关隋唐政治史的研究成果在其全部著作中的位置却格外显赫,就是后来作《柳如是别传》,看似状写青楼女子,实则寄寓辨别夷夏之政治深意,故有"复明运动"一章的设置[1],可见政治仍是关注的重心所在。

1949年以后的头30年,马克思主义作为一种意识形态,成为指导一切学术研究的理论。马克思主义史学虽是新史学的一支,但在对政治史的重视上与传统史学并无大的差别。马克思本人写的唯一一本可以看作史学著作的《路易·波拿巴的雾月十八日》,就是一部典型的政治史论著。新中国初期的史学在唯物史观指引下,强调历史就是阶级斗争史,着意书写革命,关注重心仍在政治。可以

---

[1] 有人批评陈先生为"红妆"作传甚无谓。但吴宓认为,陈氏作此别传,"借以察出当时政治(夷夏)、道德(气节)之真实情况,盖有深意存焉。绝非消闲风流之行事也。"吴宓著,吴学昭编:《吴宓日记》第五册(1961—1962),1961年9月1日,北京:生活·读书·新知三联书店,2006年,第163页。

认为，直到1980年代中期，第一波新史学浪潮对以政治史为重心的传统史学的冲击，效果并不明显。

新史学浪潮对政治史的第二波冲击力度相对较大。这波"新史学"浪潮为大陆史学界感知始于1980年代。从世界范围看，这波新史学浪潮早在1929年法国《年鉴》杂志创刊时便已涌起，只因学术交通不畅，其对中国史学的影响出现了时差而已。1980年代以后大陆学人认知的"新史学"主要是第三期年鉴史学以及二战后在美国兴起的新文化史。新文化史关系语言转向（linguistic turn），有其特殊学术理路，姑不具论。年鉴学派在其存在的80余年时间里前后主张殊异。第一、二两期的领军人物布洛赫、布罗代尔等强调整体史，致力于不同历史元素的整合，忽略属于偶然性的"事件"，注重长时段、大空间以及"人类"而非具体"人物"的宏观观察，经济及社会史成为言说重心。第三期年鉴史学放弃对整体史的追求，试图以剥夺人类在历史上的中心位置的方式掀起史学领域里的"哥白尼革命"。这一代年鉴学人以超脱于社会的"心态史"以及不甚讲求因果关联的"系列史"肢解了年鉴派先驱建构的多少偏重系统性的史学躯体，在取得多元化成就的同时，也带来了史学"碎片化"的问题。

尽管如此，在对政治史的态度上，先后几代年鉴学人并无异趣。几乎所有年鉴学人都在强调自己特定关怀的同时排斥政治史。"把政治史赶下王位，这是《年鉴》的首要目标，也是新史学最关心的问题之一"[①]。《年鉴》排斥政治的倾向从政治类文章在其创刊后

---

① 蔡少卿主编：《再现过去：社会史的理论视野》，杭州：浙江人民出版社，1988年，第97页。

近50年全部论文中的比例一直不到6%，最低时仅占2.1%可以清楚窥见。这样做固然有学理方面的考虑[①]。但历史研究的原动力乃是影响历史论说的现实关怀，历史家的论域选择总是与特定的时代需求发生联系。排斥政治的《年鉴》及年鉴学派诞生于1929年这一世界经济危机发生的年份，洵非偶然。尽管强调多元，对经济与社会的高度关注则成为布洛赫、费弗尔、布罗代尔等两代《年鉴》派代表人物提倡的"新史学"的重要特征。作为历史学家，布罗代尔对经济现象及变化规律的认知让许多权威经济学者望尘莫及，以至于雅克·阿塔利提议将1979年诺贝尔经济学奖授予他[②]。很明显，摆脱世界经济危机的需求是促使年鉴学派远离政治的重要原因。

除了经济原因之外，年鉴派学人疏远政治还与西方国家的政制大多已趋向稳定，政治的内涵发生变化有关。虽然对什么是"政治"会有不同的解释，但建设和管理国家应是政治的基本义蕴。建设关系国家基本制度建构，管理涉及制度运作，两者均与权力分配及与权力相关的利益分割相连接。西方国家政制建构经过两百余年调适，动荡期大多暂告结束，这一层面的政治至少在他们看来已不成其为问题。而运作层面的"政治"则异化为诸如反恐、环境保护、世界范围内的人权保障一类与通常理解的政治不同质的政府行

[①] 雅克·朱利亚尔曾这样论证年鉴学派疏离政治的理由："政治史具有心理性质，它不考虑条件；这是一种精英史，甚至是人物传记，它不考虑比较；这是一种叙述史，它不考虑分析；这是一种唯心主义的历史，它不考虑物质；这是一种思想史，它缺乏对人的意识；这是一种片面的历史，它对更多方面缺乏了解；这是一种着眼于时间点的历史，它不考虑长时段。如果用历史学家的行话来概括，这是一种事件史。"弗朗索瓦·多斯著，马胜利译：《碎片化的历史学：从〈年鉴〉到"新史学"》，北京：北京大学出版社，2008年，第228—229页。
[②] 《碎片化的历史学：从〈年鉴〉到"新史学"》，第129页。

为。在这样的变化语境中,西方史学家不再关注传统意义上的"政治"实在是情理中的事。

中国历史学家面临的问题则不同。近代以来,政制建设与运作的问题一直没有很好解决。民国存在38年,国家人民历经磨难,所争均在于此。即便是在今天,政治改革问题仍然处于不断探索之中。彼岸不认为是问题的政治在此岸却一直是国人期待解决的牵动全局的重大问题。俗话说"饱汉不知饿汉饥",已然"温饱"的西方史学界的学术关怀不包含对中国国情的认知固无可指责,处于"饥饿"状态的中国学人也不知道自己的需求,而盲目以西方学者的学术关怀为时尚,以年鉴学派基于自身需求提出的主张作为思想及学术食粮,不关注政治史的取向蔚然成风,也就有些不可思议了。

二、政治史统摄地位失却与民国史研究的"碎片化"

这一变化造成了严重的问题。首先是致使民国政治史特别是北洋政治史的研究成果数量呈下降趋势,在全部民国史研究中所占比例也与其重要性不成正比。以历史学科重要刊物《近代史研究》2000年第1期至2011年第4期刊载的文章为例。12年间该刊共登载涉及民国史的各类文章共计471篇。其中政治类86篇,外交类34篇,思想学术类58篇,经济类53篇,社会类51篇,军事类22篇,教育类11篇,宗教类4篇,学术综述109篇,书评36篇,其他7篇。在全部民国史的文章中政治类86篇,占18.3%,而北洋政治仅8篇,占政治类的9.3%,占民初及北洋史研究全部102篇文章的7.8%。从数量和比例上看,虽然较之政治史占绝对统治地位的时代，18.3%的比例已有所下降，但与同期其他类别的研究相比，还是处于相对优势。然而涉及民初及北洋时期政治的研究成果则明显偏少。民国在大陆存在共38年，民初及北洋时期15年，已占将近40%的时长，但在民国政治类研究中所占的比例仅有9.3%，这是极不相称的比例。这样的比例显示，民初及北洋时期政治史在整个民国政治中的重要地位已被极大低估，而同期的中国南北对峙，以北洋为统系的北方政治更是被严重忽略。

在政治史研究成果已经不多的情况下，中共党史这一本属政治史的研究领域因被带有政治色彩的学科分类法划到政治法律类，又进一步减少了民国政治史研究成果的数量与比例。即便从纯统计学意义上将党史学界的研究成果也算成民国政治史的成果，但在既有的学科分类法已使许多从事党史研究的人在学科认同上"异化"的情况下，他们的研究也很难进入历史学者的学术视野。所以今后中共党史研究要得到历史学的学科承认，也还有个重新确定自己学科认同的问题。杨奎松教授曾呼吁改变中共党史的学科分类，使之真正成为历史研究的一部分，是很有见地的。

对于具有"整体史"抱负的民国史研究学人而言，不重视政治史无论如何都说不过去。民初及北洋时期是民国政治、经济、社会及文化的奠基时期，很多基本的制度都在这一时期奠定，很多根本性的变化也是在这一时期发生。民国历史上许多重大问题，如果不从这一时期开始探寻，将根本不可能说清道明。比如，中国为什么在如此短的时间内就经历了由"帝国"而"民国"而"党国"的嬗变，而军队也随之发生由"皇军"变成"民军"再变成"党军"，后来则标榜为"国军"的衍化？为什么自清季以来国人孜孜以求的议会民主制度，实践不过10余年的工夫便被宣布死刑，而代之以带有"狄克推多"（Dictator）色彩的政党式集权统治？为什么从长时段观察，外交上徘徊不定的英美路线、日德路线、帝俄路线最终被赤色的苏俄路线所取代，且国、共两党在很长一段时间内都选择苏俄军政体制来改造中国？为什么被描绘得最为黑暗、最无法律秩序的北洋时期却成了近代中国法律制度建设最具成效的时期之一，近代中国很多重要的法律制度都是在这一时期奠基，以至由外国人所作意存挑剔的法权调查亦承认北洋政府这方面的成就？为什么人们的历史记忆中军阀肆虐的北伐前10余年却呈现出中国近代以来思想、文化、教育最为自由多元的现象，就是影响至今的揭橥"科学""民主"旗帜的新文化运动也只是（甚至只能）在这一时期出现？对这些问题的回答，离不开民初及北洋时期政治史的研究，惜乎学界对这方面的研究着力太少①。

然而数量少还不是真正严重的问题，民国政治史研究的整体水平不高才值得担忧。就民国史研究的现状而言，很多重要的政治史问题缺乏严格的事实辩证，就连一些被视为常识的历史问题也存在诸多疑窦。比如民初根本法，通常认为《临时约法》是一个革命的、民主的宪法性质文件，而1923年的宪法是猪仔议员在接受贿赂的前提下制定的，激进人士早以"娼妇不能产合法之婴儿"②为由，将其废弃。如果撇开"熟悉化"认知，改以比较宪法学的眼光审视

---

① 在民国历史研究中，杨奎松、汪朝光、王奇生、邓野等学者的研究冠绝群伦，在各自的领域里做出了杰出贡献。但所作研究多偏重国、共两党历史，而两党历史研究又多始于国民党"一大"之后，较少对作为基础的民初及北洋时期政治史关照，使人产生其研究时段能向前推移的期待。
② 陈茹玄：《中国宪法史》，台北：文海出版社，1985年，第136页。

则可看到,《临时约法》不仅设计的是足以导致利益冲突甚至引发战争的畸形政治体制,也未必能体现民主宪政精神,而1923年宪法无论在国体还是政体设计上,都更加符合民主宪政的原则,尽管也存在国体设计上不能很好处理"统一"与"联邦"关系的缺陷的问题[1]。再比如"曹锟贿选",几乎成为人们的历史常识,被写进中学和大学历史教科书。但作为刑事控诉,当事人提供的证据却存在明显瑕疵,其最大问题在于指控曹锟以五千元"贿选"的时候未考虑国会议员历年欠薪已达同等数额这一因素,未思考给国会议员开具的五千元支票是否带有补发欠薪的性质,也忽略了支付款项的决定是邀约各党派(包括异党)协商的结果[2]。换言之,贿选指控能否成立都还是一个需要认真讨论的问题,而迄今除了本文作者的相关研究外,未见任何基于事实或逻辑的质疑[3]。类似问题尚多,兹不赘举。

民国政治史研究整体水平不高的原因,除了人为的禁区设置使学者不愿轻易涉足这一领域对重大问题进行深入探究之外,也与学者的研究取向变化有关。很多优秀学者和学生在新史学的诱导下去做已成时尚的文化史、学术史、社会史,以至最近20多年面世的民国政治史著作(主要指北洋部分)整体水平甚至不如1949年以前。

---

[1] 详见拙文:《论〈临时约法〉对民国政体的设计规划》,《近代史研究》1993年第4期;另外,本人提交中国社会科学院近代史所2012年11月在北京召开的"中华民国史高峰论坛"的论文《比较宪法视阈中的民初根本法》(未正式刊发)亦涉及这一问题,可资参考。
[2] 身与其事的陈垣30年后检讨既往,亦称曹锟系"利用补发欠薪的名义,凡参与选举者就在出席时交给你五千元支票一张";既系"补发欠薪,受之何愧",故接受了支票。陈垣:《检讨卅年前曹锟贿选事》(1952年2月24日),陈智超主编:《陈垣全集》第22册,合肥:安徽大学出版社,2009年,第627—629页。
[3] 有关"贿选"的辩证,详见拙文:《曹锟"贿选"控告的法律证据研究》,《历史研究》2012年第6期。

克罗齐曾提出"一切真历史都是当代史"的命题,意谓历史研究均包含学者的当代认知。如果说1949年以前的政治史研究尚能反映当时国人对民国政治史的"当代认知",那我们今天究竟有没有对于民国政治史的"当代认知"?如果有,其思想和学术水准究竟如何?作为当今学人的一员,我不能随意菲薄今人及其学术成就,但要我举出几个在宪法研究上可以比肩王世杰、钱端升及陈茹玄,在国际政治(外交)领域可以抗衡蒋廷黻,在国会政治领域可以赶超顾敦鍒,在政党史研究方面可以傲视谢彬,在政治思想研究方面可以俯瞰鲍明钤的大陆学者,确实非常困难。就是横向与台湾学界相比,能与张朋园、张玉法相伯仲的政治史学者及真正有分量的民初政治史研究成果,亦不多见。

更为严重的问题是既有的民国史研究被条块分割,不成统系。研究北洋时期经济的不研究同期政治,研究北洋时期教育的可以置政治于不顾,至于社会史研究,更好像与从总体上建构了民国"社会"的国家无关。一切专门的研究都没有统摄,而"专门史"的学科设置似乎还给这样的研究状况提供了合理依据。多斯(François Dosse)曾批评第三期年鉴史学呈"碎片化"状态,其实"破碎化"在西方未必真正成为问题,因西人比较讲究理论分析,任何具体的历史论说都要寻找或创立一种理论来统摄,但凡有了具有普遍意义的抽象统摄,看似孤立的东西也就找到了与"他者"的联系。中国则不然,中国的历史学者本来就相对缺少抽象思维训练,又画地为牢,作茧自缚,研究领域一旦变得狭小和专门,也就很容易"只见树木不见森林"了。

三、"新政治史"与民国史研究的重新整合

不过"碎片化"在一些学者看来并不是太大的问题,王笛教授就曾撰文告诫国内学人不必为此介意。我揣摩王教授的用意,要解构既有的带有强烈意识形态色彩的研究统系,先使之破碎到"化"的程度或许是一聪明睿智的选择,亦符合"合久必分"的逻辑。但既经解构之后,如何重新整合五花八门互不统属的研究领域的工作,却应予以高度重视。罗志田教授曾提出从破碎走向系统即"以碎立通"的研究思路,这是最具建设性的意见[1]。历史学家要想不沦落到只能向宏伟学术工程提供建筑材料的供应商的可悲地步,就应该将被人视为建筑材料的历史"碎片"组合成在普遍联系中具有明确位置的完整的学术大厦。

但整合之道却应该考究。近代中国的转型曾被区分为器物、制度和文化三个据说是"由浅入深"的递进层次,但孰为关键却很少有人深入思考。陈独秀曾把道德伦理层面的新知称为"吾人之最后觉悟"[2],这样的认知当然有其道理。但民国史研究却很难寻循着道德伦理的思路去寻求问题的"总的解决",因道德伦理并不具备统摄或涵化其他历史因子的功用。而政治却有这样的功用。对民国史研究而言,虽然"碎片"状态的专门研究甚多,但三个层次中居于

---

[1] 王笛:《不必担忧碎片化》,《近代史研究》2012年第4期,第30—33页;罗志田:《非碎无以立通:简论以碎片为基础的史学》,《近代史研究》2012年第4期,第10—18页。
[2] 陈独秀:《吾人最后之觉悟》(1916年2月15日),任建树等编:《陈独秀著作选》第1卷,上海:上海人民出版社,1993年,第175—179页。

中间位置的政治（及制度）史研究却可望成为连接其他领域研究的纽带，成为一条可能将民国史各个部类加以系统整合的研究进路。

中国的现代化属外生、后发类型①，过去我们熟悉的那一整套政治、经济、文化与社会关系的理论往往很难适用。例如在民国的制度建构上，就殊难体现本土经济基础对于上层建筑的"决定作用"。尽管如此，新制度一旦引进建构，却能够对经济、文化、宗教、社会产生巨大的"反作用"。以宗教为例，儒教在民初企图上升为"国教"，为此康有为的弟子陈焕章曾领导发起多次国教请愿运动。但国民"信教自由"的约法规定，以及国会对于国教议案乃至修正案的否决，使陈焕章等人的努力化为泡影②。其中体现的是政治对于宗教的限制规范而不是相反。教育也一样。近代教育家总是呼吁"教育独立"，但教育却从未真正独立。民国一建立就有"国民教育"或"军国民教育"，国民党貌似"统一"之后又推进"党化教育"。蔡元培一度主张兼容并包，甚至鼓励学生运动。但他的兼容并包也是有政治指向性的，至少其部分目的是要北洋政府允许学校内不同党派及学派存在，这样国民党在北方的生存空间才能维持；而他支持的学生运动，多半属反对北洋政府的类型，国民党全国政权建立后他就改变立场，对激进学生说"不"。周作人曾讥讽

---

① 美国学者布莱克认为，现代化可分为"内生型现代化"和"外生刺激型现代化"两种模式。在时间上，外生刺激型现代化通常要晚于内生型现代化，属后发的类型。参见C. E. 布莱克：《现代化的动力：一个比较史的研究的评论》，成都：四川人民出版社，1988年，第1—3页。

② 案：儒学本非宗教，但要上升为"国教"，所作努力就是宗教性质的了。有关国教运动的资料可参阅《为宪法起草委员会否决国教敬告全国同胞书》，《孔教会杂志》第1卷第9号，1913年10月，论说栏。以及《宪法会议公报》刊载的有关将孔教立为"国教"的相关议案及宪法会议讨论及投票表决的情形。

他"晚节不保"①，其实他此前的"气节"在很大程度上也受所在政党立场制约，这诠释了民国教育与政治的密切关系。经济亦同此情形。过去人们总认为第一次世界大战的发生使西方列强无暇顾及对中国的经济侵略，于是出现中国民族工商业的"黄金发展期"。其实这样的解释并不得要领。外资的部分退出当然有利于本国资本的发育，但真正成为中国工商业发展动力的是北洋政府制订的包括公司法、专利法、商标法等有利于本国工商业发展的一系列法规，为民族工商业发展营造了相对适宜的内部环境。"二次革命"发生后工商业者普遍不支持可能再次打乱秩序的孙中山而基本站在袁世凯的北京政府一边，就与北京政府以立法形式建立的经济秩序对其有扶持之效有关。经济法规的制定属政治行为，可证民国政治对于经济的作用。此外，政治还与军事、外交、文化及社会生活的方方面面发生联系，就连1930年代的"新生活运动"也因系南京国民政府推进，带有浓厚的政治色彩。其他时段历史发展中不一定存在的"政治先决"作用在民国历史中体现得异常明显。

作为客观存在，历史可以包括一切既有。将历史从"单数"变成"复数"，甚至将时间区分为自然时间、社会时间与个人时间分别研究，或许是新史学对历史研究范式转移的巨大贡献。但历史书写不应将一切研究对象等量齐观。从心理学立场审视，历史书写不过是一种选择性记忆，记忆的强度取决于刺激的大小和留下心理痕迹的深浅。无论怎么强调多元因素的作用，政治在民国历史发展中

---

① 1933年春，周作人在一封私函中写道："观蔡公近数年言行，深感到所谓晚节之不易保守。"张挺、江小蕙：《周作人早年佚简笺注》，成都：四川文艺出版社，1992年，第273页。

给当时、当事人的刺激都最为强烈，对政治投入更多关注乃理所当然。在这个问题的认识上，存在时代局限的传统史学亦可提供有益的借鉴。上文提到，新史学因强调多元而否定传统，批评传统史学是帝王将相的家谱。其实就内容而言，中国传统史书的历史记述是全方位的。曾经对传统史学持批评态度的梁启超后来修订《中国历史研究法》时，似亦觉悟当年之偏颇①。盖就内容而言，传统纪传体史书有"纪"（《史记》为"本纪"）记帝王事迹及王朝兴革，有"传"和"世家"记不同层次的人物活动，有"志"（《史记》为"书"）记录历代典章制度和自然、社会的演变等。但传统史书并未将所记一切同等对待，其叙事系以"本纪"为重心，而"本纪"就是政治史，因"家天下"的时代，皇帝的"家政"就是国政。某种意义上，纪传体史书是以本纪为"纲"，以其他类别为"目"，暗含"政治是纲，纲举目张"的认知。传统史书有体系，重章法，经纬万端，内涵周至，没有沦落为断烂朝报，"本纪"的纲维作用至为关键，而"纲"的位置彰显也体现了那个时代的"政治正确"。

如果我们希望从传统史学获得某种现代启示，其他朝代我不敢说，至少民国史研究可以通过走"以政治史为纲"的路线来整合其

---

① 1922年1月，梁启超在《中国历史研究法》中说：中国历代史籍，二十四史两通鉴九通五纪事本末，乃至其他别史杂史等，都计不下数万卷，皓首穷之而不能，"然则此数万卷者，以之覆瓿，以当薪，举凡数千年来我祖宗活动之迹足徵于文献者，认为一无价值，而永屏诸人类文化物产之圈外，非惟吾侪为人子孙者所不忍，抑亦全人类所不许也。"梁启超尤其赞赏司马迁开创纪传体对后世史学的贡献。称"二千年来所谓正史者，莫能越其范围，岂后人创作力不逮古耶，抑迁自有其不朽则存也。"对《汉书》《通鉴》等史乘及编著者，梁启超也给予高度评价，显然已承认了中国历代史籍的价值。详见梁启超：《中国历史研究法》，《饮冰室合集》专集之七十三，北京：中华书局，1989年，自序第1页、正文第15—27页。

他专门史或系列史的研究。这不是与标榜多元化的新史学对抗，而是因为政治在民国历史中是一个无处不见其身影的存在。套用"一切历史都是思想史"的极端表述法，我们也可以用"全部民国史都是政治史"来强调民国政治史研究的重要性[①]。或有人责难说，民国时期不是有接连不断的战争存在吗？确实如此。但按照克劳塞维茨的说法，战争也是政治，只是采取了流血的形式而已[②]。还有人会说，因为西方强势，外交已成为中国历史的决定因素，与其用政治来整合民国历史，不如选择"冲击——反应"的认识模式，从外交切入。其实，外交只是内政的延伸，在近代中国外交与内政已"打成一片、不可复分"[③]的语境中，根本没有脱离了内政的外交。所有类此责难，其实均证明了政治史对于民国其他"专门史"的涵化作用，抓住政治史，也就获得了解开民国全部历史密藏的锁钥。而我之所以在呼吁加强民国政治史研究时特别强调民初及北洋政治史研究，是因为在民国38年的历史中，头15年是各种制度的发轫期，种下了很多政治"后果"的"前因"。胡适说，历史研究的方法是"祖孙的方法"[④]，强调因果关联，如果我们认同这一说法，就没有理

---

① 案：此为思想表达技巧之运用，意在以极端方式促成学者对民国政治史研究的重视，非除了政治史便无其他历史存在之谓，但政治史对其他历史存在的纲维作用恐无法否定。诸君识我，祈无怪罪。
② 克劳塞维茨：《战争论》第1卷，北京：商务印书馆，1978年，第1—5页。
③ 平：《内乱与外患》，原载《市声周报》4卷2期（1926年1月3日），收入章伯锋主编：《北洋军阀》（1912—1928）第5卷，武汉：武汉出版社，1990年，第255—267页。
④ 胡适说，历史研究的方法就是"祖孙的方法"，是寻求因果的方法。这种方法"从来不把一个制度或一个学说看成一个孤立的东西，总把他看作一个中段，一头是他所以发生的原因，一头是他自己发生的效果：上头有他的祖父，下面有他的子孙"。胡适：《杜威先生与中国》，欧阳哲生编：《胡适文集》2，北京：北京大学出版社，1998年，第280页。

155

由忽略民初及北洋时期政治史的研究。

强调民国政治史研究的重要性并不意味着政治史学者可以坐享前人的恩惠而不思进取。这些年来，政治史在文化史、社会史来势汹涌的进攻下退避三舍，溃不成军，研究者囿于传统，作茧自缚，实有以致之。从国外学术范式的转移来看，最近30余年逐渐兴起的"新政治史"或许预示了民国政治史研究的希望。国外"政治史"翻"新"是在多学科交叉的基础上实现的，注重借鉴政治学、社会学、人类学等学科的理论和方法，拓展研究范围，克服传统政治史偏重精英及事件的倾向，将关注点拓展至基层社会及民众，在研究政治事件时注意透视社会结构及其变迁，并对政治史的"本色"保持必要的学科认同，是形成中的"新政治史"的特征。伴随着自身的艰难蜕变，经历了学术寒冬的政治史在西方开始出现一线生机①。中国的政治史学者（包括从事民国政治史研究的学者）应该从中获得有益的启示。

当然，政治史并不是导引民国史研究的唯一路径。任何人都可以根据自己对政治、经济、军事、文化及社会作用及相互关系的理解，选择其中一种因素，找到其与别的历史存在的逻辑关联，或至少在作具体门类的研究时以其他历史因素作为宏观背景，形成一种学术"定位系统"，俾所有历史因子在历史书写中各得其所。从这个意义上讲，经济史、文化史、社会史均不失为有价值的研究取向。不过以我的理解，能够在研究技术上超过政治史对于其他历

---

① 参阅刘军:《政治史复兴的启示：当前美国政治史学发展述评》，《史学理论研究》1997年第2期；李里峰:《新政治史学的视野与方法》，《福建论坛》2009年第6期。

史板块起整合作用的因素恐怕并不存在。在民国历史上，政治的作用太强大了，强大到你想在研究中找到其功能替代物都不可能的程度。在这样的情况下，用以整合其他历史因素的"纲"的选择将不得不仍是政治。这虽然有些无可奈何，但至少比没有统合的孤立研究更加接近新史学前期及中期领军人物提倡的"整体史"书写的境地。而一旦选择政治史作为整合全部民国史研究的进路，1980年代以后因新史学发展出"系列史"研究引出的历史学"碎片化"的担忧，或将成为大可不必的杞忧。

日薄虞渊:"北洋军阀史"研究之两面观

一、"北洋"及"北洋军阀"概念溯源

本文述论"北洋军阀史"研究,题曰"日薄虞渊",看似迂远,实有命意存焉。《淮南子·天文训》云:"(日)至于悲泉,爰止其女,爰息其马,是谓县车。至于虞渊,是谓黄昏。""至于虞渊"《太平御览》作"薄于虞渊"①。"虞渊"即"虞泉",为古人想象中的日落之所。典籍中常将"日薄虞渊"解释为临近衰亡。《晋书·束皙传》有"岂能登海湄而抑东流之水,临虞泉而招西归之日"②,文中无可奈何日西沉的感慨,堪称"日薄虞渊"之正解。但即便"正解"也不免失之片面。方以智诗曰:"邓村掷杖作香林,坐

---

① 刘安等编,高诱注,庄奎吉校:《淮南子·天文训》,上海:上海古籍出版社,1989年,第33页。
② 房玄龄等:《晋书·束皙传》,北京:中华书局,1974年,第1429页。

看虞渊日未沉。"[1]可见同样身处虞渊，因心境不同，亦观感各异，不只晚景凄凉而已。

北洋时期大致正处于这种夕阳西下，将沉未沉的境况。此时中国已进入"后袁世凯时代"，皖、直、奉军政集团相继（直、奉一度共同）秉政，北洋开始走下坡路。尽管如此，一些前所未见的新气象亦有所展布，宛如日近黄昏，虽前景黯淡，却也偶见落日余晖。易言之，"军阀"秉政十二年，传统中国在经历辛亥及接踵而至的几度变政后，开始制度调适，乱中求治，有所建树，这对当时及后来中国历史发展影响甚大，为尔后中国各种制度建设的重要源头，不可漠视。遗憾的是，迄今多数国人对北洋历史尚处于云遮雾障的观察认知状况，但见表象，未窥就里，故有变换观察角度，重新检视的必要。

地理学意义上的"北洋"经历了漫长的历史形成过程[2]，作为近代军政体系的"北洋"则始于英、法联军之役后清政府设立南、北

---

[1] 方以智诗全文如次："邓村掷杖作香林，坐看虞渊日未沉。蹈海方知三世路，翻天不换两人心。秋来黄叶丹如故，化作青莲碧更深。漫许六朝花再雨，岂将胡况待知音。"方以智：《浮山后集·建初集·再见周农父》，任道斌编著：《方以智年谱》，合肥：安徽教育出版社，1983年，第184页。

[2] "北洋"一词与"北海"相关。古代中国"北海"一词出现较早。《左传》中有"君处北海，寡人处南海，唯是风马牛不相及也"之说。春秋时期齐国东临之北海，就是山东北部的渤海。有了"北海"自然就有"北洋"，盖在古人看来，"海之中心为洋，亦水之众多处"（南宋赵德麟《侯鲭录》卷三）。宋人真德秀曾记录当时船工商人有关"北洋"的说法，有谓"贼……今窜入北洋，泉、漳一带盗贼屏息，番船通行"。(《泉州申枢蜜院乞推海盗赏状》，《西山先生真文忠公文集》卷八）"小兜寨，取城八十里，海道自北洋入本州界，首位控厄之所。"(《申枢密院措置沿海事宜状》，《西山先生真文忠公文集》卷八）"向去南风，贼船必回向北洋。"(《申枢密院乞修沿海军政》，《西山先生真文忠公文集》卷十五）。姚宽《西溪流丛语》卷下云："今自二浙之登州与密州，皆由北洋，水极险恶。"姚宽卒于1161年，由其论述可知，两宋之际，今福建以北的东海、黄海、渤海已称为"北洋"。以上史料转引自陈佳荣：《宋元明清之东西南北洋》，《海交史研究》1992年第1期，第11页。

洋大臣之时。甲午战后，袁世凯受命督练新建陆军，在天津附近的小站设练兵处，建造兵营，搭建起北洋军事班底。庚子事变后，袁世凯接替李鸿章督直，例兼北洋，北洋军政集团以此发轫。

在近代中国历史上，"北洋"曾是一支主张向西方学习，推进中国走向现代文明的重要力量。晚清时期首任北洋大臣李鸿章为应对时代变局，在个人能力允许范围内，竭力经营自强运动，引进西方先进科学技术，派遣留学，创建北洋海陆军，"以日本为假想之敌"[1]，旨在抵御其侵略。甲午之战中国虽败给日本，但李鸿章对日本的认知以及战争中不惜与日本拼死一搏，亦赢得有识之士赞扬。梁启超尝高度肯定李氏"以一人敌（日本）一国"的气概，有"虽败犹荣"赞誉[2]。李鸿章对内改良、对外防范日本侵略的主张与实践，给其身后的"北洋"留下一笔虽有严重时代局限却也极具价值的政治遗产。

李鸿章死后，北洋集团最高领袖是袁世凯。袁能在清末民初国家政治中占据核心位置，原因有三：一是拥有经济及军事实力，二是在当时统治集团中属相对趋新一派，三是与清廷有尖锐矛盾。因为与清廷有矛盾，以反满为重要诉求的革命派在清末政制鼎革中便可与之结成暂时的政治联盟；因为相对趋新，故在民初政治经济及社会建设中，各方都对之抱有一定期望；因为有实力，担心在华利益因政制转型受损的外国人普遍看好他，即便是对其怀有戒心的革命党人，也因缺乏实力，不得不对之妥协。这一切，成为袁世凯建

---

[1] 李守孔：《李鸿章传》，台北：台湾学生书局，1978年，第174页。
[2] 梁启超：《中国四十年来大事记》，《饮冰室合集》专集之三，北京：中华书局，1989年，第42—51页。

构北洋军政体系的重要凭借①。

清末袁世凯开府北洋,立宪党人多被罗致,进入北洋幕府,遂有以北洋为国家政治中心的主张,"北洋派"之说亦开始在时论中出现。武昌起义后,政制鼎革,袁世凯对诱逼清帝退位、实现南北统一作出重要贡献。袁能够成为中华民国第一任正式大总统,既是军政实力使然,也是"北洋"迷人光环下的时代选择。不仅袁本人,其麾下北洋要人如冯国璋、徐世昌、段祺瑞等,对维持民初政局稳定及"再造共和",亦贡献良多。

北洋军政人物在国家政治转型中的所作所为,奠定了"北洋"在近代国人心中的崇高地位,使"北洋"成为中国政治中一面有影响力的旗帜。所谓"北洋为世所重,民党为俗所轻"②,客观反映出辛亥年间普通国人的观感。民国初年,袁氏身边人亦每以"北洋"自况。如北洋元老王士珍与人通函,常用"我北洋团体"之句,王占元在大庭广众之中亦每自称"我们北洋派"。"北洋"称谓一时泛滥,有北洋大学、北洋医院、北洋商号等,以至时人揶揄说,中

---

① 关于外国人对袁的态度参阅吴承明:《帝国主义在旧中国的投资》,北京:人民出版社,1955年,第173—186页。另据史料记载,武昌起义发生不久,英国外交大臣格雷训示朱尔典:"我们对袁世凯怀有很友好的感情和敬意。我们希望看到,作为革命的一个结果,有一个强有力的政府,能够与各国公正交往,并维持内部秩序和有利条件,使在中国建立起来的贸易获得进展。这样一个政府将得到我们能够提供的一切外交上的支持。"明确道出英国政府的立场。引文见胡滨译:《英国蓝皮书有关辛亥革命资料选译》上,北京:中华书局,1984年,第58页,第58件,"格雷爵士致朱尔典"(1911年11月15日发自外交部)。
② 吴虬说:"共和之局,既成于北洋武人,虽种因确是党人,然革命党在事实上不能立时居政治中心地位,而袁段冯王诸巨头,又系前清达官,亦新亦旧之人,与当日新旧过渡时代尊官卑民之群众心理适相吻合。"吴虬:《北洋派之起源及其崩溃》,《近代稗海》第6辑,成都:四川人民出版社,1987年,第282—283页。

国的北洋、南洋与外国的东洋、西洋，可以囊括整个世界[①]。显而易见，早期北洋，除去袁世凯称帝那一时段，留给世人的更多是推进中国社会进步的历史记忆。

但"后袁世凯时代"的"北洋"则与此不同。如果说此前的北洋尚处于上升时期，有功有过，毁誉参半，袁世凯死后，北洋则日近黄昏，完全掩映在"夕照"之中，是与"军阀"连缀时期的"北洋"，"分裂""战乱"被看作其时代特征。

二、"北洋军阀史"研究概况与认识偏颇

对北洋历史，学者自来重视，经过近一个世纪的研究，相关学术成果已复不少。

在这些成果中，值得首先提及的是民国时期具有学者与历史当事人双重身份者推出的北洋历史著述。其中温世霖所撰《段氏卖国记》有可能是最早一部。温曾加入同盟会，是首届国会议员，为历史当事人，他的这本书在1916年付梓。之后，张一麐的《直皖秘史》，南海胤子的《安福祸国记》，古蓨孙的《乙丑军阀变乱纪实》，白蕉的《袁世凯与中华民国》，吴虬的《北洋派的起源及其崩溃》等陆续面世。这些著作，带有笔记、札记、回忆录性质，因作者多为历史当事人，不无主观认知参与，有所局限。但研究历史须变换角度，从庐山之外观看庐山，固然便于见识山体全貌，但人在庐山之内，曲径通幽，贴近观察，亦能见到山外人难以窥见的山景和奥秘。

---

① 同上书，第221页。

南京国民政府时代出版的研究北洋历史的著作相对较少，一些论著如丁文江的《民国军事近纪》，李剑农的《中国近百年来政治史》，文公直的《最近三十年中国军事史》，杨幼炯的《中国近代立法史》，谢振民、张知本的《中华民国立法史》等，涵盖后袁世凯时代北洋历史。由于是在"专门史"框架内记述北洋，就所涉学科领域而言，内容丰富，剖析深入，尽管横向观照不够，但对认识分科的北洋历史仍有重要参考价值。

1949年之后头30年，北洋历史在大陆学界受到否定，"北洋军阀"成为批判对象，带有研究色彩的成果殊不数见。1950年代出版的陶菊隐著《北洋军阀统治时期史话》和来新夏著《北洋军阀史略》，对"北洋军阀"史追本溯源，做了基础性研究。前者因系史话，未注明资料出处，但所记多有依据，且"故事"本末完整，颇具参考价值。后者相对简略，或因意识到此点，若干年后作者将其改写成《北洋军阀史稿》，内容充实，产生较大学术影响。1960年代，曾任北洋时期总统府秘书长的张国淦撰写《北洋军阀的起源》，披露不少政情内幕，具有重要史料价值。不过总体上看，由于政治与意识形态影响，20世纪80年代之前，有关北洋历史的纯学术著作不多，研究深度有限。或许是出于回避政治的考虑，学者更多把注意力放在北洋历史文献和档案资料的整理上，这一看似无可奈何的选择，却为后来北洋史研究向纵深发展做了良好铺垫①。

1980年代之后，学术环境相对宽松，经李新、彭明、章伯锋、李宗一、陈振江、公孙訇、缪新权、谢本书、熊宗仁、郭绪印、郭剑林、苏全有、莫建来等学者，以及因我阅历及研究旨趣所限未能在此提及但很可能作出更重要学术贡献的其他学者持续不断的努力，"军阀"时代的北洋历史研究有了长足进展。在这一阶段，一些学者开始尝试突破此前研究中固有的意识形态窠臼，从纯学术立场研究北洋，大量专题研究论著及人物传稿相继问世，内容涉及北洋政治、军事、经济、外交、文化及地方军阀等不同层面，北洋历史的多面性开始呈现，但仍留有"开放"程度不够的时代痕迹。

近20年来，中生代和新生代学者改变既有研究范式，以新的理论方法，在掌握更为翔实的中外文献的基础上，对北洋历史进行研究，成就粲然②。值得注意的是，随着中外学术交流增多，国外学者的相关研究也被译介（时间不限于最近20年），其基于多元方法和不同观察视角对北洋历史的研究，为国内学者提供了极富价值的学

---

① 相关史料如：章伯锋等编辑出版的《北洋军阀》6册，来新夏主编的《北洋军阀》5册，张侠等编：《北洋陆军史料》，杜春和等选编辑的《北洋军阀史料选辑》2册，陈振江主编《北洋军阀天津档案史料选编》，《近代史资料》刊出的有关赣宁之役、南北议和、张勋复辟、军阀与帝国主义关系、北洋军阀的私产状况等资料，《历史档案》和《民国档案》两刊公布的第一、二历史档案馆大量有关北洋历史档案，以及近年来陆续公布的大量北洋军人的个人档案（如吴佩孚档案等）。此外，来新夏编著：《近三百年人物年谱知见录》卷六，徐景星等编：《北洋军阀人物索引》，中国社会科学院近代史所为撰写《中华民国史》编辑的《中华民国史资料丛稿》，包括大事记、人物志、专题资料三种，以不同形式出版数十种，有撰稿、有译稿，如专题资料中的译稿《1895—1912年中国军事力量的兴起》和撰稿《清末新军编练沿革》等多种，对了解北洋军阀从兴起到形成的历史，均有裨益。
② 有关近20年来学者的相关研究及其学术贡献参见曾业英主编：《当代中国近代史研究（1949—2019）》下册，北京：中国社会科学出版社，2019年，第601—659页。

术参考①。

中外学者既有的学术努力奠定了北洋历史研究的基础，但也存在诸多缺陷。以国内学者的研究为例。首先是研究的时间范围未作明确界定。研究"北洋"固须回溯历史，从清季小站练兵乃至北洋大臣建置开始，至北伐成功结束。但研究"北洋军阀"则不宜将袁世凯及之前的"北洋"拉扯在内，因袁并非通常界定的"拥兵自重、割据称雄"的"军阀"，袁世凯时期没有发生"军阀混战"；袁任职总统及改制那几年也不是"北洋时期"，袁作为国家元首而非派系领袖，一项重要政治努力就是"去北洋化"②。袁氏死后，北洋裂变，中国才真正进入"军阀"时代。因而写"北洋"可以写而且必须写袁世凯，写"北洋军阀"则只能从后袁世凯时代写起。但既有研究大多未对"军阀"概念作严格界定，薰犹同器，一锅混煮，将研究重心放在非军阀的袁世凯时代，严格意义上的"北洋军阀"时代却成为非军阀时代研究的附属，成为整个"北洋"历史的研究中最薄弱的一段。

对重建北洋历史更为不利的是，很长一段时间内，既有研究或多或少带有价值判断色彩。有可能是"国民革命"反军阀宣传的惯性作用，北洋时期被当时反军阀联合阵营及后来的海峡两岸学界一

---

① 海外学者有关北洋历史的著述主要有陈志让的《军绅政权》，吴应銧的《吴佩孚传》，麦科马克的《张作霖在东北》，白鲁恂的《军阀政治：民国时期军阀的纵横捭阖》，齐锡生的《1916—1918年中国的军阀政治》，波多野善大的《中国近代军阀研究》，渡边惇的《袁世凯政权的经济基础》，贵志俊彦的《袁世凯政权对内蒙地区支配体制之形成》，水野明的《东北军阀政权史的研究》。这些著作从不同观察认知角度，分析各军阀派系间的关系和军阀派系之争对整个社会的影响。

② 参见拙文：《袁世凯的"去北洋化"与北洋正统的幻灭》，《四川师范大学学报》2012年第3期。

致书写成政治昏暗、分裂战乱、经济凋敝、民不聊生、列强凌辱、国将不国,是近代中国历史上"最黑暗的时期"。

这样的历史书写当然有其理据,却因将宣传材料与史料混用,多少存在放大失真。

以北洋时期最受诟病的"战乱"为例。有学者统计,从1916年到1928年12年间,中国共发生140余次大的战争,小规模武装冲突则不可胜数,仅四川一省就发生400余次"内战",可谓国无宁日。但既有研究却殊少具体考察北洋时期的战争规模,持续时间,波及范围及伤亡人数①。罗文干曾明确指出,北洋的时局特征不是战乱,而是"非战非和"。他基于国家应该"统一"的认知甚至主战,明确指出:"非战非和,此不生不死之局,统一之最大障碍也。使其战而一方胜也,则力胜者理强,可以统一。或使其七年之间无日不战也,则虽胜败未分,而其首先民穷财尽者不得不降,又可以统一。今则不然,有时战,有时不战,而胜败不分,无强弱之别。因其不常战也,人民不甚感直接之苦痛,于是不痛不痒,年复一年,人民既漠然视之,当局者遂得以各逞其私欲,而私欲之难合,不待智者而知也。"② 所谓因其不常战,人民不甚感觉直接之苦痛,

---

① 以当时规模最大的几次战争为例。直皖之战始于1920年7月14日,至同月19日段祺瑞辞职战争结束,延续不过6天。第一次直奉战争始于1922年4月29日,至5月5日奉军战败退回关外,战争进程也是6天。第二次直奉战争从1924年9月15日开始,到10月23日北京政变发生,也就大致结束,即便以月底吴败退时计算,持续时间只有一个半月。从伤亡上看,都说军阀混战杀人盈野,其实当时一场战役下来,伤亡不过几百人,多的也只有几千人。以伤亡人数较多的直奉战争为例,共有20多万人参加的为时9天的战争,伤亡人数也就四五千人。陈志让:《军绅政权:近代中国的军阀时期》,北京:生活·读书·新知三联书店,1980年,第39页。
② 罗文干:《狱中人语》,沈云龙主编:《近代中国史料丛刊》正编第16册,台北:文海出版社,1989年,第83页。

故漠然视之，道出了北洋时期"战乱"的实情。

这种状况与交战各方的观念诉求有关。北洋时期战争虽多，却并非全系"春秋无义战"。交战各方除利益争夺外，政治上多有明确诉求，这从战争期间"军阀"的大量通电中可清楚地窥见。当是之时，几乎没有一个军阀在攻击对手时会为军人干政辩护，而拥护民主共和、要求实施宪政、主张文官政治、反对"黩武主义"、强调废督裁军、呼吁国家统一则成为"电报战"的主题。这一点，已为美国学者白鲁恂（Lucian W. Pye）的定量研究证实[①]。尽管通电时的标榜不一定能反映所有"军阀"真实的价值认同，但如此公开标榜，也会对交战各方形成内在约束并影响到战争进程。事实正是如此。北洋时期战争虽多，由于基本指向为"统一"或"自治"，区别只在治理国家模式上，并无根本歧异，非你死我活之争[②]，加之北洋集团中不少人受过现代军事教育，多少懂得战争游戏规则，战争往往能按照各方认同的战争规则进行，较少伤及无辜，战场内外的伤亡均属有限[③]。

对于战乱，既有研究有所放大，但对北洋时期取得的建设性成就或虽然不成功但极具价值的制度改革探索，却有意无意忽略。

政治上，按照传统历史叙事，北洋时期乱象丛生，不同政治派别及其领袖竞争角逐，"你方唱罢我登场"，各种政治体制演变嬗

---

① Lucian W. Pye, *Warlord Politics: Conflict and Coalition in the Modernization of Republican China*, Praeger Publishers, Inc., 1971. pp. 115—116, chart 7.1.
② 1923年的宪法甚至直接将国体确定为"统一"前提下的"地方自治"，说明两者并不根本对立。详见拙文：《比较宪法视域下的民初根本法》，《历史研究》2013年第4期。
③ 详见拙文：《另类战争：直、皖军阀的"武力统一"》，《四川师范大学学报》2018年第2期。

递，政治失序，官僚腐败。这种认知虽有事实依据，却未意识到北洋时期看似乱哄哄的政治表象背后亦包含建设性因素。

传统中国系一君主制大国，辛亥年骤行共和，缺乏民主政治经验，不同制度的选择及运作需在实践中探索。民初至北洋时期是中国政制转型的试验期。其间国家根本法经历了从《临时约法》到《约法》再到《中华民国宪法》的更替；国体建构从共和改为君宪不久又回复共和；政体上先后实施总统制和责任内阁制，权力构成经历中央集权与地方自治的采择权衡；立法机关进行了从临时参议院到第一届国会，再到袁世凯的政治会议、孙中山的非常国会、"法统重光"会国会重建，以及以国民会议替代国会的尝试；南北关系也试验过"武力统一"与"和平统一"的手段交替。凡此种种，性质均可界定为在现行制度规范（如《临时约法》对民国国体政体的设计规划）暴露出严重缺陷的情况下探索更适合中国国情的国体与政体改革尝试。这些尝试，尽管大多不成功，有些甚至逆反潮流，但貌似反复的"折腾"，积累了丰富的现代政治知识和实践经验，为后来被认为"最适合"中国国情的政制选择做了铺垫。如果研究者认为社会变革无须试验探索，则尽可全盘否定这段北洋历史；若认为国家政制转型过程中不同政制的选择尝试必不可少，则对北洋政治史应有不同的认知。

经济上，北洋时期恰逢第一次世界大战后外国资本重回中国，对中国经济造成巨大压力的时期。既有学术观点认为，北洋时期中国遭受列强和军阀双重压迫，经济凋敝，民生几尽，这为反帝、反军阀的国民革命奠定了社会基础。然而历史文献和统计数据并不完全支持这一结论。尽管外资压迫造成严重困难，但整体上北洋时期中国经济仍相对平稳并有所发展。法国学者白吉尔（Marie-claire Bergere）将一战后的北洋时期称为中国资本主义发展的"黄金时代"[1]，近代中国工业领域的诸多"大王"（如棉纱大王、面粉大王、烟草大王、造船大王、钢铁大王等）接踵产生在北洋时期，绝非偶然。尽管此时社会民生存在诸多问题，但大致仍处于《国闻周报》描述的"虽乱而未甚，虽恶而可忍"[2]的状况，并不像既有研究描述的那么糟糕。在经济民生尚可勉强维持状况下发生的被称为"大革命"的国民革命，实际上只是一场单纯的政治革命，并未涉及社会层面，因而北洋时期的经济与民生状况无论好坏，均与这场革命扯不上联系。[3]

法制建设上，北洋时期是自清末改行新律之后中国法制建设的一个极为重要的时期。在此期间，以之前众多宪法草案（如"天坛宪草"）为基础和凭借，参照东、西洋宪法文本和制宪经验，北洋政府制定并正式颁布中国历史上第一部成文宪法——《中华民国宪法》。在民、刑等普通法领域，北洋时期也有所建树。1926年法权会议前夕，王宠惠将已译成英、法文之各种中国法律文件悉数提交各国代表审阅。接受审阅的文件不仅包括宪法，也包括民法、刑法及民刑诉讼法、大理院判例、森林法、国籍法、华洋诉讼程序、监

---

[1] Marie-Claire Bergere, *The Golden Age of the Chinese Bourgeoisie 1911—1937*, Translated by Janet lloyd, Cambridge University Press, Cambridge, New York, Port Chester, Melbourne, Sydney, 1989, p.68.
[2] 《国庆辞》，《国闻周报》第3卷第39期，1926年10月，第2页。
[3] 参见拙文：《北洋时期中国的经济与民生实态》，《清华大学学报》2021年第1期。

狱制等①。这些文件成为包括北洋时期在内的中国近代法制建设成就的重要证据。在由各国法律专家组织召开的法权会议上，中国代表全面展示中国的法制建设成绩，为废除近代列强强加给中国的"领事裁判权"奠定了基础。

在外交领域，北洋时期与此前的中国外交形成明显变化，不乏建树。由受过现代外交专业训练，能以国家利益为本并超越党派意识的职业外交家主持外交，是北洋外交区别于近代其他时段外交的重要特征。此时正当中国民族主义蓬勃兴起之际，北洋外交一个显著变化是改变过去自外于国际社会的状况，主动加入国际社会，成为其中一员。标志性事件是以对德奥"宣战"的方式参与第一次世界大战，并在战后以战胜国身份参与巴黎和会，不久又参加华盛顿会议，国际地位大幅提升，改变了中国对列国的权利义务关系，获得在国际组织中公开表达自身利益诉求的身份地位。与此同时，北洋政府以民众"废约"的激进主义呼声作为依托，展开缓进稳妥的"修约"谈判，有所成效。在外交政策上，北洋政府在加入华盛顿条约体系后，联美制日，使中国赢得一段抵御日本全面侵华的准备时间。在对苏俄关系问题上，北洋政府在坚持中方对外蒙主权及中东铁路利益诉求的前提下，承认苏俄并与之建交，对改善两国关系

---

① 其中译成法文者有：(1)刑事诉讼律；(2)民事诉讼律；(3)商律；(4)暂行新刑律；(5)大理院判决例辑要（第一二两卷）。译成英文者有：(1)商律；(2)刑事诉讼律；(3)中国大理院判决例；(4)暂行新刑律；(5)民事诉讼律；(6)中国监狱制；(7)关于司法行政之各项法令规则；(8)商标法；(9)中华民国约法及附属法令；(10)中华民国宪法；(11)大理院民刑案件统计比较表；(12)刑事案件统计报告；(13)民事案件统计报告；(14)森林法；(15)修改国籍法；(16)华洋诉讼程序及审理案件数目表；(17)中国现在司法情形之大概说明；(18)民国十二年司法部所属北京及各省司法机关之司法经费表。外交部条约司第四科编：《外交公报》第55期，1926年1月31日，专件，第5—6页。

起到重要推进作用。

思想文化和教育领域的多元并存，是北洋时期相较其他时期最显著的特征。北洋军政集团坚持传统政治观念，致力于建构"统一"局面，但其诉求并不局限在军政领域。就思想文化和教育领域而言，北洋时期是中国历史上少有的几个多元并存的时期之一。由于未对思想文化及教育领域实施严格管控，"拿来主义"风行。北洋时期，不同思想文化与学术主张竞相鸣放，共存共荣：西方的、东方的、传统的、现代的、激进的、保守的、革命的、改良的、讨论问题的、侈谈主义的、政治的、经济的、社会的、民生的、五花八门，无奇不有，是近代中国思想文化教育学术最为开放多元的时段。这对包括形形色色"社会主义"在内的新思想新文化的传播，对现代学术的发展，对旷世之才的横空出世，提供了适宜的滋生土壤和生存条件。

今天为不少国人仰慕的"民国学术大师"，其实大多是民初和北洋时期多元的文化环境所造就，并非均衡产出于整个民国时期。1927年北伐成功后，国民党厉行党治，贯彻一个"主义"，实施思想文化专制，多元化的思想文化环境失却，学者的创造力严重受压，学术"大师"罕见新出，思想"大家"更趋凋零。1929年，曾经支持国民党"革命"的胡适目睹国民党实施"党治"，大失所望，开始反省自己当初对国民党的认知，发表《知难行亦不易》和《新文化运动与国民党》两文，针对国民党统治下"思想言论完全失了自由"，"上帝可以否认，而孙中山不许批评；礼拜可以不做，而总理遗嘱不可不读，纪念周不可不做"的现实，一针见血地指出："在思想言论自由的一点上，我们不能不说国民政府所代表的国民党是反动的。"①胡适对国民党实施"党治"、压制思想言论自由的失望，映衬出北洋时期思想文化多元的难能可贵。

三、北洋政治症结与研究偏颇匡正

当然，事物往往存在异质的两面，指出后袁世凯时代"北洋"的建设性努力，并不意味着有关北洋历史的负面记录全属子虚，也不意味着过去对"北洋军阀"的批判毫无意义。事实上，北洋时期是存在诸多问题的。在所存在的各种问题中，最致命的是权势重心失却。袁世凯死后，北洋体系一分为二，出现直、皖分野。直、皖两系生成后，被视为北洋旁支的奉系亦逐渐坐大。1918年9月张作霖出任东三省巡阅使。之后，奉系开始显赫并逐渐将势力插入关内②。与此同时，南方形成以唐继尧为首的滇系和以陆荣廷为首的桂系。此外还有山西的阎锡山，徐、兖一带的张勋，以及四川境内控制不同地盘的大小实力派人物。北洋时期，直、皖、奉系轮流在京师坐庄，看似存在中央，但随着地方势力膨胀，尾大不掉，中央政府形同虚设。在时人眼中，后袁世凯时代的北京政府，有如梁、唐、晋、汉、周之居于中原；各省督军拥有地盘，恰似南唐、吴、越、汉、蜀、楚、闽之各踞一方。此时的民国已无异于历史上分裂战乱的"五代"，可见问题之严重③。

---

① 胡适、罗隆基、梁实秋：《人权论集》"小序"，上海：新月书店，1930年。
② 文公直：《最近三十年中国军事史》，章伯锋、李宗一主编：《北洋军阀》（1912—1928），武汉：武汉出版社，1990年，第2页。
③ 杨荫杭：《兄弟阋于墙》《今之时局》《北洋正统》，氏著：《老圃遗文辑》，武汉：长江文艺出版社，1993年，第53、12、589页。

这种局面对处于急剧政制转型中的国家极为不利。国家在根本制度转型期需要强大的政权机器运作，作为权宜之计，有必要实施一段时间的相对集权。亨廷顿在《变动社会中的政治秩序》中提出"落后国家"在走向现代化进程中需要一个政治上实行集权主义时期的理论。为此他提出建立"强大政府"的对策，强调统治权威在政治现代化及政治发展与稳定中的重要性[1]。在讨论军政关系的理论与实践时，亨廷顿认为，在复杂的政治结构中，最需关注的不是分权，而是分权对其他群体权力的影响。两个同等级别团体的存在，意味着两者中的任何一个对其他群体所能发挥的权力都要弱于存在一个完整权威的情形[2]。亨廷顿并不是在为集权张目，而是在把脉转型国家的政治通病。后袁世凯时代因为权势重心缺失，中央权力式微，使国家在政治转型过程中付出分裂的沉痛代价。

面对国家分裂局面，北洋军政领袖曾作出"统一"的艰苦努力。北洋时期的直皖战争和两次直奉战争，是皖、直军阀重建权势重心、实现国家统一的军事尝试，但均告失败。之后由段祺瑞临时执政府主导，联合奉张和粤孙共同召开善后会议，旨在以和平方式实现统一的尝试，也未奏肤功。在这样的局势下，以"北洋"来整合国家已不再现实。

随着"北洋"军人在谋求"统一"的道路上接踵失败，国人对"北洋"的观感也发生变化。早在北洋裂变之初，马国文致函

---

[1] 塞缪尔·亨廷顿:《文明的冲突与世界秩序的重建》，北京：新华出版社，2002年，第38—39页。
[2] 塞缪尔·亨廷顿:《军人与国家：军政关系的理论与政治》，北京：中国政法大学出版社，2017年，第161页。

黎元洪，便作出"中国必亡于'北洋派'三字"的预言。①直皖战后，国人对"北洋"的观感趋于恶化。1922年5月，直奉战争结束之际，杨荫杭作文讨论时局指出，所谓"北洋正统"在今日已不是让人敬畏的名词，而败落成诋毁性的"丑语"。他以史实论证说：清朝已有"北洋正统"，但未能拯救清之覆亡。民国肇建，袁世凯作为北洋首领，却走上注定失败的"帝制"道路。以后的直皖、直奉战争，皆"北洋正统"相互厮杀的"丑剧"。杨氏据此总结道："今日果能觉悟，自当绝口不谈'北洋'二字，一洗北洋之余臭，乃可与民更始。……若犹以'北洋'二字为号召，国人将掩耳而走矣。"②直奉战争期间，直系后起之秀吴佩孚仍以"北洋正统"号召天下，陈叔通斥以"根本谬误"四字。③可见时人对北洋认知的变化。

后袁世凯时代呈现的问题与北洋军人的素质有关。近代中国处于急剧变化之中，早期北洋受人敬仰，系因北洋前辈在时代允许的条件下尚能推陈出新，引领潮流，作出贡献。"夕照"时代的北洋虽不乏特异之才，如直系的吴佩孚、皖系的徐树铮、奉系的杨宇霆等，但处于急剧变化时代，社会上新思想新人物层出不穷，北洋军人总体上却日渐落伍，一蟹不如一蟹，后继乏人。就政治而言，民国的基本制度是共和民主，是实施宪政，但北洋的基质却与此不匹配。北洋时期作出近代民主政制的各种尝试，这值得肯定。但北洋

---

① 《马国文陈不可用徐世昌组阁亦不得以北洋派治国事致黎元洪函》（1917年5月24日），中国第二历史档案馆编：《中华民国史档案资料汇编》第三辑政治（一），南京：江苏古籍出版社，1991年，第164页。
② 杨荫杭：《北洋正统》，氏著：《老圃遗文辑》，第589页。
③ 陈叔通：《致亮才老兄书》（1922年6月4日），丁文江等编：《梁启超年谱长编》，上海：上海人民出版社，1983年，第958页。

军人对何为现代民主并无深刻认知，多数北洋军人具有根深蒂固的传统观念和封建官僚积习，不可能良性运作现代民主政制。

以吴佩孚为例。直皖战后，吴氏曾主张恢复国会制定宪法选举总统，给人以主张西方现代民主政制的印象，但他对西方政制的理解却极为肤浅。与直系走得很近故深悉底蕴的顾维钧说："吴佩孚将军平时强调宪政，却并不喜欢国会议员。我很怀疑他是否懂得代议制政治的原理和概念，虽然他为人诚实，是一个干练的军人，并且拥护传统道德和法律。"① 再以徐世昌为例。徐为北洋集团中的"文治派"，曾担任民国大总统，但其政治主张同样缺乏民主色彩。为徐世昌写传记的警民氏写道：徐就任大总统后，国人一度对其实施"民主政治"抱有希望，但这种期望何止"梦呓"，"盖北洋派中诸人，实无一人谓民主制可实行者，不仅徐氏为然也。徐氏对于人民及议员，必取敷衍主义，所谓面从心违，或久使自懈是也。"② 吴佩孚与徐世昌，一武一文，堪称后袁世凯时代的北洋军政翘楚，其对民主政制的认知尚且如此，遑论他人！以缺乏现代意识的军人来推进近代化进程和国家的"统一"事业，其遭遇失败，洵属必然。

基于这一判断，对北洋军政集团"正面"历史作用的成因，研究者亦须有正确认知。前列北洋时期的各项"成绩"，至少其中经济发展及多元思想文化格局的形成，与其说是北洋军政集团在现代思想指导下有意识行为的结果，毋宁视为因其控制力有限而自

---

① 中国社会科学院近代史研究所译：《顾维钧回忆录》第1册，北京：中华书局，1983年，第246页。
② 警民：《徐世昌》，沈云龙主编：《近代中国史料丛刊》正编第40册，台北：文海出版社，出版时间不详，第75页。

然形成的状态。以经济发展为例，北洋时期，因中央权力式微，国家对地方及基层社会生产生活的干预有限，客观上给地方经济社会的自主发展创造了条件。盖少了政府干预，一切按市场规律行事，经济自然会发展得更好①。胡政之指出："吾尝谓中国政治，向以消极为主，故省刑罚，薄税敛，为历来理想之善政。盖国民习于自治其业，不愿受政府之干涉，不似今日东西各国人民之事事依赖政府也。中国国民因有此特性，故虽国家不强而社会仍保持其相当之秩序，事业仍有其相当之进步。"②同理，思想文化领域的多元生态也并非北洋政府刻意为之，不是制度建构形成的规范造成，也不是因时人已在思想文化上接受多元意识和宽容异己的现代精神所致，而是因为政治上分裂割据，国家权势重心失却，北洋政府对社会的控制力有限使然。研究者可以肯定甚至赞扬后袁世凯时代思想文化领域内的多元格局，却没有理由将"功劳"记在秉政的北洋军人身上。

---

① 罗志田教授指出："现在不少人研究中国史，喜欢说国家如何向基层渗透，甚至研究古代史的也这样说。其实在治理层面，国家不在基层，且也无意进抵基层（即缺乏向基层扩张的意愿和动力），是很长时间里的常态。国家真正涉入基层治理，应是20世纪北伐之后的事了。……传统政治基本是一个不特别主张政府作为的'小政府'模式，接近西方经典自由主义那种社会大于政府的概念。……地方的事情是官绅合办甚或是由民间自办的，可以说是官绅共治。"罗教授提出的"大政府"和"小政府"概念，可以用来认知近代中国很多政治经济现象。以此看北洋，则明显只能划归"小政府"范畴，在中央层面，政府作用之小，尤其明显。引文见氏著：《国进民退：清季兴起的一个持续倾向》，《四川大学学报》2012年第5期，第5页。
② 政之：《望国人注意国民衣食问题》（1925年8月30日），王玫等编：《胡政之文集》上册，天津：天津人民出版社，2007年，第194—195页。胡政之在另一文章中指出："中国政治，向主消极，自治组织，历史悠远，今年政治虽紊乱如麻，而社会事业在局部上犹有相当之发展，今后欲谋国家政治之进步，首当图地方事业之刷新。"政之：《中国政治之趋势》（1926年2月26日），同上引王玫等编书，第229页。

此外，研究后袁世凯时代北洋历史不能回避对"北洋军阀"成因的探索。"军阀"问题不全是人的问题。就人而言，亦经历变化，时人的观感前后迥然不同，这从北洋时期大量民意调查的数据可清楚窥见。既有研究视军阀为恶魔且忽略其前后变化，笔下的军阀形象不免失真，得出的研究结论亦缺乏说服力。研究者固无理由否认军阀存在严重问题，但军阀的问题从根本上讲是制度问题，是民初的制度造就了军阀，而这种制度的形成，与大革命时期反军阀一方的制度建构（如督军制以及作为变通的督军兼摄民政的规定等）有关。某种程度上，标榜反军阀的人在自己参与建构的这一制度下，亦不自觉地被造就成军阀，故时人有"南北军阀皆一丘之貉"的说法。区别在于，随着时势变迁，"北军阀"依然故我，"南军阀"（国民党一系）却开始觉悟，不再固守民初由己方主导建立的"法统"，另辟蹊径，联络苏俄，容纳中共，发动国民，推进革命，打造"有主义的军队"，以"打倒军阀""打倒列强"相号召，最终成为民初及北洋时期中国政治博弈中的赢家[1]。

要之，"北洋军阀"统治的1916—1927年，是近代中国异常重要的一个时段。北洋在历史上曾如日中天，后袁世凯时代却日薄虞渊，进入"夕照"期。所谓"夕照"，包含落日余晖和渐呈黯淡两层意蕴。讨论北洋"夕照"，不能只见落日余晖不见黯淡，也不能只说黯淡不见落日余晖。其间一个重要的学术考量就是注意历史现

---

[1] 杨天宏：《军阀形象与军阀政治症结：基于北洋时期民意调查的分析》，《近代史研究》2018年第5期。

象的复杂性,避免只知其一不知其二①。本文以《日薄虞渊:"北洋军阀史"研究之两面观》命名,标题即明示对"北洋军阀"历史的两面关照,希望在研究中注意多重历史因素的互动及变化,避免偏见,写出信史。这是很高的学术境界,虽不能轻易达至,却应潜心向往。

---

① 本文较少重述既有相关学术成果,并不意味着对他人的学术贡献视而不见,只是本着"详人所略,略人所详"的写作技术考虑,"承前省略"而已。

"无名艺术史"的概念与引喻[①]

人文学科自来以人为中心,艺术也不例外。贡布里希(E. H. Gombrich)就异常重视艺术家,认为"艺术的故事"实际上是"艺术家的故事",他甚至声言"没有艺术这回事,只有艺术家而已"[②],因而他笔下的艺术史研究对象几乎都是"有名"的。事实上,讲述艺术及艺术家的"故事",早已成为艺术史研究的传统。

然而,有可能是逆反心理作祟,艺术家惯用的招人观瞻的手法是与既有学说唱反调。贡布里希注意到,不论是好是坏,20世纪的艺术家都力图成为"发明家"。为吸引眼球,他们不顾一切追求"独创性",而不是仰慕往昔大师的高超技艺。贡布里希引述了一个很著名的典故来证明这一点:当初年轻的莫扎特来到巴黎,在给其父的信中说,他注意到巴黎的时髦交响曲都用一个快速的终曲结尾,于是他决定在自己正作曲的最后一个乐章用缓慢的序曲来惊悚听众,结果大获成功。贡布里希说,这虽然只是一个小小的例子,

---

[①] 本文系作者为刘㴋教授的著作《实证与寻根:教育部西北艺术文物考察研究(1940—1944)》(北京:中华书局,2020年)所写书评。
[②] 贡布里希著,范景中、杨成凯译:《艺术的故事》,南宁:广西美术出版社,2015年,第599页、初版前言第16页。

却表明了艺术史研究必须遵循的方向。他认为渴望独出心裁也许不是艺术家的最高贵或最本质的要素，但是完全没有这种要求的艺术家却是绝无仅有[①]。格罗塞（Ernst Grosse）也注意到艺术创作和研究中这种逆反现象，认为"差不多每一种伟大艺术的创作，都不是要投合而是要反抗流行的好尚"，伟大的艺术品是"受神的保护"而不是"受公众的恩宠"[②]。

受西方现代艺术及美学思潮影响，现代中国的艺术史研究很大程度上也走上与传统唱反调的激进路线。20世纪20至40年代，是中国艺术史从传统走向现代的重要转折时期，在梁启超、蔡元培等人倡导和示范下，中国学者积极探索，推陈出新，产生了一大批挑战传统、具有里程碑意义的著作，流风遗韵，直接影响到今日艺术史学者的学术路径选择和学术风格形塑[③]。

[①] 贡布里希：《艺术的故事》，第563页。所引莫扎特的典故见同书初版前言，第13页。
[②] 格罗塞著，蔡慕晖译：《艺术的起源》（收入汉译世界学术名著丛书），北京：商务印书馆，2019年，第7页。
[③] 20世纪中国美术史的关键词是"进化"。由于以"进化"作为学理支撑，因而导致对传统的背离。陈师曾作为中国近代形态美术史学的开山者，曾用"进步"观念解释中国人物画的历史变化，其《中国人物画之变迁》《文人画的价值》《中国画是进步的》等系列文论，均体现了"进化论"和梁启超倡导的"新史学"的影响。滕固的《中国美术小史》《唐宋绘画史》同样以进化论诠释中国美术史，其《唐宋绘画史》运用"风格学"研究绘画史，是近代中国第一部用西方现代艺术理论研究中国绘画史的著作。被蔡元培誉为"中国有画以来集大成之巨著"的郑午昌著《中国画学全史》，用"演进"诠释中国美术史，体现出进化论的影响。潘天寿的《中国绘画史》，傅抱石的《中国绘画变迁史纲》《中国古代绘画之研究》《中国篆刻史述略》，秦仲文的《中国绘画学史》，史岩的《东洋美术史》，李朴园的《中国艺术史概论》，胡蛮的《中国美术的演变》，以及以唯物史观作为理论武器从事美术史研究的一大批学者的论著，也都是那个时代不断挑战传统、寻求美术研究"现代变革"的代表性美术史著作。参见乔志强著：《20世纪中国美术史学史研究》，广州：广东人民出版社，2016年，第66—70、119页。

一、"无名艺术史"的概念借取与论域界定

当代艺术史研究中，挑战传统的学术案例甚多。刘淳教授的《实证与寻根：教育部西北艺术文物考察》[1]，是近年来这类挑战中比较有分量有内涵的一次挑战。作为新生代美术教师和学者，刘淳用以展示自己研究独到性的地方在于，她不仅娓娓讲述了著名艺术家王子云在1940年代率领教育部西北艺术考察团在甘陕地区作艺术遗存考察的"故事"，而且很可能是有意识与贡布里希讲述"有名"艺术家故事的学术取径唱反调，她在自己的研究中，深度发掘此次考察区别于近代以来其他艺术考察的"无名艺术史"内涵，使"无名艺术史"有可能成为今后中国艺术史研究在面对同类艺术史存在时将会援用的重要学术概念[2]。

"无名艺术史"概念并非刘淳原创，而是有所本，是从西方"艺术科学"创始人之一、瑞士著名美学家和艺术史家沃尔夫林（Heinrich Wolfflin）那里借取而来。

---

[1] 刘淳：《实证与寻根：教育部西北艺术文物考察研究（1940—1944）》，北京：中华书局，2020年。
[2] 刘淳明确将王子云1940年代初期的考察定义为"无名艺术史考察"，认为此次考察的对象以西北民间艺术文物和风俗为重点，涉及的踏查对象包括建筑、绘画、雕刻和民间风俗等。其共性在于，这些考察对象均非传统意义上的艺术史关注的对象，而是散落民间多年未受重视和研究的无名艺术制作。踏查对象的这一特点决定了王子云团队无名艺术史研究成果的学术价值与历史意义。她特意强调："在此次西北考察之行中，雕塑考察是一个重点内容。这一方面与考察团团长王子云在法国改习雕塑有关，另一方面也与前人对雕塑艺术史欠缺研究有关。然而不论是宗教雕塑，还是建筑装饰雕塑、民间工艺雕刻和墓葬小型雕塑，都属于'无名艺术史'和雕塑艺术史的研究范畴。这对拓展中国艺术史研究格局的民国学界，有着积极学术意义。"见刘淳书，第78页。

不过"无名艺术史"也不是由沃尔夫林发端,艺术史上最早表达这一概念内涵的学者极有可能是维也纳学派(Vienna School)代表人物李格尔(Alois Riegl)。从艺术史立场观察,"有名"与"无名"之争来源于艺术史研究的两种方法论:第一种方法把艺术作品放在历史与社会框架下,通过补充语境去理解其内涵,将艺术家的姓氏、生平、兴趣爱好、社会关系等都纳入研究范畴,这就是所谓的"有名艺术史"。第二种方法乃"形式分析"(formal analysis)法,立足于艺术品本身,关注其大小尺寸、色彩线条、构图比例等无须考据就能直观判断的内容。形式主义艺术史认为,艺术品发展(如图像的传播和演变)有自身的能动性和独立性,可独立于历史语境,不完全以创作者意志为转移。李格尔曾以这种方法研究一些本来无人问津的工艺品,比如波斯地毯、古罗马工艺品等。这些作品大多没有著名的作者,甚至来源不明,唯一承载的"历史信息"就是作品本身[1]。据此,李格尔提出"艺术意志"(kunstwollen)这个重要概念[2]。一定程度上,"艺术意志"与"艺术家意志"相对立,这种对立亦即"名"之有无的对立,因而"无名""有名"之争,也可看成艺术史的两大方法论之争。很明显,李格尔的思想已包含"无名艺术史"的概念要素。

沃尔夫林的贡献在于直接作出了"无名艺术史"的概念表述。

---

[1] 阿洛伊斯·李格尔著,邵宏译:《风格问题:装饰历史的基础》,杭州:中国美术学院出版社,2016年,第107—109、229—239页。本文有关"无名艺术史"概念来源的部分学术信息,承巫鸿教授的博士弟子邵韵霏女士惠示。邵女士并提供了该学科领域的重要研究信息,谨致谢悃。

[2] 沃尔夫林认为,李格尔的"艺术意志"概念"使艺术科学成为了一种精神科学"。见赫尔曼·巴尔著,徐菲译:《表现主义》,北京:生活·读书·新知三联书店,1989年,第56—61页。

作为艺术史科学学派的代表，沃氏与此前被视为"主流"的美术史研究注重作者以便从创作主观性立场理解作品不同，他把艺术家的个性差异融会在共性之中，归纳为抽象的概念，多少体现了格罗塞所说的从"个人形式"到"社会形式"的范式转移[1]。在研究文艺复兴及巴洛克艺术时，他专注美术作品的风格与形式分析，由于意识到艺术与社会的相互联系并不像学者通常认为的那样密切，认定艺术有其自身规律和特殊历史，他试图另辟蹊径，构筑一部"无名艺术史"。沃尔夫林指出，他在书中"所用的'基本概念'源于想为美术史的特性建立一个更坚实的基础：这里不是对价值作出判断，而是要描述风格特性。首先弄清每个案例所研究的是哪种图像想象的形式，这对风格史家会大有裨益"[2]。

不难看出，李格尔和沃尔夫林所欲表达的，是对艺术自身形式与风格的强调，体现了艺术本位的立场，这与20世纪以来学者在标榜多学科融合语境下对作品社会价值与意义的探究大异其趣。在李格尔和沃尔夫林那里，不仅作为语境的"社会"被忽略，就连作者似乎也无关紧要，"无名艺术史"正因此得名[3]。

然而"无名艺术史"并非成熟的学术概念，强调作品形式与

---

[1] 格罗塞：《艺术的起源》，第7页。
[2] 沃尔夫林并强调说："我并非要提出一种美术史并声称它找到一种新的框架，一种达到我们标准的更为确定的方针。这种努力是成功是失败无关紧要，但我坚信，美术史将自身设立为目标就超越了探求外部事实的目标。"转引自陈平：《西方美术史学史》，杭州：中国美术学院出版社，2008年，第171页。
[3] 金城出版社曾出版汉译本《美术史的基本原理》，在作出版宣传时称：此书"融文化、心理学、形式分析于一个编史体系，抓住艺术品本身，力图创造一部无名美术史。"明显将"无名艺术史"概念的原创者归在沃尔夫林名下。转引自海因里希·沃尔夫林著，洪天富、范景中译：《美术史的基本概念：后期艺术中的风格发展问题》，杭州：中国美术学院出版社中译本札记，2015年，第7页。

风格分析，固然可以弱化甚至隐去作者之"名"，却并不能准确概括李格尔和沃尔夫林对艺术史书写注重艺术本体的主张。从逻辑上讲，内涵表述不宜使用"负概念"（negative concept），因为负概念与正概念相反，其内涵乃正概念指陈对象之外的所有对象，失之宽泛。相对有具体名头的艺术史，"无名艺术史"颇类负概念，用来表述研究者将关注重心从作者及其栖身的社会转移到作品本身，并不贴切。或许正因为如此，李格尔并未直接用这一概念表述其思想，沃氏也只是在其著作的初版中提出这一概念，后来他自己也觉得欠妥，特于修订版中将其剔除[1]。

这就产生一个问题：既然沃尔夫林的概念表达并不精准，刘淳教授在自己的著作中反复引用其"无名艺术史"概念，以至一定程度上已当做自己著作的关键词（keyword），这一学术处置是否恰当，是否有些引喻失义？

如果拘泥于未就"无名艺术史"做出自己的界定便沿用沃尔夫林的概念，很难说这一处置完全恰当。我在初读刘淳此书时，也曾就其概念问题产生疑虑。

为此，我曾与作者讨论她笔下"无名艺术史"的定义。作者承认，她未在自己书中就此概念做出明确定义是一技术疏漏，但在写作中，观念中的概念界定却十分明晰。她表示，其书中的"无名艺术史"并非对沃尔夫林概念的简单借取，而是针对以书画为主轴的中国传统经典艺术史提出的一个取径不同的学术概念。之所以称之为"无名艺术史"，系因其研究对象素为传统艺术史忽略，鲜见书

---

[1] 同前书。

画史文献记载,无作者可考或作者未进入传统艺术家行列,属非经典、边缘化的民间艺术。作者强调,"无名艺术史"与传统艺术史的最大不同在于,前者不太考虑艺术家的个体审美与价值观,后者所看重的恰恰正在于此①。

从内容上看,该书涉及的"无名艺术"门类丰富,包括建筑(石窟、民居、寺庙、桥梁等)、绘画(寺观壁画、石窟壁画、石棺椁线刻画、建筑附属之门楣线画等)、雕刻(陵墓石雕、寺庙泥塑、石窟佛雕、墓葬工艺雕刻、民间手工艺雕刻、建筑装饰雕刻、碑石装饰雕刻)、工艺美术(铜镜、印章装饰、带钩、陶器、佩玉)在内的十余类艺术"媒质"(medium)。这不仅界定了"无名艺术史"的研究对象,而且通过对艺术品作"媒质"分类,为民国时期"无名艺术史"研究搭建起基本的认识框架②。

可见作者并非人弃我取,原封不动地借取沃尔夫林表述得并不准确的概念,而是根据自己的理解和研究之需,移花接木,对这一

---

① 刘淳在书中指出:"从教育部艺术文物考察团西北考察对象的门类来看,涉及的都是民间的'无名艺术史',尤其以雕塑艺术史为主,由于该次考察又处于现代中国艺术史学转型的重要时期,故王子云的西北艺术文物研究成果的艺术史学价值可以从民国时期的'无名艺术史'、中国雕塑艺术史、现代中国艺术史学科体系的建构这三个维度来探讨。……民国的'无名艺术史'是一个相对传统经典书画史而提出的过渡时期的史学形态,它和传统书画史共同构成了现代学科概念下的中国艺术史。"刘淳:《实证与寻根:教育部西北艺术文物考察研究(1940—1944)》,第275页。
② 巫鸿认为,艺术从19世纪以来发展为以不同媒质划分、由诸多半独立分支构成的集合体,每一分支发展出一套依托于专项收藏、展览和出版物的研究方法和历史叙事。从这个角度来看,过去一个世纪中对中国古代墓葬的艺术史研究,其目的主要是为了阐明不同媒质的专门历史,而这些专史随即成为构造中国艺术史一般性叙述的基本单位。刘淳的分类也多少具有巫鸿在界定艺术媒质时赋予的方法含义。巫鸿:《黄泉下的美术:宏观中国古代墓葬》,北京:生活·读书·新知三联书店,2010年,导言第6—7页。

概念做了新的解读。两者的区别在于，沃氏系因强调艺术作品的形式与风格而刻意隐去作者之名，将"有名"的东西"无名"化，是主观认知的结果；而该书作者发现，在中国历史上，很多用现代艺术眼光看来极具鉴赏价值的艺术作品，几乎从来没有纳入艺术史的研究范畴，很少被认为是艺术作品，客观上就"无名"。她希望改变中国艺术史研究的现状，故借取沃尔夫林的概念并赋予新的内涵。

这一概念借取与近代以来艺术史研究的变化趋势正相契合。人所共知，艺术史横亘艺术学和历史学之间，属跨学科研究领域。所跨界的历史学，近代以还，受西学影响，已开始范式转移。近代新史学一个重要特征就是研究范围拓展，将过去帝王将相"家谱"式的历史扩充为包括"匹夫匹妇"日常生活史在内的丰富多元的历史。艺术史研究明显受到这一取向影响。巫鸿指出：美术史近二三十年来发展的最大特点，是它在研究对象、研究目的和研究角度各方面的迅速扩张，其结果是这个学科影响力的增长和对一般人文科学和社会科学的积极介入[1]。巫先生所言甚是。近代以来，艺术史研究经历了一系列变化，尤其是对属于"俗文化"范畴的民间艺术的研究，为中国艺术史研究开辟出一片新天地。在此学术背景下，作者选取与他人不同的学术路线，以"无名艺术史"为对象介入当代中国艺术史研究，与历史学界近年来再度兴起的新史学取向异曲同工。正是通过别出心裁而又孜孜不倦的学术努力，作者将被传统艺术史排斥因而在美术史上"无名"的存在堂而皇之列为中国艺术史的书写对象，拓展了中国艺术史研究的内涵与生存空间。

---

[1] 巫鸿：《重构中的美术史》，《美术史十议》，北京：生活·读书·新知三联书店，2008年，第56页。

  黄宗贤教授称赞该书作者"视野不再局限于书斋殿堂,而是拓展到艺术遗迹和广阔的文化现场,由关注知名艺术家的经典作品,转向对'无名艺术史'所涵括的民族民间艺术的审视"。黄教授认为,作者虽曾受到沃尔夫林对艺术作品进行风格序列研究思路的启发,但她的"无名艺术史"概念又与沃尔夫林不同,她将"无名艺术"解读为无创作者的或无文献可考的民间艺术作品,"这在既有研究中十分罕见",是作者突破民国艺术史研究既有范式的积极尝试[①]。作为作者的博士导师,黄教授可谓知其弟子。

  不过尽管作为一个学术概念大致能做到自洽,就具体研究对象而言,个别被作者视为"无名艺术"作品的存在,例如占据该书重要篇幅的古代壁画、雕塑以及大量寺庙建筑,无论就作者姓氏与名气,抑或就其在传统美术史中的地位而言,要一概纳入"无名艺术"范畴,恐怕都会发生困难。

  就艺术作品的署名而言,中国古代匠作有"物勒工名"的传统[②],有些艺术遗存看似无名,实乃研究者暂时不知其作者姓氏,并

[①] 刘淳:《实证与寻根:教育部西北艺术文物考察研究(1940—1944)》,黄宗贤教授序第2—5页。
[②] 《礼记》有"物勒工名,以考其诚;功有不当,必行其罪,以穷其情"的记载,其后"物勒工名"成为一种传统。(陈澔注,金晓东校点:《礼记》"月令第六",上海:上海古籍出版社2016年,第204页)。秦时兵工制作工坊,要求工匠在所造兵器上勒刻自己的名字,作为对兵器质量的保证。汉承秦制,亦规定官营机构制作的器物或修建的工程,要留下制作日期、工匠姓名及器物或工程的编号。《唐律疏议》更是明确留下了"物勒工名"及器物规格和不按规格制作须受处罚的历史记录。"疏议曰:凡造器用之物,谓供公私用,及绢布绫绮之属,行滥,谓器用之物不牢不真,短狭,谓绢匹不充。四十尺,布端不满五十尺,幅阔不充一尺八存之属,而卖各杖六十。故礼云:物勒工名,以考其诚,功有不当,必行其罪。其行滥之物没官,短狭之物还主。"长孙无忌:《唐律疏议》卷二十六"杂律上",上海:商务印书馆,民国二十二年,第41—42页。

非真正籍籍无名（nobody），因而要以"无名"来指代此类存在，未必恰当。

至于将王子云的考察对象视作中国传统艺术史中名不见经传的存在，更需谨慎。从研究立场上讲，说有容易说无难。由于儒学长期居于中国文化主流地位，中国传统艺术史诚如作者所言系以（儒家）文人书画为主要研究对象，但书画史并非中国艺术史之全部。那些被视为"无名"的艺术作品鲜为"主流"书画史记录，不等于不被作为整体的中国艺术史关注。在中国几千年的历史发展中，虽儒术独尊，但以释、道为代表的宗教文化与宗教艺术亦曾数度为朝野膜拜，地位崇高。逮及近代，随着儒学倾颓，经典淡出，佛学与佛教艺术一度兴盛。在这样的背景下，王子云团队的考察对象果真从来没有进入传统艺术史家建构的学术殿堂而始终只是下里巴人似的渺小存在么？我没有也无力检索全部艺术史著述，不能妄断。但总感觉如果作者立言唯谨，竭其所能穷尽所有相关文献，将有可能发现，即便在主流的传统中国艺术史书写中，诸如龙门石窟和中国西北地区大量寺庙建筑、雕塑（敦煌莫高窟发现较晚，姑且不论），以及虽处于社会边缘却风格独具的民间艺术作品，也并未完全逸出研究者视野，或被束之高阁。

二、"艺术考古"方法运用与研究场域拓展

新史学旨在拓展研究场域，强调科学方法的运用。该书作者将"无名艺术"纳入中国艺术史的研究范畴，不仅反映了近代以来新史学关注社会中下层的取向，在研究手段上，也明显受到新史学多

学科融合方法的影响。

　　艺术品，无论是视觉形式的书画还是其他形式的存在，都与特定时空环境关联。艺术史研究不仅要分析作品的艺术表达形式，也要揭示其赖以存在的社会文化和生活环境，田野调查因此成为必要。艺术史研究中田野调查的意义在于发现并还原艺术品存在与制作的"原境"或"现场"[①]。

　　传统中国艺术史研究殊少利用考古发现、历史遗迹及遗物作为依据与素材，民国以还，情况丕变。以1920年代殷墟发掘为标志，现代考古学被引入中国，艺术史研究的传统格局由是改观，几乎所有蕴含美术质性的人工制作（包括带有宗教色彩的作品）都被纳入艺术史家视野。这种变化是考古与艺术的关联性决定的。夏鼐说："考古学与古代美术史，往往有共同的资料。古代美术史的许多研究对象，从旧石器时代的洞穴壁画、岩画到各个时代的绘画、雕刻、造像、各种工艺品及神殿、寺庙和石窟等等，都属遗迹和遗物。考古学上的类型学和年代学等方法，也适用于古代美术史的研究。但是，作为考古学的一个分支，美术考古学是从历史学科的立场出发，把各种美术品作为实物标本，研究的目的在于复原古代的社会文化。这与美术史学者从作为意识形态的审美观念出发以研究各种美术品相比，则有原则性的差别。"[②]

---

① 巫鸿：《美术史十议》，第23页。
② 夏鼐、王仲殊：《中国大百科全书·考古学》，北京：中国大百科全书出版社，1986年，第2页。陈梦家曾以敦煌考古发现为例阐述其对艺术史研究的影响，他说："自从发现敦煌画和写本卷子以后，在中国绘画史和书法史上起了很剧烈的作用。过去收藏家和鉴赏家对画家名望的崇拜，对于碑版拓本的研究，对于民间雕塑绘画的漠视，都应该有所改变。敦煌画之所以断代和没有真伪的问题，使它成为最好的艺术史材料。"陈梦家：《敦煌在中国考古艺术史上的重要》，《文物参考资料》1951年第4期。

由于艺术与考古关联，老一辈艺术史家如滕固、岑家梧（亦是人类学家）、史岩等人，都异常重视考古，不仅躬自勘察艺术的"田野"，而且撰写大量艺术考古论著。1941年岑家梧发表《中国艺术考古学之进展》一文，强调中国艺术史研究必须借助考古学："吾国艺术之渊源古远，数千年来，复不断吸收外来艺术之精华，从而融洽之，蔚为一伟大之艺术。然唐宋以前之绘画，少有传留，古代建筑，多已毁坏，金石雕刻，亦多湮没地下，无由窥见其面目。故往昔之言中国艺术史者，徒据文献记载，难免隔靴搔足之憾。是中国艺术史之研究，必赖艺术考古学之助，始可有为也明矣。"[1] 顾平亦主张艺术史学向考古学靠拢，他写道："整体审视近代以来的中国艺术史研究，一个明显的表征就是对考古学的贴近：从利用考古材料，到借鉴考古学理论，再到形成新学科——艺术考古学。"[2]

与滕固、岑家梧、史岩大致同时，王子云是近代最早进入艺术制作"原境"或"现场"、兼具艺术与考古双学科素养的学者之一。由于有着曾在国立巴黎高等美术学校肄业的经历和教育部西北艺术考察团团长的官方身份，其在学界的地位有可能高于同时代的许多艺术史家[3]。但学界对王氏的研究与王在艺术史上的地位及贡献却极不相称。刘淳的贡献在于将王氏当年发现的艺术制作"现场"

---

[1] 岑家梧：《中国艺术考古学之进展》，见氏著：《中国艺术论集》，考古学社1949年，第85页。
[2] 顾平：《艺术史研究中的艺术考古学方法》，《文艺研究》2011年第11期。
[3] 乔志强曾对王子云及其所作西北艺术考察做过研究，明确指出王子云曾在民国时期的美术考古和艺术史研究领域作出重大贡献。见氏著：《20世纪中国美术史学史研究》，广州：广东人民出版社，2016年，第125页。

做了学术复原，使其在湮没多年之后得以重现。在方法上，刘教授受近代以来艺术史研究大多跨学科推进的影响，不仅重视传世文献，也重视田野调查，使新史学的传统在自己的艺术史研究中得以赓续。

就对象而言，该书作者研究的是中国近代艺术考古，属学术史范畴而与艺术考古本身有别，其研究方法系基于文献的事实梳理，而非亲历田野的艺术文物考古。尽管如此，要准确再现当初王子云勘察的文物"现场"，作为学者，也不能不具备并实际运用相关的人类学和考古学知识。为此，作者除书本知识补课外，写作期间，还沿着当年王子云的考察路线，踵其足迹，对研究涉及的文物场景进行实地踏勘，并对王子云的后人做了详细的口述史采访，将田野考古、文献调查与当事关系人采访结合在一起，践行人类学家乔健提倡的不仅"访问死人（interview the dead）"，也"访问活人"[1]的调查方法，较好还原了教育部西北艺术考察团的考察历史。正是通过作者对王子云作业"现场"的场景还原，读者得以完整认知王子云的生平及其艺术考察之概貌。[2]

---

[1] 乔健：《中国人类学发展的困境与前景》，《广西民族学院学报》1995年第1期。
[2] 王子云1915年考入上海美专，1920年考入国立北京美术学校高级师范，1931年赴法国留学，入国立巴黎高等美术学校。回国后历任国立杭州艺专教授、西北大学教授等职，是当时少有的同时受过中、西方高等美术教育的雕塑家、油画家，也是著名的美术史家和中国美术考古的拓荒者。鉴于西北文物在西方考察者光顾后大量流失的沉痛现实，1940年王子云向教育部提出并获批组建西北艺术文物考察团，亲任团长，开始了长达四年的考察活动。其团队先后考察了敦煌莫高窟、甘南拉卜楞寺、西宁塔尔寺、关中汉唐陵墓及其他遗存，亦曾驻足洛阳龙门石窟和巩县石窟等地。王子云对莫高窟的考察历时一年，其间王与夫人何正璜撰写了《敦煌莫高窟现有概况之调查》。李淞认为，这一调查报告是"中国人撰写的第一篇关于莫高窟的考古学文献"，考察团的工作"结束了外国探险家在敦煌的历史，为中国敦煌学的建立奠定了基础。"李淞：《从美术创作家到美术史家的王子云》，《美术》1998年第2期。

王子云团队的考察属艺术考古,系考古学的分支[①]。近代各类考古发掘中,墓葬为其大宗,发现最多。当今艺术史学界,巫鸿对被古代墓葬"埋藏"的中国古代艺术的整理竭尽心力,建树甚丰。巫鸿认为,在艺术史中,古代墓葬的主要贡献是提供了激动人心的艺术品"宝藏"(treasure troves),这些不为人知的艺术品的发现使艺术家得以不断丰富甚至重写艺术形式——诸如青铜器、玉器、绘画、雕刻、陶器和书法等——的历史。为发掘埋在地下深藏不露的古代艺术,巫鸿曾撰写《黄泉下的美术》一书,影响甚大,堪称经典[②]。

也许是受到巫鸿启发,作者在其著作中设置大量篇幅讨论王子云对中国古代陵墓尤其是汉唐陵墓及墓前石雕的考察,体现了"艺术考古"的跨学科特质。

以书中记述的王子云对霍去病墓的考察为例。作者指出,由于认识到汉代墓葬石刻艺术的"伟大",王子云团队从1941年春开始,连续三次对霍去病墓葬尤其是马踏匈奴石雕群进行实地考察。在此之前,西方学者色伽兰(Victor Segalen)、喜仁龙(Osvald Siren)、皮孝伯(C. W. Bishop)、拉狄格(Jean Lartigue)、格留克(H. Gluck)曾对此展开实地踏勘和研究,日本学者足立喜六、水野

[①] 我的同事李倩倩博士提示,王子云的考察是否具有"艺术考古"性质或许会有不同认知,她倾向于界定为"艺术遗迹考察",与严格意义的"艺术考古"有别。鄙意以为,用纯考古学眼光观察,王子云的考察确实很难界定为"艺术考古"。然而"艺术考古"因其跨越众多学科(艺术学、历史学及考古学),已形成与纯考古不同的特质。这类"考古"不是偏向器物的原始发掘,而是注重在"现场"对艺术作品作内涵发掘,故从宽泛意义上称之为"艺术考古",亦属差强。感谢倩倩博士提出专业性很强的意见。

[②] 巫鸿:《黄泉下的美术:宏观中国古代墓葬》,导言,第4—5页。

清一等也曾涉足这一领域。国内学者最早对此石雕群进行考察的可能是马子云、夏子欣和滕固。时间大约在1934至1935年之间，略早于王子云对该墓葬的考察①。

然而王子云的考察却独具特色。作者将早于王子云的中国学者对汉墓的研究与西方及日本学者的研究进行对比后发现，西方学者虽以艺术分析见长，认识上却多少透露出文化殖民主义色彩；中国早期学者则偏重就石雕定名、器型分类、石刻艺术的历史演变等展开讨论与分析，层次相对表浅。其中做得较为专业的滕固，也只是对墓葬与雕塑进行摄影和尺寸度量，阐释性观点多少受到汉代石刻艺术风格"西来说"的影响，折射出早期西方学者研究该石雕群的立场与认知②。

作者认为，与中外早期的艺术考察相较，王子云的考察更为细致深入。她以考察团对石雕群的立体影拓与模制为例指出：1941年3月，王子云第一次率团与西京筹委会的夏子欣一道前往茂陵考

---

① 马子云在《西汉霍去病墓石刻记》（见《文物》1964年第1期）一文中写道，他于1933年秋与西京筹备委员会的夏子欣相约前往霍去病墓前拓印石雕。这应是国内学者第一次深入"田野"考察与研究该石雕群。1935年1月，滕固在《霍去病墓上石迹及汉代雕刻之试察》一文中又提到他曾在1934年12月21日前往茂陵考察该石雕。

② 刘淳具体分析说，马子云文中提到他因为日本学者水野清一对该石雕的年代判定而得知它们是属于汉代，但他本人并未考证，而是直接沿用日人的观点。滕固文章也参考了法、德学者色伽兰和皮孝伯的观点，认为立马（马踏匈奴）石雕之马腹下方的人物并非中国人，而是夷狄或斯鸠提（塞种）人。在分析墓顶上其他石雕题材时，认为该石雕群的风格不是突然产生的，也不是来自中国自身的雕刻风格，而是"明显具有外来的影响"。在他看来，马和水牛的形体来自中亚细亚或西亚细亚，尤其是跪着和伏着的野兽形象是属于西伯利亚风格，此观点也是源于皮孝伯的认识；同时他还认同采的观点，即石马的造型起源于巴比伦。可以说，三十年代国人对霍墓石雕群虽进行过实地调查，但研究立场与观点还处于主要沿用西方和日本学者研究的阶段。详见刘淳书第161—162页。

察，在对霍去病墓进行测绘、摄影、写生、临摹之后，与西安拓印名家李松如及碑石拓工李炳章一起完成对马踏匈奴石雕群的立体影拓，并做了石膏模制。这些拓印和模制均为原型尺寸，真实保留了石雕的面貌。以此为基础，王子云对石刻的艺术风格进行了全方位的介绍与分析。根据考察的内容与方法，作者认为，此次田野调查是由国内学者首次完成的具有系统性和客观性的深入调查，所做立体影拓和石膏模制在汉墓的艺术考古史上前无古人，极具学术史意义与价值。这一研究结论，是在认真比照中外既有学术资源的基础上得出，专业地道，笃实可信。

值得一提的是，作者在研究中特意强调艺术的"田野考古"与"游历访古"的区别。她在书中记录王子云在西北考察期间对河南、山东、云南等地文物古迹的参观游历，将其界定为"一种游览性质的访古，算不得真正意义上的田野考古调查"，充其量是为王"后半生踏查大半个中国，遍寻古迹文物的美术考古事业做了铺垫"[1]。这不禁让人联想到已被学界弄得十分时髦的"田野调查"。按照个中人解读，今日所谓田野调查大多流于"进村找庙，进庙读碑"，"探望老人，合影留念"的表浅层次，颇类王子云考察前期的"访古"而与后期的田野调查迥异。我不知道作者对今日的艺术史田野调查的分析评价是否包含类似皮里阳秋的暗讽，但其对"访古"与"田野考古"的区分却十分准确。正因为意识到这一区别，作者才能对王子云的田野艺术考古作出具体深入的分析。

然而多学科融合的方法借取只能反映作者的"工具理性"

---

[1] 前引刘淳书，第48—50页。

(instrumental rationalism),就艺术史研究而言,关涉价值的"问题意识"才是判断研究段位高下的关键。波普尔(Karl Popper)指出:"所有历史应该是问题境况的历史。"[1]波普尔是从科学哲学意义上阐释历史中的"问题境况",其实艺术史研究也一样。没有问题的艺术史只是材料的无序堆砌。格罗塞区分艺术史和艺术哲学,认为没有艺术哲学的艺术史够不上顶戴"艺术科学"桂冠。[2]贡布里希也异常重视艺术史研究中的"问题"。事实上,发现艺术史中存在的问题,以"问题史"作为基质书写艺术的昨天,是贡布里希《艺术的故事》的方法论特色,开创了世界艺术史研究的全新范式。

作为女性学者,该书作者著书富于感性,长于叙事,但题材的选取,叙事逻辑的构建,不同研究的利弊比较,均体现出她在研究近代中国艺术史时有鲜明的问题意识存乎胸中。由于做的是艺术史学史的工作,故其学术努力均指向回答王子云的西北艺术考察能否作为一种型范,昭示后来者改变传统艺术史的书写旨趣与内容,艺海拾贝,捡取散落在民间及下层社会的艺术遗珠和贝壳,用一条自己垂纺的认识丝线连缀,使之成为璀璨的艺术项链。尽管作者没有直截了当提出并回答这一问题,但她一反传统,将王子云艺术考察团的考察对象界定为"无名艺术",清晰表达了她的所思所想。她在书中流露出的对既有艺术史研究的不满,以及对巫鸿"重构美术

---

[1] "All history should be, I suggest, a history of problem situations." 卡尔·波普尔著,邱仁宗译:《无尽的探索:卡尔·波普尔自传》,南京:江苏人民出版社,2000年,第140—142页。
[2] 格罗塞:《艺术的起源》,第2—3页。

史"①主张的认同，表达出参与拓展中国艺术史空间的抱负。

三、"新艺术史"追寻与"艺术本位"回归

回到本文开篇讨论的沃尔夫林的概念。前已述及，沃尔夫林提出"无名艺术史"概念的初衷，是要通过改变既有艺术史研究偏重作者的路线，使其转而注重艺术形式与风格。虽概念表述有失精准，但其坚守艺术本位的立场，在"新艺术史"兴起、艺术史的研究空间无限拓展、研究者一定程度上已失却艺术的学术身份认同的今日，仍然具有价值和意义。毕竟艺术史的基本属性是历时性艺术，超越艺术本身去拓展其研究内涵，离开艺术的语义去做艺术的"语境化研究"②，有可能将艺术史做得不地道，偏离艺术研究正轨。

这涉及对艺术史研究"创新"的认识评价问题。与科学评价遵循客观性原则不同，以审美为特质的艺术研究带有极大的主观性，很难说新的就比旧的好。有时对新东西的追求会形成无意识循环，走了一圈之后，又回到原点。艺术史研究方法的新陈代谢亦循此道。以取代沃尔夫林成为艺术史研究时尚的贡布里希的主张为例，在运用多学科方法极大拓展艺术史学科生存空间的同时，也不可避免带来被其他学科同质化（homogenization）或本身异化的问题，因

---

① 巫鸿指出："美术史这个学科不再仅仅是对旷世名作的研究，而是开始处理最基本的有关文化生产的一些问题，诸如形象如何发生作用，以及人们的期望和社会因素如何成为观看的中介。美术史的这个型范因此要求在方法论和解释术语上作实质性的扩张和重估。"巫鸿：《重构中的美术史》，《美术史十议》，第59页。
② 巫鸿：《黄泉下的美术：宏观中国古代墓葬》，第9页。

而艺术史学界对贡氏致力于推动欧美艺术界从艺术视觉研究转向艺术文化研究的反思一直未曾中断。就连贡布里希本人，也多少意识到艺术史家在研究艺术史时离却艺术本体是一种偏颇[①]。

在对艺术史"语境化研究"进行反思的学术背景下，回归沃尔夫林强调的艺术本位，注重作品艺术形式与风格的分析或者正是亡羊歧路困境中可供艺术史学者选择的路径之一。

作为年轻学子，该书作者在此问题上有自己的立场。书中绪论开宗明义指出：中国艺术史究竟应该是研究"艺术的历史"抑或研究"历史中的艺术"，二者的区别主要是关注重心不同。前者强调在艺术范畴内去探讨艺术的历史规律与发展轨迹，后者看重在历史语境下去关注艺术与他者（如艺术与宗教、艺术与经济、艺术与政治、艺术与社会以及艺术与民族性、区域文化传播等历史情境）的关系。易言之，前者偏向传统的内涵研究，后者偏向更具开放格局的外延拓展。前者在既有研究中常被写成以年代为主轴以艺术本身为对象的历时性艺术史，后者更多展现出具有历史情境的空间艺术面貌，注重艺术史与其他人文学科的互动交融，促使中国艺术史学在理论与方法层面寻找突破。这一取向，正是当下中国艺术史学越来越适应在综合性高校发展的原因，也是全球史语境下中国艺术史

---

① 贡布里希表示："我的确认为把美术史家的注意力引向技术问题是很重要的。我觉得现在美术史家们什么都写，就是不写艺术。我常读到他们关于妇女研究的文章，关于黑人以及艺术市场的文章。我当然不会否认这些问题可以让人感兴趣，但是毕竟我们有权要求美术史要关心艺术本身！因为我认为我们对艺术仍然知之甚少。"贡布里希著，杨思梁等译：《艺术与科学》，杭州：浙江摄影出版社，1998年，第164页。

与世界艺术史研究话语互涉共融的趋势所需①。作者表示，对艺术史作"更具开放格局的外延拓展"，是其基本选择和自我学术定位。

这一定位，解释了作者将其研究重心放在她所诠释的"无名艺术史"范畴的原因。不过以我的理解，"历史中的艺术"致力于艺术语境以及艺术关联因素的发掘，虽可拓展并丰富艺术史研究的内涵，使艺术史研究的社会价值得到更充分的体现，却多少有些脱离艺术本身，使艺术史研究异化，呈现出越来越不艺术的面貌，因而对作品艺术性的发掘才是艺术史研究之本。事实上，真正对艺术史有认知的学者，鲜有不认同这一点的。

巫鸿曾注意到超越艺术本身去拓展艺术史研究内涵的负面作用，认为这种拓展会导致艺术史呈现不断模糊的面貌和日益深刻的身份危机。②这一观察认知，切中"新史学"思潮影响下的中国艺术史研究之弊。如果艺术性应该成为艺术史研究中本位性质的存在，则作者这一自我学术定位，多少有些舍本逐末。

好在作者并没有"忘本"。有可能是美术科班出身、受过美术创作的严格训练并具有较高艺术鉴赏能力的缘故，作者在写作中，虽然也趋时髦玩花样，追踪国际艺术史研究前沿成果和发展趋势，

---

① 刘淳：《实证与寻根：教育部西北艺术文物考察研究（1940—1944）》，绪论第1—2页。
② 巫鸿写道："当所有的视觉形象——不但是精英的绘画和雕塑，而且是报纸杂志上的图片和街头巷尾的什物——都登上了美术史的殿堂。当学者从形式分析和图像辨认等专业技巧中脱逸而出，开始在社会、思想、政治、文化、宗教、经济等广阔层面上求索图像和视觉的意义，当多元文化论、性别研究、女权主义等潮流涌入美术史的研究和教育，以其带有强烈政治色彩的挑战性释读吸引了新一代的学子，以年代为框架、以欧美为基础、以艺术家和风格为主要概念的传统美术史就被自我解构了。"巫鸿：《重构中的美术史》，《美术史十议》，第56页。

将人类学、考古学方法引入,并千方百计将研究领域拓展到社会边缘人群及其作品,努力发掘其社会意义,却并没有将"艺术的历史"研究弃若敝屣,而是游走在"传统与现代之间"(between tradition and modernity),实际走上一条艺术史研究的折中路线。尽管这未必是作者主观认知使然,显得有些无意识,亦多少影响到作者对艺术本体的探究,使之未能在纯艺术道路上走得更远,留下几许遗憾。但对作者而言,路线折中十分重要。正是这种路线上的双跨,使其借用并赋予新内涵的"无名艺术史"概念,一定程度上回归沃尔夫林最初提出"无名艺术史"概念的本义,即忽略作者个体,注重艺术的形式与风格,避免了人文学者多有忌讳的学术概念的引喻失义。

不仅如此,路线的折中还为作者艺术理解潜力的发挥创造了条件。纵观全书,尽管因为趋新,时见旁逸斜出,对艺术家艺术表现手法的关注,以及对作品艺术形式与风格的分析刻画则始终是着力最多,最能体现作者艺术素养也最出彩的内容,其精彩处并未因假借"无名艺术史"之名拓展研究领域产生的别样光彩所掩盖。

以王子云对敦煌石窟艺术的考察为例。作者敏锐地意识到,"关于石窟艺术研究,王子云是以艺术本体阐释与艺术背景考证两条路径为研究线索。从艺术本体阐释路径出发,王子云依据每窟雕塑与壁画的题材、技法、造型风格等进行艺术本体语言的分析和品评,同时结合窟形进行年代判定。他将年代的界限大体分为魏、唐及五代以后,重点分析魏、唐两代的(艺术)风格特色"[①]。这一认

---

① 刘淳:《实证与寻根:教育部西北艺术文物考察研究(1940—1944)》,第154页。

知,明确了作者研究中偏重艺术本体的技术路线。

在此基础上,作者对王子云在艺术考古中对文物艺术风格的发掘做了描述,认为王子云的艺术考古成就集中体现在对霍去病墓前石雕群艺术价值的分析上。作者之所以高度重视霍去病墓石刻,是因为在她看来,其中的"马踏匈奴"石雕群既是汉代大型纪念性雕刻的代表作,也是中国古代陵墓雕刻艺术中之卓越典范。

滕固在20世纪30年代中期曾发表《霍去病墓上石迹及汉代雕刻之试察》一文,称该石刻艺术"在简略浑朴中存有不可抵抗的一种郁勃的力量","其雕刻的特质充满着强烈的意志,而其形式粗砺无华,为素朴的写实",流露出对动态艺术风格的称许[①]。至于诸多石马中哪一尊艺术价值更高,滕固没有特意阐释,而是把精力放在石雕内容的描述和风格来源等问题上。

作者发现,与滕固不同,王子云在考察该石雕群时特别关注到相对静态的"卧马"。

为突出王子云的研究注重艺术性的特点,作者特意以浓墨重彩,渲染王对"卧马"与"跃马"的艺术风格比较:"跃马"和"卧马"是动、静两种不同的马的形象表现。前者利用一块原石把头部的跳动神态加以重点刻画,躯体其他部分因正当跃动,仅勾勒其四肢轮廓示意,便将马的野性如实雕出。雕塑卧马首先是使马的前腿微屈,表现其跃跃欲起的姿态,并使马头向右偏斜,以助长欲起的动势,显示出由静而动的瞬间形象。在雕刻手法上,也不似跃马那样过多利用原石,而是进行细致加工,唯有马的臀部利用了原石

---

① 沈宁编:《滕固艺术文集》,上海:上海人民美术出版社,2003年,第279页。

块断面。那大而平的原石面,恰足以表现出肥壮的马的坚实肌体,马的头部也是特别加工,由此可见当时雕工重视传神写照的创作原则[1]。通过对王子云考察中对动、静两尊石雕马匹的细致比较,作者重视艺术风格的研究特征,表现得淋漓尽致。

不宁唯是,在该书中,读者还可以读到其他艺术史作品中较少见到的对文物考察的"艺术质量"(artistic quality)分析。艺术史家巫鸿一直异常重视这种带有艺术品鉴性质的分析,认为使"意见作品"成为经典的原因在于它的艺术性,并对"美术研究中'艺术性'这个概念对确定一个作品在历史上的地位似乎变得越来越不重要"的现状提出批评[2]。

虽然不一定是在响应巫鸿,该书作者的认知却与巫先生对"艺术质量"的关注暗合。如众所知,艺术质量取决于艺术作品的个性特征塑造。为分析王子云西北艺术考察的"艺术质量",作者在介绍王子云对跃、卧两种马的雕塑所作艺术风格比较的基础上,深入堂奥,细致解析王子云笔下"卧马"的几个艺术特征,即写实、动势、瞬间形象、传神写照、体积感、概括的表现手法。作者指出,这些词汇均系艺术家从创作角度对雕塑作品的创作手法分析,能看到"卧马""静中有动"的瞬间动势表达,能以"传神写照"的古典绘画品评标准来审视该石雕的技术水平,能归纳出"卧马"表现手法中所包含的"概括性"与"体积感",这都体现了王子云对"卧马"艺术性的高度认可。作者认为,这种基于艺术及技术的分

---

[1] 王子云:《从长安到雅典——中外美术考古游记》上册,长沙:岳麓书社,2005年,第27—28页。
[2] 巫鸿:《美术史十议》,北京:生活·读书·新知三联书店,2008年,第91—92页。

析在民国学界殊为罕见，因为当时学者普遍更看重"立马"的视觉冲击及其蕴含的"马踏匈奴"政治意义。何正璜提出"卧马"才是整个石雕群中艺术品质"最优者"的观点，是基于王子云的艺术创作技法分析。这也是艺术家第一次为"卧马"的艺术价值正名，充分体现出考察团的审美情趣和对"艺术质量"的关注[①]。

此外，考虑到在王子云考察团的考察计划中"敦煌列在首位"，在介绍此次考察时，作者以《敦煌千佛洞全景写生图》的绘制为蓝本，对考察团所作敦煌艺术考察做了"艺术质量"分析，指出该图是由王子云团队在仔细测量每个洞窟的方位、比例、高低、大小后，按比例缩小的实景写生而成。为制作这幅外景图，王子云四处踏勘，全景观察，用其所长的绘画手段，更用他所不长的测量手法，费尽心血。该图的绘制依照考古学实地勘测的方法进行，每个洞窟位置与大小都在图上编号，是中国艺术文物考古史上少见的考古实测图。其价值除具有客观实证性外，还在于该画以西北黄土颜色作为石窟的主色调，既凸现了佛教艺术宝库的历史沧桑与古朴凝练，又恰到好处地展示了敦煌石窟的体貌与层次，生动勾勒出河西走廊上那绚丽而深沉的石窟遗迹的厚朴之美。作者认为，《敦煌千佛洞全景写生图》的绘制，集历史价值、文物价值、艺术价值于一体，艺术质量高超，是中国艺术史研究的经典之作，见证了20世

---

① 刘淳归纳说："总之，本次西北考察对霍去病墓前石雕的技艺分析从石雕的材质、手法、形象的动态表达和写实性上进行具体探究，并结合石雕群的整体美感进行传神、写实、洗练、体积感等方面的美感分析，认为石雕群是汉代美学品格和时代精神的绝佳代表作。从而形成该石雕群具有古拙浑厚、雄健遒劲、气势磅礴之生命力的整体审美判断。"

纪40年代中国学者研究敦煌学的艰苦辛劳与卓越成就[①]。这样的分析，就"艺术质量"展示而论，洵属到位。

近年来，受"新史学"不断拓展研究门类影响，"专门史"不"专"已成普遍现象。表现在艺术史研究中，一个明显的倾向为艺术史被做得不艺术。人们可以从海量生产出的艺术史著作中看到社会、文化、作者生平甚至作者的思想情感，却看不到对作品的艺术分析。这种畸形状况，不应该出现在今日作为"专门史"之一的艺术史学术转型的探索中。该书作者在追求学术"现代性"的同时不弃传统，至少能用一条腿站在艺术本位立场，注重艺术风格与形式分析，强调艺术质量，在具体研究中能沿着王子云的研究路线研究王子云，返其初心，用文化人类学"田野调查"手段和"移情"的方法认知王子云及西北艺术考察的历史，故能见其真，言其美，显示出艺术专业有别于其他学科的"专门"性，着实难能可贵。

四、结论

本文开篇提到贡布里希对艺术史的界定，认为艺术史旨在讲述"艺术家的故事"，文章即将收官，且作一点补充：在贡布里希看来，由于艺术制作不断变化，因而艺术史永远都是在讲述一个"没有结尾的故事"。贡氏认为，18至19世纪是中世纪以来"艺术传统中断"的时期，19世纪前期至中后期是"持久的革命"时期，19世纪晚期是"寻求新标准"的时期，20世纪前半叶是"实验性美术"

[①] 刘淳：《实证与寻根：教育部西北艺术文物考察研究（1940—1944）》，第17、158—159页。

的时期。贡布里希讲述的艺术史的故事并没有终止在20世纪前半叶,之后世界艺术史发展经历了"现代主义"的洗礼,潮流再度转向[①]。

艺术本身的转向势必导致美术史研究的变化。王子云率团考察西北艺术之时,正当世界艺术发展进入"实验性美术"阶段。很多时髦的艺术概念尚处于试验待证状况。例如,这一时期被诸多学人追捧变得异常时髦的艺术作品研究中的"功能主义",将作品的目的性追求放在首位,而将艺术之美置之度外。这一主义旨在反对19世纪艺术观念中无用乏味的装饰,虽有其合理性,却也失之偏颇,是一次得失参半的试验[②]。而为刘淳引喻的"无名艺术史"概念,尽管已注入自己的诠释,但也只能算作一种"实验",概念的内涵与外延均有待完善。不知作者对此有无明确的学术认知?若有,又将如何完善这一概念在自己研究中的运用,以庚续贡布里希所说的"艺术家的故事"?

[①] 贡布里希:《艺术的故事》,第599页、初版前言第16页、目次页。
[②] 同上书,第560—561页。

论雅俗：从一位青年学子的小书说起

现代社会讲究多元，道理就像吃饭穿衣要变换花样一样简单。天天享用同一食物，即便是山珍海味，也会厌倦，故须变换饮食种类。而各式"时装"层出不穷，随时更替，则印证了"衣不如新"的民谚和时俗。饮食衣着讲究多元变化，学术文化何尝不是如此。

但学者们似乎不太明白这样的道理，把自己封闭在象牙塔里，一味追求"高深"，排斥"通俗"，把精心炮制的只有少数人看得懂的学术著作比作《三国志》，而将大众喜闻乐道的文字比作《三国演义》，认为作演义体文字不过是处于文人底层的"小说家流"的谋生手段，作这类文字的人不但不能侧身"儒林"，甚至不能进入"文苑"。这种观念长期存在于学者头脑中，成为传统，中国的文字作品也因此出现"文野"之分、"雅俗"之别。

新文化运动标榜的大众文化异军突起，开始打破旧式文人对文字的垄断，文人墨客与世隔绝、孤芳自赏的状态也有所改变。

近代中国在文字创作上坚持传统立场的学者中，有两个姓章的学者格外引人瞩目。一个是章太炎。太炎先生博古通今，学问文章在近代学者中堪称翘楚，因投身反清革命，写了很多思想深刻、文笔犀利的政论文字，传扬宇内，备受赞誉，被鲁迅称为"有学问的革命家"。然而章太炎对他人看好的自己的作品并不以为然。他在给邓实的信中说，自己的文章为雅俗共知并称道者，只有讨论时势的数篇，但这些文章过于浅显，文辞"取足便俗"，"无当于文苑"；而所作《訄书》，博而有约，文不掩质，是真正可以传世的文字，反倒不被时人关注。对此，章太炎深感遗憾。基于追求高深学问的学术立场，他曾对包括梁启超在内的走通俗路线的学者提出尖锐批评，说梁启超如果不自恃才高，而循其少时所受严格训练写作，文章当不至于如此"滥恶"。他甚至对自己的老师俞樾也颇有微词，说他"吐辞冗滥"，原因在于喜欢趋附庸俗化的"时尚"，下笔时又无文辞方面的讲究。

但是，即便章太炎这样有资格"守旧"的传统文人，在新文化运动的影响下也不能不趋赶时髦，在摹拟魏晋风格古文做高深学问的同时，也对"通俗"的白话文及白话作品展开研究。因为有所研究，故对新文化人自称是白话文的开创者不以为然。一次刘半农问章太炎对新文化人提倡白话文有何看法，章回答说，白话文并不是今天才有，《诗经》就是白话诗，历朝历代的小说，如《水浒》《老残游记》等，都是用当时的通俗语言甚至方言写成，现在的白话文鼓吹者似乎不知道这一点，自以为开风气之先，岂非笑话？有意思的是，章太炎不仅研究古今白话，偶尔还运用白话文写作。1910年，他在《教育今语》杂志发表文论，其中一段涉及日本的文字，十分直白，丝毫不亚于后来白话文运动中的白话："只有日本人，最爱变乱历史，并且拿小说的假话，当做实事。……中国下等人，相信《三国演义》里头许多怪怪奇奇的事，当做真实，但在略读书的人，不过付之一笑。日本人竟把小说的鬼话，踵事增华，当做真正事实，好笑极了。因为日本史学，本来不昌，就是他国正史，也大半从小说传闻的话翻来。所以前人假造一种小说，后来人竟当做真历史。这种笑柄，千万不要风行到中国才好。……弃人所长，攘人之善，都是岛国人的陋见，我们泱泱大国，不该学他们小家模样！"不难看出，毕生追求魏晋古风的章太炎，作起白话文来，也堪称地道。

另一个是与太炎先生义结金兰的章士钊。士钊中西学兼通，曾到英国留学，受过逻辑学训练，强调下笔之时，"遣词造句皆循定律"，为文直追韩（愈）、柳（宗元），有复古倾向。白话文运动兴起后，他反其道而行，试图革新古文，抵制白话。1925年出任教育总长，甚至禁止学生读写白话，被视为白话文最顽固的反对派。但就是这样的人物，思想行为也常变通，并不古板。1925年2月章士钊与胡适邂逅合影，相约在照片上各题一首诗，以作纪念。有趣的是，主张白话的胡适题赠的诗多少有些讲究格律："但开风气不为师，龚生此言吾最喜。同是曾开风气人，愿长相亲不相鄙。"主张古文的章士钊却在照片背面题写了一首白话诗："你姓胡，我姓章；你讲甚么新文学，我开口还是我的老腔。你不攻来我不驳，双双并坐，各有各的心肠。将来三、五十年后，这个相片好作文学纪念看。哈哈，我写白话歪词送把你，总算是老章投了降。"诗虽写得蹩脚，却反映了章氏思想的开通与语言的诙谐。

我绕这么大一个圈子，是想说明，在多元化的语境下，学者应该明白"高处不胜寒"及"曲高和寡"的道理，不必画地为牢，作茧自缚，把自己封闭在一个狭小的圈子里，至少不应自以为高明，排斥通俗的文字作品。原因很简单，社会对学术文化的需求是多层次、多样态的，见解高深莫测、思想曲径通幽的纯学术著作固然有其价值，简单明了的大众读物也有存在的理由。生活在传统文化浓重氛围中的章氏兄弟尚且能因应时代变化，适度接受通俗，今天的学者就更无理由将自己置于大众文化的对立面。

《重说晚清七十年》的作者黄磊是一位在我指导下攻读学位的80后硕士研究生，他学习勤勉，阅读宽泛，思想新锐，文笔通顺。因为阅历与知识积累尚浅，暂时难作高深学问，他对晚清历史的"重说"系以通俗的语言文字表达，其中难免存在很多成长中的不成熟，但可能也包含不少专业历史学者所没有的观察和认知。正像不少历史学者的启蒙著作不是诸如"二十四史"这样的"正史"而是演义体的历史小说一样，谁又能断言这本号称"重说"、简约通俗的晚清历史小书不会在历史研究的圈子外引起非专业人士对近代历史的兴趣，并在兴趣支配下去寻求近代历史的"真说"呢？

他山之石如何攻玉：城市史研究方法浅议[①]

在中国史学界受大洋彼岸的学术影响，开始疏离费正清的"挑战——应战"模式，改以柯文提出的"在中国发现历史"新观念认知中国自身历史时，忻平教授的著作《从上海发现历史：现代化进程中的上海人及其社会生活》出版。从书名上看，忻平像是在响应柯文（Paul Cohen），但是细读其大作则可发现，忻平并非简单地套用柯文模式，他的深层用意，用他自己的话来说，乃是要在"从上海发现历史"的大前提下，通过对二十世纪二三十年代上海人及其社会生活的探索，"获取开启现代中国历史之门的钥匙"。如果我没有理解错的话，这是在向费正清模式提出更深层次的挑战。因为按照一些学者的理解，费正清模式尽管有西方文化中心论之嫌疑，难以说明整个中国社会的现代性变化，但用来解释发生在沿海"条约口岸"的变化仍属差强。忻平以一种必欲将"新理论"贯彻到底的精神，认为即便在上海这样的条约口岸，费正清的解析模式也未必适用。以下这段论述，清楚地表达了他的思想：

[①] 本文系为忻平教授所著《从上海发现历史：现代化进程中的上海人及其社会生活》写的书评。忻教授著作甚好，诵读一通，受益匪浅。

尽管上海崛起与发展的初始动力很大程度上来自国外,上海的历史仍是中国社会发展的一个组成部分。离开中国社会的内部动力与中国人的现代化努力,上海的发展与繁荣是不可想象的。……外国势力的渗入,加速了中国半殖民地化的进程与速率,却未中断中国社会内部发展的"自然历程"。在新的时空条件下过去受压抑的某些内部要素的激活,与本土现代经济力的发展和新的价值理性,构成上海现代社会发展的普遍取向与中国社会发展的新型动力。①

这段类似全书主题的陈述同时具有方法论的含义。不难看出,尽管忻平有时也承认外力的作用,但他在说明上海近代社会历史发展时,思想视线的聚焦点是在上海"内部",这与费正清在研究包括上海在内的中国社会近代变化时所选取的路径截然不同。在作出这一重要陈述时,忻平引述了柯文的见解:"尽管中国的情境日益受到西方影响,这个社会的内在历史仍然是中国的。"即使在上海这样受西方影响最大的口岸城市中,这条奇妙的中国"剧情主线"仍然"没有被西方抢占或替代,它一直是贯穿19乃至20世纪的一条最重要的中心线索"。忻平认为,尽管近代初期上海还缺乏推动社会改革的力量,但是经过几十年"引进现代要素"的积累,到二十世纪二三十年代,"内在的追求已有在很大程度上发展成为主要的社会动力的取向"②。由此,忻平向人们展示了一个由内及外的上海

---

① 忻平:《从上海发现历史:现代化进程中的上海人及其社会生活》,上海:上海人民出版社,1996年,第30页。
② 同上书,第31页。

近代历史发展的诠释模式。

然而在我看来,这种新模式所隐含的理论挑战至多只取得部分成功。忻平以其学术慧眼,敏锐地察觉到费正清理论中概念的不周延,企图用一种截然相反的理论模式来取代它。这种在学术理论上刻意创新的精神,为中国学人所缺乏,因而弥足珍贵。然而他似乎忽略了,一种不具有"普适性"的理论模式未必就具有普遍的"不适性"。换言之,一种用来解释整个中国近代历史难奏其功的理论模式,未必就不能用来解释某一特定区域近代历史的发展。费正清模式的缺陷在于,他将发生在条约口岸的变化及其原因,推而广之用来说明整个中国近代社会的发展,却没有注意到,多少带有畸变特征且空间范围极其有限的条约口岸这一社会细胞,并不能放大还原为近代中国庞大的社会有机体。但是费正清对包括上海在内的早期条约口岸的研究,无论从文献学的角度,抑或从方法论的角度审视,应该说都是卓越的[1]。考虑到这层因素,恐怕尚不能轻易宣称,费正清模式已完全过时。

揆诸事实,我们看到,尽管强调传统,但忻平著作所论时间范围内上海人的社会生活,很大程度上已经不是"传统"的而是"现代"的了。"现代"这个外来词汇曾被音译为"摩登"。在近代不同区域的国人当中,上海人最讲究"摩登"。三十年代刊登在《申报》上的一篇文章曾以"有物皆'摩',无事不'登'"[2]来形容上海人的社会生活。由于欧风美雨吹拂浸润,上海人的传统观念益渐

---

[1] 观其所著《中国沿海贸易与外交:条约口岸的开放》(J. K. Fairbank, *Trade and Diplomacy on the China Coast: The Opening of the Treaty Ports*, Harvard University Press, Cambridge, 1953),学者自不难得出这样的结论。

[2] 《申报》1933年2月5日,"增刊"。

淡薄，不少人连民族固有的喜庆节日也不过了，每逢圣诞、复活节之夜，则与洋人一道，举杯相庆。以上海著名的工商巨子刘鸿生为例。1933年4月，他偕夫人及女儿回定海、宁波祭奠祖坟，按照中国的传统习惯，扫墓时间应定在清明这一天。但刘鸿生却依西俗，决定在"Good Friday"即耶稣受难日去扫墓，只因宋子文在这一天约以要事，才不得不改期。其实不仅是刘鸿生这样的工商人士，就连王韬这类传统士绅，"一旦他来到上海，并开始为伦敦布道会工作，'绅士'的头衔很快成为过去"。与王韬一样具有功名的士绅李善兰、华衡芳、蔡文康、韩子云及稍后的李伯元、包天笑等，虽有深厚的传统文化背景，进入华洋混处的上海后，价值观念亦生变化，不再被视为传统士绅的成员……这样的历史事实，是我们从忻平著作中不经意地拾掇到的。忻平欲再现近代上海人的社会生活，故不忍割舍如此具有"摩登"色彩的史料。然而这些史料，若用来证明费正清模式的合理性，证明上海社会的近代性变化主要是在西方文明的作用之下发生，似乎更加有效。

决定上海历史从何处去"发现"的关键是近代上海的人口构成。在这一研究领域，目前已有张开敏的《上海人口迁移研究》（上海社会科学院出版社1989年版）和邹依仁的《旧上海人口变迁的研究》（上海人民出版社1980年版）等论著可资参考。开埠前上海的人口增长低于全国平均水平，从14世纪中叶到19世纪初，460余年间，人口从30余万增长为52.4万，增幅仅76%，年均增长只有千分之一点二[①]。开埠后，上海人口迅猛增长，到1949年，其

---

① 张开敏：《上海人口迁移研究》，上海：上海社会科学院出版社，1989年，第26页。

人口已猛增至545万，100余年间，增长10.4倍，平均每年增幅高达10%左右。就人口构成而言，上海的"土著"居民为全部居民数的20%左右，具有明显的"客籍多于土著"[①]的特征。虽然移民来自不同的地域，有着驳杂的迁徙动机，但这些人"对其本乡本土的索然枯燥、缺乏机会的现状最为敏感"，渴望寻找具有更好的生存条件或能够更好发挥自己才能的地域或场所则是共同的。忻平按照乐正的粗疏分类，将近代上海移民划为"主动移民"和"被动移民"两类，然后根据马克思资本驱动力作用的理论以及K. J. 巴顿《城市经济学》的原理，得出如下结论："某种程度上可以说，对于那些主动型移民来言，能否背井离乡也正是检验他们对传统观念的背离度。"[②]人口的区域及社会流动乃社会史研究的重要内容，忻平对上海近代移民所作定量和定性的研究，充分吸收前人的成果，而又不囿成说，有自己的独到见解。将移民为主体的上海近代文明的"载体与动力"作了具体分析，以上海人的社会生活为基本内容的上海近代社会史研究也就被置于一个相对坚实的基础之上。

然而问题也正好从这里产生。忻平异常重视上海人"内在的追求"，认为这在很大程度上已经成为沪埠近代发展"主要的社会动力"。他的著作开篇便借用余英时所阐释的自魏晋以来儒、释、道三教均一直存在的与商品经济相吻合的"入世"倾向，以及儒家"教义"由原始的生成形态向经世致用、义利并重转化的理论，认为这是中国的传统文化中存在的能够适应现代化的"内在基因"。余英时的

---

① 黄苇等编：《近代上海地区方志经济史料选辑》，上海：上海人民出版社，1984年，第304页。
② 见前揭忻平书第52—52页。

论述系针对马克斯·韦伯关于中国传统儒教缺乏基督新教伦理中有利资本主义发展的"入世"倾向的理论而发。是否中国传统文化中的"入世"倾向已构成资本主义商品经济发展不可或缺的条件？进而言之，讨论中国传统社会何以没有像西欧及北美那样发展成近代资本主义社会是否一定要循着韦伯经由宗教伦理精神特征去探寻的思路？这应该还有讨论的余地，因已逸出本文的讨论范围，容付阙如。退一步言，即便余氏的见解系不刊之论，一旦被忻平用作立论的"理论"依据，也可能与他自己关于上海移民的分析形成悖论：既然上海的人口构成是以外来移民为主，按照忻平自己的说法，移民又在很大程度上背离了传统观念，而"现代观念"又基本上是从西方舶来的，即便是少数恪守中国传统的移民，他们的思想观念及行为方式也不一定与"土著"沪人相同，那研究者又如何能够"从上海发现历史"，即从上海自身的历史传统中找寻到现代发展的动力呢？

尽管如此，我们仍不能不承认，忻平对学术研究作出的贡献是实质性的。因为他将综合性的社会史研究，引入上海这样的中国近代城市，既拓展了社会史研究的适用范围，又丰富了方兴未艾的近代城市史的研究内容。"社会史"的概念是上个世纪二十年代由法国年鉴学派提出来的，但它在中国并非纯粹的"舶来货"。曩者司马迁作《史记》，内有"滑稽列传"，记述那些言非若是，说是若非的"辨捷之人"如淳于髡、西门豹者流之事迹，就颇有些"社会史"的意味[1]。然而正如梁启超批评的那样，中国的传统史学，基本上是记载帝王将相事迹的王朝兴衰史。那些"琐细"的社会生活，微观也罢，

---

[1] 司马迁：《史记·滑稽列传第六十六》卷一二六，北京：中华书局，1975年，第3197—3214页。

"中观"也罢,虽为稗官看重,却鲜为史家留意。近代"新史学"在中国兴起之后,社会史开始受到学者关注,却多所误指。如三十年代一度闹得沸沸扬扬的"中国社会史"大论战,实则为"社会发展史"的论战。一些悉其内涵的学者,大力倡导研究社会史,却又在很大程度上是出于治"正史"的需要。钱穆所谓"欲治中国之政治史,必须通中国之社会史"[1],虽旨在循由血统而政统而道统之理路,探究两者的关系,盖亦有主辅之辨在焉。三四十年代,由于学者们的努力,产生了一大批较为严格意义上的"社会史"著作,如陈垣的《元西域人华化考》、吕思勉的《中国宗族制度小史》等,但是社会史一向所处远离史家关注中心的"边缘"地位,并无大的改变。

八十年代,中国社会史研究开始复苏,并逐渐在史学的殿堂内占据一席之地。但也许是过于看重传统农业国的地位,此时的社会史著作大多以农村作为研究对象。这期间虽出现了少许剖析近代城市社会生活的著作,如赵园的《北京:城与人》、乐正的《近代上海人社会心态》等,但一般只是摄取城市社会生活的某一断面,算不上是综合性的近代城市社会史研究。忻平的著作虽然也有某些主观预设的时空限定,但它毕竟较为广泛地展示了作为沪中社会生活主体的上海人——它的外来移民、人口构成、职业状况、性格特征、价值取向、工资收入、消费特征、文化生活、风俗及其变异、方言、民居等——的社会生活画面,对于人们习惯于视为"负面"存在的犯罪现象、社会心理变态,以及帮会、乞丐、娼妓等,亦能予以一定的关注。在这里,读者不仅可以看到城市社会生活史研究

---

[1] 钱穆:《现代中国学术论衡》,长沙:岳麓书社,1986年,第203页。

范围的广狭差异，而且可以看到某种"映证"似的研究功效。一些过去孤立地加以探讨因而难以知其究竟的现象，一旦被置于具有相互联系的网络体系之中，其内涵及缘由近乎不证自明。例如风俗的流变、方言的异化，离开移民这一因素，将难得其解。但在同时具备这两方面内容的研究体系中，即便研究者不申明，读者也可轻易地发现两者之间的因果联系。

在方法上，忻平的著作也颇具特色。前些年，"结构主义"盛行，史学研究因之离却皮相，此其功德。然而结构主义类似庖丁解牛仅"以神遇而不以目视"，标榜"未尝见全牛"的方法，未必是历史研究的经久法门。目前，西方学术界正在经历的由抽象的结构解析向注重具体事件描述的传统史学回归的现象，殊耐寻味。作为"海派"学人，忻平没有趋赶"结构主义"的理论时髦，而是更加注重通过事实描绘来"再现"历史。他把这种旨在"还原其本来面目"，使社会生活画面具有"逼真性、立体感"的研究方法称作"全息史观"，其命意显然是要像全息摄影那样，将与上海人的近代社会生活史相关的全部信息都摄取并再现出来。忻平在多大程度上实现了自己的构想，读者径读其书，便可得出判断。唯其不盲目趋赶时尚，我行我素，在方法上却步入某种可能被谬赞为"后现代"的境地，其中的义蕴，足以让那些在理论方法上没有安身立命之所，一味仿效西人的学者寻思。

忻平著作的另一值得称道之处是不"媚俗"。社会史研究与其他部类的社会科学研究一样，应当是严肃的。但近年来却出现了某种庸俗化倾向。一些号称"社会史"的著作对属于社会病症的赌博、黑道、贩毒吸毒、青楼女子、暴力行为的"客观描述"，已经到了让人怀疑"社会史"研究的价值的程度。忻平没有回避这些社会现象,但却不事渲染,他的着眼点是对这些社会现象作社会心理学和病理学的分析,为诊治某些一直贻害至今的社会疾患提供药石与方剂。例如该书第六章援引沈从文对作家张资平的批评,就从一个侧面反映了作者对社会史研究应如何坚持学术标准有着正确的认知。张资平以"专写三角恋爱与性"名闻沪上,因其"懂得大众",知道大众"需要什么",在迎合"大众"方面"比提倡大众文艺的郁达夫似乎还高明",其作品"所赢得的大众,比鲁迅作品还多"。忻平对此持鄙夷态度,指出在上海,庸俗文人何止张资平一人,黄色文化也不限于小说。这种现象,是文学与商品经济相结合的附产物,尽管它在一定程度上可被视为作家创作自由与地位独立的表征,"却也显示出市场经济覆盖了文化领域之后所驱动的'媚俗'导向,由此带来了文化的不幸与危机"。忻平借用沈从文这位真正能代表近代上海文化主流的作家的批评说:张资平们的作品,"造了一个卑下的低级的趣味标准",是在引导市民朝着"本能的向下发泄的兴味"方向发展。这种既包括张资平如何迎合"大众",同时包括沈从文如何批评"媚俗"的"全息"写法,不仅大大提高了忻平著作的学术品位,而且对中国"社会史"研究的日趋成熟,也将起到良好的示范与促进作用。

欲作综合性的学术研究,需要积累丰富的文献资料,亦须大量的专门性探讨作为铺垫。忻平过去几年的研究成果表明,他为从事该项研究所作的前期准备是很充分、厚重的。在资料方面,亦能做到左右采获,上下罗致,其著作不仅使用大量被钱穆称为研究社会史"首选材料"的方志,而且发掘了许多重要的档案史料。例如在分析三十年代上海人口及社会生活中存在的精神疾患、自杀、离婚以及盗窃、杀人、帮会活动等社会现象时，便利用了上海市档案馆所藏"上海市公安局档案"等反映事实真相的珍贵卷宗。本文前面所引上海近代移民的数据，即忻平从上海公安局的档案中整理出来的，它不仅包括上海近代全部居民数，而且按籍贯对居民做了详细分类，每个省的人数均落实到个位，十分精确。以1936年的数据为例，在总数为2144330人的居民中，"土著"上海居民只有514486人，占全部居民数的23.99%。忻平称上海是一个"移民为主体"的城市，结论虽不新颖，但立论的依据却远比一般泛论所本更加接近历史原貌。其著作显得饱满充实，具有可信赖度，此实重要原因。

不过，从技术层面看，忻平的著作也留下了某些思虑欠周的痕迹。也许是由于过分强调"全息"，少许不必在一本标识为"社会史"的著作中出现的历史影像也被摄取进来。例如二十世纪二十年代的"东西文化之争"以及三十年代因"本位文化建设"引起的论争，虽然以上海为"主战场"，但严格分类，应属思想史或文化史的研究范围，非忻平著作的"题中应有之义"。将这些论争引入，势必冲淡"社会史"的意味，给人以旁逸斜出之感。然而此失尚不为大。要紧的是，一本学术著作的容量终归是有限的，无关的东西进来了，留给相关东西的位置就会缩小。我们不无遗憾地看到，一些无可争议地应当划归"社会史"研究范围的问题，如妇女、婚姻与家庭等，却未置诸论列；有些业已提出但还可深入探讨的问题，如黑道及"社会三乌"等，却因"篇幅限制"而言犹未尽。但愿作者呈献给读者的，只是他研究系列中的一部分。待到新的作品接踵问世，与这本已经付梓的著作合成"完璧"之时，这种多少带有期望色彩的批评就将失去价值。

学术论文的选题原则与技术处理[①]

指导硕、博士研究生作学位论文选题是一项十分个性化的工作。孔子强调因材施教，学生不同，应有不同的指导，因而选题指导通常只适合一对一进行，方法亦因人而异。杜甫说："文章千古事，得失寸心知。"文章的优劣会因每个作者的甘苦体验不同而得出不同判断，指导学生作学位论文选题也一样，没有谁的方法可以推而广之，提供给所有人参考。因而谈到学位论文选题，只能从一般原则及相关技术处理角度，概乎论之。

学位论文选题是在校硕、博士研究生普遍感觉头疼的问题。之所以头疼，症结在于难以判断前人所作研究是否已将问题彻底解决。坦率地说，我的结论大多是否定性的。如果我面对学生，当被问及某个前人已做过较多研究的题目是否还可以写时，我会对他说，没有什么题目不可写，关键不是可不可写，而是怎么写。

我这样回答并非没有依据。克罗齐（Benedetto Croce）说："一切真历史都是当代史。"这句话可以从认识论和本体论两个维度理

[①] 本文据杨天宏教授2016年在四川大学历史文化学院研究生工作会议上的发言整理。

解：从认识论的角度可以理解为，历史是以历史学者生活其中的现实社会作为参照系，历史只有与历史学者的"当前视域"重合才可能被理解，而"当前视域"变动不居，没有也不可能像福山（Francis Fukuyama）所说的那样会因某种制度的建立而"终结"，因而"历史"势必处于不断重新书写的状态，永无终止[1]。即便是公认的"经典"历史论著，也不可能给出亘古不变的认知。这就为我们以"新瓶装旧酒"，将既有研究加以"虚无"，重新认知已被前人写过无数遍的历史，写出我们这一代人认知中涵括古今的"当代史"提供了广阔的空间。我说没有什么题目不可以写，原因正在于此，这里不存在前人已经研究过的课题就不能再做研究的问题。从本体论的角度理解，"一切历史都是当代史"这句话的含义是，不仅我们的思想是当代的，我们所谓的历史也只存在于我们的当代，没有鲜活的现实存在，就没有已经逝去的历史可言，因为"历史"只能在当代人的认知中存在。这是任何题目都可以做的原因所在。

一、学术论文的选题原则

不过话又说回来，尽管没有题目不可以做，但也不是任何题目都具有同等的学术价值，都适合某个特定的学生去做。因而我在表达上述意见的同时又强调，学术论文选题须遵循三个原则：一是量体裁衣的原则，二是刻意创新的原则，三是宁小勿大的原则。

所谓"量体裁衣"是强调论文选题要充分考虑研究的主客观条

---

[1] 参阅弗朗西斯·福山著，陈高华译：《历史的终结与最后的人》（*The End of History and the Last Man*），桂林：广西师范大学出版社，2014年。

件。主观条件涉及研究者的兴趣爱好、思维类型、信息储备、知识结构等,每个同学的主观条件不一样,选题做研究首先要充分考虑主观条件是否适合。在这一点上,大家都应该有充分的自知之明。你如果想写一篇近代中外关系史方面的文章,你首先就应该考虑,你的外语水平如何?你是否具有相应的外国历史文化方面的知识积累?你掌握起码的国际法常识没有?如果你想研究《墨经》,除了对先秦历史及墨子思想有所了解之外,你是否对自然科学及科技史有起码的认知?如果你想写一篇有关战争史方面的论文,你应该先衡量一下,自己是否能像赵括那样,至少还有那么一点纸上谈兵的本领。我并不是在吓唬大家,并不是故弄玄虚把写文章说得神乎其神,而是希望大家注意扬长避短。梁启超说,做学问要选择"性之所近者为之",这是非常重要的提示。有些选题很好,但不一定适合你。我们常常批评一些人不懂外语却搞比较文学研究,不懂古汉语的却搞中国传统文化研究,不懂法学却搞法制史研究,就是基于这个道理。就客观条件而言,学术研究需要的必备条件甚多,有些选题很好,一些重大历史事件的研究很有价值,也备受关注,迟早会成为当代中国史研究的热门。但"现在而今眼目下",却要么因档案资料尚未解密,要么因政治条件的限制无法公开讨论和出版,要么受研究者及其身边的人与这段历史的特殊利益瓜葛和感情好恶等主观因素限制,无法客观公正地进行研究,最好不要作为学位论文选题。这类题目如果设想出来,可以作为学术思想储备,暂时搁置,留待条件具备时再作研究。

"刻意创新"原则强调研究的原创性,是学位论文选题的生命所在,乃最重要的学术考量。现在一般年轻学生理解的学术创新,主要是新的理论方法、新的研究领域和新的文献资料。这当然也是新,但这些所谓新,属于工具层面的新而非认识层面的新。在当代中国,理论方法基本属舶来,不是国人自己的发明,研究领域和文献资料只是作为客体而存在,在我看来这些层面基本谈不上什么创新。即便能在这一层面有所贡献,顶多只是探索性的"发现"(discovery)而不是创造性的"发明"(invention)。"发现"是找到别人没有找到的既有的存在,发明与创新是理论与认知的"无中生有"。我们所提倡追求的,应该是偏重主观认识层面的创新,要有自己独到的事实判断和对历史现象的睿智深刻的理解,要能够理顺历史现象间的复杂逻辑关系,形成有别于他人的认知和表达自己思想见解的述论框架。换句话说,选题关涉的是思想见解而非知识领域,是在某个问题研究中形成自己的独到想法(idea),不是划定一个打算探寻的研究范围(scope or extent)。鉴于对学术创新理解的偏差,建议每个有志从事学术研究的同学在准备选题做某项研究的时候都认真思考一下,真正属于自己发明的、可以划归认识论范畴的新东西究竟何在?这是提高研究水准、做好论文选题的关键。而做到这一点的前提,在于充分全面掌握国内外既有的研究成果,并对前人研究的利弊得失有自己的认识和判断,从而找到研究的突破口。

"宁小勿大"的原则是说要把握好大小难易的分寸,选题要大小难易适度,但是在掌握不好分寸的情况下,与其大题小做,不如小题大做。清代学者搞考据,或阐释古圣先贤著述的微言大义,对一句话、一个字常常可以做出数万字甚至数十万字的考证。民国时期也有众多成功学案。郭麟阁先生在一篇有关学术论文写作的文章中列举的一个事例，很有启发性。他说上世纪40年代，北京汉语研究所所长铎尔孟研究《礼记》，读到"春正月獭祭鱼"，无法理解。他想水獭在正月冰消雪化之时先向鱼祭祀，是何意思？请教多人，不得其解。最后找到辅仁大学文学院院长沈兼士，沈是古文字学权威，太炎先生的高足。正好他刚完成一篇论文，题目就是《释"蔡"与"祭"》（大意），该文长达两万字，作者根据《春秋》《左传》及董仲舒的著作，广征博引，证明"祭"的古义是"杀"而非祭祀，祭祀不过是引申义，"祭鱼"就是杀鱼。读了沈先生的文章，铎尔孟的疑团涣然冰释[1]。沈兼士解释"蔡"与"祭"两个字（实则二字相关，也可理解为解释一个字）居然写出两万多字的宏文，就前人未能解决的疑难问题提出独到见解，这种善于就小题目做大文章的本领，值得学习。

或许有同学会认为这是繁琐考据。其实繁琐考据又有何不好？怕就怕你没有这个本事。胡适说，就方法论而言，发现一个古文字的含义，与天文学发现一颗新星或物理学发现一个新定律，具有同等的价值。可见细致考究所谓"小问题"也可能具有非同寻常的意义。

二、论文选题时的技术考量

不过同学们也应意识到，就选题而言，小不是目的，而是出于操作技术层面的考虑。从选题与资料的关系上讲，史学是一门对文

---

[1] 郭麟阁：《关于写学术论文的几点体会》，王力、朱光潜：《怎样写论文——十二位名教授学术写作纵横谈》，沈阳：辽宁教育出版社，2006年，第118页。

献资料依赖性很强的学科，再好的思想见解都必须有史料支撑。有经验的学者在选题目的时候会告诫自己："题目不能大于资料。"意思是题目涉及的时空范围不能大于所搜集的资料涉及的时空范围。历史研究要求穷尽与题目相关的资料，若题目过大，题中应有之意太多，无法穷尽资料，就会出现"题目大于资料"的情况，得出的结论就不可能周延。这是我们宁愿"小题大作"而忌讳"大题小做"的技术原因。

从根本上讲，学术论文选题是要遵循思维的内在规律。人类的思维具有从具体到抽象、从个别到一般的发展规律。要选择能够产生从小见大，管中窥豹，一叶知秋认识效果的题目来做，因而选题不妨"小"。但所谓"小"，是切入点小，观照面大，不能为小而小，作茧自缚，把自己限制在一个狭窄的学术研究领域之内。徐志摩担任《晨报副刊》社会栏目主笔时，倡导写关注国家社会重大问题的文章，他主持社会栏目刊登的第一组文章就讨论帝国主义有无赤、白之分，苏联究竟是中国的敌人还是朋友？掀起中国思想界一场激烈的"仇友赤白"之争。他把写小问题的文章比作食蚁兽，嘲笑食蚁兽"最大的快乐是忙着用尖喙在泥土里垦寻细微的蚂蚁，蚂蚁是吃不完的，这可笑的尖嘴却益发不住地向尖的方向进化，小心再隔几代连蚂蚁这食料都显太大了"[①]。徐志摩反对过于细小的论文题目，是有一定道理的。题目太小，缺乏意义，写出来的文章难免浅薄。

从学术的延展性角度讲，学术研究不是"一锤子买卖"，做了

[①] 徐志摩：《迎上去》，《晨报副刊》第1284期，1925年10月5日。

一次就不再继续做。学位论文选题好比是挖矿，要选择一个富矿来挖，这样才可以长期挖下去。如果选题内涵不丰富，写完学位论文就没有进一步发掘拓展的空间，这样的选题不是学术研究的优秀选项。出于这样的考虑，我一般不建议同学们做内涵狭窄的学位论文选题，即便这样的选题也可能具有某种学术价值。

进而言之，如果一个学生在攻读硕博士阶段论文选题内涵狭窄，毕业以后当老师从事教学科研，仍长期固守狭隘的研究领域，则不仅会缺乏研究后劲，难以推出新的有价值的研究成果，也很难应付指导兴趣爱好广泛的不同学生的教学需要。

与选题的大小相关，我想再谈谈区域史研究中存在的问题。在近年来研究生的学位论文写作中，地方史或区域史研究越来越受到关注。这是从"宏大叙事"转向"细部深描"的一个学术现象，其理论依据是美国学者吉尔兹（Clifford Geertz）提出的"地方性知识"概念。这一概念具有浓厚的后现代色彩。19世纪以来，随着工业化的推进，强势的西方文化向全球传播，多元的世界文明朝着"现代化"方向发展，西方学界在理论上也出现"趋同现象"。在这种情况下，作为以"全球化"为重要标志的"现代性"的反动，吉尔兹标新立异，强调"地方性"，质疑"总体理论"及"全人类性"这类宏观思维的合理性，认为"统一"固然促成文明进步，却也毁灭了文明固有的多元性，造成灾难性后果。由于要矫正"现代化"及"全球化"进程中的弊端，带有"求异"特征的"地方性"诉求便提上学术议程。[①]

---

① 克利福德·吉尔兹著，王海龙等译：《地方性知识：阐释人类学论文集》，北京：中央编译出版社，第225—226页。

在寻求"地方性知识"的研究取径影响下，现在在校硕、博士研究生的论文越来越具有区域性或地方性特征。川大、川师等地处西部的院校，表现尤其突出。我没有做过具体统计，但直观印象，至少就这些院校中国近代史专业的学生论文选题而言，属于区域史或地方史，尤其是四川地方史的选题，占了总数的70%以上。你写重庆，我就写成都；你写绵阳，我就写宜宾；大城市写完了就写中小城市甚至乡镇；你搞巴县，我就搞阆中；你搞郫县，我就搞温江；你搞甘孜，我就搞阿坝；你搞三圣乡，我就搞高店子。凡此种种，不一而足。但同学们在做这类选题时却没有意识到吉尔兹理论的局限，没有注意到这样做很可能产生两个学术后果：一是研究本身的碎片化；二是四川学者及川内高校历史专业的边缘化。

"碎片化"的问题当然不仅存在于区域史或地方史研究之中，但在这一领域，问题尤其突出。一些同学多少意识到了这一点，为避免单纯区域性研究的局限，刻意从技术上将自己的题目包装成从个别看一般的表达形式，如《清代的婚姻家庭与社会——以四川南部县为例》，或《近代中国城市化历程：以成都周边某县为例》，试图用这样的方式来整合个案与共案、地方与全国的关系。但这样的整合或技术处理是存在问题的。四川南部县能够作为反映清代婚姻家庭与社会的典型，概括出全国性的结论吗？成都周边某县的情况能够说明近代中国的城市化进程吗？显然不能。于是这样的选题就变成脱离了全国语境，没有跨地域意义的选题。

更要紧的是，在这样的学术追求中，研究者也因所做研究的"地方化"而被边缘化。我们从事研究要讲究"预流"，即参与主流，也就是通常所说的"入流"。而要能"入流"，就要与主流学界有"共同话语",没有全国意义的纯粹地方性选题如何形成"共同话语"?这是我们每个同学都应该思考的问题。虽然对"碎片化"问题不同的人会有不同的理解,罗志田教授就提出"非碎无以立通"的意见。①但以我之陋见,罗教授此论可以有两种理解:一是整体系由相对"碎片"的局部构成,没有局部史就谈不上整体史。二是既有研究体系需要被突破即使之"碎片化",并以此为基础建立新的系统性即"通"。这是极具建设性的主张。如果我们的研究被弄得鸡零狗碎,缺乏系统性,历史研究的价值就会严重贬损。如果我们四川的学生或老师只是做"川味"的学术研究,没有甚至不敢存饮马黄河、问鼎中原之志,川内学者的学术地位也会受到影响。

我这样说,并不是反对做地方史研究,而是主张同学们在做地方史的选题时,心中要有全国甚至全球,要找到打通地方史与全国史、个别史与整体史的关节点。从技术上讲,地方史或区域史研究应以揭示地方历史文化的特殊性为皈依,前提是所选择的"地方"要有地位或特色。如果一个地方在全国没有地位,缺乏特色,这类地方的历史研究,不做也罢。至于普遍性揭示,固然十分重要,但也要意识到,只有个案研究数量足够充分,即一个如此,无限多个仍复如此,才具有升华抽象、揭示普遍意义的可能。若反其道而行之,则地方全国,两头皆空,这样的研究毫无意义。

说到这里我要提醒大家,从理论上讲,吉尔兹"地方性知识"的研究取向也存在明显局限。同学们喜欢追踪西方学术,其实吉尔

---

① 罗志田:《非碎无以立通》,氏著《近代中国史学述论》,北京:北京师范大学出版社,2015年,第345—360页。

兹主张反映的只是西方学术众多学派中一派的意见，近年来西方又有"走出区域研究"的主张。前两年刚翻译出版的《走出区域研究：西方中国近代史论集粹》一书，就反映了西方学术取向这一探索性的变化。[①]从方法论角度讲，这可能是从"庐山之外看庐山"和从"庐山之内看庐山"两种观察维度的交替选择，两种观察维度都有优点，也都有局限，都存在认识盲区，同学们在做学位论文选题时，对此应当特别留意。

三、学术论文选题的文质关系讲究

除了上述原则与技术讲究，学术论文选题还须知晓文章标准。什么样的文章才是好文章，如何才能写出好的文章？这恐怕是每个初学写作的人都会面临的问题。南北朝时期著名文学理论家刘勰曾提出"文质并茂"的写作标准，并就此做了具体说明，提出他称为"六义"的六条作文原则和具体要求，包括：情深而不诡，风清而不染，事信而不诞，义直而不回，体约而不芜，文丽而不淫。意思是，写文章要情志深刻而不诡诈，风格清新而不杂乱，用事真实而不荒诞，意义正直而不歪邪，文体简约而不繁芜，文采绚丽而不铺张。刘勰讲的虽然不是学术论文写作，但作为一般原则，对于我们从事学术论文写作，也大体适用。

然而，历史专业的同学因追求"实证"，往往重质而轻文，这可能成为文章的致命伤。孔子说，"言之无文，行而不远"。文之

---

① 董玥编：《走出区域研究：西方中国近代史论集粹》（收入中国社会科学院近代史研究所·民国研究丛刊），北京：社科文献出版社，2013年。

于质，如车之两轮，鸟之双翼，一个也不能少。刘勰将其著作命名《文心雕龙》，就含有这两方面的意思。所谓"文心"是说文人要有用心，言由心生，有些类似西人说的写文章首先要有"idea"。有了用心，"心生而言立，言立而文明"，可见"文心"是刘勰对文章写作的基本要求，亦是文章选题时的重要考量。"雕龙"是将写作比作在木头上雕刻龙纹，强调作文要讲究文笔修辞，是刘勰对自己精心创作的形象化说明。将两者结合在一起，表明刘勰是要以文人独到之用心去雕龙刻凤，贯穿《文心雕龙》全书的基本思想就是"文质并茂"的写作原则和标准。[①]

拉杂说了这么多，限于时间，不能再讲了。总之，希望同学们能把中国传统的文论与西方现代学术理论方法结合起来，眼光不要只看到今天国外的理论方法，中国古代很多文论，用中国语言表达文史写作的理论与技法，也非常经典，具有永恒价值（详见本书《典范兴替：桐城义法与桐城派的近代命运》一文）。唯有古为今用，洋为中用，学术才有生命力，各位的学术成长道路才会顺畅。

---

① 刘勰：《文心雕龙·宗经》第三、《文心雕龙·原道》第一，见黄叔琳注，李详补注，杨明照校注拾遗：《增订文心雕龙校注》上册，北京：中华书局，2012年，第1—16、26—40页。

博雅创新与学术诚信[1]

同学们好。霍院长让我给大家讲"博雅创新"与"学术诚信"。对正进行历史专业学习并有志从事学术研究的研究生同学来说,创新与诚信是非常重要的学术品质。我对这类问题缺乏研究,少有心得,只能学习借鉴他人的研究成果。由于偏重借取他人,今天讲的内容大部分不是我的原创。这是需要首先声明的,否则讲诚信者自己却没有诚信,岂不贻笑大方?

一、博雅创新与"问题意识"

"博雅"一词最早出自《后汉书》,有"渊博雅正"之意,是很高的学问和做人境界。[2]对"博雅"的强调折射出目前我国大学教育既不"博"也乏"雅"的严重缺陷。

先给大家介绍一本书,书名叫《北大批判》,作者薛涌本科在

---

[1] 此文据2013年秋季在四川大学历史学院研究生"博雅与创新教育"会上的发言整理。
[2] 《后汉书·杜林传》称杜林"博雅多通,称为任职",《明史·李默传》称李氏"默博雅有才辨,以气自豪",表明"博雅"有"渊博雅正"之意。

北大就读，后留学美国，在耶鲁大学获得博士学位。这本书的第一章是"北大不教的东西"。内容包括：大学学什么、正确的专业意识、读和写，以及论辩等。其中对学生影响较大的是专业意识。他认为美国学生专业意识不强，而中国大学过于强调专业意识，考上什么专业就要围绕这一专业去攻读规定的课程和书籍，专业与专业之间界限十分明显。但国外就没有这样严格的界限，大学本科强调通识教育，并使学生从中受益。

该书特别以历史专业为例对此作了说明。与中国一样，历史学在美国大学里也不是什么热门专业，但作者通过一位哈佛法学院毕业的审判律师的一段话对历史学的价值作了精彩的辩护。这位律师说：

> 我主要的工作是审阅法庭记录。公诉人、被告律师，乃至各种证人在法庭上的讲话都是被记录下来的。我在阅读中，要从各方证言的字里行间找破绽。大的破绽可以导致法庭推翻原判。你恐怕难以相信，我阅读的一半以上的案子有很大的破绽，都被推翻了。许多人从监狱中被我救出来了。这些人一般是穷人，自己没有钱请律师，法庭给指定一个，有时案子审理得非常草率，所以我的责任非常重大。你看看，干这种事情，和你们历史学家有什么不同？你们不就是通过阅读档案，在字里行间挖掘前人没有看到的东西，甚至推翻前人根据同样的史料得出的结论吗？说到底，这就是批判性阅读，是历史学的基

本训练。①

历史学对于其他学科的价值和意义还可以从美国政府的一项重要人事任命中得到印证。不久前被奥巴马提名为美国历史上第一位拉美裔大法官的索尼亚（Sonia Soto Mayor），读普林斯顿本科时学的也是历史专业。她大一时得到历史系教授南西的指导，南西教导她如何用批判的眼光阅读文献史料，使她的思维能力发生脱胎换骨的变化，成为她日后登上司法界顶峰的基石。

索尼亚的成功印证了上面引证的哈佛法学院出身的律师的话，即读史的功夫和律师的基本训练非常接近。如果拘泥于自己所学专业，就不可能取得这样的成功。这两个事例，反衬了中国高等教育目前的缺陷。

其实何止是国外大学，1949年之前我国很多大学都有这样的主张。有位著名的百岁老人叫周有光，1906年出生的，今天知道他的可能大多是中文系学习语言文字的同学，很少有人知道，50多年前，他是学习经济学的，毕业于上海圣约翰大学，50岁以后才改行从事语言文字研究，建国初期成为国家文字改革委员会的成员，对我国的语言文字学研究作出很大贡献。他在《百年口述史》中记述自己在大学读书的感受时说，当时圣约翰大学奉行的是"博雅教育"，英文就是liberal education，也就是通识教育，这种教育没有严格的学科界限，使他能在所选择的经济学科之外，修习多门自己

---

① 薛涌：《北大批判：中国高等教育有病》，南京：江苏文艺出版社，2009年，第17—18页。

感兴趣的功课，文字学就是他感兴趣的学问[①]。他后来改行成功，也与这种注重由博返约教育理念的实践有关。

以上事例说明，就实质而言，"博雅"是多学科知识的摄取与融会贯通。英国学者乔·莫兰说，人文学科本质上是跨学科的，因为它们关注的是人类凌乱、无边界、无算法规则的状态。而历史学是人文学科中最能彰显跨学科性质的学科。注重博雅，是历史学创新的基础。而创新须从怀疑开始。怀疑是什么？怀疑是要有思想，有问题。我们今天常说从事学术研究须有"问题意识"，其实"问题意识"不是今天才提出来的，上个世纪20年代就有人强调。胡适在1923年7月14日的日记里写道：

> 前几天在山上忽然遇见康奈尔的旧同学简又文君，他是学神学的，那天谈起，他这几年来正在收集关于太平天国的史料，想作一部太平天国小史。他这一次来杭，也是为收集资料来的。他的'参考书目'中有许多欧洲人的著作，竟是随身带着走！旧同学中竟有此人还在做一种学问上的研究，使我心里欢喜。我屡次在公众演说内指出我们做学问的人，必须常常有一个或几个研究的问题，方能有长进。有了问题在脑中，我们自然要去搜集材料，材料也自然有个附丽的中心，学问自然一天天有进无退。没有研究的问题的人，便没有读书的真动机；即使他肯读书，因为材料无所附丽，至多也不过成一只两脚书柜。何况没有问题的人决不肯真读书呢。我常说，留学生回

[①] 周有光口述，李怀宇撰写：《周有光百岁口述》，桂林：广西师范大学出版社，2008年，第22—29页。

国之后，若没有研究的问题，便可说在知识学问方面他已经死了。今日想起简君，有感而记此。[①]

简又文是太平天国史研究的大家，出版过《太平天国全史》（3册）和《太平天国典章制度考》（3册）等皇皇巨著，与罗尔纲齐名，贡献极大。从胡适记载可知，简又文成就学术的原因，其实就在长期的知识积累和基于怀疑的各种"问题"的不断酝酿。

"问题意识"上升到哲学层面可表述为"怀疑主义"（Scepticism），是一种"以系统化怀疑和不断检验以求新知"的理性思维。希腊文该词的原意指怀疑、犹豫和反思，亦指面对既有陈述所持怀疑或犹豫不决状态。现代中国史学的发展曾深受"怀疑主义"影响。傅斯年等古史辨派学者开创出中国史学研究的新局面，就是从对古史的怀疑开始。正因为有怀疑，不轻信古圣先贤成说，古史辨派学人才能取得巨大的学术成就。当然，要全盘推翻古史亦并非易事，古史辨派在取得巨大成就的同时也暴露出矫枉过正即全面否定古史的缺陷，所以很快又招致批评，迎来挑战。20世纪30年代，受过西方现代学术训练的冯友兰利用哲学上"正题—反题—合题"的认识模式，将中国学术史的发展归纳为"信古—疑古—释古"，以"释古"纠正单纯"疑古"的偏颇，对客观全面认识古史，产生了积极的影响。而冯友兰对古史辨派的"纠偏"，逻辑起点仍然是基于对既有思想及学术见解合理性的"怀疑"。

对历史学而言，研究的凭借是史料，但史料也不可尽信，同样

[①] 曹伯言整理：《胡适日记》第4册，1923年7月20日，合肥：安徽教育出版社，2001年，第112页。

应投以怀疑主义的目光。这些年大家都追寻时髦，侈谈"后学"。作为所谓"后学"之一的"后现代史学"包含一个非常重要的命题，即一切我们用来重建历史的"史料"都是当时当事人根据所处时代的需要（甚至是根据自我好恶）制作的"文本"。"文本"是人为的，可能含有作伪的成分。其中的不实与偏差，常常遮蔽研究者的视线，让人难以看到历史真相。因而从事历史研究，须对过往的历史记载（包括档案）保持高度的警惕。大家应该记住，阅读史料不是"探宝"是"鉴宝"，唯有秉持怀疑态度对史料进行"批判性阅读"，才可望探求到历史的本来面貌，历史研究的"创新"才有基础和凭借。

然而，仅有经过怀疑、甄别的史料还远远不够。在创新问题上，思想自由才是决定性的。按照现代定义，所谓"自由"就是思想及行为上的"个性主义"（individuality）。胡适强调"个性主义"有两大特征：一是能独立思考，不轻信盲从多数人的意志；二是强调个人对自己行为的结果负责。说穿了，就是在遵守道德和法律规范的前提下思想不受任何限制。科学无域界，学术无禁区。学者要能驰骋想象，敢于突破思想壁垒，跨越学术藩篱，挑战权威，自立新说，才可能有所建树。陈寅恪在1929年所作"王国维纪念碑铭"提出的"独立之精神，自由之思想"，应该成为今日学者的思想与学术座右铭。

对于年轻学子来说，思想需要训练。从训练手段上讲，国外高等教育一个非常重要的手段是论辩（disputation）。这种论辩，除了公开的口头争辩，更多的是在思想者心灵中默然进行的是非辨析，是一种永无止境的精神努力。遗憾的是，我国的高等教育基本没有这样的训练，这对学术创新是不利的。希望大家意识到这一点，认真学习哲学以及黑格尔所说的"小逻辑"，注重形上思辨，从学理基础上弄清事物及认识的逻辑关系，提高自己的思辨能力。

不过一切训练都须从读书做起。追求"博雅创新"，就应该多读书。读书须有讲究。桑兵教授说过一句很睿智的话："不可不读书，不可读《读书》。"此话一方面表达了他对《读书》杂志这些年质量下降的不满，另一方面也提示年轻学者，靠读二手的学术著作介绍或书评的方式去了解别人的著作是远远不够的。书一定要读经典，读原著。书是思想和学术灵感的源泉，是前人智慧的结晶，包含丰富的知识信息。唯有大量读书，才能真正做到"博雅"，学术创新的灵感才会不断涌现。

二、学术诚信与道德自律

关于学术诚信，且从国外几个著名的学术不轨案例说起。

第一个案例：诺贝尔奖得主大卫·巴尔的摩涉嫌造假案。1986年，一篇由诺贝尔奖得主大卫·巴尔的摩（1975年诺贝尔医学奖）共同署名的有关免疫遗传学的论文，因无法重复论文中的实验，被怀疑有弄虚作假的数据。论文有6名作者，巴尔的摩对整个研究进行了监督，尽管他本人并没有亲自操作。1991年夏天，《时代》周刊为此发表了一篇封面文章。这一事件涉及到巴尔的摩的名誉，甚至吸引了国会和秘密调查部门的注意。至今为止，此项研究还没有被其他科学家证实。

尽管没有因此事受到处分和控告，但巴尔的摩于1992年辞去了洛克菲勒大学校长的职务。为了减少在论文中的错误,他和共同署名的作者一同发表了一个更正。论文作者之一Thereza Imanishi-Kari因科学上的不诚实而受到指控。这一事件的调查历时近10年并为所有在此研究领域中的人所瞩目,并最终产生了39项修订"研究误导"的提议。

第二个案例:贝尔实验室舍恩作假案。科研人员亨德里克·舍恩于1998年正式加盟美国贝尔实验室后,先后与其他20多位研究人员合作,在短短两年多时间里在《科学》《自然》等全球著名学术期刊上发表十几篇论文,其中一些研究还被认为是突破性的。这些成果的产出率和分量远远超出大多数同龄科学家的成就,舍恩一度被认为迟早会得诺贝尔奖。

但其他科学家随后进行的研究却无法重复得出舍恩的实验结果。尤其令科学界怀疑的是,舍恩的多篇论文虽然描述了一系列不同的实验,但部分数据看上去却一模一样,有一个"噪音"图形甚至完全相同,而这些数据和图形本应随机产生。接到投诉后,贝尔实验室于2002年5月邀请5名外界科学家组成独立调查小组,对舍恩的一系列研究展开调查。调查小组最终认定,在1998年至2001年期间,舍恩至少在16篇论文中捏造或篡改了实验数据。有鉴于此,贝尔实验室将舍恩开除,相关论文也被期刊撤销。

舍恩事件是贝尔实验室历史上查出的首起科研人员造假行为。在舍恩事件中,贝尔实验室直面外界质疑,认真处理科研人员不端行为的做法,受到普遍肯定和好评。

第三个案例:南卡罗莱纳医科大学博士生造假案。南卡罗莱纳医科大学一名前博士生(一位姓林的华人,从名字拼法判断大概来自台湾，事发时已获得博士学位）在已发表的三篇有关基因疗法的论文中，用多种方法伪造实验数据，使实验结果看上去更令人信服，例如只用一只老鼠做样本，却声称用了多只老鼠；把一个样本稀释了四次，声称是四个不同的样本；把别的实验结果篡改后当成新的实验结果，等等。林否认自己有意造假，声称是无意的过失，并深表遗憾。"研究诚实办公室"给予的处置也是"自愿排除"三年，并且必须给已刊登其论文的刊物去函澄清、更正。

以上三个案例说明，学术不端是一个世界性现象，已经严重亵渎学术研究的神圣性，污染了学术殿堂，损坏了学者声誉，造成极为恶劣的影响。

出现如此多且影响重大的造假案，国外学界或官方有何防范整治措施？

在国外，官方成立专门的防治学术不端行为管理机构的情况仅限于美国、丹麦、芬兰、挪威和波兰等少数国家。英国于2006年成立由多个政府部门和各方机构共同支持组成的"科研诚信小组"，而德国、加拿大、法国、澳大利亚、日本和韩国等国家是由大的学术机构或基金会设立这方面的管理机构。

以美国为例。早在20世纪80年代，美国联邦政府就在"廉洁与效益委员会"下设"科研不端行为工作组"；后来为贯彻落实《关于科研不端行为的联邦政策》，白宫科技政策委员会成立了部门间的协调小组。鉴于生物医学领域逐渐成为学术不端的重灾区，美国于1992年成立"科研道德建设办公室"（ORI），此乃最重要的防治学术不端行为的官方机构，隶属卫生与人类服务部，由之前的两个科学道德建设机构合并而来。同时，重要的科学机构如美国科学院、工程科学院、医学科学院、美国科学促进会和大学等也大多设有内部管理机构负责科研诚信建设和防治学术不端行为。

在政策法规方面，美国联邦政府防治学术不端行为的最高政策是2000年发布的《关于科研不端行为的联邦政策》，适用于联邦机构开展的研究，通过合同形式为联邦政府开展或管理的研究，或者由联邦政府支持在研究机构（包括大学和产业界）所开展的研究。它对发现不正当研究行为的要求、联邦机构和研究机构各自的责任、公正及时程序指南、联邦机构行政措施、其他组织的作用等，作了具体规定。

近年来，一些亚洲国家正成为违反科研诚信，发生重大学术不端事件的灾区。日本的"旧石器发掘伪造事件"、韩国的"黄禹锡论文造假事件"等，影响巨大。在此日益严峻的形势下，亚洲一些国家开始重视并相应采取一些整治措施。日本学术会议2005年发表过一份《科学研究中不端行为的现状与对策报告》，此后日本政府和学术界开始重视对学术不端行为的防治。2006年初，日本政府科学技术政策的最高决策机构——综合科学技术会议发布《关于切实应对科研不端行为的意见》。2006年2月，文部省在其科学技术与学术审议会中新设了防止"科研不端行为特别委员会"，由该委员会形成的《关于处理科研不端行为的指南》以文部省部门规章的形式发布。

韩国自黄禹锡事件后，"学术不端"问题引起政府的高度重视。2006年韩国科技部出台《关于国家研发事业中确保研究伦理及真实性的准则》，详细规定了对学术腐败查处的程序以及相关部门、机构的责任。虽然该准则的效力和内容还有待提高，但毕竟是韩国在防治学术不端行为方面的第一部规则，标志着韩国在这方面迈出了一大步。

学术造假在中国同样存在，其严重程度丝毫不亚于（或说远超）国外同行。具体案例因时间关系暂不列举。这里仅谈谈国内针对这种情况采取的措施。

作为国内最高的国立科研机构，中国科学院2007年初制定的《关于加强科研行为规范建设的意见》，对"科研不端行为"作了具体的界定，并详细列举7条认定标准：包括在研究和学术领域内有意做出虚假的陈述；损害他人著作权；违反职业道德利用他人重要的学术认识、假设、学说或者研究计划，以及研究成果发表或出版中的不端行为等等。这个标准比较准确地阐明了科学不端行为的内涵，比较全面地涵盖了其表现形式，是目前我们可以用来定义学术不端行为的重要依据。

各大学及地方学术机构也制定相关的规定。如四川大学成立了学术道德委员会，由校学术委员会中推选部分委员兼任，负责处理本校教师这方面的问题。我本人就被推选为校学术委员会成员兼学术道德委员会成员。最近学校严肃审理学校宗教研究所副教授李某抄袭台湾一硕士生的论文的问题的案件，作出"开除校籍、留校查看一年"的处分决定。可见学校对此问题的高度重视。

中外大量学术不轨案例接踵出现，以及相应的整治规则的出台，说明在学术研究中订立规范，强调学术诚信的必要性和紧迫性。我个人在这一问题上没有多少独到的见解，简单提出几点的看法：

1.学术打假不能只靠法律手段，要树立良好的道德规范。整治学术不端行为需要靠学者道德"自律"而不能指望"他律"。"自律"是治本,"他律"是治标。

2.所谓"学术道德",表述并不恰当。以我的理解,只有做人的道德,没有独立于做人道德品质之外的学术或技术或艺术的道德。打个比方:现在中国大学有"专业英语"这种说法,就极不妥帖,感觉不伦不类。你听说过外国人学汉语有"专业汉语"的说法吗?中国人却制造出"专业外语"的说法。这很荒唐。道德也一样,只有做人的道德,学术不能自立道德体系。大家只要坚持做人的道德,追求真理,诚实不欺,并将这种道德品行落实到为人做事的方方面面即可。

3.学术秩序依靠诸如"某某子"之类以个人行为方式推进,是中国学术的悲哀。学术秩序需要学术共同体自觉维护,"学术警察"的监督不能从根本上解决问题。中国的学术规范应该偏重学术建设而不应该偏重不端行为惩处。

以上意见,尚不成熟,有些意见,因时间关系,无法展开申论,而院长之命又不能不听从,也就不顾所思所想粗浅,一并贡献给大家,聊备参考。

读书六法：朱熹读书方法演绎[①]

人文学科成果以典籍传承，故谈史学研究方法不能不谈读书。

中国古人将学习分为"耳学"和"眼学"，"耳学"是听，"眼学"是看。贬义地说，"耳学"乃拾人牙慧，是低级阶段的学习方法，善学者应注重"眼学"而非"耳学"。现在大学攻读学位是"耳学"和"眼学"并重，听老师授课，是为"耳学"，自己读书思考，是为"眼学"。我们所强调的，是以"眼学"即自己读书为主。但读书是有讲究的，并非所有人都会读。当初朱熹门人荟萃朱子平日训导，节序其要，得"读书六法"：一曰循序渐进；二曰熟读精思；三曰虚心涵泳；四曰切己体察；五曰着紧用力；六曰居敬持志。朱熹将读书与修身养性相结合，所授读书六法，前三法基本上是"读法"，后三法偏重心性修养方面的功夫，有类"用法"。今略仿朱子，演绎六法。然演绎亦有不同路数，朱熹说："汉儒解经，依经演绎；晋人则不然，舍经而自作文。"我做演绎，依违汉晋，未必伦类，但于各位同学读书学习有所助益，非所忌也。

[①] 本文是在作者给四川大学及四川师范大学本科生演讲的基础上扩充而成。

一、出入法

宋人陈善在《扪虱新话》一书中写道："读书须知出入法，始当求所以入，终当求所以出。""入"是寻求客观知识，了解作者表达的事实和见解，"出"是表现读书人的主观看法。读书应出入结合，主客观交互作用，才能产生良好的学习效果。从程序上看，"入"是读书学习的第一阶段，在这一阶段，读书的要求是司马迁在《史记》自序中说的"无成执"。所谓"无成执"就是虚心，虚心即心要空，就是没有先入之见。器物唯其空才能装东西，人要虚心才能接受新知识。朱熹说："读书别无法，只管看，便是法，正如呆人相似，崖来崖去，自己却未先要立意见，且虚心，只管看，看来看去，自然晓得。"朱熹用"虚心涵泳"四个字对这段话作了概括，意思是读书时要虚怀若谷，反复咀嚼，忌穿凿附会，不能想当然，就像用秤去称东西一样，是多少就是多少。余英时解释说，读书"虚心"，首先是要"无我"。可见，读书没有想法不行，但想法太多有时也会成为掌握旧学新知的障碍。

但对已进入第二阶段的读书人来说，要求就不同了，就应有主见有自我，就要讲究"出"了。读书为何要"出"？因为读书不只是要汲取知识，还应形成自己的见解，单纯学习模仿不可能在学术上有什么建树。齐白石告诫弟子，"学我者生，似我者死"，主张在学习的基础上创新，形成自己的风格。所言虽针对绘画，读书学习亦属同理。而要能创新，读书时只"入"不"出"是不行的。

"出"的关键是要有思想,要不轻信他人的言说;借用西人的表述,就是要学会"批判性阅读"(critical reading)。尼采主张"重新估定一切的价值",开启了近代怀疑主义的风气,并影响到近代中国的思想学术。胡适说,科学研究的第一个信条是"思想",而思想的起点是"怀疑"。书可以告诉我们许多有用的知识,也可能传达错误信息,未可轻信。孟子说,"尽信书,则不如无书",就是这个道理。

就史书而言,你敢说书上的东西都真实可信吗?会读书的人都知道不可尽信。曾国藩读古代史书有关战争的记载,就产生了怀疑。他说古代史家最受后人尊崇者莫过班、马,就才学言,"班固不逮司马子长远矣"。但即便是司马迁,其《史记》也不尽可信。他说《史记》最好的涉及战争的篇目是《淮阴侯传》,其中写得最精彩的韩信克敌制胜的办法为"沙囊壅潍"与"木罂渡河",但两种办法均违反常识,不可置信。他根据自己领军作战的经验判断,这是没有战争经验的司马迁采信传闻或纯出臆想。在湘军与太平军作战过程中,曾发生著名的"靖港之战"。此战湘军惨败,曾国藩为总结教训,战后召集参战将领,命其讲述战役经过,结果言人人殊,有的甚至截然相反。亲自参战的军人尚且如此,从未打过仗的文人更不待言。由此曾国藩断言,"古来史书之言兵事者,皆好事文人以意为之,不知战争为何事,战阵为何物",不可轻信。

关于史书记载不尽可靠,后现代史学提供了很好的理论说明。后现代史学有个十分经典的论述,认为人们读到的一切"历史"其实都只是文本(text),是认识中的历史,有人为即"伪"的因素。

既然有伪，研究者就应去伪存真。同学们学中国古史就知道，上古"三代"历史之所以被描述得无比辉煌，按照古史辨派顾颉刚等人的说法，是因为其中包含"层累堆积"的构成效应，有很多后世添加的成分。至于中国近代史，相关记载更不尽可靠。梁启超1920年代在清华当导师时曾说："吾二十年前所著《戊戌政变记》，后之作清史者记戊戌事，谁不认为可贵之史料？然谓所记悉为信史，吾已不敢自承。何则？感情作用所支配，不免将真迹放大也！治史者明乎此义，处处打几分折头，庶无大过也矣！"作为当时当事人的记载也不免"将真迹放大"，可见读书时把握"出入法"中的"出"，学会"批判性阅读"，何等重要。

二、通读法

书要从头至尾逐字逐句通读，一气呵成，方能理顺书中的繁复内容与叙事脉络，掌握作者的思想见解与论证方法，看出言内言外之意及曲径通幽之所在。通读法的要领为"通读一书及一书一书通读"，具体办法为不读完一本书，不读第二本书。朱熹说："通一书而后及一书，以一书言之，篇章句字，首尾次第，各有其序，不可打乱，要做到字求其训，句求其旨，未得乎前不敢求乎后，未通乎此不敢志乎彼。"此乃读书最重要的方法。

但文史专业同学写文章找资料往往会形成"scan"即扫描阅读的习惯，并视之为行之有效的读书方法。其实严格地说这不是读书，是找东西，是在做傅斯年所说的"上穷碧落下黄泉，动手动脚找东西"那样的工作。读书是另外一回事,是学习欣赏和批判。欣赏要能领悟其高妙,批判要看出其破绽,这都不是随意翻翻就能达致目的的。对于内涵丰富的书,尤须从头到尾认真读,不可凭兴趣爱好,或根据自己的需要,跳读或挑读。张竹坡在《批评第一奇书〈金瓶梅〉读法》一文中谈到《金瓶梅》的读法,很有启发性,他说:"《金瓶梅》不可零星看,如零星,便只看其淫处也。故须尽数日之间,一气看完,方知作者起伏层次,贯通气脉,为一线穿下来也。凡人谓《金瓶》是淫书者,想必伊止知看其淫处也。若我看此书,纯是一部史公文字。"读语录、看他人引用的文字,都属于挑读、跳读,要害在于断章取义,很可能会歪曲作者的本意。

最近看到一篇文章,大意是说随着IT技术发展,人们的阅读越来越"碎片化",这很可能会导致人的智力下降。我很赞成这一说法,只是认为"碎片化阅读"并不限于IT技术打造的"微阅读",传统纸质书籍阅读时的挑读、跳读也是"碎片化阅读"。我们知道,优秀的论著往往具有高度的思想性、人文性及内在逻辑性,而挑读、跳读恰恰破坏了阅读对象的完整性与系统性,不可能把握其丰厚的内涵及作者的用意。大家都认同读书学习是一种智力训练,既然碎片化阅读严重弱化了读书人所受训练,说这种阅读方式会使人"弱智",并不夸张。

三、参读法

据说这是鲁迅总结出的学人习惯使用的一种读书方法,对从事学术研究的人而言，这一方法甚是实用。所谓"参读"就是参互读、交叉读，鲁迅读书不但读某一作者的论著，还参读其传记、书信、日记及他人著述，以便了解作者所处的时代和作者的真实思想，深化对作品的理解。

读书之所以讲究"参读"，其中有一个阐释学强调的"文本"（text）与"语境"（context）的关系问题。任何文本都存在于特定语境中，孤立看一段话，往往会将这段话由所产生的语言环境剥离出去，让人不知所云。不仅一句话不能孤立理解，一本书也不能孤立地看，因为文本与语境的关系某种程度上也可理解为书与书的关系，不同的书，彼此之间也可相互诠释。因而善读书者都忌讳孤立地研读一本书。虽然在一些情况下，孤立的读一本书也可能弄懂这本书的内涵，但有些书若孤立读，即便读千百遍，也未必能读懂。蒙文通曾借用欧阳竟无读书之例来说明这一点。当初欧阳竟无读佛教俱舍经，历数年而不得其解，乃向沈增植请教，沈要他取上下左右之书读之。所谓"上下左右之书"就是相同、相近、相似、相关、相左乃至相反的书，欧阳竟无以此法重读俱舍，三个月而豁然开朗。很明显，"上下左右之书"已构成俱舍经的语境，帮助欧阳竟无理解了俱舍经义。此例清楚说明了不同之书彼此间的相互诠释作用，而蒙文通从中总结的"事不孤起，必有其邻"的认识论，也成就了他的博学与通识。

对于历史学者而言，参读尤为重要。参读的功效在于比较异同，以便做出综合性判断。同一历史存在，在不同的观察者看来，内涵可能相去云泥，站在单一的观察维度，不可能获得"全息"的历史影像，因而多维度进行观察认知，十分必要。大家应该读过柯文（Paul A. Cohen）的《历史三调》，该书将义和团区别为"事件""经历"及"神话"三种不同形式的存在，就是告诫读者，"历史"可以有不同的认知与表达方式，其内涵亦往往因此存在差异，读史者应学会比较异同，探究窾奥，把握其多重含义，方不至云雾其中，瞢无所见。从哲学立场分析，黑格尔讲辩证法强调万物之间的普遍联系，认为离开事物间复杂的关联性与相互作用，任何事物都不能获得正确解释。而"参读"恰好从方法上照应了事物之间客观存在的关联性。

四、复读法

学者治学不能没有根基，梁启超曾将治学根基的奠定喻为"开拓殖民地"，建议学者深挖广殖。就读书方法而言，读书人欲拥有属于自己的"殖民地"，在多读泛读的同时，应选择一种或数种书，反复读，终生读，将书中的知识变为自己的知识，乃至在知识构成上不分主客，难辨人我，以此为基础，拓展知识领域。此法同"参读法"一样，与朱熹的"熟读精思法"神髓相通，妙在精熟。

复读的要义在于专一。荀子说："好稼者众矣，而稷独传者，壹也；……好书者众矣，而仓颉独传者，壹也。"《韩诗外传》云："出见骍马之肥则好之，入闻夫子之言则又好之。两心交战，故瘠也。"对此，傅斯年评论说："不能择一职业，终身守之，以成终身之事业，能无瘠乎？"从治学及修行实践上看，古人治经往往专治一经，而非兼治群经，原因在于兼治群经往往为力不能及；而专治一经，一旦通了一经，可以产生触类旁通的效果。佛教高僧也异常重视修习时的学行专一，宋代大慧普觉禅师宗杲以习武喻曰："譬如人载一车兵器，弄了一件，又取出一件来弄，便不是杀人手段。我则只有寸铁，便可杀人。"宗杲精研佛理，深谙修习之道，其"寸铁杀人"之喻，说明了专一的功效。而对读书人来说，最便捷的通解经义办法，除了广博性的"参读"，就是专一性的"复读"。

在"复读"法的运用上，成功学者甚多。如胡适对《水经注》几乎研读了大半辈子，各种版本的《水经注》均已熟读，学问方能推陈出新。红学家俞平伯的成功之道亦是如此。据说俞平伯每年都至少要读一遍《红楼梦》，以至能背诵《红楼梦》全书，其红学研究能有巨大成就，此乃重要原因。我读大学时的老师、廖平的入室弟子、今文经学家杜刚白先生能背诵《左传》全文，熟记各种版本的《左传》注疏，耄耋之年谈及先秦诸史及史籍，仍如数家珍，曾亲口告诉我，其能如此，办法无他，只是"复读"。

苏轼说："旧书不厌百回读，熟读深思子自知。"道明了反复读同一本书的奇特功效。余嘉锡在《四库提要辩证》序录中说："董遇谓读书百遍，而义自见，固是不易之论。百遍纵或未能，三复必不可少。"也强调复读的必要。钱穆说，十本书读一遍，不如一本书读十遍。福楼拜（Gustave Flaubert）说："一个人若能足够认真地读上10本书，则可望成为圣人。"虽然要求复读的书的数量不同，说的却是一个道理。

五、计量法

读书应注重量的规定性,用文学语言表述,就是要效法韩信用兵,多多益善。韩愈说:"读书患不多,思义患不明。"黄宗羲死后,有人镌刻《梨洲先生神道碑》,引述黄氏治学心得曰:"读书不多,无以论斯理之变化。"韩愈、黄宗羲均为明确强调读书不多是为治学之患的学者。杜甫则从写作需要的角度强调大量读书,他在《奉赠韦左丞丈二十二韵》中写道:"读书破万卷,下笔如有神。"现在学生读书,既患粗疏,更患量寡,完全没有量的规定性,自难产生良好的学习效果。

读书必须有量的规定性,阅读量少,不可能达到学习训练的效果。但许多同学并不真正知道读书的质量关系,片面强调质而忽略量,不知没有量绝对谈不上质。在国外攻读学位,教授一般要求研究生在完成课程的前提下每周至少读两本专业书,美国、日本历史专业的博士一般要读6至8年,若以8年计,一年52周,每周两本,休息两周,一年100本,8年800本。由于本与本差异甚大,不好精确计算阅读量,一些学校又有每周读500页的规定,据说哈佛大学就是如此。但无论是"本"还是"页",所要求的阅读量都很大。相比之下,国内的学位培养却没有严格的阅读量规定,这是造成中外高层次人才培养差距的重要原因。

为什么攻读学位要读这么多书?这当然是达到学科最高水平,拿到硕、博士学位的要求,因为水平要求越高,基础应当越厚。从心理学的角度讲，大量读书才能产生学习上的良性循环，这里面存在某种心理甚至大脑生理的规定性。英国圣三一学院神经学研究所教授伊朗·罗伯逊（Iran Robertson）说："你学得越多，你所能学的就越多。"认为大量的读书学习对于大脑生理作用的发挥可以起到良性刺激作用，提高进一步学习深造的能力。片面强调读书应注重精读而效果不甚明显的学者，应该从罗伯逊的意见中得到启发。

六、购读法

学者要舍得买书，既要借读，也要购读，要为自己构建一个属于自己的书斋，一个专业性很强的书斋，以补公共图书馆的不足。购读偏重购，本非读书法，但与读书密切相关，姑作其一，凑足"六法"。

中国传统学者多为书斋学者。中国古代没有真正意义的公共图书馆，所谓"皇史宬"乃皇室的私家书库，而清代著名的七大藏书楼——文渊阁、文津阁、文源阁、文汇阁、文澜阁、文溯阁、文淙阁，基本上是官方专用书楼。在公共图书馆尚未建立的情况下，书斋可以为学者提供精神食粮。故传统学者都十分重视构建书斋，并给自己的书斋命名寓意。如曾国藩的"求阙斋"，俞樾的"春在堂"，王力的"龙虫并雕斋"等。然而，是不是有了现代图书馆之后就不需要书斋了？不是。公共图书馆与私人书斋性质功能是有所区别的。个人的藏书在量上虽无法与公共图书馆相比，但"尺有所短，寸有所长"，个人藏书的优势在于：一、可以很好对应自己兴趣爱好；二、没有使用时间的限制；三、可以任意批注。很多一流学者同时也是一流藏书家。如胡适，藏书多达40书柜，包括105种善本古籍，其中乾隆甲戌本脂砚斋重评《石头记》，堪称海内孤本，他如稿本《四松堂集》、嘉靖刻本《二郎宝卷》及珍本《金瓶梅》等，均为罕见秘籍。曾三次担任民国教育总长的学问家傅增湘，收藏古籍达20余万册，其中宋、金刊本有150余种，均为稀世珍品。正是以此为凭借，他编著《北京图书馆善本书目》，并在晚年校对千卷巨著《文苑英华》，在古籍整理方面作出巨大成就。胡适、傅增湘的成功之道证明了注重"购读"，即出资建构个人书斋的重要性。

需要提醒的是，随着技术发展，书斋的形式也在发生变化，现代学者在重视纸本图书的同时，还应学会利用数字图书，收罗电子文本，为自己建造一个电子书斋。现有的各种电子期刊及数据库，若能充分利用，你的个人电脑里就可以收藏相当于一个小型甚至中型图书馆的书籍，满足你的求知欲望。

以上演绎"六法"，有朱熹教诲，有近人经验，也有自己的感悟，一并贡献于兹，希望对同学们有参考价值，并希望大家通过读书，体验其中苦乐。记得曾有人把中国古代读书方法归纳为"乐读法"与"苦读法"，说"苦读"的典型是孙敬和苏秦，前者头悬梁，后者锥刺股；"乐读"的倡行者是孔子，主张"知之者不如好之者，好之者不如乐之者"。其实这是读书学习的两种心境与感受，不是方法，但两种感受都十分必要。一般说来，读书人在学习的初始阶段总会感觉苦楚，王国维所说"治学三境界"中的前两个境界,"昨夜西风凋碧树,独上高楼,望尽天涯路"和"衣带渐宽终不悔,为伊消得人憔悴",均是在形容读书学习及做学问的艰辛。但同学们不必知难而退,因为唯有经历其苦,才可望感受其乐,进入王国维所说的读书治学的第三境界,体验"蓦然回首,那人却在灯火阑珊处",即经历艰辛探索之后既有所见、复有所得的无比愉悦。

中　编

史学论著方法论点评

边政何以成"学"[1]

在学术不断推陈出新的今日,学科交叉融合不仅成为寻求突破既有学科学术研究现状的重要思路,而且成为创立新兴学科、开创学术研究新领域的实践途径。最为典型的学案可以在人文学者不太熟悉的化学领域寻觅到:现代化学的发展变化集中体现在诺贝尔化学奖大部分都是交叉学科奖。从1901—1990年诺贝尔化学奖来看,在总计82个奖项中,有71个为生物化学、物理化学、结构化学三门学科摘取,显示出学科交叉的独特优势。其实不仅化学,几乎所有学科,寻求与其他学科交叉已成为趋势。截至20世纪末,交叉学科总数已超过全部学科的一半,社会科学因"交叉"形成的"学科"共571个。与史学相关的交叉学科如历史语言学、历史地理学、历史人类学、计量史学、生态史学、心理史学等,都是在不同学科交叉点上生长起来的。

交叉学科的成长多数情况下是学者有意识学术努力的结果,但

---

[1] 本文系作者为汪洪亮教授的著作《民国时期的边政与边政学(1931—1948)》所写书评兼序言,该书在本文作者指导完成的博士论文基础上修订充实,于2014年由人民出版社出版。

也有一些不经意走出来的学术路径。鲁迅说："世上本没有路，走的人多了，也就成了路。"尽管用于比喻学术，会有人持不同意见，近代中国边政学的兴起却可印证鲁迅的说法。

"边政"成为"学"是近代中国边疆研究趋向高潮的产物，是中国学者将人类学应用于"国族"构建与国家政治建设的尝试，就其融汇众多学科于一体而言，可以算得上是典型的"交叉学科"。从学术史立场观察，"边政学"是中国边疆研究由传统学术向现代社会科学研究转型的重要标志。学人心目中的"边政学"乃"边疆政治学"与"边疆行政学"的合称[①]，是基于"边政"或应"边政"之需而产生的学术与学科。其概念中的"边疆"（frontier）并不限于地理学意义上的诠释，除了地理之外，通常还包含政治、经济、文化几层含义，其中"文化"含义被强调得最多[②]。

---

① 林恩显在《边政通论》中指出："边政，或许可以说是边疆政治的简称，系指边疆地区之区域性的治理而言。然则何谓边疆？其意义、范围均有待我们加以探讨。"（林恩显：《边政通论》，台北：华泰书局，1988年，第1页。）胡耐安指出："边政，此一词称，听来不免新颖；或许可以说这是'行政学'词汇里的一个特殊词称。边政，顾名思义，说来可也就极其寻常，无非是指边疆地区之'区域性'的治理而言。若然，首先须对我人今兹所应研讨的'边政'之'边疆'涵义，了解其不只是地理用语的边疆，而是具有人文、政治涵义的边疆。"（胡耐安：《边政通论》，台北：商务印书馆，1970年，第1页。）不难看出，二人分别强调了政治与行政两个方面的不同内涵。

② 时人贾湖亭就曾将其区别为地理的边疆、经济的边疆、政治的边疆与文化的边疆四种含义。认为地理、经济及政治上的边疆，其义甚明，少有分歧。"所谓文化上的边疆，乃是就国内若干在语言、文字、宗教、风俗习惯与生活方式不同于汉人之宗族而言，如桂之傜人、滇之夷人、黔之苗人，其距国防线甚远，不能视为地理的边疆，其经济形态，亦多属于粗放农业，亦不能称为经济的边疆，其服膺中央与地方法令甚早，更不能谓为政治的边疆，而以其与汉文化有别，故被视为文化的边疆。"因而所谓文化的边疆，实即两个以上"不等式文化"接触后所产生的文化边际（culture margin）。贾湖亭：《论我国半世纪以来之边疆政策》，张其昀主编：《边疆论文集》，台北："国防研究院"，1966年，第675页。

"边疆研究"源远流长，传承有绪。自《史记》以列传记述"西南蛮夷"事迹起，历代史书中的"蛮夷传"乃至部分"外国传"，均可视为"边疆研究"的成果。逮及清季，对"边疆"的研究已俨然处于"显学"地位，出现了徐松、沈垚、龚自珍、程恩泽、俞正燮、张穆、何秋涛、李光廷、魏源、梁廷枏、徐继畬等一大批潜心研究边疆的学者及大量有关边疆的著作[①]。胡适的父亲胡传就曾对东北历史地理做过深入的文献研究及实地考察。光绪八年（1882）三月，胡传受吴大澂委派赴宁古塔与珲春交界的原始大山，实地勘查地势水文及常住人口，写下调查笔记《十三道嘎牙河纪略》，之后完成的《中俄分界牌》《吉林防务》《辽海榷盐和议》等，更为认识清末东北边政提供了重要参考。金毓黻说魏声龢曾向他提及此事，称清代留意东北地理者有三人，一为吴兆骞，一为胡传，一为曹廷杰[②]，充分肯定了胡传在边疆研究中的地位。

然而晚清历史上的"边疆研究"基本属于传统学者的治学范畴，尚不具有现代学术研究的含义。从学科领域看，清季的边疆研究大致局限在边疆史地范围，很少涉及民族、宗教与社会，至于自然科学，则更无人问津。从方法上看，清季的边疆史地学者，大多沿袭传统文人墨客的撰述方法，成果以游记杂录居多。尽管如此，历代学人所做边疆研究，为尔后"边政"及"边政研究"发展成"学"奠定了一定的基础。

民国以后，中国传统意义上的边疆研究呈衰落之势，而中国自

[①] 参阅胡逢祥等：《中国近代史学思潮与流派》，上海：华东师范大学出版社，1991年，第34—89页。
[②] 金毓黻：《静晤室日记》戊集六，沈阳：沈阳书社，1993年。转引自傅朗云：《胡传其人其书》，《北方文物》1990年第3期，第86页。

身可划归现代学术范畴的边疆研究开始起步。1922年，华西协合大学设立华西边疆研究学会（West China Border Research Society），学会虽以叶长青、陶然士、莫尔思、葛维汉等外国学者为骨干，亦有中国学人如李安宅、方叔轩、徐益棠、冯汉骥等参与（后期以中国学者为主），该会所做领域广泛的边疆研究成果发表在《华西边疆研究学会杂志》等期刊上，在国内外产生了重大影响[1]。1928年，清华大学袁复礼、翁文灏、罗家伦等组建边疆史地学会，后又成立边疆研究学会，旨在"切实研究边地之地理形势、社会状况、天产富源、外人势力、政治现象及其他与边地有关之各种重要问题，期得确切解决之知识及妥善之挽救办法"[2]。同年南开大学蒋廷黻、张彭春、何廉、李继侗等成立满蒙研究会，后改名东北研究会，致力于东北历史及现状的研究[3]。这些带有西学色彩的学术努力，为边政学的兴起从现代学术方向上作了重要的理论铺垫。

1930年代以后，边疆研究受到前所未有的重视，这与中国面临的边疆危机在此时加重而产生的刺激有关。在近代中国历史上，边疆一旦告急或为当局看重，边疆研究就会由"隐"而"显"，成为热门学科。1931年之后，日本侵占东三省，导致严重民族危机，边疆研究遂成"爱国救亡运动"的重要组成部分，"和其他学科的研究恰然相反，呈现一种空前的热烈与紧张"[4]。在此背景下，顾颉

---

[1] 李绍明：《中国人类学的华西学派》，王铭铭主编：《中国人类学评论》第4辑，北京：世界图书公司，2007年，第41—63页。
[2] 《边疆研究会成立大会》，《国立清华大学校刊》1928年第9期，第7页。
[3] 参见南开大学校刊编辑处：《校风》1928年第48期，第11页。
[4] 马长寿：《十年来边疆研究的回顾与展望》，蒙藏委员会编印：《边疆通讯》第4卷第4期，1947年4月，第1页。

刚、谭其骧等人创建禹贡学会并出版《禹贡》半月刊，致力于研究边疆史地及民族问题。全面抗战爆发后，国府西迁，国家政治、经济、文化中心移至西南，沿海及中原各地众多学人随之迁徙。一时间，中国现代研究边疆民族问题最优秀的学者几乎全部荟萃西南一隅[1]。以前甚少受人瞩目的西南地区因抗战的缘故，成了"民族复兴"基地和"抗战建国"后方，地位陡然提升，被政府及民间寄予厚望，受到学者异乎寻常的关注。于是，众多学人投入精力研究边疆，边疆研究机构及学术刊物如雨后春笋，在西南地区大量涌现；政府机关及社会团体也组织了不少边疆考察和研究活动[2]。大量学人及学术机构致力于边疆研究，为边政学的兴起提供了人事及组织

---

[1] 从事边疆研究较有影响者有燕京大学的林耀华、齐鲁大学的顾颉刚、金陵大学的徐益棠、柯象峰、马长寿；华西协合大学的郑德坤、李安宅；中央大学的丁骕、戈定邦、胡焕庸、严德一；中央研究院历史语言研究所的吴定良、芮逸夫、马学良；蒙藏委员会的周昆田、楚明善、孔庆宗；教育部的边疆教育司司长凌纯声、国防委员会的边疆问题参事吴文藻、西南联大的陶云逵、向达、陈达、潘光旦、吴景超、李景汉、李方桂；云南大学的费孝通、杨堃、李有义、白寿彝；西北联大的李式金、王均衡、谢再善、黄国璋；浙江大学的张其昀、谭其骧；大夏大学的吴泽霖、陈国钧；中山大学的杨成志、岑家梧、王兴瑞；复旦大学的沙学俊、言心哲、卫惠林；中央政治学校的萨孟武、肖铮；蒙藏学校的胡耐安等，可谓群贤毕至，高手云集。这些学者构成了斯时中国边疆民族问题研究的基本队伍。

[2] 当是之时，各色各样的科学考察团纷纷成立，蔚为大观。这些科学考察团包括：安得思（R. C. Andrews）中亚调查团、斯坦因（Sir M. A. Stein）新疆考察团、中瑞合办之斯文·赫定（Sven Anders Hedin）西北科学考察团、史禄国教授（S. M. Shirokogoroff）领导之凉山民族考察团、中山大学川边考察团、滇边考察团、中国科学社四川标本采集团、中央研究院贵州科学考察团、瑶山生物考察团、中国西部科学院生物标本采集团等。而国民政府特组之西陲学术考察团，亦宣告成立。马大正认为，边疆研究特别是西南边疆研究在日本侵华事件发生后开始真正得到复兴，到了1940年代初，则"达到其发展阶段的顶点"。马大正、刘逖：《二十世纪的中国边疆研究》，哈尔滨：黑龙江教育出版社，1998年，第86页。相关研究详见杨天宏：《基督教与中国边疆研究的复兴》，《历史研究》2010年第3期。

载体。

就内涵而言,"边政学"以挽救民族危亡为使命,以开发、建设和稳定边疆为目标,以边疆政治为研究主题,同时涉及边疆经济、地理和历史文化等相关问题。学理层面,边政学的兴起与人类学、社会学、宗教学、民俗学等"西学"之"东渐"关系密切,边政学者充分吸纳新的学术资源,突破传统研究范式,力图使过去偏重实际的研究获得学理层面的支撑,逐渐趋于成熟。

"边政"衍生成"学"有其标志性事件和理论成果。隶属于国民政府蒙藏委员会的边政学会于1941年9月29日成立,以及学会机关刊物《边政公论》的创刊,是边政学作为学科存在的重要载体;杨成志的《边政研究导论》和吴文藻的《边政学发凡》可视为边政学作为学科成立的理论宣言;1944年,国民政府教育部依据《推行边疆教育方案》,指令中央大学和西北大学创设边政学系,规定边政学系学生享受师范生同等待遇,是边政学的学科地位受到承认的重要标志。从此,边政学作为一门学科,开始在国民政府及教育行政部门的官方话语中存在[①]。

从学术史上观察,边政学是一个非常重要的存在。然而在很长一段时间里,这一存在却逸出了当代学人的学术视野。由于这一研究的缺失,近代很多重要学人的学术建树都将失去赖以存在的学科领域,完整的与边疆民族问题相关的现代学术史将难以书写。这种近乎网漏吞舟的学术现象对追求周至完备学术的学者来说无疑是重大的缺憾。

[①] 关于教育部指令中大与西北大学设立边政学系一事,参阅杜肇敏:《中央大学的边政学系》,《西北通讯》1948年第3期,第18页。

汪洪亮博士能够"发现"并致力于民国时期边政与边政学的研究,反映了他对这一领域学术史全面准确的把握。其学术贡献在于首次完整重建了近代中国边政学产生、发展及演变的历史事实,概述了民国边政学的学术面貌与特征,构建了民国边政学的发展谱系,厘清了边政学与传统边疆研究的渊源关系及其灌注西学学理之后形成的与传统边疆研究的区别,并对顾颉刚、徐益棠、柯象峰、马长寿、李安宅、凌纯声、吴文藻、费孝通、张其昀、谭其骧、杨成志等近代学人在该学科的学术创建以及相关学科领域的学术成就,作了有别于其他学术史书写的介绍与研究,重新拾取了已在很大程度上被忘却的这段学术史记忆。尤其引人注目的是,作者对李安宅深入的近乎个案的研究以及对他在这一学科领域地位与贡献的强调,与李绍明"中国人类学的华西学派"概念的提出功效相似,具有部分改写中国人类学历史的含义。

人类学对中国而言是舶来的西学,故其在华最初的植根土壤是在东部沿海及附近地区,这些地区相关学术教育机构中的领军人物大多被认为是中国人类学界的翘楚。由于学缘与地缘的因素,近代人类学者被分为南、北两派。南派人类学者以中研院为中心,以蔡元培为代表,虽做少数族裔研究,却有嗜古倾向,偏重古代语言、文化及民族史研究,加上考古学家张光直在哈佛大学当过人类学系主任,强化了南派人类学者打通人类学与考古学的印象,对中国学界有广泛影响。北派以燕京大学社会学系主任吴文藻为代表,吴是学社会学的,人类学在他那里异化成"乡村社会学"。他之所以将费孝通引进人类学领域,就是因为他要推进社会学的"中国化",结果却导致其研究取向的人类学化。而受到吴氏影响的费孝通的人类学，按照他自己的说法，研究的却是"乡土性"①。

中国人类学不同派别之间或许并无当事人自己强调的那么明显的高下之分，但南、北两派之划分，明显遮蔽了人们的学术视野，好像这两派就是中国人类学的全部，忽略了在中国西部少数族裔最多的地区从事研究的"华西学派"的存在。李绍明作为长期在西部民族地区从事研究的个中人，对学界的提醒及论证是有明显针对性的。这不是西蜀学人自不量力要与南、北两派"三分天下"，而是因为"华西学派"是吾人研究人类学在中国发展历史时不可闭目不视的重要存在。姑不论《华西边疆研究学会杂志》外籍作者群体的巨大贡献（严格地说，他们也是"华西学派"的重要分子，他们的存在，显示了"华西学派"人类学研究所具有的充分的国际性），单是李安宅、任乃强、冯汉骥等西部学者所做贴近人类学"原教旨"含义的真正接地气的研究，已丝毫不亚于其他任何单一学派对人类学研究所做的贡献。其中李安宅尤为"华西学派"中国学人的杰出代表。陈波教授曾告诉我，李安宅是第一个深入北美印第安人祖尼部落进行实地调查并写下为西方人类学者高度赞誉的论著的中国学者②，也很可能是第一个长期深入甘南藏族聚居区对藏族宗教与社会习俗做人类学调查的中国学者。李在人们的学术记忆中被淡化，很可能与他同南、北两派若

---

① 王铭铭等：《人类学究竟是什么：一门学科的公众形象问题》，《中华读书报》2007年6月19日。亦见"中国人类学评论网"，http://www.news.nankai.edu.cn/rwsd/system/2007/0619/000007852.shtml.
② 李安宅对祖尼人进行的田野调查和研究是1935年夏天进行的。李先生说，他从6月15日到9月16日，除中间外出短游两周外，都待在祖尼人家里。除了进行人口调查，他更多的是"参与观察"。当时祖尼人部落总共219户，计2036人，李先生所做人类学记录就多达1420例。详见陈波：《李安宅研究：祖尼小镇的结构与象征》，《中国人类学评论》第3辑，北京：世界图书出版公司，2008年6月。

即若离有关，但他的成就却是不应被磨灭的。汪洪亮任职的四川师范大学是李安宅最后供职的学校，藏有很多外间见不到的李安宅留下的学术史资料。现在他从边政研究的角度将涉及李安宅及相关学人的学术贡献展示出来，其意义不言而喻。

洪亮博士关注的另一有重要学术及现实价值的论题，是边政学者所做偏重政治取向性的"国族"建构与人类学偏重探寻不同民族文化的异质特点的关系。吾人今日习惯称中国是一个多民族国家（malti-nationaltate），但在19世纪末20世纪初，民族国家（national state）建构则是世界政治的潮流。这影响到民国时期边政学的取向，当时勃兴的"国族主义"思潮，便是边疆局势恶化与国人民族观念变化的结果。受此影响，民国创建之初提出的"五族共和"概念以及在这一概念界定影响下的国内多个民族间的关系，开始为新建构的"国族"——中华民族及其内部关系所取代。1935年，傅斯年发表《中华民族是整个的》，表达中华民族不可分的主张。1939年2月，顾颉刚发表《中华民族是一个》一文，论证中国各族殊途同归，早已融为一体，与傅说相呼应[1]。在此前后，"国族"建构为中国边政学者热议，学者纷纷从历史文献及文物中发掘支持"诸族同源"说的证据，以便建构"国族"[2]。这样的学术努力，虽包含维

---

[1] 顾颉刚：《中华民族是一个》，《益世报》1939年2月13日第4版；傅斯年：《中华民族是整个的》，《独立评论》1935年第181号，第5—6页，收入欧阳哲生主编：《傅斯年全集》第4卷，长沙：湖南教育出版社，2003年，第125页。
[2] 华西协合大学社会学教授罗荣宗1938年曾深入贵州苗区考察苗民社会，提出"汉苗同祖同源"的见解。类似的还有张廷休的"苗夷汉同源论"以及王光璧的"汉藏同源论"。详见罗荣宗：《苗族之语言》，《边疆服务》第12期，第5—9页；张廷休：《再论夷汉同源》，《西南边疆》1939年5月第6期，第6—9页；王光璧：《汉藏同源论》，《康导月刊》第2卷，1940年7月第11期。

护国家统一、抵御外敌侵略的良苦用心，却抹杀了各民族在文化、宗教、习俗（个别的还包括种族）上客观存在的差异，表明相当多的边政学者并无民族文化应多元并存的概念，在学术上显露出不成熟甚至稚嫩的痕迹。这一主张所包含的背离人类学学理、将民族问题政治化的倾向受到刚从英国留学归来的青年费孝通批评，可谓良有以矣[①]。

耐人寻味的是，在洪亮博士论域所及的1950年代初期，在中央政府权力高度集中而"边疆"开始实施民族区域自治这一政制转型过程中，曾经围绕"国族"建构做正反论证的各派中国人类学者却又在人民政府指导下在同一领土上鉴别出了据说文化特质各异的56个"民族"。从单一的"国族"建构到如此众多的民族被识别，这一巨大反差的提示意义是极为丰富的。它表明人类学在中国"本土化"过程中已出现难以逆转的政治化趋向。坚持人类学立场的费孝通此时自认为找到了学术主张的用武之地尚勉强说得过去，而当初持诸族"同祖同源"主张并极力建构"国族"的学者也大多加入民族识别大合唱，也就有些不可思议了。很明显，人类学的"本土化"已经被异化成"政治化"，这对坚持人类学立场的学者来说似乎难以接受。然而如果不是从人类学而是从边政学的立场上观察，一切又似乎都那么合情合理，因为边疆是国家不可分割的组成部分，"边政"本身就是"国政"，已被纳入边政研究领域的人类学者能够不服从国家政治的需要去从事"纯学术研究"吗？悖论在于，涉及民族问题的研究似乎不能不走上服务政治的路线，但已然政治

[①] 参见费孝通：《关于民族问题的讨论》，《益世报》1939年5月1日第4版。

化的边政学是否还需人类学等"西学"作为学理支撑却成为疑问，而离开了这些基础性的学理支撑，边政学作为一门学科还能成立吗[①]？

对于政治与作为边政学学理支撑的各门西学的关系，未见洪亮博士展开论述，作为题中应有之义的缺失，不无遗憾，但其翔实的叙事能够提示我们从中发现这一问题，也是贡献。

从写作技术上观察，洪亮博士所作内容设计或有不甚周延之处。其著作题名《民国时期的边政与边政学》，看似将边政与边政学对等处理，平分秋色，实际论述重心却在边政学，基本写成民国边政学史一类著作。然而不应忽略的是，边政是边政学创立的语境，也是边政学的重要研究对象和实践场域。民国政府面临的边政问题比历代政府所面临者都复杂，有着更大的挑战和压力。在内忧外患的时局下，"攘外""安内"均为急务。这提示边政学乃"应"国难之"运"而生，是一门"应用学科"，离开实际应用层面的探讨，无法揭示"边政学"的内涵。惜洪亮博士对此关注不够，或其偏重"边政"作为"学"的内涵揭示也是出于写作技术的考虑，但利弊权衡明显欠妥。将边政剔除，文虽简约，却失语境；而一旦语境失却，文本释读亦生困难。

不过这一写作技术问题对于尚在继续致力这一问题研究的洪亮

[①] 近年来围绕马戎提出的民族问题研究"去政治化"的论争，依稀可见1939年"中华民族是一个"论争的影子。比较有代表性的论文有：金炳镐：《民族问题"去政治化""文化化"："新思路"还是"老套路"？》，《黑龙江民族丛刊》2012年第3期；陈玉屏：《民族问题能否"去政治化"论争之我见》，《西南民族大学学报》2008年第7期；陈建樾：《多民族国家和谐社会的构建与民族问题的解决——评民族问题的"去政治化"与"文化化"》，《世界民族》2005年第5期。

博士来说，或许只是留待下一阶段研究时再谋求解决的问题，故此处所见，仅系微眚，不掩大德。读者有理由期待洪亮博士在已有研究基础上，继续拓殖，将本课题研究中暂付阙如的与边政学密不可分的民国时期复杂的边政问题以及"政""学"之间的互动研究设定为新的研究义项并推出相关成果。诚如是，则本文所包含的批评意见将成为多余。

地方性知识的发掘与超越[①]

吉尔兹（Clifford Geertz）说，法律与英国上院议长修辞中隐喻般的矫饰不同，乃是一种直接的"地方性知识"，其"地方性"不仅针对空间、时间、阶级与各种问题而言，并且针对"情调"而言，因事情发生及经过表现出地方特性并与当地人对事物的想象力相联系。他自己一向称之为"法律意识"者正是这种特性与想象的结合以及就事件所讲述的"故事"。这段关于法律特质的论述出自吉尔兹结集出版的有关阐释人类学的论文集，该书第八章基于阐释人类学立场，以比较分析的方法，论证法律在制度规范和实际运作层面所具有的"地方性"，这一章的题目就设定为《地方性知识：从比较的观点看事实和法律》[②]。

人类学在今日似乎已成显学，学者争相体认。其实从泛学术史的立场看，人类学在很长一段时间内都只能说是一门正趋向成熟而

[①] 本文系我为吴佩林教授的《清代县域民事纠纷与法律秩序考察》（北京：中华书局，2013年）一书所写序言兼书评。该书原是佩林在我指导下完成的博士论文，后经修订充实出版。
[②] 克利福德·吉尔兹著，王海龙等译：《地方性知识——阐释人类学论文集》，北京：中央编译出版社，2000年，第273—274页。

非已然成熟的学科。在该学科的理论发展进程中，始终贯穿着"普遍主义"和"特殊主义"的方法之争，莫衷一是[①]。前者认为人类学的宗旨是发现人类文化的共同结构或普遍规律，后者则强调不同文化间的差异，主张研究具体而微的田野个案，对宏观的理论建构不屑一顾。二十世纪六十年代，结构主义的出现使人类学中的"普遍主义"盛行，而该学科中一些人则拒绝接受"结构"的主宰，试图寻求文化与社会研究的新途径，于是促成阐释人类学的产生。受韦伯（Max Weber）影响，阐释人类学将文化视为一张由人编织的"意义之网"，从而将文化研究从偏向"寻求规律"的经验科学形塑成致力于"意义阐释"的人文学科。阐释人类学的理论来源众多，但吉尔兹无疑是该学科重要的奠基人，通过他的不懈努力，人类学者的研究从过去形同自然科学家注重实验室实验，逐渐变得类似文学批评家那样作文本分析和意义诠释。可以认为，吉尔兹通过建立文化的符号学理论，重新诠释了早先部分人类学者对"特殊主义"的理解，不同之处在于，在吉尔兹的话语中，"地方性知识"成为最具个性化特征的表意符号。

"地方性知识"这一概念具有浓厚的后现代色彩。19世纪以来，随着工业化的推进，强势的西方文化向全球传播，多元的世界文明朝着一元化方向发展，西方学界在理论上也出现类似的趋同倾向。包括人类学在内的学术研究领域一度时兴"整合"之风，强调宏观，注重共性，追寻规律，抹杀个性，学术研究亦因贪大而变得

[①] 我很赞同法国学者弗朗索瓦·多斯（François Dosse）的意见，在他看来，一个学科的学者如果老是在方法论层面作无谓的争论，只能证明这个学科发展尚不成熟。详见氏著《碎片化的历史学：从〈年鉴〉到新史学》（马胜利译，北京：北京大学出版社，2008年）相关章节。

肤浅。作为以"全球化"为重要标志的"现代性"的反动,吉尔兹标新立异,强调"地方性",质疑"总体理论"及"全人类性"一类大话和宏观思维的合理性,认为"统一"固然促进了文明进步,却也毁灭了文明固有的多元性状,造成灾难性后果。吉尔兹的这一认知与"后现代主义"文化理念具有关联,由于要矫正"现代化"及"全球化"进程中的弊端,带有求异特征的"地方性"诉求便提上了学术议程。

吉尔兹的"地方性知识"本来是限于人类学认识范畴的同样具有"地方性"局限的概念,这些年来却被中国学者——至少是具有"后学"倾向的学者视为带有普适性的人文社会科学的理论与方法。不仅人类学者,历史学者、法学学者及其他学科的学者也纷纷用以观察认知文化及社会现象,"地方性知识"概念遂在中国学界大行其道。从这些年中国史学界研究的状况看,随着区域史与地方史研究的异军突起,历史学与文化人类学在对"地方性知识"的理解上实现了某种程度的契合。当然历史学者关注"地方"也有内力驱动,这一方面是因为史家偏重揭示特殊的历史现象,对"普遍性"不感兴趣,也未必认同"普世价值";在历史学者看来,基于特殊历史现象归纳出的一般性或规律性结论,无法找到同样的历史环境重演以证明其"正确"。另一方面则是因为偏重描述或对事实重建具有极大依赖性的史学在做"整体史"的时候总是显得志大才疏,无能为力,因而在技术上相对具有可操作性的"地方史"便纳入历史学者的研究范畴。

此类学案甚多,远且不论,我所熟识的吴佩林博士所作研究即多少反映了这一状况。从他卓有成效的学术努力中,不难看到探寻

"地方性知识"的意趣。在呈现给读者的这部著作中,佩林博士以清代四川南部县为论域,借助个案解析方法,对该县民事纠纷及法律秩序做了深入细致的研究。

中国历来注重基层社会治理。有清一代,幅员辽阔,自然和社会状况千差万别,信息交通不便,朝廷直接任命的官吏只达县级,这意味着国家治理是以县为基本单位,但县以下基层社会却有其固有的秩序与规范。一方面,宗族通过以族规、族长、祠堂为核心的组织管理系统,以族田、义庄为核心的救济保障系统,以祭祀、族谱、族训为核心的礼仪教化系统,对家族内部实行有效的管理[①];另一方面,保甲、乡约、团练等乡里组织亦发挥着重要的规范和保障作用。宗族组织与乡里组织经历了从初期并列到中晚期相互交错的变化,作为中介的乡绅在基层社会的作用日益增加。而国家则通过承认和保护家法族规来加强官方与宗族的联系,通过委派族正来管理宗族和限制族房长的权力,并建立起一系列制度,以任命"代理人"的方式来加强国家对地方的渗透,同时赋予乡里组织调处细故纠纷的职责。

将课题研究置于这一社会及文化背景下,佩林博士获得许多重要发现。在诉讼程序上,南部县的涉讼者通常不得事先将纠纷诉讼至衙门,而须经由宗族及乡里组织事先调处,调处不成,方能上控到衙门。在基层社会纠纷的调处中,场所选择殊为审慎,通常选择庄重威严之所、交通便利之地或宗教巫术色彩浓重的地方;调解人主要是邻里、宗族成员、保长、甲长、牌头、客总、乡约、团首、

---

① 杨国安:《控制与自治之间:国家与社会互动视野下的明清乡村秩序》,《光明日报》2012年11月29日。

中人等，这些人来自宗族组织、乡里组织及士绅阶层三个系统；纠纷通常以责打、罚钱、治酒、禀官、立约等形式化解，举凡家法族规、民间习俗、国家法典、衙门告示等均为处理纠纷的依据。宗族或保甲对民事纠纷的处理不只是在诉讼成立之前，在诉讼为衙门受理之后，其调处作用仍继续发挥，直到官府作出最后裁决。

然而基层社会的调解功能毕竟有限。由于乡民诉讼目的各异、地方调处不当、权威力量削弱、部分官民唆讼、当事人因"锥刀小利而兴讼"及籍讼图搕等多种因素，一些本来可以在基层社会得到解决的民事纠纷仍然闹上衙门。当这种情形发生时，百姓寻求公平与正义的诉求与籍讼图搕、施压对方的意图相互交织，保甲组织与宗族组织的权威消长与地方社会治乱的起伏变化，唆讼之举与好讼之徒的行径交替上演，地方社会治理的动态性与复杂性于焉毕现。

在"无讼"被官方视为社会晏然的标志，"健讼"已成官方法律及道德话语中的贬义词的语境中，不轻易受理"民间细故"控告必然成为官员理讼时的重要考量，而闹上衙门的民事诉讼如何才能得到官府重视并受理，也因此成为书写词讼者煞费苦心思考的问题。于是以妇女和老人出面告状、催呈、夸大情节甚至诬告等一系列诉讼手段应运而生。一些普通"民事"诉讼以"刑事"案件的形式进入官方视野，实际上是官民双方博弈的结果，这与"无讼"的理想追求大相径庭，多少令为官者始料未及。

一旦纠纷闹上衙门，不识字的百姓在面临写状、递呈等一系列问题时便不得不依赖讼师、衙役一类群体。由于讼师为官方所禁止，故有官代书制度之设立。官代书在写状时，会援引"状式条例"及其他法律规定，告诉当事人何事可为、何事不能为，这样一来，一部分纠纷可能就此中止。对诉讼到衙门的案件，知县将根据案情决定是否受理。对于不予受理的部分，知县可能直接将呈状掷还，多数情况下则由知县及其幕僚做出"准"或"不准"的批呈。对于允准的诉讼，则会通过签发差票，或由当事人提供证据等方式使案件进入审理程序，直至最终堂审断讞。

文书从开始书写到形成卷宗的过程实质是纠纷不断被解决的过程，而文书程式背后展现的则是一个丰富多样的法律生活场景。一张状纸从投递衙门到最终壁示或牌示，是知县、差役、幕友、胥吏、门丁等组成的县衙官役群体，保长、甲长、牌甲等组成的乡里组织群体，族长、房长、家长等组成的宗族群体，以及士绅、讼师、官代书等群体互动的过程，这从不同方向展示了当地民事诉讼变幻多端的运作场景及其影响因素。

清代州县官吏对户婚田土一类案件的裁决没有固定不变的套路，颇有自由裁量的空间。在办案实践中，如何实现低成本治理并在不破坏当事人生存环境的前提下稳定社会秩序（包括宗族秩序）是其考虑的重要因素。正因为如此，一部分案件实际上系由民间社会的宗族系统与乡保一类的基层组织负责化解。即便是衙门处理的案件，也未必全力核验孰是孰非，而常常是平衡当事双方利益，让占理一方挽回损失，输理一方亦不颜面尽失；对于一些危害社会秩序、导致域内治理成本增加的刁讼行为则予以惩戒。简言之，南部县民事纠纷的处理方式既尊重地方习俗，也不排斥引用法律，这与国家历来对基层社会的治理模式大致吻合，凸显了中国传统社会礼、法并重的特征。

概乎言之，佩林博士通过对南部县所作实证性研究发现，该县民事纠纷从产生到解决的过程包含着复杂的政治、经济、文化因素的作用。清代南部县民事诉讼已形成以调解为主,追求和合、官民互动、低成本治理的民事纠纷解决机制。官方与民间社会的合作与妥协贯穿整个诉讼过程,在此过程中,开放的申诉渠道与息讼的不断努力矛盾地并行着,国家法律制度表达与地方司法实践存在一定的背离,而民间惯习则弥补了成文法的不足,在地方社会的治理中起着重要作用。佩林博士这些发现,对于揭示清代南部县的法制传统及官民关系的历史特点,具有重要启迪意义。

在方法上,很难揣测佩林博士是否有主观预设,但细心的读者可以发现他是在用吉尔兹提倡的"深度描写"方法讲述发生在南部县的普通百姓打官司的"故事"。"深描"被认为是一种类似"显微法"的层次还原分析手段,其特点在于通过对特定文化符号的条分缕析,展示其"所指"及"所能指",揭示其多层次的内涵与义蕴。以我的感觉,佩林博士讲述的"故事"不仅包含了粗线条的历史梗概,很多故事情节也是细致入微的。没有必要也无法在篇幅受限的小序中重复佩林所讲故事的内容,只要翻阅书中有关诉讼文书程式、"投词"与"格状"策略的运用、讼师与官代书等群体的互动、特殊人群的诉讼与报告制度等章节,便可看出他的研究在方法上已十分接近吉尔兹氏所提倡者。

难能的是,佩林博士掌握了所能检阅到的几乎所有南部县讼狱档案及相关文献,具备历史学者的文献功夫,拥有"深描"的资本,较之仅仅依靠"田野"调查所得或其他途径轻易到手的材料从文化上解读法律史的人类学者,及偏重依靠国家制定的法律文献作制度史研判、忽略司法实践考察的法史学者,在叙事能力上已明显见长。即便佩林博士没有用"深描"法讲述"故事"的主观动机，能在自己的研究中如此接近这一方法并将其运用得差强人意，已属不易。

但佩林博士的著作似乎包含一个悖论。在我看来，他的研究的潜在价值在于，可望凭借据说保存完整度超过迄今所能见到的任何其他县级地区的档案，去讲述一个川外学者或许不太熟知的、在清初曾一度作为四川"省治所在"的"地方"的讼狱故事。如果他这样做了（事实上他在一定程度上也是这样做的），将会与吉尔兹主张的"地方性知识"探求的学术进路合辙，颇有些颠覆标榜系统性学术取向的"后学"味道，有资格因其独具的"乡土味"进入新派主流学界的学术盛宴。

然而在"清代南部县"这一特定的时空范围选定之后，作为川人的佩林好像有些因缺乏自信而踌躇了：仅仅讲述南部县的讼狱故事究竟有无为学界普遍认同的价值和意义？经过思考，佩林给出否定性结论。于是他设计了摆脱这一困境的出路，即改从南部县的角度来审视整个清代中国，以发生在南部县的区域性案例来推论发生在清代中国的全部案例。结果一部仅仅讨论南部县且偏重诉讼程序的法律史著作被冠以《清代县域民事纠纷与法律秩序》的名目。从内容上看，书中本应只是基于南部县得出的地方性、局部性判断几乎全部为全局性的"清代中国"判断所替代。如果不看具体的论证材料而只看判断和结论，读者一定会以为这是一部讨论清代全国范围内所有"地方"讼狱共案的研究论著。而一旦佩林试图通过这样的努力"提升"其著作的"价值"时，本来因其论域选择的"地方性"以及因提供了大量"地方性知识"所赋予其著作的学术价值却大打折扣。

吴著包含的悖论或许反映了吉尔兹理论在国内学者认知中概念的不周延。在吉尔兹那里,"地方"是相对"全球"而言,任何独立文化赖以生成的区域都是"地方"。按此逻辑,即便一种文化的"中央"也可能仅具"地方"含义,因而所谓法律是"地方性知识"其实是说法律乃特定文化中的存在。但"地方"的释读却有考究。本来,在"地方"可以立法的彼岸,如联邦制的英、美,法律是"地方性知识"这一判断应无可置疑,但在中国或类似中国的国度,"地方"立法的权力受到限制,法律是"地方性知识"的含义就明显与英、美等国有别,不能随意套用西方概念来指谓中国。如果要套用这一概念,可以适用的只是"法律的运用"而非法律本身。在运用层面,国人积累的知识大多为"地方性"的,但法律制度却在较大范围内具有普适性。不过在这一认知下所作"地方史"研究并不包含吉尔兹试图颠覆一元化文化及思想认知的含义,恰恰相反,他是整体史或一元文化的一种补充。从这层意义上看,佩林博士理解的"地方"与吉尔兹所言"地方"在概念的内涵与外延上尚不能重合,他仍然停留在传统意义的"地方"或吉尔兹"地方"的"地方"层面,未能意识到与非"地方"的不同正是其著作应当发掘的"价值"。这种多少有些舍长就短的学术作为出自成长中的年轻学子,虽不必厚非,亦殊觉遗憾。

我和佩林认识于2002年,次年我到西华师大主持他的硕士论文答辩,答辩结束后一道前往南充市档案馆披阅《南部县档案》,交谈之中认同了他基于这批档案文献作未来研究的设想。两年后,佩林考入川大随我攻读博士学位,开始正式利用这批档案撰写博士论文。越四年，佩林获得博士学位，随即到人民大学接受博士后训练，并同时回西华师大工作，迄于今日。十年岁月，转瞬即逝。这十年间，佩林勤奋努力，潜心学问，积极探索，八方寻求学术资源，想方设法超越自我。这本著作在博士论文的基础上修订扩充而成，是佩林十年来辛勤耕耘的结晶。前些年他领衔申报的《清代南部县衙档案整理与研究》获国家社科基金重大项目立项资助。作为老师，我为佩林在学术上的不懈努力和取得的进步感到由衷高兴，希望他能脚踏实地，再接再厉，谦虚谨慎，德艺兼修，在"做人"和"做学问"两方面继续历练。前途无量，唯心是赖。

道与道台研究之道[①]

道与道台研究是中国政治史研究的重要课题。道起源于先秦，历经秦汉、隋唐、宋元、明清诸朝，迄于民国，或实设或虚置，无论是作为一级地方行政机构还是政区（或临时监察区），在漫长的中国历史上都曾扮演重要角色。但检阅既往，尽管相关研究不少，涉及川东道的研究却近乎阙如。苟德仪博士拾遗补阙，经数年笔耕，完成《川东道台与地方政治》书稿，交中华书局出版。在普遍以为社会史、文化史才是学术研究最近趋势的今日，由年轻学者推出以某一特定区域政治现象管窥宏观政制建构的研究成果，无疑需要一定的学术勇气。

对于任何带有开拓性质的研究来说，事实重建都应是第一位的。在事实重建过程中，历史逻辑的梳理有如为物化的存在注入灵魂，此系道与道台研究之要"道"，历史研究"段位"的高下亦不难从中窥见。在研究中，德仪博士倾入大量心力。在其笔下，读者

---

① 本文系作者为苟德仪教授著《川东道台与地方政治》一书所写序言兼书评。苟著在本文作者指导完成的博士论文基础上修订补充，凡30万字，2011年由中华书局出版。

可以看到线条清晰的对于历史发展脉络的梳理。

川东道之设始于元代。元分全境为十一行省，又以疆域辽阔，行省分布甚广，鞭长莫及，故于边陲偏僻之地，斟酌需要，分置诸道。其中蜀为四道，即以成都等路为四川西道，广元等路为四川北道，重庆等路为四川南道，顺庆等路为四川东道，各立宣慰司。此乃将四川分为东、西、南、北进行治理之始，亦即川东道设置之肇基[1]。明袭元制而略事损益，使"川东"成为更加明确的地理及行政概念。由于地域宽广，政务殷繁，明朝对上、下川东分"道"而治，形成上川东和下川东的行政区划[2]。此时的"川东道"乃泛指驻扎于巴县、达州、涪州的道台。这一地区性政治建构被清代继承。

清代乃道台制度发展的成熟期。在道台制度发展史上，康熙朝最为关键，康熙帝即位第六年（1667）就裁撤各省守巡道108人[3]。经过多次归并与裁撤，清代的道趋于整齐划一，奠定了后代道台制度的基础和四川各道政区的大致格局。此时，四川政局基本稳定，清政府不仅将省府治所迁往成都，还对已有各守巡道进行调整。如康熙八年（1669）裁去各道，新设四分巡道即松茂道、川东道、永宁道、建昌道，驻地分别为茂州、重庆府、叙永厅和宁远府。清初至清中后期，"川东道"乃专指驻扎于重庆府巴县的川东分巡兵备

---

[1] 宋濂等:《元史》，北京：中华书局，1976年，第208页。
[2] 具体言之，上川东辖一府三州十七县一卫二所，一府即重庆府，时领州三（合州、忠州、涪州），县十七（巴、江津、璧山、永川、荣昌、大足、安居、綦江、南川、长寿、黔江、铜梁、定远、丰都、垫江、武隆、彭水）；卫、所系明朝的驻军单位，无独立辖区。下川东包括夔州府之奉节、巫山、大昌、大宁、云阳、梁山、新宁、建始、达州（领东乡、太平二县）等州县。张廷玉等:《明史》，北京：中华书局，1974年，第1030—1033页。
[3] 嘉庆朝《钦定大清会典事例》卷二十二，收入沈云龙主编:《近代中国史料丛刊》三编第六十五辑第六百四十三册，台北：文海出版社，1992年，第910页。

道。清末重庆开埠通商后,川东道又称"重庆海关道"。川东道的设置,表明"川东"已成为一个相对成熟的行政区域。

有清一代不仅道台类型多样,其角色和职能亦颇为复杂。道台最初只是清代地方中层官员,在既有制度架构中,主要职责为协助督抚及藩、臬二司处理地方政务并监督府州县行政。近代以还,西力东侵,加上太平天国起义冲击,传统政制发生变化,中央权力式微,地方各级行政机构在地方事务中的作用越来越大,其政治机能的发挥也越显灵活,以适应地方社会近代转型之需。此时,作为对西方势力的因应,道台不仅参与管理新设的海关,办理对外交涉事宜,还管理辖区内诸多的"近代化"事业。

通过准确勾勒道与道台制度的历史演变,德仪博士为川东道作用与功能的研究作了厚重的学术铺垫。以此为基础,德仪博士用大量史料证明,近代之初,尽管重庆尚未开埠,川东道已开始办理重庆的"夷务"。如当时辖区内频繁发生的教案以及由外商和外国冒险家引起的中外交涉就主要由川东道台处理。这是川东道民事、行政和司法职能的体现。重庆辟为商埠后,道员监督海关,各国领事亦驻此,交涉事件尤繁,又兼统防军数营,总管重庆旧厘局,成为清季重要官缺[①],并以清朝地方大员的身份,将其权力触角渗入社会的各个方面:作为省与府州县的连接点和中介,川东道为地方行政提供了极其重要的上下联系;作为通商口岸的官员,其在两个或更多的分隔世界和价值系统之间提供必不可少的沟通,并经常作为冲突的调节者行事;更为重要的是,作为川东地区最高行政长官,其

---

① 周询:《蜀海丛谈》,成都:巴蜀书社,1986年,第61页。

对道属政治有整饬之责。尤其在晚清，道台有取代重庆知府成为巴县直接上司的趋势，道衙因此成为地方政治的重要中心。

德仪博士是有探寻道与道台研究之"道"抱负的年轻学子，在研究中，他力图突破个案研究的局限。他注意到，川东道台是清代众多民事行政道台之一，有着一般道台的共性，也表现出自身的个性。研究它不仅是对历史独特性的追求，而且可以加深对清代道台制度的理解。以川东道台为个案进行考察，可以借窥清代道台在地方政治中的作用，分析清代地方政府的实际运作，加深对清代政治机制的理解。他认为川东道辖区与职能的变迁，至少证明在中国部分地区，道台制度经历了由藩、臬二司派出的临时性机构，逐渐成为固定辖区和治所的府以上省以下独立的地方行政区划和机构的转变。川东道台兼任重庆海关监督，不仅为海关史研究提供了重要的政制史资源，也为传统意义的中国区域政治制度史，增添了富有国际色彩的现代内涵。

然而，无论在官方的制度性规定中，还是在清代官员的表述中，道台均是作为"监司"而存在。受此官方表达影响，在既往的研究论著中，道台同样是当作"监司"而被描述的。事实上，川东道台在地方政治中的作用并非仅是监察和观察，而是常常卷入地方各类实际政务，尤其是卷入司法、教育、税收、社会治安、地方祭祀、对外事务等政务。道台不仅有亲自审理案件的权力，也有派委厘金及保甲委员的权力，甚至还主导东川书院各项事务。由此，德仪博士得出制度的官方表达与实践不尽一致的结论，补充修正了既有研究中的认知。

我历来不太习惯为学术性著作作"价值评价"，如果硬要作一番评判的话，苟著最大的"价值"就在于以实证的手法表达与前人不同的历史思辨。作者不赞成"道"只是藩、臬二司"派出"的临时性机构的传统观点，认为至迟到乾隆十八年（1753），道已是省、府（县）之间相对独立的地方行政区划和机构，其作用与功能一直处于变化之中。为证明这一重要见解，作者搜集了大量档案资料（如清代《巴县档案》和《南部县档案》），并运用实证研究方法，对川东道作长时段的动态考察。既观照川东道台产生的制度背景，又观照它的历史沿革、职能变迁、组织构成及官饷薪俸，并对历任道台的任职背景进行梳理。在此基础上，作者详细分析了川东道台在地方政务中的角色和作用，以令人信服的材料证明，作为清朝地方大员，川东道台的作用已渗入社会生活的各个方面，并不像"监司"一词透露出的字面信息那样简明单一。任何对清代中央及地方行政机关有所了解的学者都不难看出，这应当是很有价值的学术贡献。此前，包括蒋慎吾、李国祁、梁元生在内的诸多有影响力的学者，尽管对清代道台作出富有创建的学术研究，却都或多或少忽略了这一重要问题的存在①。作为一个年轻学子，德仪博士不仅孜孜以求，致力于川东道台的历史事实重建，而且能发现并试图解决这一问题，洵属难能可贵。

不过通读德仪博士大著，让人拿捏不准的仍是个案与共案研究关系的处理。我的感觉是，川东的情况能否或能在多大程度上推知

---

① 蒋慎吾：《上海道台考略》，上海通社编《上海研究资料》续集，上海：上海书店，1984年影印本，第61—70页；梁元生著，陈同译：《上海道台研究——转变社会中之联系人物，1843—1890》，上海：上海古籍出版社，2003年；李国祁：《明清两代地方行政制度中道的功能及其演变》，《"中研院"近代史研究所集刊》1972年第3期（上）。

全国，或许还有待在更为宽广的行政空间内作切实的比较研究，方可作出最后判断。然而，即便德仪博士基于川东道的研究仅仅提示了道台制度因中国地域辽阔及区域政治复杂而表现出的特殊性，其"价值"亦不可低估，因为它至少可以修正过去基于中国中东部地区得出的旨在概括全国的研究结论。

通常学生会说，有机会亲炙某师是人生一大幸事。我倒愿意说，能够与德仪博士这样的年轻学子结成师生之谊是我最感欣慰的事。在我们相互磋学问的几年里，我感觉苟博士最大的优点是虚心和细心。"虚心"表明心是空的，也就是没有成见。器皿唯中空方能盛物，人能保持"虚心"，学习才有潜力，才能获取新知。"细心"乃思维细密，做事一丝不苟，这对从事现代学术来说是极为重要的素质。从学术史立场观察，无论"科学"的还是"人文"的历史研究，在经历早期相对粗疏的"宏大叙事"发展阶段之后，已呈现朝着精密化发展方向转化的趋势。事实上，以前被认为做得好的学术研究也大多以精细见长，或至少同时具备胡适所提倡的"辟山斧"和"绣花针"两手功夫。一旦多数学者都认同研究手段的这一转化，则学界对于德仪博士这样以"虚心"和"细心"为品质特点的年轻学子，将有理由寄予更多、更大的贡献学术的期望。

民国医患关系的社会史解读[1]

人作为生物学意义上的存在，无不追求生命的长久延续、远离病痛，但自然规律难以抗拒。瑞典著名病理学家福尔克·汉申（Folke Henschen）说过："人类的历史即其疾病的历史"。某种意义上，疾病及与疾病的抗争同人类如影随形，构成其社会生活不可祛除的重要内容。于是，医生及医药派上用场。不过由于医疗技术的局限，医学与疾病抗争始终麻烦不断。医疗活动既有成功也有失败，成功固然可以给病人及家属带来一时的喜悦，失败则可能导致医患纠纷，严重的甚至诉诸法律，成为"医讼"。

我没有考证过古代医事纠纷的状况，只是作为现实生活中的普通人，了解甚至有时会切身感受到医事纠纷已成为今日构建"和谐社会"须认真诊治的痼疾。人本来就害怕疾病，然而在今日的医疗环境与医疗行政架构内，人们似乎更害怕"治病"，这种无奈给"讳疾忌医"平添了新的含义。与普通病人稍有不同的是，历史学

---

[1] 本文系作者为龙伟教授著《民国医事纠纷研究（1927~1949）》一书所写序言兼书评。该书系本文作者指导完成的博士论文，经修订补充，2011年10月由人民出版社出版。

者时常向历史追问，我们为何会落入如此的两难处境（dilemma）？现代医学缘何变得这般不近人情？龙伟博士的《民国医事纠纷研究（1927~1949）》一书用心所在，即在给出问题的答案。是书以史学界关注较少的民国"医事纠纷"为考察对象，分析探讨斯时医事纠纷的特点及成因，并结合近代卫生行政体制的确立及医学职业化进程这一宏观语境，分析国家、社会与医患之间的互动，虽未必圆满回答了上述问题，但所作努力，至少有助于从历史的维度展开问题的思考。

自从19世纪初经由传教士将其传入，西方医学在中国的生存发展已历两个世纪。20世纪30年代，南京国民政府以西医为主导在中国建立起近代医疗行政体制。这不仅深刻地影响后世医学的发展格局，而且在一定程度上决定了今日中国的医疗模式和国人的医药观念。与此同时，医药观念、医药环境也受到国家政治、社会习俗的反向制约和影响。现今医学社会史话语（discourse）中的"医学"，显然已非传统科技史作者理解的那样，只是一种旨在完成对疾病征服的单纯技术手段。在更宏大的语境中，技术只是医学之一途，讨论医学与政治、社会的关系似乎更为适切。本书的一大特点便是将医事纠纷纳入国家社会的广阔背景中，从社会史的立场出发，勾勒医学、政治、社会之间的互动关系。譬如在讨论医师业务过失问题时，作者将刑法中"业务过失罪"放在具体的社会实践中加以分析，发现民国医讼案件中存在的医患互控及反复上诉与"业务过失罪"的界定不清有着内在联系。在刑法规范未变的情况下，民国医界只好呼呼变革，并在医疗实践中做出调整，以为因应。这一分析突破传统医史的书写范式，明显带有社会史的味道。由于突出法制与人事等"侧面"问题，读者会难以判断作者到底是在作医学社会史抑或法律社会史的书写，然而这正是本书之所长。寻求在学科交叉点上推进学术，是现今具有多学科训练背景的年轻学者应当致力的学术方向。全书以技术性的"医事"为经，以法学意义的"纠纷"为纬，言在"医讼"，关照却在国家、社会对医学近代性的构建，正应了民国中医名家张赞臣所言："江河之大，不弃细流；医虽小道，可见时势。"

历史学是一门人文学科，虽然一些受过科学训练的历史学者对叙事的"零度风格"（zero style）津津乐道，标榜客观中立，但优秀的历史著述几乎无不潜藏着研究者的人文寄寓与关怀。在这方面，本书亦属差强。作者将日常生活中屡见不鲜的"医事纠纷"或"医讼"剥离出来作专题讨论，时间限定在1927年至1949年这一段，讲述的"故事"虽为"医讼"，从中却可看到研究者对社会问题的关注和对生命的尊重。这种人文关怀一旦与学术研究契合，展现的就不只是研究者的科学眼光与学术创见，广义地讲，还包含作者深切的现实寄望及其肩负的社会责任。

当然，历史家仅有人文关怀尚远远不够。培根（Francis Bacon）说历史使人聪明，反过来说，能够使人聪明的学问一定是包含智慧的学问。如是，对历史的思考亦构成对历史著作优劣判断的重要依据。作者当然不致自我标榜聪明智慧，但运思却堪称独特。书中一些事实描述和分析读来饶有兴趣，给人以启发。例如作者发现，民国时期，虽现代医院及医疗制度已广泛建立，但有时一个环节出现问题，就会导致整个制度运作崩溃。具体言之，作为医事诉讼审理程序中重要一环的司法鉴定，由于受司法习惯、当事人利益等因素的影响，法医与法官及检验吏之间存在着严重冲突，加之医界各团体对"鉴定权"争执不休，医患双方缠讼不断，社会各方对鉴定机构的权威性充满质疑，司法鉴定的准确性及权威性大打折扣。这些因素常常诱导人们从整体上反思民国现代医疗制度的基础建构，然而实际上，问题往往只出现在诸如司法鉴定这样的单一环节，牵一发动及全身而已。再比如在医患关系问题上，作者将其置于社会及法律规范的架构中加以考察，认为医患关系的核心在于彼此权利与义务的边界划定。正因为医患双方对彼此的权责边际存在认识分歧，才导致大量医事纠纷的出现，甚至造成司法诉讼。这一看法虽未必全新，但将民国时期的医患关系看作一个双向互动的演化过程，当事各方经斗争和妥协，不断划定彼此之间的责权边界，这一观察问题的独特角度，较好地把握了民国时期医患双方互动的实质。类此分析，俯拾即是，书中既有高远宏阔的思想写意，又有洞幽烛微的心灵感悟，不少论述可谓视有所见，思有所得。

历史研究需要超越常人的观察认知能力，同时也需要丰富的史料支撑所论，毕竟史学是一个实证性极强的学科。傅斯年说"史学就是史料学"，虽为讲求诠释的一派学人诟病，要其维护史学生存基础的良苦用心，未可抹杀。就民国医讼问题研究而言，据我对近代史研究现状的了解，相关史料少而分散，初事这一领域研究，迹近辟荒。为避免为炊无米，作者在材料方面狠下功夫，不仅查阅大量行政、卫生档案，而且对民国时期散佚各处的期刊、报纸、笔记、小说作广泛梳理。全书旁征博引，除将过去历史学者囿于传统方法不甚重视的医药类书刊（报刊30余种，专书200余种），予以直接利用，对一些常见报刊，也下了近乎竭泽而渔的功夫。以《申报》为例，因论域偏重沪上，书中使用《申报》材料甚夥，且时间跨度极大，上自晚清同治年间，下至20世纪30年代，均有采获。作者曾自言在《申报》五花八门的文字栏目及广告中，爬梳一年，可见用功之勤。正是有着丰富的史料支撑，书中所论皆有充分根据，避免了浮泛空论之弊。如果有人称该书为目前学界研究民国医事纠纷及医患关系具有系统性及实证特征的著作，应该不是溢美之词。

作者龙伟，蜀中绵州人，与我相识已逾10年。大学本科在成都狮子山四川师大从我学习历史，研究生毕业时，恰逢我转到锦江河畔的四川大学治学从教，又门前门后三年，相与切磋学问，直到获得博士学位。回想起来，时间过得真快。10年前的龙君还是一介少年，如今已入"而立"之年，成了小"家"，致思立"业"。本书是龙君承担的第一项国家社会科学基金课题的终端成果，是他过去10年辛勤耕耘的见证，也是他在学术上为自己立下的最初基业。作为师长，我为他能有如此的成就而感到高兴，但愿他能志存高远，脚踏实地，将学业建立在更加牢固的基础上，获取更大的成就。

执两用中与政治保守主义[①]

民初保守政党研究是中国近代历史研究中正在"脱敏"的课题。在中国大陆的政治及学术语境中,保守党一直不被看好,相关研究甚少,但这并不意味着其重要性可以小觑。保守党系相对激进党或革命党而言,因其在理论上已构成现代社会政治生活双翼中不可或缺的一翼,对其历史生存状况及存在合理性的认识已超越现实政治本身,具有深刻的政治哲学及社会文化意蕴。

子曰:"君子和而不同,小人同而不和。"(《论语·子路》)孔子此言寓意深厚,表面上说的是处事为人,实可泛指一切,盖世间所有问题均可因和同之异体现出君子与小人之别。欲在"不同"即"存异"的前提下做到"和"应警戒偏激,政治领域尤须如此。孔子曾把虞、舜治世之道总结为"执其两端,用其中于民"。"执两"与"用中"统一,不仅阐明了儒学"中道"的内涵,也使之在理论上更加周延。不宁唯是,孔子还从"中"的立场提出"过犹

[①] 本文是作者为别琳的博士论文所写序言兼书评,她的博士论文由本文作者指导完成,题目是《进步党与民初政治(1912—1914)》,论文修订补充后,2015年由四川大学出版社出版。

不及"命题。"不及"就是未达到"中",根源在拘谨保守太甚,与"过"即跨越"中"一样,都是趋于极端的"失中"行为。坚持"执两用中",明乎"过犹不及"的道理,就应守"中"戒"过"勉"不及",这是儒学"中道"据以立论的基础。《礼记·中庸》曰:"致中和,天地位焉,万物育焉。"所谓"致中和",就是"执两用中"的意思。

佛教教义与儒家思想异曲同工。佛家也讲"中道",即脱离边邪、不趋极端的中正之道。佛典说:"常是一边,无常是一边,常无常是中,无色无形,无明无知,是名中道,诸法实观。"又说:"我是一边,无我是一边,我无我是中,无色无形,无明无知,是名中道,诸法实观。"(《大宝积经》卷一一二)常与无常,我与无我,中之和之,是为中道。"中道"忌偏执,要求超越有无、苦乐、爱憎等两造极端。佛教中的"中观派"曾提出"二谛说"("真谛"与"俗谛")以连接此岸世界与彼岸世界,强调包含"两边"却又不等同"两边"的"中道"是佛教的至高境界,也明显具有"执两用中"的含义。

道家思想亦类是。老子阐释万物起源说:"道生一,一生二,二生三,三生万物,万物负阴而抱阳,冲气以为和。"(《道德经》四十二章)所谓"一",是指天地万物形成之前的氤氲混沌状态。"一生二"即由混沌生出天地阴阳,阴阳媾和而生"三",万物遂以繁衍。在老子的描述中,"道"乃宇宙万物生成繁衍的本原,世间一切均由"道"化育并由"道"统和,"道"是阴与阳的矛盾统一体。

儒、释、道圣贤阐释的哲学精义,不独存在于古代东方,在近代西方哲人那里也可找到近乎同样的表述①。近代西方思想最能与东方哲学暗合的是康德的"二律背反"（Antinomy，兰公武译为"二律背驰"）。在康德的哲学概念中，"二律背反"指对同一对象或问题所形成的两种理论相互矛盾却又各自成立的现象。康德在《纯粹理性批判》中曾提出理性在宇宙论问题上的四组"二律背反"，强调这类背反现象并非臆想捏造，而是建筑在人类理性之上，是对客观存在的认识②。通过对"二律背反"现象的观察思考，康德认识到理性认识的辩证性，看到哲学史上对立各派主张的冲突，指出独断认识在逻辑上的不周延，为德国唯心主义辩证法的发展奠定了理论基础。而马克思在继承康德哲学基础上提出的"对立统一"法则又更进一步，不仅揭示了事物普遍联系和发展变化的客观现象，而且首次证明，事物普遍联系的实质是不同事物"对立统一"的存在，

---

① 这种思想可以上溯至古代希腊、罗马。柏拉图主张混合政体，就是要求和谐。亚里士多德主张执其中道，认为："凡能包含较多要素的总是较完善的政体"，也是要求和谐。公元前二世纪的波里比阿是失败的希腊将军，作为人质客居罗马17年，写出《通史》40卷，探究罗马强盛的原因，认为罗马之所以强大是因为罗马是混合政体：只看执政官的权力，它是君主制；只看元老院的权力，它是贵族制；只看公民大会，它又是民主制。多种政体因素的混合，达到制约平衡。到启蒙运动时期，孟德斯鸠写了一部《罗马盛衰原因论》，也强调罗马政体中各种因素的制衡，他在《法的精神》一书中更把波里比阿的各派政治力量和各阶级相互制衡的混合政体读解为国家三种权力的分立和制衡，由此影响了大洋彼岸美国的国父们。因此，政治多元，各种因素制约平衡，才能产生真正的政治和谐。案：此条注释内容承四川大学历史文化学院徐波教授教示。
② 这四组"二律背反"或"先验理念之四种矛盾"分别为：1. 正题：世界在时间上有起始，在空间上有界限；反题：世界在时空上无限。2. 正题：世界上一切复合实体均由单一事物构成；反题：世界上没有单一事物，一切都是复合的。3. 正题：自然法则并非一切现象所自来的唯一因果关系，欲说明此等现象，须假定存在由于自由的因果作用；反题：并无自由，一切都是依自然法则。4. 正题：有一绝对必然的存在属于世界，或为其部分或为其原因；反题：世界不存在绝对或必然的东西，世界之外亦无视其原因的绝对必然的存在。康德著，兰公武译：《纯粹理性批判》，收入"汉译世界学术名著丛书"，北京：商务印书馆，1997年，第333—355页。

而事物发展的实质是新、旧事物的代谢,体现事物内部肯定性与否定性的对立统一的关系。

有人说唯物辩证法既是世界观又是方法论,古代中国及印度哲学家的思想当然未能达到这样的认识高度,但至少从方法论角度观察,存在于古代东方的"中道""执两用中"与存在于近代西方由康德、马克思阐释的"二律背反"和"对立统一"神髓相通,并无时空界限。

明乎此理,政制多元也就有了"合理性"依据(今日亦有"一国两制"的理论与实践)。近代以来,这种合理性被落实到制度建设中。西方国家根据政治制衡理论,建立起保证"保守主义"和保守政党可与对立主张及对立组织同样合法存在的政治制度。就国会"型制"来看,西方国家国会多以两院制方式运作。实施两院制既有政治历史依据,也有分权制衡的现实政治考虑。一些近代政治学者强调民主,但往往忽略从政治技术立场思考,民主有时也需要以"不民主"的方式予以制约,反之亦然。如果众议院议员通过选举产生是在体现民主,参议院不以多数民意为皈依则是在赤裸裸地"反民主",这种看似悖论的主张恰恰体现了现代国会政治的精髓所在[①]。

凭借国会舞台运作的政党也一样。政党有激进与保守之分。

---

① 威尔逊说:在对一种成功和有益的政治制度进行哲学分析时会发现,对这种政治制度的有效制约,只能是将各种不同成分混杂在一起,只能是把看来相互矛盾的政治原则结合在一起。英国政府正是由于它不是完全的君主制,所以才臻于完善。美国的制度"正是由于它在某种程度上不民主,所以才稳定"。其中参议院的作用十分重要,它把美国政治"从轻率的民众暴政中拯救出来"。"正如英国制度由于有下院和内阁,因而是一种有限的君主政体一样,我国的制度,由于有参议院,也可以说是一种有限的民主制度"。威尔逊:《国会政体——美国政治研究》,北京:商务印书馆,1989年,第123—125页。

激进者国人多能言之，姑不具论，保守者却有讨论的必要。人所共知，保守政党的理论基石是保守主义，其核心观念是反对一切激进的革命和革新，主张有节制的政治，以妥协手段调和各种社会势力的利益冲突。奠定"保守主义"思想基础的是英国政论家埃德蒙·柏克（Edmund Burke）。在《法国大革命的反思》一书中，柏克猛烈抨击这次革命，视之为旷古未有的灾难，是对人类文明的毁灭，其主张体现出维护传统、强调秩序、墨守成规、反对暴力的"保守"特质[1]。英国保守党就是柏克"保守主义"的影响所催生。尽管"保守主义"与保守政党不能画等号，但保守党的许多政策都具有鲜明的保守主义色彩。柏克的思想后来不断被人阐释发扬，成为近代西方与自由主义、社会主义鼎足而立的"三大主义"之一，被视为西方政治思想中的显学。

受近代西方多元政治思想与制度的影响，中国政治家在政制鼎革的清末民初，开始形成政党宜存有序对峙关系的观念。

以国民党党魁宋教仁为例。作为曾被批评为"议会迷"的革命党人，宋教仁当然希望国民党能主宰议会形势，希望出现"民国政党，唯我独大"的局面[2]，但政治理性告诉他，这种国民党独尊独大的政党格局，并非维持民主政治的妙法善道。在议会制度业已建立的前提下，健康的政党政治应当是广泛参与，即由不同政党共同运作的"和而不同"的政治。鉴此，宋教仁明确提出在运作国会时政党宜"二大对峙"却又彼此护持的政治主张[3]。

---

[1] 埃德蒙·柏克：《法国大革命的反思》，上海：上海社会科学院出版社，2014年。
[2] 宋教仁：《同盟会本部总务部通告海外书》，陈旭麓编：《宋教仁集》下册，北京：中华书局，2011年，第419页。
[3] 宋教仁：《致北京各报馆书》，陈旭麓编：《宋教仁集》下册，第421页。

耐人寻味的是，被视为"保守党"领袖的梁启超在此问题上亦与"政敌"宋教仁彼此唱和。戊戌政变后梁氏逃亡海外，在日、美等国考察政治，对西方近代政治学说有了进一步了解，意识到国会政治须以具备不同政治力量间的竞争制约机制为前提，提出将来在中国建立政党政治的基本构想。在《莅民主党欢迎会演说辞》中，梁启超指出："各国政党之潮流，皆有两派：一激进，一渐进。中国十余年来，亦本有此两派，使各一心为国，团我二派，各自发达，则中国之进步，尚可限量乎？"[①]梁启超的政治理想与宋教仁一样，是要把国内主张渐进的立宪政党改组合并成一个大党，与主张激进的国民党在未来的国会中竞争制衡，以便形成类似英、美那样的政党格局，将中国的国会政治引上正常发展的轨道。

在西方政治思潮影响下，经各派政治力量的共同推动，民初国人在实践议会政制过程中，建立起利益诉求相反却都以对方的存在为自身存在前提、共同推进议会政治的政党，初步形成类似西方保守与激进两党对峙的局面。由清末立宪派人士为主的共和党、统一党、民主党以及由三党合并而成的进步党就是具有保守性质的政党，由革命派组成的同盟会及其演变而成的国民党则是激进政党。民国史家谢彬指出："详观民国以来，国中两大党系（国民党与进步党）之抗争，总之不离夫自由主义与渐进主义之冲突。"[②]谢彬所说"自由主义"与"渐进主义"，其实就是"激进"与"保守"的同义语。

---

① 梁启超：《莅民主党欢迎会演说辞》，《饮冰室合集》文集之二十，北京：中华书局，1989年。
② 谢彬：《民国政党史》，荣孟源主编：《近代稗海》第六辑，成都：四川人民出版社，1987年，第24页。

民初政党虽有激进保守之分，双方的目的却都是欲在中国建设民主政制，改变国穷民弱的可悲现状，实现富国强民的政治愿景。黄远庸指出："革命与立宪二派，斯二者自其主义言之，虽有急进与渐进之别，而爱国之本义则同。"① 然而在政治主张与政治情绪日趋激进的近代中国，由于历史表现出某种特殊的指向性，人们更多的褒扬革命家，贬抑改良者，这是不公正的。历史研究应当客观公允，无偏无党，革命党固然是推进中国政治现代化的重要力量，但"保守党"的贡献亦复不少。

过去人们批评梁启超及进步党，将其纳入"保守"党派的政治范畴。姑不论批评者本身是否带有激进的思想情绪，单就分类而言，也经不起推敲。"保守"是相对"革新"而言，在近代历史上，进步党无可置辩的应当属于革新者的范畴。国民党与进步党的区别，与其说是"保守"与"革新"的区别，不如理解成"缓进"与"激进"的差异。退一步言，即便站在相对主义的立场把前进过程中多少表现出老成持重态度的改良派视为"保守"，这种"保守"亦有存在的价值，未可简单否定。英国政论家塞希尔（Hugh Cecil）在谈到议会制度下的"保守主义"时曾告诉人们，这一主义虽然在政治实践上是自由主义的对立物，但作为一种思想政治体系，它与后者并不构成冲突。事实上，议会制度下的"保守主义者"对于自由始终是极力维护的，因为如果它不去维护自由的原

---

① 远生：《一年以来政局之真相》，《黄远生遗著》第一卷，沈云龙主编：《近代中国史料丛刊》第三编第二十一辑，台北：文海出版社，第81页。

则,它就没有力量去保护既有的制度。[①]塞希尔这一见解,对于认识民初保守主义政党,乃至对于认识评价中国近代思想史上的革命与改良、激进与保守,都应当有所启发。

《进步党与民初政治(1912—1914)》是别琳的博士论文。书的内容无须赘述,其特点在于以进步党为个案,在准确把握"保守主义"政治精义的认知前提下,抓住进步党秉持"保守主义"的政治特质,将其置于民初政制转型的特定历史语境中,通过对该党的成立、政纲与政策的制定、其与袁世凯关系的离合以及与国民党在民初政局中政治互动的分析,展示出依托议会舞台的各派政党的对抗及力量的消长变化,并从国会政治破局的角度对西式政党政治在近代中国的实践及其历史结局作了与以往研究不同的解释。

别琳博士是川大历史系高材生,蕴玉之璞,美在内里,本硕阶段师从伍宗华先生,经严格的学术训练,已初步具备从事学术研究的能力,却志存高远,工作数年后重返校园,跟我研习中国近代史,希望能超越自我。而以民初"保守"的进步党为个案研究的博士论文选题,对其知识结构支撑的学术创造力,更是一个严峻挑战。我之所以同意她的选择,首先是相信她具有完成这一课题研究的能力,然而更重要的考虑在于,民初保守政党的研究,不仅对于历史研究本身具有拾阙补遗的价值,而且对于尚在寻求政制改革的国人转变思想观念,建构稳健政治,亦有重要借鉴意义。

改造社会是一件十分繁难的任务,绝非单一的社会力量所能完

[①] 休·塞希尔:《保守主义》(Hugh Cecil, *Conservatism*, William and Norgate, London, 1912.),北京:商务印书馆,1986年中译本,第153页。

成，而需要包括"激进"和"保守"在内的多种社会力量在法律的框架内"各行其是，各司其事"。在这个问题上，胡适的思想认知可资参考。上个世纪20年代他曾作诗回答期望他"革命"的朋友说："君期我作玛志尼，我祝君为俾斯麦；国事今成遍体疮，治头治脚俱所急。"[①] 胡适的期待，也是我的期待。

---

① 胡适:《我们的政治主张》(答王振钧等)，欧阳哲生编:《胡适文集》第3册，北京：北京大学出版社，1998年，第328—331页。

中国地方议会政制研究的正奇之道[①]

混淆"代议"与"参议"的中国议会政治从产生开始就命运多舛。晚清政府标榜立宪,设立资政院和谘议局,国人开始了在中国实践议会政治的憧憬,却因迟迟不召开正式国会而被视为政治欺骗,清政府也因"立宪骗局"而丧失民心,不久便被追求激进变革的势力推翻。民国肇建之后,国人继续宪政追求,国会政治,载在约法,而自清季以来一直存在的"激进"及相对保守的"缓进"两派政治势力在不断分化组合过程中形成国民党和进步党,也为议会政治的运作提供了一定的政党基础。1913年第一届国会正式召开,中国议会政治的前景终于展示在国人面前。但宋教仁被刺杀事件却改变了中国议会政治的发展方向。

对于宋案,国民党面临政治解决还是法律解决两难选择。喻以玩牌,法律解决就是犯了规就判以输牌或惩其出局,政治解决则是掀翻桌子不再玩牌。国民党在并未找到真正元凶的情况下,认定袁

[①] 本文是作者为向中银教授的博士论文《重庆市临时参议会研究(1939—1946)》写的序言兼书评。该论文由本文作者指导,修订后于2013年由中华书局出版。

世凯是宋案的幕后主持者，率尔武装讨袁，重新回到革命党的政治立场，不再与其政治对手玩议会政治游戏。作为当时国会中最大的政党，国民党的立场转变直接陷国会政治于崩溃边缘。而袁世凯也因国民党的"武装叛乱"，找到否认议会制度的借口，在利用国会将其选举为正式大总统之后，便解散国会，走上倾向行政集权的君主立宪道路。

各方倒袁成功之后国会短暂恢复，不久又因张勋拥清帝复辟再度解散，旋以段祺瑞"再造共和"，梅开二度。其间南方竖起"护法"旗帜，吸引部分议员南下召开非常国会，导致第一届国会在组织上正式分裂①。此后，南北"国会"均难以凑足法定开会人数，遂以递补方式凑足，或以"非常国会"的名义维持运作。所谓"非常国会"，无论当事人宣传解释得多么冠冕堂皇，其实际后果均是导致国家政治进入"非常"状态，不能平复②。直奉战争之后，直系标榜"恢复法统"，国会得以恢复重建。但并未真正坐实的"贿选"指控却使直系丧失在国人心中统治的合法性与合道性。第二次直奉

---

① 时人尝将第一届国会之分裂比喻为"下等动物'阿米巴'原形质细胞之分离"：始则一变为二，有北京与上海之别；继又二变为四，上海则有民六民八粤沪之争，北京则有违宪拥宪议长之战。故苟踞最高之地以俯视所谓第一届国会全体，则徒见其分裂不已，以至于灭亡，亦诸子末日之一种征候而已。素昧：《请君入瓮与所谓拥宪》（1923年11月5日），原载《京报》1923年6月13日，收入方汉奇主编：《邵飘萍选集》下册，北京：中国人民大学出版社，1988年，第469页。
② 对此《益世报》曾发表社论表示反对，其立论大旨是：吾人尝以恢复旧国会有利于推进统一，故视之为解决时局之一种方法。然南方以递补方法凑足开会人数，北方亦以同样办法凑足开会人数，则时局根本无法在国会体制内解决。盖旧国会不过一个，今求恢复而补足成两个。姑不论南方北伐之事如何，只要北洋军队不能长驱入广，非常国会就将继续开会，则国人将离纠纷解决之道愈趋愈远。转引自胡适：《这一周》（民国11年6月至12年4月），欧阳哲生编：《胡适文集》第3册，北京大学出版社，1998年，第394页。

战后建立的段祺瑞临时执政府最重要的政治举措就是取消法统，于是现存国会连同在中国仅仅实施了12年的国会制度，遭到彻底否定。

国会制度在中国遭此厄运的背景是带有否定西方政制取向的民族主义以及相伴而生的激进化思潮的勃兴。从国际上看，则与第一次世界大战发生后西方社会传播的议会改良思潮包含的对西方政制的怀疑，以及苏俄政制及外交对中国的影响有关。在此背景下，改良主义思潮退去，对西方政制的否定思潮占据上风。本来中国的国会政治与国人亟欲效仿的欧美等西方国家议会政治初始阶段的运作状况相比较，应属差强人意，但按照国人对民主政治的崇高期望，则成绩不佳。罗文干就认为："民国十二年国会之成绩，捣乱、卖票、敲竹杠而已，宪法未议成也，福国利民之议案未闻也，吾民无如之何也，彼尚无耻，日号于众曰，吾代表民意也。吾无以名之，名之曰'强奸民意'"[①]。有人说中国国会是死于"自杀"，也有人说是死于"他杀"。不管是自杀还是他杀，中国并无严格意义上的议会政制，则是不争的事实。

抗日战争爆发后，情况一度发生变化，严重的民族危机迫使国民党放松对社会力量参与政治的控制。1937年8月，国民党中央政治会议决定在国防最高会议下设立国防参议会，聘请张耀曾、张君劢、梁漱溟、曾琦、蒋百里等人为参议员，并邀请中国共产党、青年党、国社党、第三党、救国会派、职教育派、村治派、教授派参与。国民党此举，"含有团结各党各派来参加抗战大计，共同为国

---

① 罗文干：《狱中人语》，沈云龙主编：《近代中国史料丛刊》正编，第十六册，台北：文海出版社，1975年，第99页。

努力的意思"①。但国防参议会只是一个咨议机关,所议者为国防,通过的提案不具有法律效力。因此,在野各党派要求扩大国防参议会职权,使其成为正式的代议机关。在国内外多重压力下,国民党被迫调整政策,决定在中央成立国防参议会、国民参政会的同时,在地方成立省市县临时参议会等"民意机构",以容纳各派政治力量。

1938年9月国民政府公布《省临时参议会组织条例》《市临时参议会组织条例》,1941年8月国民政府公布《县参议会组织暂行条例》,根据这些条例,国民政府控制区域内各省市县相继成立临时参议会。表现出经历十余年"训政"之后,国家似乎要朝着宪政方向发展的迹象。以此为背景,国统区地方参议会陆续成立。

在各地参议会设置运作过程中,重庆以其战时地缘政治的特殊地位,扮演了十分重要的角色。重庆参议会从1939年10月成立至1946年1月结束,存在时间逾6年。由于国府西迁,重庆成为战时国民政府陪都,其政制建设受到国民党中央的高度重视和直接指导,故其临时参议会的运行状况及成效,在相当程度上体现出国民党及其领袖的意图,也为其他省市临时参议会的运行提供了范本。从学术史的立场观察,重庆临时参议会存在和发展的历史,对于认识议会制度在中国地方层级的蜕化甚至畸变,具有无可替代的典型意义。可惜以往对此问题的系统研究少而欠佳。

向中银博士以其学术慧眼,看到这一问题研究的价值和意义,从档案材料出发,运用历史学与政治学的方法,研究重庆临时参议

---

① 邹韬奋:《国防参议会》,孟广涵主编:《国民参政会纪实》(上卷),重庆:重庆出版社,1985年,第43页。

会的实际运作及其与各方面的关系，对重庆临时参议会的功能、局限及其走向作了有价值的探讨。按照向君自己的概括，此项研究的价值主要表现在以下四个方面：

其一，对作为战时国民政府陪都重庆的临时参议会作了全面的史实重建。目前学术界尚无对国统区省市级临时参议会进行系统研究者，此项研究对该市临时参议会成立的政治语境、组织建构、运作机制与关注重心、府会矛盾与解决建议、时局变换与临时参议会的因应，以及临时参议会的功能等问题进行深入探讨。就史实重建的完整性而言，明显超过以往所有的研究。

其二，通过对重庆临时参议会的个案研究，认定临时参议会是议会制度在中国地方层级尝试的一个重要阶段，提出参议会系"以府会合作为主、监督制约为辅的地方民主实验模式"的观点。其主要特点是：地方精英参政议政，政府引导议题讨论；政府施政适度公开，临参会有限监督；议案执行有所保留，权利保护有所进展。这一实验模式，是走向宪政的过渡形态，其弊端亦显而易见。盖宪政民主的根本指向在有效保护公民的基本权利，若政府权力独大，社会力量不能与之平衡，政府权力不能受到有效监督制约，就会导致公民权利无法保障，因而需要在民主因素的积累中完成向宪政民主的转化。

其三，对临时参议会的性质提出新看法。学术界几乎一致认为临参会只是一个咨询机关，但作者认为它是一个咨议机关，即备政府咨询兼参政议政的机关。作者从重庆临时参议会设立的目的、职权、运行机制等方面展开论证，指出该市临时参议会是为抗战而临时设立的咨议机关，从其具有的议决权、建议权、听取政府施政报告权、询问权、自由发表意见权等五项职权看，既无立法权，也无财政权，只拥有一定程度的行政监督权。运行方式主要是实行会议制度、提案及审查制度、驻会委员会制度、提案和决议案的执行反馈制度等。尽管参议员力求突破法规限制以谋取更大监督权，但从重庆临时参议会实际运行情况观察，似未超出国民政府对临时参议会的性质定位。

其四，阐释了临时参议会的咨议功能及其局限。重庆市临时参议会对政府采取合作方针，积极参政议政、建言献策，同时对政府实施有限监督。在存在的6年中，该市参议会共通过议案391件，通过对市政府各局处工作报告的审查、询问及作出决议，市政视察，议案执行追踪等方式实施监督。但临时参议会的代表性不足，作用有限。

向君是有自知之明的学者，他为自己的著作概括的几个学术贡献准确展示了其研究与他人相关研究的不同。正是通过对这些问题的充分阐释，凸显了此项研究的学术价值。

但作为导师和同样研究政治史的学人，我想提出一些问题，供向君思考。

或许向君在立论时没有注意到，仅仅被定义为"政府咨议机关"的临时参议会，如何可以成为"议会制度在中国地方层级尝试的一个重要阶段"？我们今天常将"参政"与"议政"混为一谈，其实两者是有重要区别的。"咨议"就是咨询、议论，与直接参与国家政治不同，而议会制度系人民通过选举代表的方式参与国家政治，两者之间如何能够打通，显然需作解释。此外，更重要的是，在国民党不愿意放弃一党专制的前提下，"国府"和地方各级参议会只能是上下级关系，因而，将临时参议会说成是"以府会合作为主、监督制约为辅的地方民主实验模式"，如何可以在认识逻辑上表现其周延？退一步言，即便临时参议会有类过渡到真正民意机关的一种形式或一个阶段，它也只是应对战时特殊环境需要的产物，不能当作政治常态来看待。从长时段观察，在国民党统治大陆的20余年里都看不出有真正实施宪政的迹象，其中一个具体时段又如何可以例外？

国民党的政治发展路径在孙中山时代就已确定。1920年代中期，孙中山领导国民党走上国民革命的道路，目标是国家统一与富强，实现途径是经军政、训政而达于宪政。训政时期的主要任务是推行地方自治以训练国民，领导力量则是国民党，因而必须把"党"放在"国"之上。南京国民政府建立后，国民党遵照孙中山设定的"革命程序"，制定《中华民国训政时期约法》，建立起一党专政的"党国"体系和个人独裁的训政制度，这种政制架构，因与民主制度存在本质区别，很难朝着宪政方向自然转型。

正因为如此，国民党"党国"体制创建伊始，便受到自由主义思想家及政治家非议。1930年代初，胡适曾对国民党践踏人权的行为及其奉为理论依据的孙中山《建国大纲》提出尖锐批评。胡适认为，孙中山之所以主张在军政、训政时期取消约法，原因在于他"根本不信任中国人民参政的能力"。胡适指出，孙中山在这里犯了一个错误，即不知道制定约法、实施民治本身"便是最好的政治训练"。因为有宪法才可以做"训导人民的工作"，没有宪法，"则训政只是专制，决不能训练人民走上民主的路"。为保障人权，胡适呼吁立即制定一个"规定人民的权利义务与政府的统治权限"的宪法或约法，"不但政府的权限要受约法的制裁，党的权限也要受约法的制裁"。如果党的权限不受制约，那就意味着一国之中仍有特殊阶级逍遥法外，就不成其为法治社会。胡适不无挖苦地指出："其实今日所谓'党治'，说也可怜，哪里是'党治'，只是'军人治党'而已"；如果国民党不"觉悟宪法的必要"，如果国民的自由人权没有保障，"国民党也休想不受武人的摧残支配"[①]。

胡适对国民党的这番批评虽有其具体语境，但用于判断临时参议会的性质也大体适宜。考虑到国民党政策的一贯性，可以认为，该党在抗战时期指导实施的地方参议会，乃是执政当局不愿取消一党专制独裁却又不得不应付时局的产物，这种制度与西方代议制看似同构，却不同质。过去人们总习惯认为国民党在大陆的失败证明西方议会民主制度在中国行不通，其实国民党实施的并不是真正意义的西方政制。套用现今时兴的"中国式"表述模式，国民党当时实施的可以说是"中国式资本主义"，即经济上的自由主义，政治上的集权主义。这种政治上的集权体制，从孙中山将"联俄"付诸实践时，就已被共产国际和苏俄以输出"革命"的方式传到中国，改造成非驴非马、不中不西的政治结合体，并最终替代民初及北洋时期国人追求并尝试实践的民主宪政体制。因而严格地说，国民党在大陆的失败，乃是"中国式资本主义"的失败。

意识到这一点，也就没有理由对国民政府统治时期的地方参议会给予过量赞词。向君对此应该有所意识，故其为自己著作总结的第四点贡献便是"阐释了临时参议会的咨议功能及其局限"。但仅

[①] 胡适：《人权与约法》，欧阳哲生编：《胡适文集》第5册，1998年，第524—529页。

仅强调"代表性不足"及"作用仍然有限",亦未能将最为关键的问题道出,不无遗憾。

当然,向君的强项并不在近代中国政制史的宏观架构设计,而在具体事实的重建及事件因果关系的梳理。在研究方法上,除使用史实考证等传统历史研究方法外,向君还力图采用学科渗透及会通,其运用最多的是政治社会学方法。向君声称欲从中国社会发展变化的视角去研究重庆临时参议会的产生与演变,从商品经济在整个国民经济中所占比重的变化去分析议会政治的经济基础,从近现代中国军事集团、党政官僚集团、工商金融集团、土地拥有者集团、革命集团等利益集团的博弈中去观察议会政治的走向;从世界政治格局和中国国内政局的变化中去探索议会政治实施的环境条件,从重庆市在近现代政治、经济、思想文化和社会发展进程中去研究临时参议会的生存环境,从重庆临时参议会的实际运作、决议案以及它与各方面的关系去研究其功能、局限及走向。我不能说他已全部达致设定的目标,但作为博士研究生,能有此抱负,洵属难能可贵。

在研究方法上,向君大著似亦可议。总体感觉略显平正而少奇绝。兵法曰:"凡战者,正合,以奇胜。"(《孙子兵法·奇正篇》)意思是用兵之道须分正奇,正兵走常轨,易被识别,故常败北;奇兵则出人意表,因奇取胜。历史研究也一样,方法上虽提倡正奇兼用,但有时亦须巧设机关,以奇制胜。"正"走的是寻常套路,意在探寻历史现象的普遍性。"奇"则究变,专注特殊的历史现象。抗战时期重庆临时参议会是代议政治在地方层级畸变的产物,无论制度建构还是实际运作,均事处非常;此外,重庆临时参议会是国统区众多同级参议会中的一个，因设在陪都，与其他地区的参议会地位不同，理应通过比较揭示其特殊性，却被纳入近代中国地方参议会研究的寻常套路作孤立的研究，无以揭示其独特的地位和作用。可喻为在政制史研究中用了"正兵"而非"奇兵"，多少给人以方枘圆凿的失準之感。

我对向君著作所作评价，迹近苛刻。但以向君有别于普通硕、博士研究生的身份和就学经历而言，我这样月旦他的著作，也有道理。我和向君相识于8年前他到川大攻读博士学位之时。当时他已是国内某高校的正教授，曾在华东师大师从夏东元先生，奠定了良好的学问基础，发表过众多高质量的学术论文。无论是年龄还是学术积累，当时的向君均早过"而立"，已近"不惑"。他能委屈自己，以学生身份跟我一起学习，使我非常感动。胡适曾说，罗尔纲写《师门辱教记》记述师徒之谊带给他的荣誉，比他头上的几十个荣誉博士头衔给他的荣誉还要多，意谓罗给予他的不比他给予罗的少。向君跟我读博也使我产生类似感觉，即他给我的比我给他的更多。换言之，他可能没从我这里收获多少学问，我却从他那里收获了"教授之教授"的美誉。在他这样后劲十足的年轻教授面前，我不敢懈怠。向君攻博期间，我都警惕触犯"好为人师"之忌，而采取与他讨论或辩难的方式完成他的学习过程。现在向君的博士论文完成且将出版，我仍然坚持这一做法，以朋友切磋学问的方式提出一些我读其书稿时感到困惑的问题，供向君及关心民国政制史的朋友参考。

立足全境的区域毒品与禁毒史研究[①]

我没有考证过毒品问题是人类社会的痼疾还是"近代文明"的产物,却知道就中国而言,这一问题渊源有自,是典型的"舶来品",非古已有之。19世纪以后,标榜"文明"的西方国家为打开中国紧锁的国门,从事非法亦非道德的鸦片贸易,毒品始成为中国政府和平民百姓必须认真对待的问题。然而,由于自身制度及社会存在诸多问题,从道光朝开始,晚清历朝统治者虽采取措施禁毒,成效却一直未能彰显。中国社会经济乃至民众生活深受毒品之害,中国西部则是毒品的重灾区。

民国时期,毒品在西部进一步泛滥,僻处西北一隅的甘肃更是深受其害,种植、贩运和吸食在全国均名列前茅,对民生及社会发展的影响,至大且深。就种植而言,甘省鸦片种植一度与产烟大省云南、贵州、四川、陕西齐名,所产"西土",行销全国。就贩运而言,由于中央政府对甘省未能实现有效控制,无法贯彻禁烟政

[①] 本文系作者为尚季芳教授著《民国时期甘肃毒品危害与禁毒研究》所写序言兼书评。该书是本文作者指导完成的博士论文,经修改补充,于2010年由人民出版社出版。

策，各种商号利用马帮、驼帮、脚户，把贩运鸦片作为大宗生意，割地称雄的大小军阀也成为贩烟的重要群体。不仅马步芳兄弟利用军队贩烟，大发其财，就连受命担任西北边防督办且标榜信奉耶教的"基督将军"冯玉祥，亦动用军队，实施武装鸦片贩运。至于吸食，问题更加严重。1930年，一位旅行者对甘肃吸食鸦片的状况作了如下描述："一进甘肃的交界，那真好像入了云雾了。一个小小的村庄，十家之内有八家总是云烟缭绕，一家之内，老子有老子的灯，儿子有儿子的灯，媳妇有媳妇的灯，听差还有听差的灯。一家商店里上自掌柜职员，下至工匠学徒都各有各的灯，所以凡是西北的男女老幼，大部分都会吞云吐雾。"

这类文学性描写得到斯时大量社会调查结论的印证。据时人调查，1930年代，甘肃省属之酒泉县有人口九万，"十人之中，足有七人吸鸦片"；在康县、西固，烟民占百分之四十至百分之五十；在榆中、平凉、庆阳等地城镇，吸食者占总人口十之三四，乡村吸食者亦占十之一二。甘肃毒品问题是整个国家毒品问题的缩影，凸显了近代中国毒品问题的严峻。终民国之世，尽管中央政府一直致力于解决毒品问题，但成效十分有限。直到1949年中华人民共和国成立，厉行禁毒，敦化风俗，危害国人百余年的毒品问题才基本得到控制。

然而，随着改革开放，在取得经济及社会巨大发展的同时，与其他地区一样，毒品问题又在中国西部沉渣泛起，且愈益显示出广泛的国际性和复杂性，而甘肃则被列为中国六个"毒害"严重省份之一。严重的毒害危及国家的稳定与社会和谐，加大毒品查禁力度，严厉打击毒品犯罪，给人民提供一个健康的生活环境，成为全社会的普遍共识。季芳博士以近代甘肃毒品与禁毒作为研究课题，对甘肃省毒品肆虐的原因、过程及历届政府禁毒政策之得失进行具体深入研究，力图为当今甘肃乃至全国禁毒提供历史借鉴，适应了弥补史学研究缺憾及服务当今社会现实的双重需要。

本书最大的特点是笃实。作者对关涉民国时期甘肃鸦片的一些重要事实，如鸦片种植面积、种植地域、吸食人数、吸食者年龄、吸食阶层、贩运群体、贩运路线等，进行严格考证，为读者再现了斯时甘肃毒祸泛滥的完整明晰的历史影像。以此为基础，作者对鸦片与民国甘肃财政、鸦片与民国甘肃军政格局、鸦片与民国甘肃农村经济、鸦片与民国甘肃社会次生群体、民国历届政府查禁烟毒的政策等重大问题进行史实重建和分析论证，提出许多有价值的学术观点。

作者认为，鸦片之所以在民国时期的甘肃泛滥，以下几个方面的原因不可忽视。其一，甘省财源枯竭，政府将鸦片收入作为财政支柱；其二，军阀林立，军费浩繁，统治者以烟亩罚款为军费挹注；其三，中央政府及地方政府权势不固，社会严重失控；其四，地方实力派（如马氏军阀）植根长期以来形成的民族、宗教和社会土壤，借助毒品大发其财，政府无力控驭；其五，甘肃近代化水平低下，工农业、商业和交通运输业发展迟缓，支撑社会发展的良性经济结构尚未建立，地方造产功能有限；其六，部分民众因生计艰窘，不得已走上种烟一途；其七，政府以鸦片为谋财路径，所实施的"禁税并重""分期禁绝"等禁毒政策，似禁非禁，失去了法令的权威性，毒品屡禁不止乃题中应有之义。此外，西北民族及宗教问题的复杂为毒品蔓延提供了条件，日、俄、英等外国势力插手西北事务使毒品禁绝难上加难。为增强说服力，作者还特设章节，对新中国成立之初的禁烟禁毒政策进行描述和解读，并与国民政府时期的禁毒政策进行对比，彰显两个时代对毒品截然不同的态度，以加深读者对民国时期甘省毒品泛滥原因的认识。历史事实的还原及周详缜密的学术解析，为民国甘肃毒品史的深入研究构筑起一个崭新的学术平台。

史料发掘与整理是历史研究的基础工作，很大程度上决定着研究的成败或成果价值的高低。尽管民国甘肃毒品史的研究已取得一定成绩，部分论著也颇具学术价值，为本书的研究作了铺垫。但诚如作者所言：既有论著所引资料"取自档案者极少，对当时的政府出版物及时人创办的报刊也多未利用"；因缺乏资料，"多数文章缺乏说服力，在问题的探究上，很难达到应有的高度和深度"。为改变这一状况，作者在搜集资料上狠下功夫。本书绝大多数资料来源于甘肃省档案馆，并辅之以兰州市档案馆、甘肃省图书馆、兰州市图书馆、中国第一历史档案馆和第二历史档案馆的相关档案和图书资料。与此同时，作者使用了《甘肃省政府公报》《西北日报》《甘肃民国日报》《和平日报》等报刊资料及时人所作西北考察报告与游记。难能的是，作者还不辞辛劳，实地调查走访甘肃毒品泛滥的重灾区，采访民众，咨询部分健在的民国时期任职甘省的官员，获得宝贵的口述史资料。由于历史资料来源广、方面多、数量大，既能产生纠错补漏之功，又能展示开拓提升之效，使作者有可能将毒品泛滥的史实及相关社会面相一一厘清，为本书成为"信史"奠定了坚实的文献基础。姑不论作者分析论述"段位"的高低，单是上千万字第一手资料的搜集与整理，对于近代中国毒品史与禁毒史的研究，已是了不起的贡献。

从学术史的立场看，本书的出版，对推动中国西部毒品史的研究也有积极意义。此前的毒品史研究，无论资料发掘还是问题探讨，东南沿海、华北和西南等地区均走在前列，而西北则相对滞后。就我目力所及，以往有关西北地区毒品与禁毒的文字大多为时人游记及星散在政协文史资料或方志里的零碎记载，以为茶余饭后的谈资则可，当作信史则不行。近年来站在研究立场就此问题发表的学术论文，则基本属于见缝插针似的"空白填写"，虽于个别问题的厘清不无裨益，却难借窥甘省毒品问题的"全豹"。季芳博士把民国时期烟毒大省甘肃作为考察对象，参与开拓近代西北地方史、社会史研究的新领域，为近代毒品史的区域化研究提供了有力的个案支撑。从地缘学术的角度审视，本书出版之前，西南民族大学的秦和平教授曾对云、贵、川三省的近代毒品史作过深入研究。秦教授的关注重心在西南，季芳博士关注的重心在西北，并观秦、尚二人的著作，中国西部毒品与禁毒的历史著述臻于完整，这对近代中国毒品史研究，可谓有力推进。

季芳2004年以优异成绩考入四川大学攻博，与我一起学习探讨近世中国历史。他给我的第一印象是质朴，无论其言其行，均无些许修饰。在学习上，似乎是因为来自西北，透露出一种内地人身上罕见的饥渴感，寻求"饮食"的欲望异常强烈。我曾经去过陕西、甘肃及新疆等西北地区，发现黄土高原及沙漠戈壁上的树木花草，因为缺水少肥的缘故，必须把根扎得很深。这当然是一个很艰难的过程，然而正因为根系发达，故西北地区的树木花草往往比内地的植物具有更加旺盛的生命力，果实也格外甘甜。三年学习期间，季芳就像是黄土高原上的一棵树木，拼命向学术的地底深处扎根，以摄取各种养分。因为根扎得深，摄取的养分既多且广，故能如期结出丰硕的学术成果，以较高质量完成博士论文并顺利通过答辩。现在他的博士论文列入教育部"高校社科文库"，获出版资助，表明他此前的努力已受到学界重视。作为师长，我为他取得的成绩感到由衷高兴，愿他保持西北汉子做人及做学问的本色，志存高远，埋头耕耘，期能推出更多的学术成果。

走向川康地区的身体史研究[①]

边疆研究是中国传统学术的重要组成部分，在清季曾处于"显学"地位。但晚清历史上的"边疆研究"基本属于传统学者治学的范畴，尚不具有现代学术研究的含义。从研究领域看，清季的边疆研究大致局限在边疆史地范围，很少涉及民族、宗教与社会，至于包括医学史在内的自然科学史或身体史，则更是鲜有问津者。从方法上看，清季的边疆史地学者，大致沿袭传统文人墨客的撰述方法，成果以游记杂录居多。可以划归现代学术范畴的中国边疆问题研究，始于外国传教士、旅行者、外交官、军事家、自然科学家在中国边疆地区所作考察，其中法国天主教徒及英国基督徒投入的精力最多[②]。

民国以还，中国传统意义上的边疆研究呈衰落之势，中国自

[①] 本文系作者为邓杰教授的《布道与医疗：中华基督教会在川康边地的医疗服务研究》一书写的序言兼书评。该书原是本文作者指导完成的博士论文，经修改补充，于2011年由中国社会科学出版社出版。

[②] 时任金陵大学教授的徐益棠对此作了如下记述：法国国家图书馆以及英国皇家地理学会所收藏之稿本及小册，数以百千计，即就安南河内之法国远东学院，已颇可观。盖自鸦片战争以后，西人之旅行我中华者，年有增加，归则录其所见闻者以成书，虽精审者少，然经政府以及学术团体之奖掖与提倡，其中已不乏高明之作，而尤以1906年前后为最发达，盖其时吾国国势凌替，列强正谋蚕食我边疆之会也。徐益棠：《十年来中国边疆民族研究之回顾与前瞻》，《边政公论》第1卷第5、6期，第51页。

身可划归现代学术范畴的边疆研究开始起步。边疆研究此时受到重视，一方面与民族学、人类学、社会学等"西学"之"东渐"导致学者在研究手段上的突破有关；另一方面，中国面临的边疆危机在此时加重，也刺激并促成了此项研究的发展[①]。全面抗战爆发之后，国府西迁，国家政治、经济、文化中心随之西移。一时间，大量学人荟萃西南一隅。以前甚少受人瞩目的西南地区因抗战的缘故，成为"民族复兴"基地和"抗战建国"后方，地位陡然提升，被政府及民间寄予厚望，受到学者异乎寻常的关注。边疆研究亦因民族危机的刺激，由"隐"而"显"，成为热门学科[②]。

近年来，中国边疆研究再度受到学者关注，尤其是少数民族聚居的西部民族地区，有关研究蔚为大观。但无论近人还是今日学者，对于基督教会所作医疗布道工作均缺乏研究，对于基督教在四川西部羌藏及西康彝族地区活动的研究更是仅及皮毛。20世纪40年代，李万方对既有边疆研究脱离边地实际的状况曾表示不满，称研究者仅是"坐在建昌研究"，或"站在大渡河那边大写其文章"，认为这种有类雾里看花的研究状况不改变，国人不可能真正认识边疆[③]。

就基督教在中国西部地区医疗布道活动的研究而言，状况也不容乐观，很多重要的领域长期无人涉足，相关成果几近空白。而教会在华医疗布道的历史，是不应该被忽略的，至少从西方医学在中国传播的立场上观察是如此。传教士贺夫曼（Dr. Hoffman）说过：

---

① 马长寿：《十年来边疆研究的回顾与展望》，蒙藏委员会编印：《边疆通讯》第4卷第4期，第1页。
② 张伯怀：《服务运动之重要》，《边疆服务》第2期，1943年6月，第1—2页。
③ 李万方：《谈本部为宁属边民服务》，《边疆服务》第4期，1943年11月，第11页。

"医药布道的目的,在于使人民看到医治疾病,有比较他们古老而迷信的办法更好的方法,使他们改正对于疾病与生活的错误观念与态度。"[①]1838年,中华医学传道会(The Medical Missionary Society in China)在广州成立。这是新教传教士和外籍医生提倡的将医学与传教事业明确结合为一体的第一个全国性西医学机构,也是世界上第一个医务传道会。100年后,中华基督教会边疆服务部继承教会先驱的遗愿,深入川、康民族地区,开展服务边民的"社会福音"工作,在长达16年的时间里,将西医、西药带到川、康边地,使当地200万民众受益,而医疗布道则是这场教会运动的重要组成部分。

邓杰博士此项研究的价值在于第一次完整重建中华基督教会边疆服务部在川、康边地医疗布道的历史,从教会医学史及宗教史研究的角度,丰富了既有的边疆研究。与涉及边疆民族及宗教的既有著作相比较,邓杰所做研究具有两个特点:一是能够在西方教会医疗布道的宏观背景下观照中华基督教会边疆服务部所作医疗布道工作。从历史研究的立场上看,任何历史事件的发生、任何历史人物的出场都不是孤立的,一定会与宏观的历史背景发生联系。中华基督教会边疆服务部深入川、康民族地区开始医疗布道工作,与教会在全球范围内推进的"社会福音"(social gospel)运动有关,又是基督教在中国寻求"本色化"(indigenization)的具体体现。如果不注意观照其联系,孤立地分析与叙事,会让人不得要领。反之,一旦把握住边部活动在当时特定语境下的位置,不仅历史事件及人物

[①] Dr. R. E. Hoffman, *Journal of the Christian Medical Assoc. of India, Burma and Ceylon, Efficiency in the Task of Medical Missions, Jan. 1940*. 转引自海珥玛著,何慈洪译:《基督教会的乡村工作》,成都广学会,1939年,第4页。

本身能够活现在作者书写的文本之中，其内涵及意义也能够充分凸显。二是能够全面准确把握既有学术研究状况。在这方面，邓杰博士所下功夫可谓不小，其著作不仅详尽评述了事件发生当时相关的历史记述，对于后人的研究也能全方位调查分析，明其得失利弊，实事求是交代自己的研究与前人相关研究的联系与区别，找到真正有价值的学术研究节点。

粗略统计，该书搜集利用的各类文献逾300种，其中档案资料的搜集功夫尤其到位。全书利用了包括中国第二历史档案馆、四川省档案馆、上海档案馆、云南省档案馆以及阿坝州档案馆、汶川县档案馆、甘孜州档案馆、理县档案馆、西昌市档案馆所藏边部档案，可以说，但凡藏有边疆服务历史档案的档案机构，作者都已走遍。其他文献的利用也很到位。有些当时当事人留下的资料，如边疆服务部办的期刊《边疆服务》《边疆服务研究》，以及教会在全国范围发行的《公报》《协进》《田家半月报》《真光杂志》《基督教丛刊》《天风》《真理与生命》及大量教外人士创办的报纸杂志，都被充分利用。这种史料搜集上近乎竭泽而渔的功夫，使分析论述立于坚实的文献学基础之上，避免了时下普遍存在的貌似高深实则严重缺乏事实支撑的、玄学似的无根之谈。

就形上层面的问题探讨而言，因为有翔实的事实材料支撑，两者呈现出相得益彰的良性互动局面。书中纯主观性的分析虽不多，但却得其要领。在其著作中，作者着力讨论了西方现代医疗技术手段在川、康民族地区的初期传播与基督教福音传播的关系。作者发现，教会同时做这两方面的工作，实际上已使自己处于吴义雄教授研究新教传教士在华南沿海早期活动时指陈的介于"宗教与世俗之间"①的尴尬位置。教会内主张社会福音的"自由派"认为处于现代环境之中,以提供实际的利益来体现基督教福音乃教会发展的必由之路,而坚持原教旨主义的"基要派"则认为其取径离经叛道,希望回到传统的布道立场,反对教会去做在本质上与宗教不相干的事情。然而何为相干何为不相干本无定论,中华基督教会在川、康地区的"医疗布道"活动于是处于在两条路线之间游移不定的状态。这种思想路线上的混乱与中华基督教会是一个标榜超越教派的诸派合一的教会组织有关,不同宗派的人因宗教上"本色化"的需求走到了一块,但思想主张的分歧终究难以弥合。

然而二十世纪三四十年代的中国宗教界,自由派的思想路径相对主流,受其影响,边疆服务部尽管声称兼顾两者,却将主要精力用到近乎单纯的医疗卫生事业上。这给当地民众带来诸多实惠。差不多与世隔绝的边民接触属于外来宗教的基督新教,大多经由这一管道。这种看似缘木求鱼的布道手段,产生了教会人士未曾想到的布道效果,相对内地汉族地区,至少在羌族、彝族地区,教会在很大程度上重新拾回了此前因民族主义浪潮波及以及地震灾害而失去的在当地布道的"领地"。这种伴随纯粹福音主义丧失获得的实惠,对于教会究竟意味着什么,邓博士的研究虽未得出结论,却无疑给出了可供研究者进一步思考的事实材料。

从纯粹医学史的角度观察,邓博士的研究也具有较高学术价值。近年来,人类"身体史"受到越来越多的学者关注,这为历史学开拓了一个具有广阔探索空间和研究前景的领域。虽然疾病医

---

① 吴义雄:《在宗教与世俗之间——基督教新教传教士在华南沿海的早期活动研究》,广州:广东教育出版社,2000年,第291—318页。

疗史不等于身体史,就是从社会史角度对疾病医疗的研究与身体史也有明显差异,但疾病医疗史与身体史之间存在的亲和力则是无法否认的。就学术现状而言,至少在国际中国史学界,目前仅见的中国身体史研究者基本都是从探究疾病和医疗问题入手进而关注身体的[1]。但迄今几乎所有中国近代疾病医疗卫生方面的研究,都集中在汉族地区和汉人身上,涉及川、康地区羌、彝、嘉绒藏族等少数族群疾病身体史的系统研究,至少我本人尚未读到。邓杰博士的研究,对于亟探究身体史研究的趋新学者,提供了为其忽略的边疆民族区域史研究的事实参照,其学术价值显而易见。

就研究取径观察,现在标榜做"身体史"研究的国内学者偏重揭示其社会学或文化人类学的含义,很少进入纯粹医学史领域。边疆服务部曾对川、康边地少数民族地区特殊疾病展开调查,留下大量珍贵的调查资料,为该地区少数族群身体史的重建提供了研究素材。像黑热病、回归热等传染病在该地区的发现,填补我国医学史的一项空白,对这些疾病在高山地区的防治,提供了病理学及药理学的依据。另外,边部医院诊所在将近16年的时间里诊治边民各种疾病留下的病情数据及治疗手段记录,亦可视为今日该地区发展现代医疗卫生事业的重要参考依据。而边部所创建的从地区中心医院到星罗棋布于各主要村镇、学校的诊所,再到以定期巡诊方式派出的医疗队这一整套医疗体系及公共卫生防疫系统,为居住范围甚

---

[1] 比如目前这一领域少数最有成就者之一的美国南加州大学的费侠莉(Charlotte Furth),较早曾从事18世纪中国的分娩这一与医疗紧密相关的问题的研究。当时她完全是以社会史的主题与取向来形塑的,而后逐渐以月经和女性血液的文化建构为研究对象来探究身体本身的历史。参见费侠莉著,蒋竹山译:《再现与感知——身体史研究的两种取向》,《新史学》1999年第4期,第130页。

广且极为分散的边民提供现代医学的制度性保障，为国家在该地区进一步发展现代医疗卫生事业，提供了历史借鉴。邓杰博士以其学术慧眼，关注到这一切，并通过长达数年的开创性工作，将许多对身体史研究具有非同寻常价值的医学史素材，依照事实逻辑梳理出来，展现在读者面前，这无疑是一大贡献。

不过若求全责备，邓杰的著作还有不少有待完善的地方，其主要不足为客观材料多而主观认知少，形下叙事多而形上分析少。历史研究之所以具有价值，不仅在于简单还原历史，告诉今人其所未知的珍贵史实，更重要的是在此基础上解释历史，厘清历史事件背后复杂的关联性，促使人们对表现于具体历史事件和人物、却又可以上升到宏观社会发展层面的问题展开理性思考。就基督教在华传教史而言，造成其过去两个世纪悲剧性命运的原因以及作为外来宗教的基督教如何在传统文化根深蒂固、现行政制与其母国截然不同的中国寻求未来发展，就是应在研究中深入发掘的问题。可惜作者在这方面用力不够，多少影响到著作的思想及学术价值。但愿作者在今后的研究中关注这一问题，庶几达致更高的学术境界。

康区近代社会研究的域外视角[①]

康区系一独特的地理和文化单元。通常认为,康区位于中国大陆第一级阶梯向第二级阶梯的过渡地带,包括川西高原区、滇西北横断山脉高山峡谷区和藏东高山峡谷区等区域。由于中国地形西高东低,康区处于青藏高原东部末端,一些外国人曾将这一地区称为"喜马拉雅低地"(Himalayan lowlands),视为从中国内地进入西藏核心地带的必经阶梯。

近代最早研究康区的著作可能要算姚莹的《康輶纪行》。该书成于1845年,是作者在西南各地实地考察基础上,参考其他书籍写成。虽号称对"西洋各国情节及诸教源流,尤深致意焉",主要内容却是描述康藏地区见闻,是近代康区考察研究的开山之作[②]。

[①] 本文系作者为向玉成教授的《近代外国人在康区的游历考察》一书所写序言兼书评。该书原是本文作者指导完成的博士论文,初稿逾50万字,经反复修改,拟于近期由人民出版社出版。本书同时又是向玉成承担的同名国家社会科学基金课题(批准号:11XZS011)的终端成果。
[②] 该书凡16卷,内容庞杂。姚莹自称《康輶纪行》"大约所纪六端:一乍雅使事始末,二剌麻(喇嘛)及诸异教源流,三外夷山川形势风土,四入藏诸路道里远近,五泛论古今学术事实,六沿途感触杂撰诗文"。可见其基本内容仍在康藏见闻。有关境外各国的情况,大致均非考察所得,而是参考他书写成,不是该书主要内容。其书命名《康輶纪行》,大概也是出于这样的考虑。姚莹著,施培毅等点校:《康輶纪行》,安徽:黄山书店,1990年,第1页。

  姚莹之后,海内外人士逐渐意识到,具有独特自然地理环境的康区,是世界上独具特色的物种宝库,是人类学、民族学者心目中极为珍稀又尚未涉足的文化"田野",亟待探寻开发。于是相关研究从无到有,由少变多。20世纪30年代中期至40年代末,以在华外国学者为主体的华西边疆研究学会(West China Frontier Research Society)对康区研究产生极大兴趣,国内学界不甘人后,接踵而起,很快掀起"康区热"。[1]在这波热潮中,涌现出任乃强、李安宅、张怡荪、谢国安、刘立千、刘家驹、杨仲华、杨质夫、温妙贵、吕沛林等一大批学人及高僧,对康区社会历史文化进行研究。康区产生的文化"虹吸效应"(siphonic effect)如此之高,以致有学者认为,从来没有一个地区像康区那样"高密度地将不同的种族和文明集中起来,变成一部现实中的民族文化百科全书"[2]。康区的学术吸引力,可见一斑。

  不过相对"卫藏"研究早已成为国际藏学研究主流、成果近乎汗牛充栋而言,康区人文与自然状况的研究却明显滞后。这很可能与

---

[1] S. H. Liljestrand, A Resume of Border Research and Researches, Presidential Address, *Journal of the west China Border Society*, Vol.6, p.13.转见周蜀蓉、王梅:《华西地区基督教传教士人类学思想演变初探(1922—1950)——以华西边疆研究学会为中心的考察》,《宗教学研究》2012年第3期; S. H. Liljestrand, A Resume of Border Research and Researches, Presidential Address, *Journal of the west China Border Society*, Vol.6, p.13. H.L.Richardson:《中国西部的土地和人》,《华西边疆研究学会杂志》第12卷B册(1940年); H. L. Richardson, *Soils and agriculture of Szechwan*(《四川之土壤与农业》), Chungking, National Agricultural Research Bureau(农林部中央农业实验所),四川荣昌,1942年,英文版;Louis著,李勤英译:《川康边境游记》,《旅行杂志》第16卷8月号(1942年8月),第51—56页。

[2] 祝勇:《纸天堂:西方人与中国的历史纠缠》,北京:生活·读书·新知三联书店,2011年,第317页。

康区虽系藏族聚居区组成部分，却因文化和地理环境的特殊性，以及受近代以来行政区划改变的影响（如西康建省，多民族混成），未被视为藏学研究主要对象有关。在国际学术界，藏学研究偏重被视为"法域"即宗教圣地所在的卫藏，而被视为"人域"的康巴的研究则多少有些边缘化。这显然不正常。就研究中央与西藏地方关系而言，苟不入康，焉能识藏？就康区的地理与文化内涵言，由于康处川、滇与卫藏之间，尽管多民族杂居，其主要区域仍为藏民居住，宗教与世俗社会生活并存，"人"的社会活动丰富，离开作为"人域"的康区的研究，完整的藏族聚居区历史将无法书写。这也许正是近年来康区研究渐呈热潮，地位急速上升的原因所在[①]。

然而从学术史的立场观察，迄今康区研究学者大多偏重研究近代国内学者的行踪和著述，相对忽略同期外国人对康区的考察。这一重内轻外的学术研究现状，凸显了本书作者所做工作的重要性及其补阙拾遗性质。

本书旨在对近代来华外国人在康区的考察与游历做全面的事实

[①] 在近代外国人书中，"Eastern Tibet"与"Kham"两个概念常常混用。如台克满书 Travels of a Consular Officer in Eastern Tibet，直译应为"一个领事官的藏东行"，但本书作者以为，从其活动地域来看，或许译为"一个领事官的康区行"更准确。20世纪30年代，著名藏学家任乃强先生在其《西康图经》一书中，曾多方反驳西方学者在康藏问题上的错误疏漏，并更正了不少学者因不明史实而出现的错误。任乃强先生曾反复强调，历史上的"康区"与清代以后才出现的"川边""东部藏区"等绝非同一概念。他认为将"Tibet"译成"西藏"为"最大之误译"，强烈反对将"Eastern Tibet"译成"东藏"或"藏东"，因为西人习惯称西藏、青海、西康为"Tibet"，认为此字当译作"土伯特"，并认为将 Travels in Eastern Tibet，即《西康游记》（或《东部土伯特游记》）译为《东藏游记》或《西藏东部游记》"系"大误"。任乃强《西康图经》系列之《境域》《民俗》《地文》三篇于1933年至1935年由南京新亚细亚学会陆续出版，2000年西藏社会科学院将其整理结集，书名为《西康图经》，由西藏古籍出版社出版，参阅该书第42—43页、第663页。

重建与学理分析,造端宏大,内涵丰富。由于跨越众多学科领域,文化异质隔阂,语义歧出费解,研究难度极大。能将如此多元的学科元素熔入一炉,陶冶精纯,并转化为历史叙事,娓娓道出,作者为此付出的努力和获得的成就,可以想见。

从内容上看,该书颇具特色。康区属地理学意义上的"极高山"(extremely high mountain)地带,山高路险,近代以前,外国人很少涉足。以"地图上的空白地带"进入近代外国探险家和地理学界视野的康区,其复杂多元的地理样态是入康外国人首先关注的课题。作者意识到这一问题研究的价值与意义,设专章对此展开论述,选取晚清、民国入康的英国皇家地理学会和华西边疆研究学会这两个具有重大国际影响的学术群体为个案,分析其会员在康区从事的自然地理和人文地理考察活动,指出这些考察提供的鲜为人知的自然和人文地理知识,奠定了康区自然及人文地理研究的近代科学基础。

与此相关的是地质地貌复杂多元造就的动植物多样性。自1869年法国传教士戴维(Jean Pierre Armand David)在川西展开卓有成效的兽类标本搜集后,西方人开始注意到中国西南地区有着极其丰富的动植物资源。全球各大自然博物馆、相关学术机构、企业和个人纷纷把目光集中到康区,形成持续高涨的生物采集和考察探险热潮,大批学界人士到此考察,采集标本与数据,许多珍稀植物被移植到各国园林,中国也因此被誉为世界"园林之母"(Mother of Gardens)[1]。

---

[1] Ernest Henry Wilson, Charles Sprague Sargent, *A Naturalist in Western China with Vasculum, Camera, and Gun: Being Some Account of Eleven Years' Travel, Exploration, and Observation in the More Remote Parts of the Flowery Kingdom*, London: Methuen and Co. Ltd(1st edition), 1913.(《一个博物学家在华西》),1929年再版时易名为"China, Mother of Gardens"(《中国:园林之母》)。

如此重要的科学考察，理所当然被列入本书的研究范畴。为再现这一历史，作者分晚清、民国两个时段论述入康外国人的生物学考察，并对外国人追踪寻找大熊猫、绿绒蒿（Meconopsis）等珍稀动植物的事迹做细致描述分析。由于外国人所作考察的专业性与考察区域的独特性，很多记载极为珍稀，为域外国人所未闻见。作者在书中不厌其详加以描述的考察过程，不啻一部近代康区科学探险史。康区大量动植物物种和矿产资源的发现与披露，不仅拓展了当时国人的知识范围，对今日方兴未艾的国家"西部开发"，也可提供重要的自然科学史资源。

近代外国人对康区的考察带有综合性质，并不局限在自然科学领域。由于文化差异和观察视角不同，很多康区本地人甚至游历康区的汉人习焉不察的社会生活现象，在外国观察家眼中却因极具社会学和人类学的认识价值而被记录下来。本书作者意识到外国人对康区所作观察的人文价值，对此进行深入探究。作者对照大量英文资料及相关中文文献，从康区主要城市打箭炉、巴塘、察木多、结古、松潘、阿墩子、维西等地的经济、宗教、民俗与社会生活入手，论述近代外国人在康区的考察，再现了许多现今已不复存在的康区近乎"原始"的宗教与社会生活场景，弥足珍贵。

晚清及民国时期，外国人大量涌入康区，但康区并非"化外之地"。作者在考察近代外国人在康区考察的同时，注意到中国政府对外国人在康区活动的限制及相关政策在不同阶段的变化，并概括出不同阶段的治理特征。第一阶段清廷的策略为"入康不入藏"，即有限度地允许或默认外国人进入康区，而对入藏（巴塘、宁静山以西的西藏地区）则严加禁止。康藏地方对外国人谋求入藏亦持强烈抵制态度①。第二阶段即赵尔丰调督川康后，实行"川康有别"的措施，强化护照管理，加强对入康外国人的监控。民国时期基本延续清廷关于外国人入内地游历的护照管理和专人护送制度。抗战时期，川康等省实行划分"绝对禁止区"和"半禁止区"及停止外国人入境游历等战时特别政策。作者就中国政府在不同历史时段限制外国人入康政策的梳理，对动态认知近代外国人在康区的活动，提供了重要的背景参考。

本书一项重要的学术贡献是对近代入康外国人及其活动进行全面梳理和统计。作者仔细查阅中国官方文档、方志和中外研究成果中入康外国人的姓名及事迹，将中外文献中的外国人名进行互证，并将相关史实按照时间顺序和逻辑关系加以排比，做出史料长编，然后精简成统计表，按照时间、人数、姓名、国籍、性别、身份、活动目的、考察队情况、非正常死亡情况、活动线路和地域、考察成果等类别，分阶段进行整理统计，并专节论列。据作者统计，近代入康外国人总数为687人，来自24个国家。这一数据比此前学界提供的相关统计数据多出数倍②。

得出如此精确的数据需付出异常艰辛的劳作。在近代赴康考察

---

① 丁宝桢督川时期，利用康藏地方各界"阻洋"的社会心理，采取"借藏阻洋"策略，强调"康藏有别"，力图使外国人难以进入藏区腹地。
② 据本书作者统计，同期进入康区考察的外国人多达687余人。而据赵艾东教授统计，近代在康区活动的西方人共100余人次，来自9个国家（赵艾东：《1846—1919年西方人在康区的活动研究》，四川大学历史文化学院博士论文，2010年，第43—76页）。即便忽略"东洋"考察者，二人的统计数据仍存在较大差距。另据邓卫中统计，1881年至1949年间，进入四川藏区的外国传教士为76人（详见邓卫中：《基督教对近代四川的影响》，《社会科学研究》1999年第1期）。邓先生的统计空间范围较小，但即便是进入四川藏区的外国传教士人数，也远少于本书作者提供的数据。

外国人及其活动的研究中，地名、人名的混淆是一大"拦路虎"。就地名而言，近代康区同地异名比比皆是，如道孚又叫道坞，瓦斯沟又叫瓦斯口、万扎口。同名异地也屡见不鲜，如澜沧江上游昌都以上和雅砻江上游都曾叫"扎曲"，相关著述中李代桃僵的现象不在少数[①]。外国人著述中的人名翻译也让人头疼：如古伯察又译"额洼哩斯塔""宇克""胡克"，柔克义又译"洛克黑尔""洛克希尔"。几乎没有哪个外国人的译名是唯一的，连一些名气很大者如洛克，也同时译为"骆克""骆约瑟""骆博士"。读者往往绕许多弯路，才恍然大悟其实两种著作或史料论述的是同一人。对此，作者采用列表比对的办法，基本厘清入康外国人的姓名及其活动史实。这一工作繁琐枯燥，费时费力，却给读者和后来的研究者省却极大麻烦，功莫大焉。

近代入康外国人著述乃一座巨大的文献宝库，对其进行深入系统的研究，是一项需要多人长期从事的浩大工程。为完成相关研究，作者对入康外国人的著述作全面搜集，使用了尚未进入学界视野的大量外文文献，直接征引外文文献130余种，中文文献（含已译为中文的外文文献）400余种，其中包括《伦敦皇家地理学会会要》、《地理杂志》、美国《国家地理》、《华西边疆研究学会杂志》、《华西教会新闻》刊载的大量入康外国人的论著。正是凭借丰富的史料，坚持中外文献互证，注重比较分析，作者才有可能对近代入康外国人进行全面统计分析，厘清此前混乱的人名、地名与相

[①] 如康区藏语"夹坝"读音为降调时乃"强盗"之意，并非地名。清代文献和近代外国人著述（如台克满书）中多次出现关于巴塘、乡城一带"夹坝"即土匪的记载，如果误认为其乃地名，则可能判读史实失误。学术界关于"梅玉林事件"发生地讨论中的"夹坝"之音意问题，即为此例。

关史事，并结合当时中外局势，多角度分析认知近代康区复杂的社会生活状况。

本书内容涉及民族、宗教及中外关系，殊为敏感。诚如作者所言，此项课题研究的内容和资料涉及多套话语体系，包括入康外国人的记述、中国官方记载、当地人士的说法、民国学者的研究、1949年后中国学者的述论（此中包含大陆学者与港台、海外华裔学者之别）以及同期西方学者的记录与研究。不同的话语体系同表一事一物，导致研究方法和认识结论歧异，让人无所适从，使评价近代入康外国人的活动变得十分复杂。在课题研究中，作者能坚持中国学者应有的学术立场与文化认同（cultural identity），采取"历史主义"的学术立场，用事实说话，既充分利用对康区历史记载较详的外国人留下的文献，又不忽略相关中文档案资料，以中外文资料互补互证，去粗取精，去伪存真，避免了以往"研究"中要么偏向政治性质的批判，要么一味高唱赞歌的偏颇。

在评价近代入康外国人的考察活动时，作者指出，当时入康外国人大多自恃文化优越，存在种族歧视心理，其对康区的考察带有多重目的，如传教、搜集情报资料、采集标本、掠夺文物等。这些活动性质各异，影响复杂，有积极一面，也有消极一面，未可一概而论。在探讨近代外国人对康区"理想生活方式"的赞美时，作者发现，外国人笔下的"康区印象"及由此引发的"香格里拉热"，在西方殖民扩张尚未终结的时代，隐含不易为人察觉的"西方中心主义"，提示今人在认识西人的康区考察结论时，须具文化自觉意识，不宜人云亦云。这样的认识评价，实事求是，不虚美，不隐恶，经得起时间检验。

当然本书也存在某些需要完善之处，这主要表现为未能对中外学者在康区考察中的互动予以足够重视。人所共知，近代到康区考察者除了外国人，还有众多中国学者，中外学者的考察存在内容上的交叉。尽管近代国人对康区的考察很大程度上是受到外国人考察的刺激或启发，方法上也受其影响，但庐山内外看庐山所见毕竟不同，因观察距离贴近，有时国人的观察更加真切，而外国人的观察却因文化差异存在厚重的隔膜。尤其是涉及民族、宗教及文化这类人文性质的考察，由于外国人不可能真正"移情"康区，中国学者自身的考察往往具有特殊的认识价值。这提示研究者思考，两种不同维度的考察，结论有何异同？在对康区的考察活动中，中外学者有无互动？思考这类问题，对研究近代外国人在康区的考察，十分重要。

　　细心的读者会注意到，本书作者对此有所观照。不过就观照的范围和力度而言，作者对中国学者的研究与外国人考察相关资源的发掘仍嫌欠缺。很多著名的中国学者，比如李安宅、庄学本、谢国安与外国学者曾有诸多交集①。孔贝与著名藏学家谢国安合著《藏人言藏：孔贝康藏见闻录》中的重要内容，曾被李安宅翻译，连载于《边政公论》。孔贝与华西边疆研究学会也有学术交流，并有《打箭炉（康定）鬼舞》一文发表②。通过李安宅、孔贝等中外学者宣介，1945年12月9日，国民党政府宣布承认庸登喇嘛为转世活佛，封为

---

① 参见李安宅遗著整理委员会：《李安宅藏学文论选》，北京：中国藏学出版社，1992年，第151页。
② 孔贝：《打箭炉（康定）鬼舞》，《华西边疆研究学会杂志》第2卷，1924—1925年，第20—32页。

"福界善教禅师"[1]。这些都是研究外国人对康区考察极为重要的活动内容，作者在书中虽有提及，却着墨不多。我猜想原因，有可能是拘泥于书名中"近代外国人"这一论域限制，致使研究中每涉及这方面的内容，刚激起读者兴趣，便戛然止步，留下几许遗憾。其实这一担心无乃过虑。学术著述中的中外比较是研究中的常态，一项标榜涉外的课题把国内的人事拉扯进来，只要不是过于喧宾夺主，并不违规，反而增色。

在写作技术上，本书也未臻化境。作者向玉成曾在康区工作多年，这一经历"玉成"其康区研究成就甚多。不过任何事物均有两面性。崇山峻岭的艰苦环境可以铸就某种旷达的野性，故作者敢于在学术上开拓进取，无所畏惧，但有时也会因少了"敬畏"，隐约表露出康区刀耕火种时代的原始粗犷。说实在，我非常喜欢有点山野情调的风格。但对学术研究来说，在如今异常注重数字化与精密化的时代，可能同时还需粗细结合的讲究。

胡适说做学问要有"开山斧"和"绣花针"两手功夫[2]。"开山斧"是说要有学术上逢山开路的拓荒魄力，"绣花针"是说要在学术上做精细活，一丝不苟，追求极致。我的感觉，作者"开山斧"的功夫已大致到家，其著作基本思想、主体内容、逻辑架构均搭建甚好，唯细节还有待精细打磨。比如在思想表达上，作者能直抒胸

---

[1] 史幼波：《大香格里拉洋人秘史》，重庆：重庆出版社，2007年，第22页。
[2] 胡适说："作（学）史真不容易，若我对于人人都要用这样一番功夫，我的《哲学史》真没有付印的日子了。我现在只希望开山劈地，大刀阔斧的砍去，让后来的能者来做细致的工夫。但用大刀阔斧的人也须要有拿起绣花针儿的本领。我这本《年谱》（章实斋年谱）虽是一时高兴之作，他却也给了我拿绣花针的训练。"中国社会科学院近代史研究所中华民国史研究室编：《胡适的日记》第1册，北京：中华书局，1985年，第273页。

臆，却鲜运匠心，书中殊少看到曲径通幽的表达技术运用。在文献资源上，作者能左右采获，八方摄取，这固然甚好，但使用时未能忍痛割爱，贪多求全，弄得枝叶扶疏，不见主干，未必可取。在语言风格上，全书以数十万字铺陈，文虽通达，却输雅驯。这类细节上的粗疏，多少会影响作品的阅读观感。

不过一眚难掩大德，总体而言，此书的写作已取得巨大成功。愿作者能细大不捐，在做学术上的大活粗活的同时，进一步修炼"女红"，把"绣花针"的功夫做到家，俾已经做得不错的学术研究，更上层楼。

地方军事史志撰述中的"内行说法"

《四川省志·军事志》[①]杀青付梓，鄙人有幸先睹，感触甚多，谨记于兹。

中国史家讲求经世致用传统，在王朝兴衰存亡之道的孜孜探求中，逐渐形成偏重研治政治史的倾向。对与政治史有着不解之缘的军事史，自然也是刻意讲求。孙武所谓"兵者，国之大事，死生之地，存亡之道，不可不察也"[②]，既是兵家信条，亦为史家宗奉。以故古来军事史志充盈，历代战事记载綦详。以反映近代湘军历史的著作为例，有影响的就有王闿运的《湘军志》、朱德裳的《续湘军志》、王定安的《湘军记》及今人罗尔纲的《湘军兵志》等四五种。然而古来记述兵事之书大抵皆文人为之，在文武揆隔、价值观念两歧的时代，军事史志的作者以隔靴搔痒的方式述论历史，自是难免。故古代史书，其言及战事者，每被后人訾议。曾国藩在治军多年，积累丰富的战争经验之后，对历代史书留下这样一段评价：

[①] 四川省地方志编纂委员会编：《四川省志·军事志》，成都：四川人民出版社，1999年。
[②] 《孙子·计篇》，曹操等注：《孙子十家注》，上海：上海书店，1986年，第1页。

"廿三史除马、班外，皆文人以意为之，不知甲仗为何物，战阵为何事，浮言伪语，随意编造，断不可信。"他甚至认为马、班之书亦不可尽信："太史公称庄子之书多寓言，吾观子长所为《史记》，寓言亦居十之六七，班氏闳识孤怀不逮子长远甚。"[1]曾国藩的评价，在指陈历代史书缺陷的同时，亦道出"文人"编修军事史志的困难与局限。

所幸的是，这种几乎与历代军事史志编写相伴始终的缺陷在《四川省志·军事志》中得到一定程度的克服。这部《军事志》是在成都军区首长关怀下，由四川省军区直接负责，成立军事志编纂委员会，选调军内熟悉四川历史掌故的干才，历经七年，数易其稿，编写完成的。与我所见过的其他军事史志相比，这本以四川为特定记事地域的《军事志》最大的特点在以"内行说法"[2]，言中窾要，征而可信，免却了"文人以意为之"之讥，是一部具有传世价值的史志佳作。该志以"内行说法"的特征可从三个方面清楚窥见。

其一，取材宏富，记事详明。军事史涉及面广，内容复杂，其演变发展有自身的规律，非局外人所能轻易窥透，故志史者苟非晓明军事，不用说难以把握史实全体，即便是某些区域军事史志不能忽略的内容，亦难免设置欠妥。《四川省志·军事志》的编纂者因系军事史方面的真正内行，故能在志书的内容取舍、结构架设方面

---

[1] 曾国藩：《复李元度》（咸丰十年七月十九日），《曾国藩全集·书信》二，长沙：岳麓书社，1991年，第1509页；曾国藩：《圣哲画像记》，《曾国藩全集》第14卷，长沙：岳麓书社，2011年，第151页。
[2] 慧皎《高僧传·译经中·鸠摩罗什》有云："什以说法之暇，乃寻访外道经书。"《西游记》第五十八回："都到七宝莲台之下，各听如来说法。"可知"说法"之本意为讲述佛法，此处借用，冠以"内行"，意为懂军事的人撰述地方军事史志，与外行隔膜之说判然有别。

作出符合四川军事史本来面目的合理安排。

我们不妨以王尔敏的《淮军志》作参照，凸显《四川省志·军事志》的这一特点。王著《淮军志》是一部受到学术界广泛赞誉的军事史著作。在内容上，它突破将军事史写成战争史的惯常写法，着意探明淮军赖以生存的军事制度的创始与发展，其内容涉及淮军的成立、营制、将士构成、训练及精神、饷源与用款、军械供应、幕府及人才、防区分布及军力消长等十余方面。从目录上看，《四川省志·军事志》亦基本涵盖这些方面的内容。其篇首为"概述"，以不到万字的篇幅，将鸦片战争后150年来四川军事史的演变发展作了准确清晰的描述，提纲挈领，言简意赅。正文略分八篇，篇目包括军事体制、重要战事、军事训练、政治工作、后勤保障、民兵、兵役、人民防空等。每篇下设若干章节，分述清军、军阀混战时期的川军、国民党驻川部队、人民解放军在各自篇目分类方面的事迹。每篇章节不等，或多或少，合计三十六章。与王著《淮军志》相较，少了幕府人才、防区分布及军力消长三方面内容。原因在于，幕府系传统制度，民国以还已不复存在，付之阙如于整体无伤；防区则从军队驻扎地角度作了间接交代，无须重复；唯军力消长一层，大概受详今略古原则支配，编者在具体操作时有所忌讳：古代不必写，当代又不能写，盖当代军队的军力消长状况或未便公之于世，故有此缺失。但这种缺失，应可鉴宥。增加的部分则是实质性的，主要包括重大战事、民兵、人民防空三个方面。其中重大战事至关重要。很难设想，一部未将历史上重大战事记录下来的军事史志可以称得上完备。《四川军事志》的编者记录战事，用功至勤，其"重大战事"一篇，篇幅长达20余万言，不仅对辛亥四川反清武装起义、护国战争、四川军阀混战、工农红军在四川的战事、抗日战争、解放战争等作详细的记载，而且对人们知之较少的鸦片战争中川军出川抗英事迹作了客观描述。另外，一些两部书同样讨论的问题，详略亦有较大差异。例如，在"后勤"方面，王书仅讨论饷源、用款及军械供应，《四川省志·军事志》仅"清军后勤"一章，即包含后勤机构、军俸粮饷、军需装备、营房、运输、通信、生产、卫生等八方面内容。虽然号称"淮军志"的王著很大程度上是一本"史"书而不是"志"书，不能以同样的标准论短长，但后来者记事完备的优长，显而易见。

其二、体大思精，论析谨慎。《四川省志·军事志》的记事始于1840年鸦片战争，迄于1990年筹备编写该志之前。时间跨度为150年，历经晚清、民国、中华人民共和国三个时代。其内容于一省军事史，几于无所不包，谓之"体大"，实不为过。但该志却没有一般志书因内容宽泛而流于表浅，或论析粗疏草率的毛病。与"史"相较，"志"偏重于记事，于论析则不甚措意。该志一仍志书这一特点，于史实广泛搜罗，唯恐有所遗漏，叙事也相当完备，但也并未忽略史家对历史的见解，只是表述的方法有所不同而已。例如，写抗日战争，因四川地处后方，则以浓墨重彩，铺陈川军出川抗战之事迹，对刘湘为代表的地方实力派率数十万川军驰骋南北抗日战场，浴血奋战创建的战功，予以高度评价，誉为顺应历史潮流的爱国之举。同时，该志对中共通过多种渠道，采用不同方式争取同以刘湘为代表的四川地方实力派结成抗日统一战线，作了详细的交代。该志附录"杨森、刘雨卿、张昌德等川军将领的反共投日活动"一节，对复杂的川军群体所包含的另一面，亦作客观述论。这种方法，寓论于述，有褒有贬，周详备至，照顾到历史事实的方方面面，充分体现了编者的历史述论功夫。

其三，史料翔实，辞意佳妙。一部军事史志要写得成功，除了对编撰人德、才、识方面的要求之外，史料的搜集最为重要。在这方面，《四川省志·军事志》的编者作出艰辛努力。由于该志的时间跨度大，涉及面广，资料搜集难度极大。从编者"后记"可知，该志编者从1990年开始资料准备，历经数年，共搜集档案资料2700余万字，图书资料800册，编写资料长编235万字。在此基础上，又对所搜集的资料作细心筛选和甄别，将最有价值、最能说明问题的材料消化，然后用自己的语言陈述出来。在裁剪上，丝毫不露刀斧痕迹，其融通原始材料与编著者连缀语言的能力几乎到了难以区分两者的境地。尤为值得一提的是档案史料的运用。该志的基本史料为档案，其中仅人民防空部分，即搜罗近1000万字的档案，堪称档案材料的结晶。其他部分，亦因档案的运用，增色不少。如晚清四川团练一章，因主要依据四川省档案馆藏《巴县档案》写出，显得凝练厚重、征实可信。篇末附档案材料《万县县令冯卓怀"整齐团练坚壁清野"战守机宜》，亦极为珍贵。编者常常自己不说话，而让史料说话，大大增强了志书的可信度。又如军事体制篇中对清季军事学堂发生发展的陈述，利用陆军部遗留之《军学档》以及军机处《录副档》中有关章程、总则，起到以昭信实的良好效果。

要之，《四川省志·军事志》是一部集史料的完备性和志史的科学性于一体的志书。在我所看过的军事史志中，该志即便算不上最好，也应是最好的之一。它的出版，填补了1949年以后四川军事志的空白，是四川军事史家对四川近现代历史研究作出的重大贡献。

当然，作为一部开创性著作，该史志存在少量需要进一步完善之处也在所难免。这里提出几点意见，或不成熟，仅供参考。

一是未能充分展示四川军事现代化发展过程。鸦片战争之后的150年，正好是中国在各方面迈入现代化的时代。事实上，由于战事频仍，战争威胁常在。在近现代中国，无论是全国也好，地方也好，军事的现代化总走在其他方面发展的前列。晚清洋务运动首先发展军事工业、清末在编练新军的同时积极发展现代军事装备即其显例，这就向史家提出全面展示军事史发展变化内涵的要求。《四川省志·军事志》的编者显然已意识到这一点，并在有关章节中安排相应的军事工业及军队装备等"现代化"内容。但仅分别陈述各个时期军队训练及装备状况，而未将军事现代化及其发展单独论列，难以让读者获得动态发展过程的概念。

二是在处理地方与全国的关系问题上略欠火候。地方性的史志总是以全国作为共同背景，然而又有其特殊性，由是得以在林林总总的历史典籍中占有一席之地。写出自身特点，不与他处雷同，是方志成功的关键。《四川省志·军事志》在这方面作了十分有益的尝试，洋洋洒洒80余万字，川味十足。但个别地方仍有共性交代稍多之嫌。比如人民军队的军事训练与政治工作两篇，就有少许内容属于这种性质，可适量裁减。

三是表述技术与逻辑存在少许瑕疵。编者思虑周密，亦不免千虑一失。如第六篇篇名为"民兵"，其子目录中分列晚清"团练"、民国时期的"国民兵"及藏彝族"土司武装"等，如果望文生义地将"民兵"理解成民间的武装力量，尚可勉强说得过去，但与其他章的题目设置相较，就发现问题。因该篇同时设有"民兵"

一章，专门讨论1949年以后的非正规军，这就呈现分类上"篇"与"章"名称相同的情况，犯了逻辑上属种同名的差错。如果将"民兵"易名为"民间军事组织"，则上述差错将可避免。

当然，瑕不掩瑜，没有哪部史志能一次臻于完善。我们期望《四川省志·军事志》在获得再版机会时，酌予修订，以更加光彩照人的面目出现，成为可以藏之"名山"，垂范后世的不朽之作。

下 编

史书序跋中的方法论提示

《基督教与民国知识分子》[1]序与跋

序

20世纪20年代的历史，即便对那些亲历当时事变至今依然健在的幸存者来说，也大多犹如依稀别梦，残存在记忆里的信实成分已经不多了。大革命时代的老人在时过境迁之后写回忆录，往往不得不依赖当时的文献资料，真正能够自己回忆出来的历史影像实属寥寥。岁月无情，它已经并且还将继续抹掉人们记忆中的许多东西，不管它是令人愉快的，还是会撩起苦痛之情的。然而，并非过去的一切都可以轻易忘怀。人们没有理由忘记自己的生身父母和师友，没有理由忘记他人为自己作出的奉献，没有理由忘记使自己获得新生的特殊经历……对于中国基督教人士而言，1922年至1927年的非基督教运动，就是一次不应该从记忆中轻易抹去的异乎寻常的经历，应当留下刻骨铭心的记忆，永志不忘。

---

[1] 出版信息：杨天宏：《基督教与民国知识分子——1922至1927年中国非基督教运动研究》，北京：人民出版社，2005年。

中国没有宗教传统。孔子"敬鬼神而远之",明确表示"未能事人,焉能事鬼";孔子的弟子们则留下"怪力乱神,圣人不语"的喻世名言,由此规范了中国文化的发展方向。没有宗教传统的国家自然缺乏反宗教的传统。在中国漫长曲折的历史发展过程中,反佛非耶之事屈指可数。中国基督教著名领袖谢扶雅在20世纪20年代尝著文指出:"中国的民族根本精神,立基于实践伦理之上,稍有智识的士女,向来对于宗教取漠不关心的态度,或加轻视。一方面,佛教、道教、回教等等,在最近数百年来,对于我国社会、文化、教育、思想各方面,也没有给予何种刺激或帮助,所以一般人既没有'非'他,也没有'是'他。真正明显的张起非宗教之旗帜,而作理性的批评与攻击者,自唐韩愈非佛教以后,怕要算最近两三年的非基督教运动了。至于二十多年前的义和团和各种教案,那是排外,是'扶清灭洋',是由于盲目的冲动,不能算作有意识的非宗教运动。"[①] 谢氏所言,就其指陈了中国历史文化的特点以及非宗教运动的历史而论,无疑颇有见地。然而在中国宗教发展史上,唐代先贤的"反佛"与20世纪20年代知识界菁英的"非耶"实难同日而语。在唐代,真正从学理上与佛教辩难者,韩愈而外,不过李翱、姚崇、傅奕、吕才数人,寥若晨星。其传世之作,仅只韩愈《原道》《谏佛骨表》两篇,余皆不足惊世骇俗,产生深远历史影响。非基督教运动则不然。19世纪以来,随着进化论及科学哲学的问世,一场以人文主义为宗旨的批判宗教神文化的运动在欧美勃然兴起,"上帝已死"成为惊天地、泣鬼神的响亮口号。中国的非基督教运动续其流、衍其波,发展成一场全国规模的思想文化及

---

① 谢扶雅:《近年来宗教及非宗教运动概述》,《中华基督教会年鉴》1928年第10期,第17页。

政治运动。中国思想界、文化界、教育界、政界的著名人物大多卷入其中，或赞同，或反对，是耶非耶，热闹非凡，留下论著之多，谓之汗牛充栋，实不为过。这场在一定程度上受西方近代启蒙运动影响的运动，以不同于晚清历史上传统士绅发起的"反洋教"运动的姿态及运作方式出现，它是新文化运动的延续，也是20世纪20年代中国民族主义运动的重要组成部分。虽然运动存在简单否定基督教文化这一不足之处，运动参与者对人类精神现象的复杂性也缺乏足够的认识，但运动提出的思想命题无疑与近代中国思想文化的发展走向是一致的。

对于1922年至1927年中国非基督教运动的历史，教会人士和研究教会历史的学者早在事件尚未结束时便开始研究。近年来，港台及海外学者亦倾注大量心力，企图从新的角度和视野重新认识这段历史。1980年，美籍华裔学者叶嘉炽出版专著《宗教、民族主义与中国学生：1922—1927年中国的非基督教运动》；1988年，美国学者鲁珍晞（J. G. Lutz）教授出版《中国政治与基督教差会》一书[1]，专门讨论这一运动。差不多同时，台湾学者叶仁昌推出《近代中国的宗教批判思潮》，并以此为基础，深入研究，拓展充实，完成博士学位论文《五四以后的反对基督教运动：中国政教关系的解析》，于1992年出版。这一系列论著，尽管存在许多不尽如人意之处，但毕竟为进一步研究这段历史架起一个起码的支点，筚路蓝缕，功不可没。

耐人寻味的是，当港台及海外掀起一阵又一阵研究中国非基

---

[1] KaChe Yip, *Religion, Nationalism, and Chinese Students: The Anti-Christian Movement of 1922—1927*, Western Washington, 1980; J. G. Lutz, *Chinese Politics and Christian Missions: The Anti-Christian Movement of 1920—28*, Cross Cultural Publications Inc., 1988.

督教运动热潮之时，非基督教运动的故乡本土却一片沉寂。迄今为止，中国大陆尚无一部以基督教这段不平凡经历为研究对象的专著杀青付梓，涉及这一事件的有关论著类皆轻描淡写，几笔带过。作者在一些相关课题的研究中注意到这个问题。反复论证之后，认为尽管港台及海外学者对此作了研究，但进一步探讨尚游刃有余。当然，由于缺乏对基督教文化背景的研究，心中不免忐忑。经师友鼓励，于1991年下半年申报了国家社会科学基金课题，殊不知竟获批准。这一出乎意料的结果切断了作者为自己预留的后路，欲罢不能，只得勉力为之。

但是，真正要从事严肃的历史研究谈何容易。操作伊始，作者就无可规避地碰上如何认识评价基督教及其在华传教事业的问题。人所共知，老一辈的学者往往是满怀革命热情从事研究工作的，在反对帝国主义运动余波尚存的年代，从事中国近代教会历史研究的学者，无不从中国人民反对帝国主义文化侵略的角度来认识近代民教冲突，是非褒贬，大率以有利于反帝斗争为转移。在当时特定的历史背景下，这种做法未可厚非。然而，在非基督教运动已经过去将近70年的今天[①]，是否仍有必要在学术研究中表现这种政治倾向？作者从过去一些令人啼笑皆非的以批判的实用主义为基调的著作中悟出了问题的答案：历史学家不能没有社会使命感，但历史学家应该而且也必须使自己有别于与历史事件利益攸关的当事人，有别于政治家。东坡诗云："不识庐山真面目，只缘身在此山中。"以往许多研究教会历史的学者，功力不可谓不深，其著述殚精竭虑却未能让人真正信服者，正坐此病。唯有跳出历史事件当事人利害关系的

---

① 此处指2005年（编者注）。

圈子，不受现实因素左右制约，科学的历史研究方有可能。

为避免走前人不得不走而今人却可以不走的弯路，动笔之前，作者确定了三个方面的联系与区别，要求自己着意把握：一是基督教与基督教会的联系与区别。早在20世纪20年代非基督教运动初起时，陈独秀即敏锐地看到这一问题，主张将两者区别对待[①]。这是很有见地的。事实上，人们指陈的基督教在历史上的罪孽大多是教会所为。尽管有人认为没有教会，基督教将不复存在，但两者毕竟不完全是一回事。基督教的本质体现在它的教义之中，教义乃基督教的精神，虽然其中存在不少对宇宙、自然及人本身超自然的神秘主义解释，但其核心内容乃是提倡人类之爱。而教会只是基督教赖以存在的组织形式。将两者混为一谈，不仅犯了文化常识的错误，而且容易得出全然否定基督教文化的极端结论。二是近代基督教与中世纪基督教的联系与区别。历史是发展变化的，基督教也不例外。近代基督教是在原始基督教的基础上经过古代和中世纪漫长的历史发展逐渐形成的。教义教规，一脉相承，繁文缛节，代代沿袭，此层固不容否认，然而近代基督教毕竟有其近代色彩。自16、17世纪欧洲宗教改革运动之后，基督教已脱下封建中世纪陈旧的晚礼服，着上近代资本主义的文化时装。当然，此后基督教可以指责之处尚不在少，鸦片战争以后半个世纪一些西方传教士在中国的所作所为即其明证。但是，基督教的变化发展并未终止。19世纪末20世纪初，基督教再次脱胎换骨。以1897年丹尼斯牧师（Rev. James S. Dennis）的三卷巨著《基督教差会与社会进步》一书问世为标志，全世界的基督教会都在经历一次由旧时吸引异教徒或非教徒皈

---

① 陈独秀：《基督教与基督教会》，《独秀文存》第1卷，上海：上海亚东图书馆，1923年，第659页。

依上帝以免沦于地狱之苦，到教会应成为传播人道主义的媒介这一观念的转变，社会福音及自由派神学崛起[1]。此时的基督教与中世纪及近代初期的基督教已形成不少区别。在这样的情况下，如果仍以凝固的眼光看待基督教及其传教事业，将不可能得出公允的结论。三是基督教与西方列强的联系与区别。一些传教士不承认基督教与资本主义列强有联系，认为基督教主张平等博爱，反对以大暴小，以强凌弱，其教义便具有反对帝国主义的质的规定性。其实这种说法并不能排除基督教与外国列强存在联系的可能性。近代西方传教事业仰赖不平等条约得以发展即可说明这一点。蒋梦麟尝言："如来佛是骑着白象来到中国的，耶稣基督却是骑在炮弹上飞过来的。"[2] 所言并非毫无道理。但是，如果简单地把基督教及其在华传教事业看成帝国主义侵华罪行的组成部分，但言联系，不谈区别，也未必公正。近代以还，在反对中世纪封建神权政治的斗争中，西方国家普遍出现政教分离的倾向。世俗政治权力上升，神权受到排挤压制。政、教之间的矛盾冲突在英、美、德、法时有发生。这种情况决定了传教士的使命不可能与列强政府的侵华使命完全一致。一些传教士可能成为列强侵华的"开路先锋"，另一些传教士则可能成为沟通中、西方文化的"友好使者"，未可一概而论。

此意既明，对基督教及其在华传教事业的评价就有了一个新的基础。这一基础包括方法论的含义：在时间上，它是演变嬗递而非静止凝固的；在空间上，它是异构多维而非单一平面的；它既是对看得见、摸得着、有血有肉的有形历史的思考，又是对充满玄机、

---

[1] James S. Dennis, *Christian Missions and Social Progress: A Sociological Study of Foreign Missions*, New York, 1897.
[2] 蒋梦麟：《西潮》，台北："中央"日报社，1957年，第4页。

虚无缥缈、超现实的形上精神现象的探寻。基督教历史文化是复杂的，它有理由要求研究者摒弃"线性思维"的简单方式来解释与它相关的一切。当然，这并不意味着研究世俗社会的历史可以草率从事。科学方法是无所不适的，对于研究包括非基督教运动在内的近代国人各种形式的反教运动，科学方法同样适用。采用这种方法从事研究，作者证实，至少相对近代官绅的反教运动而言，20世纪20年代的非基督教运动是一场相对理性的以世俗人文化反对宗教神文化的文化运动，同时又是一场以民族主义为内涵的反帝政治运动。尽管在这场运动中错觉误会有之，李代桃僵有之，偏激思想有之，过当行为有之，但是，在基督教尚未斩断与不平等条约联系的前提下，在超自然的神秘主义未能被科学真理取代（能否取代或将永远存疑）的条件下，非基督教运动应该有其存在的历史依据。

作者对基督教及非基督教运动的认识评价并非主观臆断的结果。近3年来，为搜寻资料，日出而作，日落不息，费尽气力，绞尽心机。作者永远忘不了1993年新年前后孤身一人在北京度过的那段日子，忘不了北京大学旧期刊室窗外朝着自己凄楚哀号的寒鸦，忘不了近代史研究所地下旅馆卧室中那扇酷似牢房小窗的一尺见方的通气孔，忘不了每天清晨伫立北京街头和着北风吞下的那一碗碗兰州拉面，忘不了……现在，这部记述并分析中国非基督教运动历史的著作总算炮制出来，高兴之余，又不免忧虑。一是因未能穷尽史料，心中不甚踏实。二是为书的命运担忧。书写出来总是给人看的，但时下愿意翻阅学术著作的读者能有几何？"文章自古无凭据，惟愿朱衣暗点头。"若得二三志同道合之人闲中读上几页，或点头称是，或摇头说非，俾作者能有新的创获，则私心以为最大满足。

跋

本书系10年前出版的《基督教与近代中国》一书的修订本，不是新作。书是花了很大心力撰写出来的，自信有其学术价值。但多少有些遗憾的是，因为发行渠道不畅，不仅对这一问题感兴趣的普通读者很难买到此书，就连许多研究中国近现代史和基督教在华传教史的学者亦未能买到。今年仲夏，我到银川参加中国社会科学院近代史研究所与四川师范大学历史系联合举办的"二十世纪二十年代的中国"国际学术讨论会，见到杨天石先生。会下闲谈时，杨先生告诉我，他正从事的一项研究可能与我的研究有关，惜手里没有拙著，问是否能赠送一本借鉴。杨先生系著名的中国近现代史研究专家，文献披阅极广，欲参阅拙著，当然不是因为我的研究具有多大的参考价值，但我相信，拙著所讨论的作为客观历史存在的中国非基督教运动，却是任何一个研究中国近现代历史的学者都不能漠视的。

回蓉之后，我随即将作为个人"保存本"的仅存三本拙著中的一本，寄与杨先生，现在我正翘首期盼来自杨先生的批评。杨先生知道我出版这本书或许是因为朋友告知，或许是因为国家图书馆及互联网上已有拙著的目录可供检索，或许是看到《读书》杂志及香港《建道学刊》的书评。[①]事实上，近10年来，许多我认识的和不认识的朋友正是通过这些渠道知道我出版了此书，陆续写信或打电

---

① 参见邢福增书评，载《建道学刊》（*A Journal of Bible & Theology*）1995年7月第4期。

话索要，我书柜中存留的该书大多是这样送出去的。

出版10年之后仍有社会需求，使我多少感觉欣慰。但我却无法应对更多朋友的需求，因为我手中的保存本已经取送殆尽。于是我与出版社的朋友商量重新出版，朋友们都支持我的想法并提出对原作进行修订的建议，这给了我再创作的启示和灵感。其实早在原作出版不久，罗志田教授和邢福增博士就分别写书评对拙著提出意见和建议。时隔10年，我自己对非基督教运动也产生一些新的认识，对原书也有许多不满意的地方。得到出版界朋友的承诺之后，我开始对书稿进行修订，历经数月，终告完成。与原版比较，修订本做了以下几方面的处理：

首先是吸纳了近年来我对非基督教运动的思考和相关研究成果。如将本人发表在2004年第2期《历史研究》上的有关北伐期间反教暴力事件及其责任问题一文的内容移植到修订本中，指出反教暴力事件并没有教会人士和外国人渲染的那么严重，违纪北伐军士兵是事件的主要责任人，修正了原著对北伐期间反教暴力事件主要应由北方齐鲁联军溃兵游勇承担责任的看法。其次是将写作初稿时有意或无意在书中涂抹上的带有当时意识形态色彩的分析判断，改以中性的尽可能符合今日学术规范的话语来表述。第三是采纳罗志田教授的意见，在分析非基督教运动的历史作用时，改变原著认为是"启蒙"运动的提法，仅称之为一次宣传西方近代人文主义思想的运动。在罗教授看来，若将传播西方思想文化视作为国人"启蒙"，则等于承认国人尚处于"蒙昧"状态，实则具有数千年历史文化传承的国人在很多方面并不比西人落后，因而"启蒙"一词须慎用[①]。这应当是有价值的见解，新版采纳了这一意见，从而摆正了中国文化在世界文化中的位置。第四是按照学术著作写作的技术要求，对原著中引文的出处，作了校订增补。13年前开始动笔写作本书时，学术写作的技术规范问题尚未引起学者重视，因而书中许多注释不完备。这次修订，只要能找到资料的出处，都尽可能补上。第五是文字的修改润色。读者对比新旧版本，应当不难发现两者的异同。

新版最明显的改动是书名。之所以作出改动，是因为原书名与内容有较大出入。读者看到《基督教与近代中国》的书名，一般都认为是一本全面论述基督教在近代中国命运的著作。实际上，拙著只是一本以20世纪20年代中国非基督教运动为个案展开的专题研究。原书有一英文副标题"A Study of the Anti-Christian Movement in China"，本来已对论域有所界定，但因系英文表述，只有少数细心的朋友注意到并认为正副标题功能不同，前者提示背景，后者界定论域，"收放之际，有深意焉"，予以肯定。多数朋友都认为书名需要调整，就连英文程度甚好的邢福增博士在其书评中也认为原书名实不尽相符，建议修改。

对朋友的意见和建议，我当然不能漠视。经反复斟酌，决定将书名改为现在这个模样。正标题确定为《基督教与民国知识分子》，是因为非基督教运动发生之后，在围绕由运动引发的有关宗教问题的讨论上，不管教内教外，不管赞成还是反对，当时知识界的精英人物几乎都卷入其中。在参与非基督教运动的知识精英中，

[①] 罗志田：《中西文化竞争与反教政治运动》，《读书》1995年10期。

可以看到以下人物的名字：王星拱、李璜、左舜生、曾琦、李石曾、周太玄、李润章、李思纯、汪颂鲁、蔡元培、吴虞、沈雁冰、沈玄庐、陈独秀、毛泽东、李大钊、张闻天、恽代英、周恩来、张国焘、罗章龙、胡适、章太炎、李达、沈雁冰、黄日葵、范鸿劼、朱务善、汪精卫、戴季陶、朱执信、邵力子、刘师复、吴稚晖、余家菊、陶孟和、范源廉、马寅初、丁文江、马君武、陶行知、舒新城等，甚至来华讲学的罗素也对基督教表示明确的反对态度。在反对非基督教运动的队列中，活跃着"北大五教授"周作人、钱玄同、沈兼士、沈士远、马裕藻等人的身影，梁启超、梁漱溟、屠孝实、田汉、刘伯明、陆志韦、方东美、张东荪、常乃德、傅铜、刘国钧等众多知识界领袖也积极参与。在翼教护教者的名册中，徐宝谦、诚静怡、赵筹哀、吴雷川、吴耀宗、余日章、刘廷芳、简又文、张钦士、孙科、张文开、康成、谢洪赉、贾玉铭、丁立美、王治心、陈崇桂、赵紫宸、董显光、顾子仁、胡贻毅、徐庆誉、谢扶雅等人的名字赫然引人注目。此外，当时国内众多大专院校以知识精英自居的在校学生也纷纷行动起来，参与反教或护教，活跃异常。如此众多的民国知识精英围绕非基督教运动发表意见，修订本冠以《基督教与民国知识分子》，辅以"1922—1927年中国非基督教运动研究"的副标题，名实应当大体相符，不会引起误解了。

近年来，因国人信仰问题凸显，加之中外接触在更加宽广的维度上展开，基督教传教事业在中国有了较大发展。据国外相关研究机构2003年统计，中国教徒人数已在七千万至八千万之间[1]。时过

---

[1] David Aikman, *Jesus in Beijing*, Washington: Regnery Publishing, Inc., 2003, pp.7-8.

12年，今天的统计数据应有较大增长。面对这一现实，一些知识界人士谨慎地提出是否可用基督教来构建中国现代精神信仰，以避免国民道德失范的设想，一些朋友也就此征求我的意见。我是研究历史的，对现实缺乏足够了解，无法正面回答如此艰深的问题。但凭借我对历史的理解，我不认为这是一个好的国人精神信仰的重建方案。事实上，早在"五四"前后，针对新文化人根本否定以儒学为代表的中国传统文化，导致国人信仰缺失，就有人出于良好的愿望，试图用基督教来取代正走向衰微的儒教，再造国民精神信仰，教会方面甚至发动"中华归主"（The Christian Occupation of China）运动，结果事与愿违，激起国人特别是知识分子强烈的民族主义情绪。本书所讨论的非基督教运动就是在这一背景下兴起的。尽管现今在华基督教已无"帝国主义"时代那种对于异质文化的强烈进攻性，在信守"信教自由"宪法原则的前提下，它可以在中国找到自己的生存空间。但如果国人都像当初信奉孔子那样皈依基督，崇拜耶稣，则未必是国家民族之幸，也未必是世界文化之幸。培根说："读史使人聪明。"但愿这本研究20世纪20年代中国非基督教运动的著作能为今日致力于精神信仰重建的国人，提供一些理性思考的历史资源。

2005年5月25日于成都

《中国的近代转型与传统制约》[①]序

近年来,传统与近代的关系问题颇受世人关注,学术界相继推出涉及这一主题的众多论著反响热烈,即反映了人们重视这一问题研究的倾向。本书忝列众多鸿文巨著之中,面对已被先期推出各书引起的学术界极高期望值和众目睽睽的审视,不免惶恐。我愿将这本书增订再版,不是因为对所作文字的敝帚自珍,而是因为它可能为我提供某种与学界同人交流的机会。

本书2000年由贵州人民出版社首次出版。虽冠以《中国的近代转型与传统制约》书名,实为以主题连缀的论文集,书中四组论文,是从1980年代初至1990年代中后期发表的数十篇论文中挑选出来的。罗志田先生曾就书的主题设计和思想架构提出意见和建议,他对书中涉及咸、同时期清朝政治、经济变革及近代教案研究的几篇论文的首肯,使我增强自信,消除了出版顾虑。尽管如此,本书收录的毕竟大多是年轻时的习作。魏源《钱塘观潮行》诗云:

[①] 出版信息:杨天宏:《中国的近代转型与传统制约》,成都:四川人民出版社,2021年。

"传语万古观涛客,莫观老潮观壮潮。"① 学术界多年来一直热衷于谈论中国的"近代转型",其实当代中国同样存在"转型"问题。政治、经济、文化的转型显而易见,学术研究地当前沿,更难例外。既要"转型",自免不了除旧布新。今日从事学术研究,新思想、新见解、新信息已让人目不暇接,谁有功夫去翻看陈年旧作?我真有些担心,此时再度推出这组鲜有新名词新概念点缀其间的文字,会招惹"老潮"之讥,无人观览。

不过扪心自问,对于学界眼下正亟亟探寻的诸如"传统与近代"这类问题,在过去若干年的研究中,也并非充耳不闻,无所用心,差异只在对问题的具体认知上。

一、传统与近代认知的二元对立

鸦片战争后的中国,传统与近代的紧张(tension)一直是导致国家重大变故及中外冲突的根源,问题的解决之道不仅让历史事件当事人煞费苦心,也让后来的研究者深感困惑。洋务运动中,曾国藩主张"师夷智以造炮制船",意识到"中国自强之道或基于此",但又担心"器"变引起"道"变,提出以"义理"统摄"经济"的办法,要求官吏士绅治学"以义理之学为先,以立志为本",认为"苟通义理之学,而经济赅乎其中矣"②。曾氏所说的"经济",是为经邦济世之法,虽有成规,亦可权变;"义理"是儒学

---

① 魏源:《钱塘观潮行》,中华书局编辑部编:《魏源集》(收入中国近代人物文集丛书)下册,北京:中华书局,1983年,第725页。
② 曾国藩:《劝学篇示直隶士子》,彭靖等整理:《曾国藩全集·诗文》,长沙:岳麓书社,1986年,第443页。

《中国的近代转型与传统制约》序

对宇宙社会人生的解释和规范，贯通古今，不能改变。曾氏所思所想，是为化解传统与近代之间紧张的尝试，成为洋务运动的指导思想。在曾国藩时代，两者关系尚未发展到严重冲突的地步，这大概是因为外来的属于"近代"的事物在中国还不够强势，不足以同根深蒂固的中国传统文化分庭抗礼，引进"西学"的人也很少产生挑战"中学"的意识。当时，贤达如王弢者尚且认为，中外异治，外国的政教法律甚至制造技术均不适合中国，遑论他人[①]。"中国文物制度远出西人之上，惟火器万不能及"一语，今天看来甚为荒谬，却是当时国人的共同认知。

将中国贫穷落后归咎传统从而导致"传统与近代"关系紧张、难以并立，是中日甲午战争之后的事。甲午一战是中国近代历史的重要转折点，中国在这次战争中惨遭败北的原因极为复杂。不能因地缘政治变化相应改变传统重"塞防"轻"海防"的国防战略，是其重要原因[②]。近代国人重文轻武，而日本人尚武，致使中国在军备竞赛中稍逊日本。另外，咸、同以后，地方势力兴起，中央与地方、满族与汉族之间矛盾加剧，严重削弱国家的力量。这些都是中国的致败因素。但当时国人从战争中汲取的教训则是君主集权政治制度制约了中国的近代发展，不如代议制那样能有效引导国家走向富强。梁启超曾尖锐批判专制政体，视之为"数千年来破家亡国之

---

① 王弢尝言："中国所重者，礼义廉耻而已。上增其德，下懋其修，以求复于太古之风耳。奇技淫巧凿破其天者，摈之不谈，亦未可为陋也。"引文见方行、汤志钧整理：《王韬日记》，咸丰九年四月四日甲辰，北京：中华书局，1987年，第113页。
② 关于近代国人受传统国防战略思想影响，一直将防务重心放在西北"塞防"，相对忽略"海防"这一问题的讨论，可参阅本书收录的拙文《近代中国地缘政治的变化与李鸿章的海防战略》。

357

总根源"①，认为"今日之世界，实专制、立宪两政体新陈嬗代之时也"②。梁氏所言，道出了当时众多有识之士的心声。于是，以建立"君主立宪"为目标的改良运动和以实施"民主立宪"为目标的革命运动相继兴起。在初议改制时，人们普遍认为，只要废除君主集权政体，中国富强将指日可待。辛亥革命推翻清朝专制统治、建立共和政体，使国人的乐观情绪达于极致，但失望也因此到达顶点。"盖以今日政府之徇私弄权，无异前清，故一切法定机关，皆同虚设"③。在袁世凯和北洋军阀统治下，旧制度曾经拥有的一切故态复萌。这促使部分国人从思想道德层面思考原因，开始了陈独秀所说的"彻底觉悟"。

所谓"彻底觉悟"，是指意识到中国不仅制造技术原始，政治制度落后，而且思想道德也不能适应近代社会的需要，必须弃旧图新。陈独秀指出：

> 欲建设西洋式之新国家，组织西洋式之新社会，以求适今世之生存，则根本问题，不可不首先输入西洋式社会国家之基础，所谓平等人权之新信仰，对于与此新社会、新国家、新信仰不可相容之孔教，不可不有彻底之觉悟，勇猛之决心，否则不塞不流，不止不行！④

---

① 梁启超：《论专制政体有百害于君主而无一利》，《饮冰室合集》第一册《文集》之九，北京：中华书局，1989年影印本，第90页。
② 梁启超：《立宪法议》，《饮冰室合集》第一册《文集》之五，第4页。
③ 陈重民：《日本大隈伯爵论中国情形》，《东方杂志》第9卷第5号，第17—18页。
④ 陈独秀：《宪法与孔教》，《新青年》第2卷第3号，1916年11月，第12页。

这一认知促成新文化运动发生，国人的思想开始趋于激进。举凡属于"传统"的一切，"无论是三坟五典，百宋千元，天球河图，金人玉佛，祖传丸散，秘制膏丹，全都踏倒它"。在与传统决裂的同时，又"别求新声于异邦"[①]，汲取西方的近代观念，企图在更加广阔的维度上学习西方。发展到二十年代末，则形成"全盘西化"（wholesale westernization）的极端主张。

不过思想道德层面的革命并不像"器物"和"制度"层面的变革那么奏效。由于第一次世界大战的发生，国人开始对西方文明产生怀疑，此后中国民族主义高涨，带动了知识界复兴传统文化的努力。在反传统主张力图成为思想主流的同时，对传统进行新的诠释，使之适应现代社会需要的"文化保守主义"应运而生。宣称"科学破产"的梁启超，被称为"玄学鬼"的张君劢，集合在《学衡》杂志周围的学衡诸君，以及试图将儒教定为"国教"的陈焕章和众多儒学的"道统"传人，都为传统中国文化的现代调适作出艰苦努力。其后的中国，传统与近代的关系一直极度紧张，优劣成败，迄未决出。

二、西化派与传统派降解张力的不同办法

对于传统与近代的紧张，当事双方曾提出各自的化解办法。西化派认为，传统与近代是对立的两端，由于近代化是各个国家民族历史的基本走向，要想不背离历史发展，必须与传统决裂。全盘西

[①] 鲁迅:《忽然想到》《摩罗诗力说》,《鲁迅全集》第一集，乌鲁木齐：新疆人民出版社，1995年，第574、30页。

化的理论张本即在于此。而"文化保守主义"思想家则主张中国应在保存自己文化传统的前提下去作近代化追求。学者普遍认为这是截然对立的两种思想主张,实则二者相通之处颇多。

"文化保守主义"思想家一般并不排斥西方文明。以学衡诸君而论,他们的西学造诣在近代中国实罕有匹敌者,对反清革命成功后建立的新的政治制度,也能在相当程度上认同。他们并不主张原封不动维护以儒学为代表的传统文化,而是企图"以欧西文化之眼光,将吾国旧学重新估价"①。吴宓在谈到新文化运动时曾说:"吾之所以不慊于新文化运动者,非以其新也,实以其所主张之道理,所输入之材料,多属一偏……或驳吾为但知旧而不知有新者,实诬矣。"②在"趋新"已成为时尚的近代中国,儒学的"原教旨主义"者并不存在。如果说,宋代儒家学者为寻求儒学发展曾下过一番"援佛入儒"的功夫,那么,当代"文化保守主义"思想家则试图"援西学入儒学",返本开新,以寻求儒学的当代发展,所提出的实为处理两者关系的折衷方案。

西化派对中国传统文化展开猛烈攻击,也并非将中国传统的一切弃若敝屣,不过是认为中国传统文化根深蒂固,国人的行为惰性足以维持其存在,不必倡导改革的人再劳神费心。胡适对这一思想的表述最为典型,他说:

> 现在的人说"折衷",说"中国本位"都是空谈。此时没有别的路可走,只有努力全盘接受这个新世界的新文明。全盘

---

① 胡先骕:《论批评家之责任》,《学衡》1922年第3期,第44—57页。
② 吴宓:《论新文化运动》,《学衡》1922年第4期,第48页。

接受了，旧文化的"惰性"自然会使他成为一个折衷调和的中国本位新文化。若我们自命做领袖的人也空谈折衷选择，结果只有抱残守阙而已。古人说："取法乎上，仅得其中；取法乎中，风斯下矣。"这是最可玩味的真理。我们不妨拼命走极端，文化的惰性自然会把我们拖向折衷调和上去的。①

胡适玩味的"真理"以及他和他的文化同人缘此形成的行为方式，均具典型的中国特征。林毓生曾指出新文化运动思想家反传统时的"唯智论"取向是从传统得来，认为新文化人没有也不可能真正摆脱传统。这一认知，用在主张"全盘西化"的思想家身上，也大体适合。

不过这并不意味着两者没有思想区别。在我看来，形成近代史上"西化派"与"文化保守主义"者思想分野的一个重要原因在于政治关怀不同。相对而言，西化派更关心国家的民主政制建设，文化保守主义者的主张则体现了深切的民族危机忧虑。

"西化派"思想家从新文化运动时期的陈独秀、胡适，到20世纪30年代与主张"建设中国本位文化"的教授们辩难的陈序经，都异常关注国家的民主建设。陈独秀为反对军阀专制统治，曾对植根于传统的"爱国"口号提出异议。胡适对反传统的新文化运动因充满"民族主义"色彩的五四运动的发生而改变走向深表遗憾，认为后者是对前者"不幸的政治干扰"②。胡适写于1917年3月的一则日

---

① 胡适：《我是完全赞成陈序经先生的全盘西化论》，《独立评论》第142号，1935年2月，编辑后记，第24页。
② 胡适口述，唐德刚译注：《胡适口述自传》，上海：华东师范大学出版社，1993年，第183—189页。

记,最能反映"西化派"政治关怀的重心所在:

> 王壬秋死矣。十年前曾读其《湘绮楼笺启》,中有与妇子书云:"彼入吾京师而不能灭我,更何有瓜分之可言?即令瓜分,去无道而就有道,有何不可?……"其时读之甚愤,以为此老不知爱国,乃作无耻语如此。十年以来,吾之思想亦已变更。……若以袁世凯与威尔逊令人择之,则人必择威尔逊。其以威尔逊为异族而择袁世凯者,必中民族主义之毒之愚人也。此即"去无道而就有道"之意。吾尝冤枉王壬秋。今此老已死,故记此则以自赎。①

相对而言,"文化保守主义"者更关心民族国家的安全,赋予自己"存亡继绝"的使命。戊戌时期,康有为曾提出"保国、保种、保教"口号。然而依中国传统认知,"保教"才是关键所在。盖"教"存则国虽亡而犹有复兴之望;"教"亡则即便国存已非故国,其与亡国何异?至于"种",若无"教"为之灵魂,存之何益?中国在历史上曾数度为外族武力征服,但征服者最终均为被征服者先进的文化涵化,结果征服者与被征服者的位置颠倒过来,中国之国脉因文化未泯而得以保存②。历史的经验使保守主义思想家肩

---

① 曹伯言整理:《胡适日记全编》第二册(1915—1917),合肥:安徽教育出版社,2001年,第552—553页。
② 钱穆对中国人以文化辨别种族、国家的观念有过很好的说明:"在古代观念上,四夷与诸夏实在有一个分别的标准,这个标准,不是血统,而是文化。所谓诸侯用夷礼则夷之,夷狄进于中国则中之。此即以文化为华夷分别的明证。"引文见氏著:《中国文化史导论》(修订本),北京:商务印书馆,1994年,第41页。

负起在文化上"存亡继绝"的重任，企图以此为手段，达到保国、保种的目的。

不过尽管关怀异趣，两者在寻求国家民族独立富强目标上走的并非截然相反的路线，他们考虑并力图解决的实乃一个问题的两个不同方面。从这个意义上说，两者之间的"同"是大于他们之间的"异"的。正因为如此，近代史上许多最初致力于政治改革的思想家在其努力受挫而疏离政治之后，都转而"整理国故"，致力于传统文化重建工作。严复是这样，胡适也是这样。胡适为人机巧，不愿意让人看出个中变化，说自己是在"捉妖打鬼"，其实是在自我解嘲。既然近代历史上客观存在的"传统与近代"关系并非形同水火，折中调和之道亦可探寻，研究者为何一定要将二者摆在截然对立的位置去审视？

三、传统与近代两造诉求的认识短板

中国学者对传统与近代关系的认知或许受到西方学者的影响。如同国人认知外部事物往往带有先入为主的"中国中心观"一样，一些西方学者研究中国近代史所使用的"传统与近代"概念，则明显带有"西方中心主义"成见。在一些研究"中国学"的西人眼里，"传统"与古代中国相联系，"近代"则特指工业化以后的西方世界。他们不把世界文化看成是多元的组合，而认定为由低级向高级发展的进化序列，近代高于传统，西方优于中国，故中国的历史发展必须离弃传统，沿着西方的轨迹行进。费正清用"朝贡体系"描述"中国的世界体系"与西方国家认定的国际关系体系的冲突，即暗含西方先进，中国落后的先入之见。而直接以"传统与近代"作为研究模式认知中国的李文森更是将这种观念发挥到极致。李氏才华横溢，有"学界莫扎特"之称，对美国的中国史研究作出过重要贡献。但他的偏见似乎比其他西方学者更深。在他看来，体现西方特质的近代文化，通过两种途径同时作用于中国：一种是作为"溶剂"，中国传统文化对之无抵御能力；另一种是作为"楷模"，中国的"新文化"对之亦步亦趋。这种情况决定中国的革命必然自始至终为近代西方向中国提出的问题所左右。换言之，中国革命是一种"反对西方正是为了加入西方的革命"①。另一位颇具影响力的学者芮玛丽在研究19世纪60—70年代中国的改革后表述了相反相成的见解。她认为："同治中兴的失败异常清楚地证明，即便在最有利的环境条件下，也无法把真正的近代国家移植到儒教社会的躯体之上。"②可见，芮玛丽认同中国接受西方文明，却又明显排斥中国传统文化对近代世界的适应性。

中国学者因具有民族主义情结，在认知中国近代史时，比较强调反对"帝国主义"一面。但是，这种反对是否真如李文森所言，"反对西方正是为了加入西方"呢？在解释"传统与近代"关系时，不少中国学者甚至比西方学者更蔑视自己的文化传统。在他们笔下，近代历史上反传统的思想家大多受到褒扬，维护传统的努力却被嗤之以鼻，甚至被视为反动。我真有些怀疑，如同在物质上追求"现代化"一样，中国学者对"传统与近代"关系的认知，也是

---

① 柯文著，林同奇译：《在中国发现历史——中国中心观在美国的兴起》，北京：中华书局，1989年，第64页。
② Mary Clabaugh Wright, *The Last Stand of Chinese Conservatism: The Tung-chih Restoration, 1862—1874*, rev. ed. New York: Atheneum, 1965, p.300.

在学术上追求"现代化",即步伍费、李等西人的结果。

然而费正清、李文森等西方学者的认知在具有思想的深刻性因而对中国同仁可以提供参考借鉴的同时,也存在很大问题。

首先,将传统与近代置于截然对立的位置就是一种认识论错误。近代是从传统中孕育的,虽然平添了许多新的品质性状,但其基本因子在传统社会中便多少存在。例如英国的议会制度可以追溯到公元5—11世纪盎格鲁·萨克森时期,作为氏族社会民主余绪的"贤人会议"可能即其雏形。作为近代"立法机构"的议会,在伊丽莎白之前的15世纪20年代就已开始运作。英国今日的议会制度,是一千余年历史发展的结果。与费、李等学者认识取径不同的美国学者鲁道夫在研究印度时,曾提出传统社会包含"近代潜在因素"的概念,认为"传统"固然存在某些阻碍"近代化"的因素,但有民族历史文化遗产则是有助于现代化的[①]。这一认知颇具价值。就中国而言,甚至佛教体认大千世界的逻辑方法,也可成为清末民初国人理解西方科学的一种认识论工具。这表明,传统与近代在某些方面可以沟通。

其次,近代不等于西方,尽管近代化运动起源于西方,但近代化的思想资源并非只有西方社会才可发掘,任何国家民族的历史传统中都可能存在一些能够超越特定时空限制的元素,可以用作现代化的建筑材料。例如18世纪以后逐渐形成于英、法等西方国家的近代文官考试制度,就在很大程度上参考借鉴中国的科举制度。虽然存在"铨吏"与"选官"之别,但就其以竞争性考试来选拔国家所

---

① 柯文:《在中国发现历史——中国中心观在美国的兴起》,第68页。

需人才而言，两者则是非常接近的[①]。宣道华指出，中国传统中的某些特点，如强烈的历史感以及把政治视为人生要义之一而产生的现实关切，为中国人作了"异常良好"的准备，使他们可以适应近代世界。这是十分中肯的分析。

复次，所谓"近代"是一个内涵外延均不甚清晰的模糊概念。有些东西比较容易判断其发展序列和级差，有些则不然。比如，人们可以根据硬件品质和计算速度客观指标区分出计算机的发展序列和优劣，但却很难说"男女平等"和"男尊女卑"的观念主张究竟哪一种更加"传统"或更加"近代"。在一些国家和地区，被视为"近代"观念的男女平等本是它的传统，无须等到"近代"方才具有；但在另外一些国家或地区，即便进入"近代"社会，男尊女卑恐怕都仍将是一个无法抹去的存在。至于优劣，则更难判断。站在"近代"立场，似乎应该否定传统；但是站在"后现代"的立场，则"近代"甚至"现代"都未必值得称道。人们讨论的传统与近代关系中属于"价值"的部分，恐永远也难较量出高下短长。

指出这些问题的存在并不意味着本文作者要否定传统与近代的质性差异。应当承认，两者不仅质性不同，在某些方面甚至处于尖锐对立状态。但研究者却不能因此将中国近代化运动未著成效，简单委过于传统。在近代中国，保守势力异常强大，为抵制社会变革，保守派常常引经据典。例如倭仁反对同文馆招考正途出身之生员学习西方的天文、算学，就曾以儒学为依据，指出："立国之道，

[①] S.Y. Teng（邓嗣禹），"Chinese Influence on the Western Examination System", *Harvard Journal of Asiatic Studies*, Vol. 7, 1942—43. pp. 217—313.

尚礼仪不尚权谋；根本之图，在人心不在技艺。"[①]此诚足证儒学与近代变革的对立。但传统文化促进近代社会变革的事例亦复不少。洋务派思想家引进西方制造技术，理论依据即是《易经》中"穷则变，变则通，通则久"的古老教训。清末革新人士更是到传统中去寻找思想资源。"今文经学"成为康有为变法的理论支柱，而"阳明心学"则在很大程度上成为晚清革命派人士的精神动力。尽管产生于农业社会，儒家学说的根本精神与其说守旧，毋宁是维新的。孔子即十分注重损益之道。所谓"行夏之时，乘殷之辂，服周之冕"，意即就三代的典章制度，斟酌损益，以适应现时所需。孔子被称为"圣之时者"，说明孔子学说本来就是讲求因应变通之道的。

传统文化能够同时为革新与保守人士援引、服务于各自的政治目的这一事实，揭示出它所具有的两重性。学者张灏指出，中国传统具有"多重构造"，认为就道德价值层面而言，至少应该分为以纲常名教为中心的"社会约束性道德"和以仁、诚为中心的"精神超越性道德"[②]。以我的理解，"社会约束性道德"系与前近代社会政治制度互为表里，构成官方意识形态那一部分，自难与近代社会契合。对此，从事近代化建设者应果断与之决裂。无此认识，中国的近代化建设断难起步，中国也难以真正融入国际社会。正是从这个意义上，我对近代历史上反传统的新文化运动持基本肯定的态度。

但新文化人只持一端，思想行为偏激，似乎没有意识到传统文化的另一层面即"精神超越性道德"的存在。传统文化这一层面，

---

① 宝鋆编修：《筹办夷务始末·同治朝》卷四十七，光绪六年抄本，第24页。
② 张灏：《晚清思想发展试论——几个基本论点的提出与检讨》，姜义华等编：《港台及海外学者论近代中国文化》，重庆：重庆出版社，1987年，第72页。

因其没有严格的时空限定性，是有可能融入近代社会的。以儒学"仁"的观念为例。"仁者爱人"，抽象理解，提倡的是一种普遍的人类之爱，这与西方近代提倡的"博爱"，在内涵上并无二致。再以"恕"为例。中国传统文化讲求"恕道"，主张推己及人，"己所不欲，勿施于人"，这与基督新教提倡的"宽容"同一旨趣。近代保守主义者看到传统文化的这一层面，其思想具有一定的合理性。然而，他们在批评新文化人偏激时，自己也犯了"只知其一，未知其二"的认识论错误。他们中庸平和，却忽略了传统文化中"社会约束性道德"部分有可能成为近代化严重阻力这一问题。他们似乎不明白，由于历史的惰性，"矫枉"有必要"过正"的道理。这样，至少从操作的层面考虑，他们的主张对于中国近代化所产生的负面作用，比西化派更甚。

四、融合传统与近代的可能进路

在讨论传统文化是否构成中国近代化阻力时，"功利"的因素不容忽略。儒者标榜"罕言利"，但现实社会生活却无一不与"利"相连。近代历史上不少守旧人士在提出自己的主张时，虽无不援引儒家经典，但更关心的却是当下的实际利益。以戊戌变法康、梁等人主张变更科举为例。当是之时，守旧人士皆援据儒家经典，拼死反对，这给人一种他们系出于维护儒学正统而反对变法的印象。然而，梁启超的一番话道出了问题的实质："当时会试举人集辇毂下者将及万人，皆与八股性命相依。闻启超等此举，嫉之如不共戴天之仇，偏播谣言，几被殴击。"此外，变与不变背后还存在满、汉利益之争。反对变法的刚毅对此直言不讳："改革者，汉人之利，而满人之害也。"①在研究近代史上的革新与保守时，应透过表象看实质，不宜将顽固派人士反对变法笼统说成是儒学之过。当然，也不能反过来将主张变法革新都说成是近代西方文化之功，因其间同样存在利益问题。

对于传统与近代的关系，人类学者从心理学借鉴来的"移情"（empathy）即换位经验与思考，或许可以成为一种行之有效的认识方法。对于传统的近代透视，有可能导致对传统的超越，而对"近代化弊病"的非近代性批判，则是产生"新保守主义"和"后现代主义"的条件。中国的近代文化只能是从新旧中西各种文化的结合中升华出来的文化。这种新文化的产生是有现实依据的。罗素曾指出："我相信，如果中国人能毫无顾虑，吸纳西方文明之长，扬弃其短，他们一定能实现基于自身传统的'有机成长'（organic growth），取得融合中西文明优长的辉煌成功。"②罗素所言，打破中西新旧壁垒，对认识传统与近代的关系，具有积极启发意义。

由于本书旨在讨论"中国的近代转型与传统制约"，因而有必要对相关概念作一界定。按照我的理解，所谓"近代转型"应该是工业化时代中国自身传统的调适，而不是将西方近代事物移植到中国来取代传统的此消彼长变化。"传统制约"也不是对于近代化进程单纯的阻碍，而是一个中性概念，既可用于表述阻碍中国近代化进程的消极的历史内容，也可用来表述制约牟宗三所说的"现代化

---

① 梁启超：《戊戌政变记》，沈云龙主编：《近代中国史料丛刊》第92辑，台北：文海出版社，1973年，第176页。
② Bertrand Russell, *The Problem of China*, London: George Allen & Unwin Ltd. Ruskin House, 40 Museum Street, W.C, First Published in 1922, p.13.

底危机",使之不致蔓延扩大以危及人类生存的有价值的历史存在。

传统中国社会是农业社会,近代社会本质上是工业化社会。两种社会的主导价值有很大差异。中国传统社会讲求对自然和谐的美艺的欣赏、对神祇的敬畏、对现状的安足、对宗法血缘关系的依赖,讲求多子多孙的大家庭以及敬老孝亲、崇尚圣人等等。这些价值,在传统的农业社会里曾有效运作,发挥了很好的社会功能。近代社会本质上是工业社会,要求与之契合的价值体系,包括竞争、崇新、世俗化、核心家庭、对自然的征服、对现状的不满等。中国的近代转型就价值而言,就是要实现由前者向后者的转变。在这一过程中,某些人们曾经熟悉的东西或许会丧失,这用不着沮丧。近代化对中国传统而言是一个价值再造的工程,经历一番再造功夫之后,承续传统文化部分内核的新的中国文化将会更加光彩照人,成为工业化时代世界文明的重要组成部分。

五、赘言

行文至此,还需对本书的增订再版略作说明。前已提到,本书首次出版是在20年前,当时,承蒙贵州人民出版社唐光明先生提议,经责任编辑袁华忠先生辛勤劳作,本书得以付梓。尽管出版后反响尚佳,但作为作者,我对书稿的不足也心知肚明。书中相当一部分论文是在我读研究生阶段的习作,还有一部分是我工作之初草就,只有一小部分是1990年代后期完成。当是之时,中国大陆学术界还较少谈论与国际学术"接轨",理论方法单一,写作技术亦不够规范,所作注释大多只标举作者、篇名、卷数,余则略去,义项残缺。本书初次结集出版时，因检索手段原始，难以按照学术规范将书稿中的注释遗漏补全，只得在"存真"的自我慰藉下，大体以原貌出之，留下几许学术遗憾。

时光荏苒，20年时光倏忽逝去。今春疫情稍缓，年轻有为、眼光独到的出版家谭徐锋先生征求我的意见，希望能在他参与策划的四川人民出版社正陆续推出的一套学术丛书中，将拙著以增订本形式重新出版。这对我当然是求之不得的事。借助已大大提升效率的数字化检索手段，20年前留下的学术遗憾终于可以借此机会弥补，遂承诺将拙著修订增补，以供再版。然而实际操作却费时费力，工作量异常大，这是事先未曾料到的。在此过程中，博士研究生邬若龙、何玉，硕士研究生胡一舟、邢宏昇、董芙蓉做了大量拾遗补阙和校订勘误工作，尽最大努力查询补充当初书中资料出处的缺失和各种技术缺陷[1]。本书能以全新面貌再次出版，与他们的辛勤付出分不开，作为导师，我谨向他们表示感谢。当然，我更要感谢谭徐锋先生和责任编辑，由于他们的编排设计，严格质量把关，本书才能以如此完美的形态，蝶变现身。

最后需要说明的是，本书更换出版社增订再版，书名却一仍其旧，主题还是"传统与近代的纠结"。在整理旧稿的同时，作者因承担国家重大招标课题之需忙于写作新的学术论文，新旧并举，自不免对自身经历的学术变化做一番新旧比较。平心而论，书中收录的论文在内容和形式方面均较为"传统"，而近10多年来推出的论

---

[1] 因作者写作本书收录的部分论文时，中国大陆近代史学界尚未形成严格的学术规范，文章征引文献的出版信息等往往注释不详。此次修订再版自然需要补录。但当补录时却发现，一些文献较早的版本已难以寻觅。为方便读者查阅，修订本使用了少许论文刊出后新版的史料辑录，特此说明。

文则较为"现代"。不过我并不以为"现代"就一定比"传统"高明。在我初学作文时，以未窥堂奥故，立论更加谨慎，文献披阅也比较广泛，虽注释不详，欠缺规范，见解却偶有可取之处。对晚近发表的论文，我尚未获得清晰的自我认知，且不作评价。有所进步是可以肯定的，但在追求学术的"现代转型"方面，是否遭遇"邯郸学步，反失其故"的尴尬？我希望不致如此，至少以后不是如此。这样，当国家顺利实现"现代转型"时，我的自我"转型"或可大功告成。高鹗云："辞必端其本，修之乃立诚；探微从道管，结撰是心精。"[1]我愿立于中国学术的这一传统之上，去作我的"现代学术"追求。

---

[1] 高鹗：《修辞立诚》，尚达翔编注：《高鹗诗词笺注》，郑州：中州书画社，1983年，第89页。

《救赎与自救：中华基督教会边疆服务研究》[①]序

今年是基督新教来华两百周年。1807年，英国伦敦会（London Missionary Society）传教士马礼逊（Robert Morrison）横跨大西洋到纽约，接着泛槎七月，横渡太平洋，抵达广州，踏上中国这块对基督徒来说既陌生又熟悉的土地。说其陌生，是因为此乃基督新教第一次登陆中国；说其熟悉，是因为在宗教改革、近代基督教产生之前，作为与该教有着深厚渊源关系的早期基督教以及教会分裂之后被视为"旧教"的天主教，已经在中国有了漫长的实践其"救赎"使命的历史。

基督教对"救赎"的阐释从来意见歧出，为较多教派接受的"救赎论"系11世纪由安瑟伦（Anselmus，1033—1109）提出，后经托马斯·阿奎那（Thomas Aquinas，1225—1274）引申阐释的所谓"补偿说"，认为人类因其始祖的罪孽而有着与生俱来的"原罪"，上帝为维护其尊严和社会正义，必须对之进行惩罚。但仁慈的上帝不愿看到人类受罚，而人类自身又无法补偿罪孽，在这种情

[①] 出版信息：杨天宏：《救赎与自救——中华基督教会边疆服务研究》，北京：生活·读书·新知三联书店，2010年。

况下，必须有一个无罪的人做出牺牲，于是便派自己的独生子基督降世，代人受罚，从而既维护了上帝强调的社会正义，又拯救了人类。其实，人类是否真正具有"原罪"，需要"救赎"，这只是基督教神学或伦理学讨论的问题，世俗学者或不必与之理论。但近代历史上，中国教会人士做出牺牲奉献，参与社会改造事业以"拯救"社会及民众这一可广义理解为"救赎"的努力，以及可以看作教会"自救"行为的基督教在华发展路向选择及教会对时局变化和政制转型的艰难因应，因其涉及教、俗两方面的重要历史，却有重要的学术研究价值。

从20世纪20年代开始，基督新教在中国的发展经历了三个值得注意的变化：一是在神学理路上由倾向基本教义的"个人福音"向被认为多少有些离经叛道的"社会福音"的转变；二是为体现基督教的"普世性"并因应蓬勃兴起的民族主义，从"原生"状态向实现在异国他乡的"本土化"或"本色化"的转变；三是从中国的沿海、沿江通商口岸转向内地甚至边疆少数民族地区寻求发展[①]。对于基督教在华传教史而言，这是三个重要的变化，这一时期中国基督教会几乎所有的活动，都与这些变化有关，是其内在意蕴的外化。中华基督教会组织发动的"边疆服务"，则是基督教在华传教史上最能同时全面反映这三方面变化的重要事件。

---

① 需要说明的是，由于宗派分野，不同教派在这些问题上尚存在程度不同的取舍差异，坚持原教旨主义的教派不一定认同社会福音，但社会福音一度成为中国教会的主流取向，则应当没有大的异议。

《救赎与自救：中华基督教会边疆服务研究》序

一

中华基督教会全国总会（以下简称"总会"）于1927年在上海成立，1937年完成在国民政府的立案手续，成为"国内唯一在中央取得法人资格之基督教会"①。从成立到1949年国家政制发生重大变化，总会开展了多方面的宗教与社会活动。参加中华基督教会全国总会的差会（mission）计有18个，所属机构共21个大（协）会，直属机构为"两区一部"即云南、贵州两个宣教区和边疆服务部②。中华基督教会全国总会边疆服务部（Border Service Department of Church of Christ in China，以下简称"边部"）是应抗战建国之需，中华基督教会号召全国青年男女有为之士，到当时称之为"边疆"的西南少数民族地区从事社会服务及福音传播的团体。边部创办于1939年冬，结束于1955年10月31日。总部最初设在成都，先后建立了川西、西康和云南三个服务区，主要在川、康、滇三省少数民

---

① 沈亚伦著《四十年来的中国基督教会》称总会成立时间为1927年（该文收入张西平等编：《本色之探》，北京：中国广播电视出版社，1998年，第541页）；在诚静怡的追悼会上，张伯怀称总会成立的时间是民国十六年，即1927年；秦和平在《基督宗教在西南民族地区的传播史》中也称其成立时间为1927年。但中华基督教全国总会在向四川省社会处"呈请签核备案"，缕述总会成立前后经过情形时，称总会成立于1926年。见四川省档案馆藏四川省社会处档案：《中华基督教会全国总会成立前后经过情形、公报》全宗号民186，目录号2，案卷号1835。此处暂从前说。
② 这18个差会包括：加拿大合一教会、加拿大合一教会女宣道会、加拿大长老会、加拿大长老会女宣道会、美国公理会、美国南长老会、美国北长老会、复初会、归正会、同寅会、伦敦会、英浸礼会、英长老会、爱尔兰长老会、苏格兰长老会、纽西兰长老会、澳洲长老会、瑞典长老会等。见《公报》1949年1月号，转引自中国科学院民族研究所四川民族调查组编印：《四川省西昌专区基督教教会简史》（内部参考资料），1960年7月油印本，第9—10页。

族地区从事社会服务及福音传播工作，受益人数约计200万[1]。

边疆服务内容广泛，主要包括提高边民精神生活的基督教福音传播、增进边民智识水准的教育服务、改善边民物质生活的生计服务，以及解除边民疾病痛苦的医疗卫生服务。这些服务工作看似琐细，谋求解决的问题却十分宏大，主要涉及三个层面：一是迫在眉睫的抗战后方建设问题，二是西部民族地区社会发展问题，三是历朝历代一直困扰统治者的汉族政权及汉民族与边疆少数民族之间矛盾的化解，即"边务"问题。边疆服务历时16年，前10年遭遇了战争的洗礼，后6年恰逢国家政制转型的艰难过渡。在这期间，中国教会竭尽心力，对三方面问题的解决均有所推进，并在此过程中，寻求自身的生存与发展。作为中华基督教会全国总会的直属机构，边部活动的历史堪称总会在政府部门立案之后全部历史的集中体现，是研究总会乃至这一时期基督教在华传教史的理想个案（case）。中华基督教会将其开展的服务工作称为"牺牲（或奉献）服务"（dedicatory service），彰显了边疆服务所具有的"救赎"性质[2]。

边部开展服务工作的地域——"边疆"并不限于地理学意义上的诠释。根据时人贾湖亭分类，所谓"边疆"有四重含义：即地理的边疆、经济的边疆、政治的边疆与文化的边疆。地理、经济及政

---

[1] 边部在解放初期接受调查时所作登记称："本部现有工作之主要服务对象为川、康两省边界文化落后生活贫苦的少数民族如羌戎番（川西区）及彝族（宁属）等，计人数在二百万之谱。"所说的人数应为直接及间接受益人数之总和。引文见四川省档案馆藏宗教事务处档案：《国际性救济福利团调查提纲》，全宗号建川50，案卷号435。
[2] 耶鲁大学神学院藏边部档案：Annual Report of the Work of 1945, the Church of Christ in China, Shiao Sih Bah, Kuming. 4—5（17—19）。

治上的边疆，其义甚明，少有分歧。"所谓文化上的边疆，乃是就国内若干在语言、文字、宗教、风俗习惯与生活方式不同于汉人之宗族而言，如桂之傜人、滇之夷人、黔之苗人，其距国防线甚远，不能视为地理的边疆，其经济形态，亦多近于粗放农业，亦不能称为经济的边疆，其服膺中央与地方法令甚早，更不能谓为政治的边疆，而以其与汉文化有别，故被视为文化的边疆。"因而所谓"文化的边疆"，实即两个以上"不等式文化"接触后所产生的文化边际（Culture Margin）①。

吴文藻认为，"边疆"一词"主要不出两种用义：一是政治上的边疆，一是文化上的边疆。政治上的边疆，是指一国的国界或边界言，所以亦是地理上的边疆"；"文化上的边疆，系指国内许多语言、风俗、信仰以及生活方式不同的民族言，所以亦是民族上的边疆"②。李安宅则注意到，就地理而论，中国东南沿海各省虽位于"边界"却算不得"边疆"，"而西北南三方的新疆、蒙古、西藏同样到了边界，则又算作边疆，甚至于国土中心如川、甘、青、康的交界藏名安多区者，在四川有松潘、茂县、汶川、理番、懋功之类……也都成了边疆"③。他认为之所以出现这种现象，是因为"国人之谈边疆者，多系指文化上之边疆，非国界上之边疆。如东南各省以海为界，本即国界，而吾人均不视为边疆，川甘青康地在腹心，反称之为边疆，诚以农耕畜牧之不同，乃正统文化与附从文化

---

① 贾湖亭：《论我国半世纪以来之边疆政策》，张其昀主编：《边疆论文集》1966年4月版，第675页。
② 吴文藻：《边政学发凡》，《边政公论》第1卷第5—6期合刊，1942年1月。
③ 李安宅：《边疆社会工作》，北京：中华书局，1944年，第1页。

之所以分也"①。

　　本课题研究的作为边部开展社会服务及福音传播区域的"边疆",与李安宅界定的偏重文化意义的"边疆"相类,系特指虽不属于边境地区,却在地理位置和行政管辖范围上距离行政"中心"较远、在文化上与汉文化为代表的"正统"文化有所区别的四川西北、西康及滇西北少数民族地区,并非泛指可以划归"边疆"的全部自然地理及人文地理区域。这些地方在地理位置上并不一定处于疆土边界,但因所居民族之语言、文字、宗教、生活方式、风俗习惯等均与内地迥异,囿于传统的"文""野"之分,也就被视为"边疆"了。

　　边疆服务虽局限于相对狭小的地理与文化区域,却影响巨大。余牧人在《抗战八年来的中国教会》一文中指出,边疆服务是"教会在抗战时期中最有创造性最有建设性的一种新工作,对教会,对国家,都有莫大的贡献",代表了"中国教会今后的工作路向"②。沈亚伦认为,基督教1911年至1950年的发展历史可分为四个时期,其中1937年至1949年是基督教在华发展的"坚忍"期,认为中华基督教会全国总会在这一时期救护难民、服务伤兵的活动及边部在少数民族地区的服务工作,是基督教在这一历史时期的"值得纪念"的"大事",是一项在"艰难中产生的事工,实在是可宝贵的"③。《中华年鉴》甚至将边疆服务纳入三十年代在中国搞得轰轰烈

---

① 李安宅:《实地研究与边疆》,《边疆通讯》第1卷第1期,第1页。
② 余牧人:《抗战八年来的中国教会》,《基督教丛刊》第9期,1945年2月,第9—11页。
③ 张西平等编:《本色之探》,北京:中国广播电视社,1999年,第545—546页。

烈的"乡村建设"的范畴，加以肯定①。

1943年10月，一封涉及边疆服务的信件对边部工作做了如下分析评价："基督教的拓展合作（Christian Occupational Cooperatives）是当今中国教会最重要的发展变化之一。这项事业是基于如下信念，即如果不能拯救一个人的灵魂，则不如让他因饥饿而死去。合作计划是将身体与灵魂的拯救结合在一起，使之能在基督精神信仰和基督教生活方式的连接下生长。Mrs. Birkel称，在她待在中国的全部岁月里，她没有发现任何其他计划如同边疆服务那样，产生了福音传播的良好效果。"②

从世界教会史的立场审视，边疆服务内涵更加丰富。耶鲁大学神学院所藏《中国基督教会的新时代》一文，对边疆服务的意义做了如下分析：

> 促成这一时代进步的机构已经以边疆服务部的组织形式呈现在世人面前，一些研究教会历史的学者甚至认为它包含了20世纪亚洲国家发展的基本模式。边部现在处于无与伦比的重要位置，因为它提供了中国教会所选择的各宗派及国际间合作

---

① Chi-hsien Chang（张启贤），Religion, The Chinese Year Book（1940—1941），The Commercial Press, LTD. China, p.89.
② 耶鲁大学神学院图书馆藏边部档案：Archie R. Crouch is Returning to China Mission Field, The Cambrian, Nov.25, 1943, Box 1 Folder 15. 案："Christian Occupation"本应直译为"基督教占领"，但也可以翻译成"皈依基督"，如"中华归主"就是这种译法。本书译为"布道"，系采用后一译法而略加变通。另案：在张伯怀致柯乐智的信函中，张指出：当时中国新教徒的数量为50万人，中华基督教会的成员为16万人，这两个数据都是准确的。但称中华基督教会代表了中国五分之三的新教徒，则明显是计算的错误。参见耶鲁大学神学院图书馆藏边部档案：W. B. Djang to Archie R. Crouch, August 6, 1947, box 1—24.

最早的适用原则。此外,鉴于所处之特殊地位,边部对于国家的重要性堪称独一无二,因为中华基督教会已经有了属于自己的国家,代表了中国五分之三的新教徒,参与指导中国人的共和观念。由于这两层因素,加之面临新的机遇以及为寻求发展而在数千里中国边疆拓展时与外部发生的接触,边部在世界教会所承担的使命中也扮演了重要角色。最后,由于中国在亚洲国家政治、经济、文化上的领导地位,而亚洲拥有世界人口之半,因而中华基督教会的服务计划必将发挥重要的国际影响。[①]

尽管有所溢美,甚至引证的数据也不甚准确,但事件的重要性亦可见一斑。

二

然而,对这一具有重要影响的历史事件,既有学术研究却难餍人望。刘吉西等编写的《四川基督教》是迄今所能检阅到的对边部活动叙述最为完整的著作。该书叙述了边部创建的过程、经费来源、办事处的变迁、三个服务区的设置及具体服务事工、边部开展的研究工作、大学生暑期服务以及边部工作的结束等,并附录有川西、西康两服务区各类服务点一览表、分布图和边部工作人员名

---

① 耶鲁大学神学院图书馆藏边部档案: New Age for Christian Missions in China, Importance of the Border Service Department of the Church of Christ in China to this Era. Box 2—47, 001.

单[①]。但该书在叙述边部各服务点活动时，内容粗疏，且大体为孤立叙述运动在某一具体时段的状况，缺乏对事物变化的整体性描述。所列图表既没反映出各服务点开办、结束时间，也没说明各点的开办形式，对一些重要服务点的并转情况，也未提供必要的理解线索，甚至连边部工作人员名单也未能全部囊括其中。加之涉及边部活动的篇幅仅一万余字，内涵有限，因而留下诸多缺憾，有待弥补。

秦和平教授的《基督宗教在西南民族地区的传播史》系对边疆服务作了较为详细阐述的另一要著。该书设置有专门章节讨论边部活动，对边疆服务的由来、各服务区的服务工作分别进行叙述，并对边部的宗教活动给予了客观公允的评价，有较高学术参考价值。但该书也不无缺憾。从根本上言，该书涉及边疆服务的内容仅限于单纯记事，较少注意相关问题的探讨。在内容处理上，该书对基督教福音传播及教育服务阐述较为翔实，在医疗卫生及生计事业方面则略嫌简略，对1949年以后的边部历史，则基本没有涉及。此外，该书只涉及基督教在四川的传播活动，至于边部在云南的活动，则只提及在富民和寻甸地区有边疆服务部的传教活动，究竟开办了什么服务事业，却只字未提，因而难以透过该书窥见边部的全部服务活动。此外，顾卫民、姚民权、罗伟虹、杨学政、韩军学等人的著作以一定篇幅涉及了边疆服务，其学术贡献在于提供了认识边疆服务的宏观背景，或因所设论域的限制，对边疆服务的史实则语焉不

---

① 刘吉西等编:《四川基督教》，成都：巴蜀书社，1992年，第454—474页及该书其他相关章节。

详，在一些具体问题上甚至存在判断差池，参考价值受到影响[1]。

就学术论文来看，具有参考借鉴价值者数量十分有限。沈亚伦《四十年来的中国基督教会》一文较为准确地概述了包括边部活动在内的基督教在1911年至1949年这40年的发展历程，尽管对边疆服务活动所作评介略带教内人士特有的感情色彩，仍有重要阅读价值[2]。李传斌著《基督教在华医疗事业与近代中国社会（1835—1937）》[3]及刘家峰著《中国基督教乡村建设运动研究（1907—1950）》[4]系两篇有较高学术水准的博士论文，虽未涉及边部历史，但对于认识了解基督教会在华医疗事业的发展脉络及基督教开拓服

---

[1] 顾卫民著《基督教与近代中国社会》设有"外患与内战中的教会"一章，记述了中日战争中基督教在沦陷区的艰难处境。顾氏认为，在大后方的教会事工中，"边疆服务"是"值得注意的一个动向"，因而简要记述了边部的成立缘由、经过、宗旨及下属服务区。但该书只提及边部设立的川西区和西康区，未涉及云南区，此其不完备之一；此外，该书对各服务区的服务事工分类不明确，将医药和教育事工笼而统之归为一类，对生产事工则未提及，此其不完备之二。有此两点，其不能反映边疆服务活动的整体状况甚明。（顾卫民：《基督教与近代中国社会》，上海：上海人民出版社，1998年，第515—516页。）姚民权、罗伟虹著《中国基督教简史》一书对边部活动也有所反映。该书第七章《外患内战时期的基督教会》称：中华基督教会全国总会在抗战期间组织了"负伤将士服务会"以救护伤兵，后该会"改为了'边疆服务部'，在云贵地区为内地流亡学生服务"。该书作者非但没弄清楚边部的成立缘由及经过，而且连边部的服务区域、服务对象也张冠李戴，完全弄错，其价值可以想见。（姚民权、罗伟虹：《中国基督教简史》，北京：宗教文化出版社，2000年。）杨学政主编的《云南宗教史》虽有专门章节提及"中华基督教会"在云南的传教概况，但仅百余字，难以借窥边部在云南的具体活动。（杨学政主编：《云南宗教史》，昆明：云南人民出版社，1999年。）韩军学著《基督教与云南少数民族》一书注意到了中华基督教会全国总会在寻甸苗族地区的传教活动，但仅寥寥数语，基本未涉及边部及边疆服务的史实。（韩军学：《基督教与云南少数民族》，昆明：云南人民出版社，2000年。）

[2] 张西平等编：《本色之探》，北京：中国广播电视社，1999年，第533—551页。

[3] 李传斌：《基督教在华医疗事业与近代中国社会（1835—1937）》，苏州大学博士学位论文，2001年，中国国家图书馆博士论文库藏博士论文。

[4] 刘家峰：《中国基督教乡村建设运动研究（1907—1950）》，华中师范大学博士学位论文，2001年，中国国家图书馆博士论文库藏博士论文。

务区的历史传承，仍然有所裨益[①]。

总体而言，学术界对边疆服务的研究尚处于初始阶段，不仅问题发掘欠深入，就连历史文献搜集整理的功夫也做得不够。这种状况给企图深入发掘事件内涵的学者带来了借鉴上的困难，却也为有志开拓的研究者预留了从事学术探索的广阔空间。

三

鉴于已有的研究基础尚十分薄弱，本课题研究将一仍作者既定的研究思路，以传统的历史叙事方式，致力于相关历史事实的重建（reconstruction），强调把对历史现象的思考置于事实建构的过程中，把脱离了事实客体的形上分析视为非历史学的思辨，对之持敬而远之的态度。因而，本课题研究的问题均为实证性的。作为题中应有之义，本课题研究者必须直接回答的问题包括：边疆服务运动是在何种历史背景下展开的？边部作为教会组建的社会服务机构，

[①] 除了上述论著之外，边部活动区域的地方志中有关基督教的章节亦记录了边疆服务部的活动。1941年出版的《西昌县志》，因编纂时正当边部活动肇始期，工作尚未展开，无述录凭借，内容简略，以及边部的成立经过、开办的服务事业均未提及，更不可能反映后来的发展变化。1996年出版的《西昌市志》对边部西康区部的服务作了介绍，但过于简略。《西昌市文史资料》第十辑所收录的由边部活动参与者冼崇光等人写的《西昌基督教简史》，较为准确地记载了边疆服务部在西昌的服务活动。或因系"基督教简史"之缘故，该书于西昌基督教的传承着墨较多，对边部在该地区的具体服务事工着墨较少，让人难窥边部在当地活动之全貌。参见西昌市档案馆馆藏资料《西昌县志》，1941年（编著者及出版单位不详）；《西昌市志》，成都：四川人民出版社，1996年；冼崇光、佘松芝、陆宗祺：《西昌基督教简介》，《西昌市文史资料》第十辑，政协西昌市委员会，1989年。另外，汶川县志、阿坝州志、理县志及该各州县文史资料都曾提到边疆服务部在该区的活动，虽记述简略，亦可资参考。

其具体运作方式如何，开展的服务工作具有何等内涵？取得了哪些成就，对边胞及边地社会产生了什么影响？运动的最终结局如何？留下了哪些历史经验与教训？如果作深层次的探究，则以下问题也在作者思考范围之内：基督教在抗日战争、解放战争及中华人民共和国成立之后的社会转型时期经历了怎样的发展变化？"本色化"在不同时期是否具有不同的内涵？边疆少数民族地区的社会发展与基督教福音传播之间的兼容性究竟如何？在信仰上处于佛教及传统巫术盛行状态下的边民对基督教究竟持何等态度？边疆服务是否提示了历朝历代遗留下来的"边务"问题的新的解决方式？对于方兴未艾的"边政学"的兴起和发展提供了哪些操作层面的支撑？边疆研究与边疆服务究竟是如何互动的？国共两党先后建立的政权对待基督教的政策具有什么样的联系与区别？基督教在中国的历史命运与前途究竟如何？如果将全部思考聚焦到一处，作者所欲回答的问题是，在华基督教是否实现了所设定的"救赎"和"自救"目标？

这样一种标榜实证、实则已迹近琐碎的问题探讨使作者不得不在理论及方法上作一番辩解。确实，在理论与方法上，本课题研究并无何等值得炫耀的"新东西"。不过我并不以为学术上别出心裁的新玩意就一定比传承已久的存在更具价值。这些年来，学人趋新、趋西，外来的理论方法让人目不暇接。厕身学界，吾人常常会产生一种感觉，似乎所有学者的努力都是在将历史这门"学科"做得貌似"科学"，好像唯有如此，方能为史学在林林总总的学科中找到安身立命的位置。应当承认，正是由于科学方法的传入，中国传统史学才得以从单纯叙事升华到问题研究的境界，逐渐形成完整的学科体系，近百年来中国史学的长足进展才有了一个新的基础。

然而"科学"方法被引入历史学，除了导致这一重要变化之外，也带来了一些明显不利于史学作为一门人文学科发育生长的因素。这或许并不完全是科学本身的过错，而是研究者片面理解"科学"与"科学方法"所造成的偏差。在基本质点上，科学方法可以分为分析与归纳两类。分析法偏重以已知的宏观规律或结论作为"理论"来解析具体事物；归纳法则偏重从具体事物的性状推导出未知的宏观结论。两种方法各具功效，均为认识客观世界的有效方法。但比较而言，归纳法更能够产生新知，是创造性思维的有效方法。这一点，已经为中外学者普遍体认。

然而，由于统摄天地万物的"道"早已被古圣先贤揭示，在"封建"社会里，没有人敢轻易去质疑"道"的合理性；近代以来，意识形态复设下众多规范，不能随意触动，更不容许普通人有理论建树。因而，讲究"科学"的国人在方法上大多走上了分析的路径，于归纳法则不甚措意。近年来，又有"结构主义"充斥盛行，对一切事物都要下一番"解构"的功夫。以我之陋见，"解构"在本质上亦属分析，于是分析法被推上极致。分析法对历史研究最大的贡献在于将过去囫囵吞枣的研究引向精密化，最大的缺陷在于容易将史学研究引向"无形化"，即导致研究客体外在形态的消失。而一旦历史人物和事件在形态上消失，"分析"一词也就成了"分崩离析"的缩略语，"解构"则成了类似庖丁解牛的操作技巧表演，虽于牛的骨骼构造掌握精确，达到出神入化、杀百牛不折一刃的境地，却留下了"未见全牛"的遗憾。我在本课题研究中的努力就是要在人们竞相用其片面理解的西方"科学方法"来解析"牛"，却忽略了"牛"的整体形态之时，用或许并不"科学"的方法，通过事实描述，让人们清晰地看到已经被肢解分割、弄得面目全非的"牛"的体态及面貌，并以此为基础，归纳推导出基督教在近代中国的历史际遇及其与中国政治、经济及文化、社会所构成的复杂关联性。

对"边缘"地带、"边缘"社团及"边缘"人物的关注是本课题研究的重心所在。中国地域辽阔，社会构成多元，经济文化发展不平衡，加之来自西方的"冲击"首先涉及沿海地区，内地的变化未能同步，远离政治经济中心的西部少数民族地区更是"形同化外"，因而研究意义上完整划一的"中国"是不存在的，所能看到的只是具有"多个世界"划分的清季或民国时期的政治、经济及文化版图。通常，居于"主流"地位的学术研究都习惯于关注政治、经济及文化的中心地带，边缘地区则往往被置诸可有可无之列。但是，依据单一"中心"地带得出的研究结论来形状整个近代中国社会，在逻辑上是不周延的。西方学者柯文（Paul Cohen）主张以"在中国发现历史"的研究取向取代既有的近世中国史研究中曾被广为接受的费正清（John K. Fairbank）提出的"冲击－反应"模式，一定程度上乃是基于中国区域发展不平衡、外来影响有限的考虑。[①]某种意义上，这一取径的转变，也是西方主流派的"中国学"

---

① 参阅柯文著，林同奇译：《在中国发现历史：中国中心观在美国的兴起》序言，北京：中华书局，1989年，第2—6页。案：夏明方教授对柯文的意见提出了不同看法（参见夏明方：《一部没有"近代"的中国近代史——从"柯文三论"看"中国中心观"的内在逻辑及困境》，《近代史研究》2007年第1期。）但我认为两人的分歧系着眼点或学术立场不同所致。柯文针对的是美国或西方学者在中国史研究中体现的西方中心倾向，有意矫其枉，故有"在中国发现历史"之论。而夏明方的意某种程度上是针对中国学者对柯文文本的误读以及导致误读的柯文论证的不周延。尽管柯文的论述并不十分高明，但其对中国区域发展不平衡的论述却堪称精到，因而具有参考价值。

学者对忽略中国内地及边疆的片面的"中国学"研究的反省。但中国自身的近世史研究，恕我直言，至少自认为居于"主流"地位的一派，却在很大程度上将目光滞留在自以为得计的对"中心"地区事件及人物研究的层面。在他们的学术"关键词"（keywords）中是没有"边疆"的，似乎"边缘"地区及"边缘人物"的研究只是应该交由"边缘学者"去干的吃力而不讨好的工作。这无疑影响到完整的近代中国历史的事实重建和诠释水平。

四

就中国基督教及教会历史的研究而言，迄今为止，研究者大多比较关注神学、宗教哲学及精神道德等层面，相对忽略教会开展的"世俗"社会事工，至于教会在社会下层，尤其是在边疆少数民族地区开展的事工，则更难以进入"主流"学者的学术视野。在我作为中国宗教学会理事参加的几次全国宗教学会学术研讨会上，亦强烈感受到了研究者的这一取向。我不明白，研究者为何总是热衷于抽象的学理思考而忽略具体的事实建构？为什么只有被视为"中心"的历史存在才能够引起研究者的注意？难道唯有如此才足以显示研究者的水平？离开唯一可以作为理论支撑的事实，学理研究的价值究竟何在？没有"边缘"，所谓"中心"还能够存在吗？不必讳言，我在本课题研究中使用的对边部工作琐事及名不见经传的人物作不厌其详的场景实录和细节描述的研究方法，很大程度上正是基于对既有研究方法的怀疑而特意采择的。

所幸我的想法并非没有同道与知音。2002年秋，本课题得到国家哲学社会科学基金课题立项。很可能评审人正是看到了课题本身的丰富内涵以及我在申请报告中强调的方法与学者通常的做法有所不同才投下了支持票，这更增加了我的自信。

　　课题立项之后，我很快着手搜集相关史料，积累有关这一课题的研究信息和学术思想。因当时我尚担任四川师范大学历史文化学院院长，行政工作繁琐，不能以大部精力从事研究，遂指导研究生汪洪亮、邓杰围绕这一课题，写出两篇硕士学位论文。他们搜集的资料及所作前期研究，为我深入展开问题思考作了铺垫。虽然他们的论文内容架构由我指导设定，一些重要的思想见解系我提供，文稿亦经我修改润色，但他们为此付出的劳作仍然十分显著。本书教育与社会服务部分偏重采纳汪洪亮论文的相关内容，医疗服务部分偏重采纳邓杰论文的相关内容。这两部分我做的主要工作是将我所搜集到的耶鲁大学神学院所藏边部的英文档案资料译为中文用于终端成果之中，并根据课题总体框架对内容作了裁剪和叙事逻辑调整，同时对文字作了修改润饰。很大程度上，本书可说是我们共同的学术成果，其中汪洪亮所作贡献尤多。由于行政工作非我所爱亦非我所长，担任行政职务的数年间，忙于院务，在学术领域已经处于"业余"状态，时常有一种将被学界疏离的感觉，心中不免忐忑。2005年春，在一届任期结束之时，遂辞去所担任的行政职务，受聘四川大学历史文化学院，重新开始，潜心学术，直到2008年底，方完成这一课题的研究。

　　不过尽管在学术上有自己的判断，但对课题所涉及的诸多领域知识背景的把握，我却不敢自是。我接受过基础训练的学术领域主要是中国历史，基督教在华传教史并非我的专长。相对于长期从事基督教在华传教史的学者而言，我至多只是这一学术领域的"大门口的陌生人"（stranger at the gate）。在过去的学术经历中，我曾有幸得到众多师长和同辈学者的提携扶持。对此，我一直心存感激。我没在这里写下他们的名字，是因为将他们为我所做的一切铭记心中是更恰当的情感表达。我真诚地希望能够在师友们不舍不弃的帮助下，最终跨入基督教在华传教史研究的学术大门，并升堂入室，窥其奥秘，与海内外从事这一领域研究的众多学者一起，交流思想，切磋学问，共同推进学术研究的纵深发展。

2008年岁末

《门罗宗派在中国》序[1]

今年是基督教新教来华190周年纪念。1807年,英国伦敦会传教士马礼逊(Robert Morrison)远涉重洋,来到中国,开启新教在华传教的历史。近两个世纪过去了,带着"中华归主"(Christian Occupation of China)的宗教使命到中国来播种耕耘的传教士,如果回顾历史,会为自己理想目标的实现尚遥遥无期而感到沮丧。绝大部分中国人的宗教感情尚未被培植起来,他们一如既往地过着自己的世俗生活,中国过去是、现在也基本上是一个远离宗教天国的人间净土。

不过这并不意味着基督教在华所做的一切纯属枉然。数以千计建筑风格与中国传统的楼台亭榭迥异的西式教堂毕竟已经星散中国的城市和乡村,数以万计的中国人毕竟已走进他们过去感到神秘莫测的教堂,接受洗礼。截至1915年,仅美国圣经会在中国销售的《圣经》便已超过两千万本。基督教这部经典的传播,犹如一阵

---

[1] 原著与译著书名及版本:杨天庆译,杨天宏校译:《门诺教在中国》(Robert and Alice Ruth Ramseyer, *Mennonites in China*, winnipeg, Manitoba, 1988.),成都四川省地方志编辑委员会,1997年。

西风，在近代中国社会掀起一道道波澜。洪秀全读了《圣经》，便开始造反了；孙中山读了《圣经》，便起来革命了。如果说，信奉基督教的洪秀全与信奉儒教的曾国藩较量的结果表明，清朝咸同时期，作为一种外来宗教，基督教尚未在中国找到植根的土壤的话，那么，孙中山领导的革命的成功则表明，到二十世纪初，基督教在中国已经不再是水上游荡的浮萍，毫无根基。

当然，与在中国遭受抵制的激烈程度相比较，基督教在中国所受到的欢迎是微不足道的。近代以来，以政教和民教冲突为表现特征的教案（missionary case）层出不穷，愈演愈烈，终致发生清季的义和团运动和民国初年的非基督教运动（Anti-Christian Movement）。到1927年国民革命军北伐接近成功之时，外国传教士避其锋镝，几乎全部撤离中国腹地[①]，由马礼逊开创的新教在华传教事业几乎到了前功尽弃的可悲地步。由于价值取向在任何社会都不可能趋同，对基督教在华传教的是非功过的评价将永远是一个见仁见智的问题，因而我也不准备就此发表什么意见。但是，从历史研究的角度看，既然基督教能够在近代中国启发和刺激起性质截然相反的两种社会运动，人们就没有理由漠视它的历史和现实的存在，而应该冷静地认识它、研究它。

国外学者对基督教在华传教史的研究起步较早，出版了大量学术研究成果。中国大陆由于人所共知的原因，直到20世纪70年代末期，对于教会历史的"研究"尚停留在政治批判的阶段。近十几年来，学术研究的条件初步具备。在众多学者的共同努力下，宗

---

① Kenneth S. Latourette, *A History of Christian Missions in China*, New York 1929, p.820.

教史学界逐渐推出一批比较符合学术研究规范的论著，填补了过去几十年因各种外在干扰留下的缺憾。然而，整体而言，学术界对基督教在华传教史的研究尚处在一个比较低的水平。就已经出版的论著来看，大抵为通史性的论著多而专史性的论著少，笼而统之地研究基督教历史的论著多而具体深入探讨基督教某一教派历史的论著少，全国范围的宏观研究多而区域性的特色研究少。这种状况在与港台及国外学术界的研究状况相比较时显得尤为突出。海外的研究路径在很多方面适与此间的研究路径相反，一般均较为注重实证，注重具体问题的研究，因而不少我们研究中的短处恰恰是他们的长处，反之亦然。鉴于这种情况，翻译介绍海外学术界的有关研究成果，对于提高国内宗教史学界的研究水平，殊属必要。

《门诺派在中国》就是应这种需要翻译出版的。

门诺派（Menonites）系当代基督新教中的一个福音主义派别，因其创始者荷兰人门诺·西蒙斯而得名，原先为新教再洗礼派的一个分支。该派的宗旨与瑞士兄弟会相似，强调《圣经》为信仰和生活的最高权威；认为教会在本质上是信仰的、契约的团体，主张信仰和入教自愿；注重人的意志自由，认为信徒可以通过个人努力得救并超凡入圣。其社会立场具有和平主义的突出特点，反对任何形式的暴力行为。重视社会慈善事业是该教派传教活动的一个显著特征。门诺派的个别教会（如美国的Old Order Amish Church）信仰及行为方式均十分保守，甚或与现代文明呈方枘圆凿之势，这是研究该派教会历史时应该留意的。从历史演变的角度看，门诺派形成后曾多次迁徙，其信徒分散在世界各地。17世纪中叶传入美洲，陆续形成若干派别。分布在美国和加拿大的门诺会是北美分布最广、历史最为悠久的教会。据1982年牛津大学出版的《世界基督教百科全书》统计，门诺派的主要教会团体共有91个，拥有信徒1141439人。

第一位到中国来的门诺人是加拿大安大略省的威廉·桑兹（William Shants），他是由门诺教会正式派遣到中国的传教士，其启程前往中国的时间是1895年9月，来华后在基督徒与传教士联合会服务。两年后，美国宾夕法尼亚门诺教友会派遣胡·斯奈德前往中国。现在国内著作大多把门诺人来华的时间界定在1901年。这一年美国门诺教友会的亨利·巴特尔和内利·巴特尔夫妇随义和团事变之后返华传教的"中国队"一起来到中国，开展传教活动[①]。巴特尔夫妇开展的传教活动比沙茨所做的工作更加卓有成效，这是事实；但他们晚于沙茨来华几乎6年，这也是事实。门诺派最早来华的时间显然不应该以其先驱者的工作成效来加以界定。若以来华的方式论，则沙茨和巴特尔夫妇都是由门诺教会正式派遣来华的，两者之间并不存在实质性的区别。因此，将1895年确定为门诺人最早来华的年份，似更准确。如果这一事实能够被确认，那么门诺人到中国来活动的历史到现在正好过去了100年。《门诺派在中国》讲述的就是过去一个世纪门诺派在华传教的历史[②]。

这本由罗伯特·拉姆齐亚及其妻子合著的有关门诺人在华经历的著作是应中国北美教育交流计划（CEE）负责人之请而写成。

---

① Robert and Alice Ruth Ramseyer, *Mennonites in China*, winnipeg, Manitoba, 1988, pp.52—54.
② 该书于1988年在加拿大温尼伯和曼尼托巴出版，主要记述1949年以前基督教门诺派在中国传教的历史。在翻译成中文时，作者又补写了1949年以后特别是1978年以后直至90年代中期的部分，这就正好凑成整整100年的基督教门诺派在华传教史。

393

作者是一对善良而又富于同情心的门诺人。由于信仰的缘故，他们当然不可能像世俗学者那样超然，写出对自己教派历史透视性很强而又没有价值倾向性的纯学术著作。从这个意义上讲，《门诺派在中国》也许算不上反映基督教在华传教史的上乘之作。但恰恰是因为作者身与其事的缘故，摆在读者面前的这部历史著作又是一部颇具特色、在很多方面为局外人炮制的同类著作所无法接踵比肩的著作。作者对自己教派的历史如数家珍，而又不事雕凿，以平实的语调，徐徐道出100年来门诺派在中国发展的历史，具有事实上的可靠性。其具体内容当然不必在此介绍，读者径读原文或译文，自可一目了然。我只想说说我读这本书时偶然萌发的一点感想，以期引起研究基督教在华传教史的学人对这本书的兴趣。

该书第五章以相当于汉字一万余字的较大篇幅，记述美国门诺派传教士弗兰克·丁·温斯等人在福建客家人中间长达30余年的艰苦而又富有成效的传教工作。客家人是一个有着自己的文化、具有强烈的自豪感和独立意识的社会群体。对于政府当局，客家人从不轻易顺从，他们以难以管束而闻名。19世纪中叶，以基督教理想相号召发动太平天国反清起义的领袖人物中，相当一部分是客家人。也许是受这一现象启迪，温斯等人产生了到福建客家人中间去建立门诺兄弟会的念头。至于能够在多大程度上取得成功或者能不能取得成功，他们并无把握。然而实际传教活动表明，至少相对主流文化所覆盖的大多数地区而言，门诺人在福建客家人中间所作福音工作的成效是卓著的。以人口不到5万的上杭及其附近地区为例。到1920年，门诺人已经开辟11个传教中心，开办一所男校、一所女校及一所圣经学校；建起一个诊所，一个雇员之家，一座仓库，并集资修建一座能容纳600人的大教堂；聚集了11名牧师，发展了450名教徒。这些数字对于证实门诺派福音工作的成功应当是有说服力的。但该书的价值并不在于简单地描述某些一看可知的事实，而在于用另外一些一般人极其难以捕捉到的事实，解析了上列事实所由发生的社会文化方面的原因。

为什么福建客家人相对中国其他社会群体更容易接受和吸纳西方人带来的福音？他们的文化与社会习俗与基督教文化具有某种为世人所不知晓的亲和力吗？温斯的实地考察使这个问题有了明晰的答案。温斯曾听说福建客家人普遍信仰一种叫做"太博"（Tai Bok 的音译）的传统宗教。在一位对太博宗教运动持支持态度的新教徒带领下，温斯上山去参观该教的总会。在温斯后来发表的与太博宗教运动领袖相处时留下的记述中，清楚地描述了福建客家人这一传统宗教的本质特征。温斯参观所获得的印象是，当地客家人"崇拜的未知的主与保罗在雅典相遇的神十分酷似"，他们当时正在进行的宗教运动，"抛弃了所有神性的象征，崇拜存在于宇宙间某处、其神貌不能由人类的想象去描绘的造物主"。显然，在反对偶像这一点上，门诺人与客家人找到了相通之处。温斯在太博总会受到热烈欢迎，主人设宴款待，并提供了一次布道的机会。"温斯根据保罗在雅典说教的情况，强调Tai Bok和基督教信仰有共同之处，他们当做造物主来顶礼膜拜的神也就是我们崇拜的上帝"[①]。温斯的这次布道是基督教文化与僻处福建山区的客家人宗教文化的一次正式对话，通过这次对话，门诺人与客家宗教领袖在信仰上达成共识。显

[①] *Mennonites in China*, p.56.

然，上帝的同一是客家人几乎没有什么内部阻力便接受基督教信仰的最基本的原因。

该书与其他同类著作一个明显的不同之处在于，作者在行文中没有加上任何主观分析，他只是单纯地陈述事实。然而正是作者在这些事实平淡的铺陈中不经意地走出来的以文化理解文化的思路，不仅使我们看到福建客家人乐于接受西方福音的宗教背景，而且提示了解析近代中西方文化冲突与融合之深层原因的一种方法。温斯很可能是受到太平天国运动的启发而走进客家人聚居的福建山区的，我们不妨就以这场具有世界影响的农民起义为例，看看温斯在福建发现的事实在洪、杨揭竿起义的广西紫荆山地区是否具有相同意义。

与福建上杭的不少客家人一样，太平天国的起义者也接受了西方基督教。所不同的是，洪秀全当初读了《劝世良言》，宣布皈依基督，却被视为异端，不能见容于族人与乡邻，被迫出走广西紫荆山。他自己并没有想到，这一走，却将满盘棋都走活了。正是在紫荆山，他赢得众多的忠实信徒，为日后龙盘虎踞金陵的事业奠定了神权和政权的基础。这里自然产生一个问题，为什么洪秀全在广东花县不能做成的事业到了广西桂平县却又做成了呢？一百多年来，研究太平天国史的学者一直试图回答这一问题。但几乎所有学者都沿袭一种可以化约为"压迫－反抗"的解析模式，以为由于土地占有关系的缘故，广西桂平地区的社会矛盾较其他地区更为尖锐，而基督教的平等观念无疑为力图摆脱现实痛苦的当地农民提供了一种思想武器。我们不能说这种分析毫无道理。但这毕竟只是一种政治学诠释，未能道出紫荆山农民接受基督教的文化及宗教的原因。

《门罗宗派在中国》序

　　1983年，在研治太平天国史时，我曾带着疑惑前往广西桂平、平南、贵县及蒙山等地作实地考察，希望从历史的残留物中寻出一些思考的线索。8月31日晚，我与平南县文管所所长黄素坤先生作了一夕长谈。我请黄先生介绍一下桂平、平南一带老百姓现在还在参拜什么样的"神庙"，他几乎不假思索，一口气便说出30余种。其中包括甘王庙、三界庙、烈圣公庙、千驷庙、大王庙、石榴大王庙、天后公庙、参赞庙、二帝公庙、泰山石敢当庙、大姑娘庙、真武庙、六公祠、覃俘庙、千户庙、佛子大哥庙、众胜公庙等等。这些庙宇有些在其他地区也能见到，但多数则为当地所特有。联想到半个月来在桂平等地看到的各种神庙里的香火盛况，我突然受到启发。我怀疑，130年前，广西紫荆山地区居民的宗教信仰尚处于一种类似原始多神崇拜的阶段。如果这一怀疑能够得到证实，那么，洪秀全的"半基督教"在广东花县被视为异端到了广西桂平却得以传播也就有了合理的解释。宗教是排他的，越是一神独尊，对异教的排拒力越强。从文化分布的状况看，广东花县邻近广州，应该是在儒学为代表的主流文化的覆盖范围之内。而广西紫荆山地区则显然处于主流文化与客家人亚文化及少数民族文化交界的边缘地带。儒学当然不是任何严格意义上的宗教，但是它在中国文化圈内却起到宗教功能替代物的作用，因而同样具有排他性。花县一带儒学独尊，洪秀全宣传异教岂能见容于当地社会？而紫荆山地区诸神共处，本无所谓异端，基督教也就比较容易便找到立足之地。洪、杨一帮人离开广西后便迫不及待地接过天地会"讨胡"的旗帜，而曾国藩在《讨粤匪檄》中偏要抓住其"窃天主教之余绪"不放，亦反证了这一点。我曾自认为我为太平天国历史研究中的一个疑难问题找到一个差强人意的解释。现在看了《门诺派在中国》,才意识到问题最多解决了一半。顺着该书作者的思路,我们还可进一步思考,同样是客家人,接受基督教福音之前的紫荆山群雄与60年后的福建上杭地区的居民有没有某种相似的宗教信仰?或者再问明白一点,广西紫荆山一带的客家人是否也在崇拜着一个"与保罗在雅典相遇的神十分酷似的"无以名状的神?是否也在一定程度上进行着一场类似福建客家人的Tai Bok的宗教运动?现在要就此作出结论恐怕为时尚早,但我相信,沿着温斯当年所走过的路,太平天国宗教史研究中这个令人困惑的问题,终将有获得明确解答的一天。

该书另一引人注目之处,是作者对大革命期间以及革命风暴之后余波尚存的年代基督教受到的冲击,以及门诺人对此作出的反应的客观陈述。国民革命掀起的民族主义风暴席卷着外来的一切,诚如时人所言,"青天白日所到之处,基督教遭遇着一种从来未有的影响"[1]。教会的"本色化"即中国化的问题很快由早先的理论探讨变成教会改革的实践。历史已经证明,中国的基督教徒为实现教会的"自养、自治、自传"付出艰苦努力。但外国传教士也并不像迄今大多数著作所分析的那样,只是被迫接受这个无可奈何的既成事实。有关资料表明,早在明清之季,耶稣会传教士便已着华服、操华语、效华风,容许教徒敬孔祀祖,开始了将基督教与中国文化融为一体的尝试。清末民初,传教士则进一步将融汇中西文化发展成对建立本色教会之倡导。在1907年召开的新教入华100周年纪念大会上,建立"中国教会"被列为重要议题。各国传教士从各方面

---

[1] 王治心:《青天白日下的基督教》,《文社月刊》第2卷第6期,1927年4月。

探讨如何促成中国教会的独立这一问题。会议报告指出："在中国已经存在着一个从本质的意义上说是自治、自养和自传的基督教会。……如今，这个教会已不再是一个由差会抚育的弱小婴儿了，它已成为一种朝气蓬勃的精神力量的化身。因此，我们要继续发挥它的特性，积聚它的力量，使它在把上帝的王国建立在中国的伟大事业中可以脱离我们（西教士）的控制，而这也正是我们最大的荣耀和最义不容辞的责任。"[①]这段文字为研究教会本色化问题提供了一段不应该忽视，但在实际的研究中却被极大地忽视了的史实。根据这段史实，可以断言，在教会本色化问题上，传教士并不是单纯的受动者。

现在，《门诺派在中国》又为这一见解提供了新的证明。也正是我们上文提到的温斯，在大革命期间，曾积极谋求重新阐释传教士在中国的作用，力图改变传教士的行为方式。他认为，教会只有本色化，福音工作才能有效进行下去，况且中国人已经具备自行传播福音的能力。1928年，温斯在一份报告中指出，造成大批传教士离开中国的那场政治风暴有主的旨意在内，其目的是要使中国教会能够自己站立起来。温斯感到，传教士仍然坐在早该让中国人来负责的位置上，是一种有违主的旨意的行为。中国的政治风暴使八分之七的传教士离开中国，这可以理解为主的指示，强迫权力移交。温斯盼望传教士能够重新被召唤回中国，但认为他们不应当再去管理教会事务，而应当与中国教徒一道，传播福音。他相信，当传教士被召回时，迎接他们的将是中国的基督教教会。

[①] 《基督教入华100周年纪念大会记录》，卫理公会印书馆1907年上海版，第18页。

不难看出，作为门诺派传教士，温斯在主张在华教会实现本色化时，并没有将来自中国民族主义运动的冲击视为一种动因。他所考虑的唯一因素是神启，是主的旨意。在这里，被人们称为"个人理性"的新教的"内在神光"显示了其指引航向的作用。新教区别于旧教的一个重要特征在于强调个人理性，否定教皇权威，由是个人便可不需中介而直接感受到上帝的博爱，勇敢地负载"原罪"，并得到上帝的拯救。马克斯·韦伯将新教的这种"内在神光"称为"价值理性"，认为它是新教取得成功的一个很重要的因素。①很难设想，曾经把旧教一统天下时代充当寻求灵魂得救的众生与上帝之间中介物的教皇弃置一旁的新教传教士，会甘愿充当中国教徒与他们所信仰的上帝之间的一个不伦不类的中介。从中外人士对所谓"洋教"的态度上看，中国教徒受潜在的民族主义情感驱使，他们要想免却信奉"洋教"之讥，故有建立本色教会的要求。但外国传教士也不愿意认同基督教是"洋教"的说法。因为在他们眼里，上帝无所不在，也无往不适。如果中国的教会需要外国传教士来主持，则主持者已无异在事实上认同了"洋教"的说法，这与基督教信仰"普适性"的原则显然会构成悖论，他们又岂愿为此？我以为，在华基督教传教士能够成为教会本色化运动的一种积极推动力的原因，正可在此寻得。这也是《门诺派在中国》一书中大量事实所内含的一种启示。

20世纪40年代末和50年代初，大部分西方人离开中国，门诺派传教士和其他教职人员也返回北美。以后20余年，既有联系完

---

① 马克斯·韦伯：《新教伦理与资本主义精神》，北京：生活·读书·新知三联书店，1987年，第64页。

400

全中断，中国的教徒在"三自"运动的旗帜下独立地走着自己的信仰之路。1975年，在中美谋求恢复邦交期间，原门诺派中国志愿队成员、时任门诺派戈申学院院长的伯克霍尔德以教育家身份再访中国，重新开始北美门诺派与中国文化交流的历史。1979年，戈申学院与四川省高教局达成教育交流协议，并逐渐制订实施在内容方面极具建设性的"中国北美教育交换计划"。这项计划的实施范围很广，但其中心只有两处，一处是位于美国印地安纳州的戈申学院，一处是位于中国成都的四川师范大学。近20年来，有差不多300名戈申学院的学生来到四川学习交流；四川省则派出100多名学者回访戈申学院，双方建立起友好的关系。现在这本反映门诺人在华传教史的著作被译成中文，译者嘱我评介。我供职四川师大，理当为学校效力，因写下这篇文字，权充书评。不能为原著及译著增色，于心有戚戚焉。

1997年秋于成都四川师大寒舍

《晚明书风与碑学思想滥觞》序[①]

虎年岁末,金光教授发来大著《晚明书风与碑学思想滥觞》的电子文本,嘱我作序。书法我是门外汉,但书法史毕竟是史学的子学科——中国美术史的一个重要方面,离开宏观的历史语境,有些书法史现象将无从解释,故又貌似可勉强置喙。加之金光教授是老相识,却之不恭,也就应允,揽下这份苦差事。

为多少隔行的学术著作写序确实是苦差事。这涉及对急剧变化中的晚明书风内涵的把握。在这方面,既有研究甚多,述论各异,让我一头雾水,难窥究竟。好在金光教授此书,开宗明义,做了扼要的事实铺陈,指出:晚明时期,政治腐败,社会动荡不宁。生活在这一时期的文人士大夫与官僚,理想抱负与现实困境冲撞,处于压抑状态,忍受着巨大的焦虑与困苦。然而,晚明时期的文化和艺术却表现出惊人的创造力。在书法方面,"尚奇创新"风气兴起,无论创作还是临摹,书家都极力表现创意,张扬个性,展示与众不同的新鲜与生动,迹近僵化的"二王帖学"模式被突破,呈现出

[①] 此乃作者为吕金光教授的著作《晚明书风与碑学思想滥觞》所写之序,该书在其博士论文基础上修改增订完成,即将出版。

兴奋与活跃的自由创作状态。当是之时，徐渭的旷达，张瑞图的尖峭，黄道周的遒媚，倪元璐的奇崛，王铎的奇伟，均与传统温润平和的审美观念形成巨大反差[①]。

简要铺陈之后，作者笔锋一转，轰然发问：何以晚明时期能出现如此狂放、雄厚、恣肆、拙朴又如此壮美的艺术，形成与传统"二王帖学"完全不同的艺术风格？为何这一书风在两汉、魏晋、唐宋与元代均未出现，甚至明代前期也不见踪影，而能出现在王朝已然衰败的晚明？两大问题，至为关键。作者开篇即叩此问，明确了研究的目的性。"靶向"既定及问题意识贯穿始终，是本书给人的第一印象。

然则作者是否实现自己的研究初衷？通观全书，我的感觉，应恰其意。

不囿于书法史本身，注重多学科的融合，把晚明书风变化置于斯时社会经济文化的宏观背景中进行考察，以艺术史配伍社会史及经济史，从更加广阔的维度解释晚明书风变化的原因，是本书作者

[①] 周睿博士从书法技术维度对此所作概括，亦可做参考。他指出：在中晚明书家那里，传统"二王帖学"模式已难表达其审美追求。为开拓新境界，书法表现形式上所有可能性都被挖掘出来：笔法上，中锋的圆浑劲健、侧锋的爽利方折交替使用。如张瑞图、倪元璐以侧锋铺毫，带来尖锐切割感和峭厉感……均为传统帖学难以想象。结体上，则打破王字的姿媚，大胆夸张造险。如黄道周的字多呈倒三角，岌岌可危，险峻峭拔；王铎的字结体开张，随着创作时的情感奔放，狼藉横扫，不拘一格。墨法上，倪元璐、王铎大胆运用重墨涨墨，带来厚重淋漓的块面感，并与枯墨的飞白形成强烈对比。章法上，以王铎的创造最为大胆奇崛，腾挪跌宕，大开大合，大起大落……载体形式上，案头尺牍为厅堂展示的长幅巨制所代替，视觉冲击力的要求得以凸显。晚明书家完成的恢宏巨制，前无古人，堪与汉代高碑大碣媲美，成为明代书法史上最为壮观的一页。周睿：《对中晚明书法变革思想原因的重新阐释》，《东南学术》2005年第2期，第102—103页。按：周睿的概括甚长，内容较多，此处仅为节选，并非完整引用，文字亦略有调整，但愿没有失真。

一次积极的学术努力和尝试。

　　作者注意到，晚明书家大多成长于东南沿海一带富庶地区。这些地区工商繁荣，经济发达，促成了中国早期资本主义萌芽。随着经济发展及外部联系扩大，思想文化与社会风尚相应变化，"市民文化"潜滋暗长。受此影响，书法艺术发生变化，书家纷纷追新慕异。如江南的张弼、沈周，得益于经济繁荣，成为职业艺术家，其作品渗透出"市民文化"的色调。晚明代表书家，如松江府的董其昌，浙江绍兴的徐渭，福建晋江的张瑞图，福建漳州的黄道周，浙江上虞的倪元璐，都在工商经济发达地区生活，这些地区思想开放程度均较高。活跃在同一区域的祝允明、文徵明及王宠，更成为明代首屈一指的书家。这些书家，较之其他地域的文人士大夫，书风更加前卫。个别相对保守的书家，也因来势凶猛的新潮冲击，经营多年的"传统之堤"趋向"分崩离析"。[①]在观念上，晚明书家不再以"经典"美学观念为准则，也鲜见以温柔、秀丽、敦厚的中和之美为时尚，传统的书法审美观遭到解构，个性张扬、抒情写意的艺术得以发挥。

　　除了对作为语境的宏观经济与社会的关注，晚明心学的盛行，社会风气的变化及其对士大夫及文人墨客的影响，也是作者研究晚

---

① 胡传海、郑晓华：《中国书法史话》，上海：上海书画出版社，2002年，第109页。

明书风变化的重要着力点①。

晚明时期，思想界发生巨变，程、朱理学受到质疑，而王阳明与李贽的思想，因主张个性解放渐渐为士人接受，使晚明社会形成鼓励标新立异、崇尚个性的文化氛围，并陶冶出文人士大夫"尚奇"的情趣。由于"奇"的审美动力甚大，人们以极大热情追求奇特，立异为高。而王阳明的"心学"与李贽的"童心说"，复为尚"奇"审美思潮的兴起推波助澜，使"奇"成为关注与议论的中心，人们的思想更加自由开放，形成一种社会语境。在此语境下，书家"尚奇"，蔚成风气，好奇、寻奇、骇世惊俗的立异之举受到鼓舞激扬。在金光教授笔下，晚明巨变的书风，扑面而来。

与时下多数研究这段书法史的学者不同，在探求晚明书风变化原因时，作者并未停留在诸如经济发展及其带来的晚明社会变化等外在因素上，而是同时关注艺术本身的内在性。换言之，作者在拓展书法史研究内涵、将其引至与社会经济史结合的领域时，并未失却"艺术本位"（art standard）的基本立场。

例如，探讨晚明书风变化的内在原因时，作者注意到明代士人对"博雅"古风的崇尚。指出晚明士人为获得"博雅"名声，大量搜寻古代书画、金石彝尊、碑刻拓本，由此形成类似近代早期西方"博古学者"（antiquarian）探寻、收藏、把玩、研究古典文物的

---

① 有关晚明士大夫生活的研究成果甚多。1999年出版的赵园的《明清之际士大夫研究》、吉林文史出版社2002年出版的刘晓东的《明代士人生存状态研究》、中国社会科学出版社2005年出版的陈宝良的《明代儒学生员与地方社会》、上海古籍出版社2006年出版的徐林的《明代中晚期江南士人社会交往研究》等著作均对晚明时期士大夫的生活状况做了研究。相关学术史参阅牛建强：《明代后期士风异动与士人责任的缺失》，《史学月刊》2008年第8期。

风尚。不宁唯是，考据学复兴也助益晚明文人墨客收藏研究金石碑刻拓本，并对古代碑刻呈现的书法萌发出极大兴趣。对金石碑刻及拓本的鉴赏审美经验直接影响到审美情趣。这些古代碑刻中的书法激发晚明书家在作篆书时对金石意蕴的追求，使晚明书风出现涨墨与笔画之间粘连的现象。而晚明书法和篆刻领域出现的"奇字"现象，也与金石碑刻及其拓本的借鉴吸收有关。受金石铭文影响产生的这一变化，标志着"尊碑"意识的萌芽，揭示了晚明书风从重视"帖学"开始转向崇尚"碑学"的重要原因。作者能见及此，可见其学术眼力。

就艺术本位立场的坚守而言，有个看似细节却很能说明本书特点的内容设置值得注意。作者不仅从宏观层面即晚明士人的社会生活维度分析研判当时书风由尚帖到尊碑转变的原因，而且从技术维度分析其物质条件。作者指出，在书风变化原因探讨上，纸的因素至关重要。在纸产生之前，巨型作品无不托之金石摩崖碑版。唐代宣纸虽已问世，一般情况却多用麻纸，且尺幅较小，通常在一平尺左右。因而唐代流行的是题壁书，尤其在旭、素狂草崛起后，题壁书更成为唐代狂草的主要形式。晚明时期，情况为之一变，宣纸普及，尺幅扩大，从而为以纸作介质的书法巨作的产生提供了凭借[1]。

沿着这一思路，作者还注意到另一书写介质——绫绢对当时书

---

[1] 关于此点，作者在书中指出：晚明长轴作品的出现，首先是由于晚明造纸技术的进步。《冬心画竹记》有明宣德年间制造丈六宣纸的记载。这应该说是宣纸造纸史上的突破。正是因为在晚明能够造出丈六宣纸，才可能出现晚明巨轴草书，这在唐宋元时代是不可想象的。因而晚明草书大轴的出现，其根本原因在于，这个时期已经能够生产巨幅长轴宣纸。失去这个根本条件，晚明就不可能出现巨幅长轴草书作品。

风变化的影响。晚明时期，以苏州为中心的江南丝织业高度发达，绫绢为晚明书家所青睐，大量运用于创作。如王铎存世作品中，绢、绫类便占很大比重。当时有种说法，书纸不如书绫绢，书绫绢不如书薄绸。不仅王铎，黄道周、倪元璐、张瑞图都有绢本作品传世，傅山的大草也多用绢书写。作者据此认为，离开造纸及丝绸业的发展，晚明时期书风出现的变化将缺乏起码的物质依托，所言征实可信。

在对晚明书风性质界定上，书法史界历来有浪漫主义和表现主义两种主张。作者不赞成浪漫主义界定，而倾向于表现主义。值得注意的是，这种表现主义的认定，内含作者长期从事书法创作的切身体认。

与时下多数美术史著作要么只是单纯的美术理论研究者所作，要么只是涉足艺术创作未深者所作不同，本书作者系一有相当造诣的书法专业教授。我看过不少他的书法作品，最近还有幸获赠其带有行草题款的水墨佳构，感觉作为一个书法专业教授，功力深厚。以亲身的创作经验为凭借研究书法历史，宛如长年在山里生活的人看山，山中蕴藏，山景细部尤其是曲径通幽之所在，了如指掌，为山外瞭望者所不及。这是作者研究晚明书法的优势所在，盖书法史作为史学的一部分，方法上也有类似史学的讲究。美国学者柯文（Paul A. Cohen）曾提出"在中国发现历史"的研究取径，与传统的体现"西方文化中心论"的观察认知取径呈双峰对峙的态势[1]。然而在我看来，山里山外，中国异邦，不同的观察维度，各有优长，

---

[1] 柯文著，林同奇译：《在中国发现历史：中国中心观在美国的兴起》，北京：社科文献出版社，2017年，第33页。

也各有短板。金光教授写作此书,既留心书法作为一种传统艺术的内驱走向,也注意到晚明书风变化的外部作用,由内及外,换位观察,可谓双重取径兼具。

正因为如此,金光教授呈现给读者的著作,才能以内行的眼光,研判晚明书风的变化,并将这一变化的内涵,如晚明书家"尚奇"审美风尚的出现,当时书家对各种"法帖"(如王铎对《淳化阁帖》)的"创临",巨轴书法作品的产生及其样貌,竖轴行草与帖学的空间陈设,金石碑刻及拓本的收藏与书法中金石气蕴的出现,"奇字"与文人篆刻,以及晚明书风与碑学审美特征之比较等极为专业的书法内涵,如数家珍,娓娓道出。记得余英时在研究中国文化及其演化时尝提出注重"内在理路"(inner logic)以及寻求"内向超越"(inward transcendence)的主张[1]。本书作者在拓展书法史研究内涵并将其引至与社会经济史结合的领域时,谨守"艺术本

---

[1] 余英时在研究中国知识人的历史时曾提出这两个概念。关于前者,余先生指出:"无论是政治的解释或是经济的解释,或是从政治解释派生下来的反理学的说法,都是从外缘来解释学术思想的演变,不是从思想史的内在发展着眼,忽略了思想史本身的生命。……同样的外在条件、同样的政治压迫、同样的经济背景,在不同的思想史传统中可以产生不同的后果,得到不同的反应。所以在外缘之外,我们还特别要讲到思想史的内在发展。我称之为内在的理路(inner logic),也就是每一个特定的思想传统本身都有一套问题,需要不断地解决,这些问题,有的暂时解决了,有的没有解决,有的当时重要,后来不重要,而且就问题又衍生新问题,如此流转不已。这中间是有线索可寻的。……如果我们专从思想史的内在发展着眼,撇开政治、经济及外面的因素不问,也可以讲出一套思想史。"余英时:《清代思想史的一个新解释》,收入余英时:《中国思想传统的现代诠释》,南京:江苏人民出版社,2003年,第158页。关于后者,余先生指出:"中国古代'哲学突破'以后,超越性的'道'已收入人的内心。因此先秦知识人无论是'为道'还是'为学',都强调'反求诸己',强调'自得',这是'内向超越'的确切意义。但是'内在超越'并不仅限于'突破'时代。事实上,它从此形成了一个强固的传统,支配了后世知识人的思维模式(mode of thinking)。"余英时:《中国知识人之史的考察》,收入沈志佳编:《余英时文集》第四卷,桂林:广西师范大学出版社,2004年,第20页。

位"立场，可能正是受到余先生的启迪，故其研究取径与余先生提出的概念和研究理路，若合符节。

美术作品直观感性，常带感情色彩，但美术研究却不能离却抽象思维。注重思辨性，强调学术对话，避免在研究中自说自话，是现代学术研究的基本要求。对此，本书作者未尝忽略。例如，书法史学界大多认为草书巨轴的出现，与晚明建筑趋于高大形成因果关系。作者不同意这一认知，指出：这种观点貌似有所理据，仔细分析却不免牵强。首先，类似黄道周、王铎、倪元璐等的草书巨轴，究竟有多少是悬挂在高堂巨厅之中？书法史学者并未认真考证，至少目前还拿不出确凿证据，证明草书巨轴的出现与晚明建筑趋于高大有直接对应关系。其次，学者也未证明晚明黄、王、倪、张（瑞图）等人的草书巨轴是为高堂大厅创作或定制。复次，在古代中国，一般人不可能居住高堂巨宅，因而上述诸家的巨轴作品不可能作为商品或艺术品进入寻常百姓家。若只流于士大夫及官宦豪族之家，则明代以前，汉晋唐宋元各朝权贵士族，所居宅室亦多朱门高轩。因而用晚明建筑趋于高大来说明草书巨轴的产生，殊难成立。这一驳论，有理有据，修正了对晚明巨轴书法作品出现原因的既有认知，展示出作者在注重艺术的感性领悟的同时，也未忽略思辨的重要性。

我对晚明书法史研究的既有状况缺乏全面把握，难以断定本书的学术原创性程度究竟达到何等高度。出于立言唯谨的考虑，我的总体评价是：如果本书的主题确定、内容选择、观点表达、逻辑梳理、史料引证、语言修辞均系在严格遵守学术规范的情况下完成，那么，完全可以断言，这是一部在当代书法史研究中出类拔萃，新见叠出,有鲜明学术个性,作出了重要学术贡献的著作。

然而白玉微瑕,通观全书,在总体感觉颇有创建的同时,也有几点不成熟的想法,在此直言不讳地道出:

其一,金光教授此书,极赞晚明"尚奇"书风,如称"尚奇"的徐渭为旷世奇才,强调由于性格豪迈不群,以及充满悲愤色彩的人生遭遇,使其艺术步入了非常奇特的境界,并引用袁宏道在《徐文长传》[①]中评价,盛赞徐渭。然而与其对"尚奇"书风及对徐文长的推崇形成鲜明对照,本书却显得过于平稳。无论内容铺排,思想见解表达,还是语言修辞运用,都显得按部就班,稳扎稳打,循规蹈矩,缺乏个性。这固然是今日学术语境下博士论文通行的且成功率较高的写法,符合体制内的学术规范,表现出训练有素的优长,却与本书讨论的明代书风"尚奇求变"的内容,形成方凿圆枘的不协。学术写作有所谓"内容决定形式"的要求,如果这个要求为作者所认同,则如何调整文章写法,以奇写奇,彰显独到,恐怕是需要认真考虑的问题。

其二,作者将书法史以及广义的艺术史与社会生活史联系在一起,将后者视为书法技艺与风格取向变化的底色,认为这种底色决定了书家的"尚奇"追求。这是很有眼光和见地的。但在具体论述时,可能是因为将主要精力用于书法技艺与书风变化,较少措意中外历史知识的积累,在吸收国内外史学界有关明清史研究成果时鉴别力欠缺,一些表述略显以今状古的痕迹。如作者分析明清时期社会经济状况,将其描述为"全球化"市场经济背景下晚明长江下游

---

① 徐渭:《徐渭集》附录,袁宏道:《徐文长传》,北京:中华书局,1983年,第1344页。

及东南沿海地区经济的"外向型"发展。尽管史学界也有类似放大斯时中国经济状况及其与外部世界联系的观点，但并非主流，严谨的学者并不认同这一意见。未作鉴别就将这种存在严重缺陷的"新见"用作自己著作的重要述论背景，给人以史学根基不够厚实的感觉。

其三，与第二点相关，本书所作晚明书风变化的内在性研究，因篇幅较大的外在原因探求的挤压，导致分量缩水，探求不够充分。以帖学部分转向碑学而论，除书中业已提到的内容外，审美取向的变化，应系重要原因。帖学从被尊为"法帖之祖"的西晋陆机《平复帖》及东晋二王留下的墨迹开始，经唐宋至晚明，历1500余年，形成近乎固定的书法范式。之所以被视为范式，是因为成熟到极致。然而月圆转阙，物极趋反。所谓"李杜诗篇万口传，至今已觉不新鲜"，一语道破此理。法帖是古人学习书法的门径和楷模，极尽其美，但长期沿袭欣赏，会造成审美疲劳（aesthetic fatigue）。盖世上罕有真正历久弥新的存在，即便曾被视为典范的审美对象，所能产生的兴奋愉悦感也会随着时间的流逝而逐渐降低，甚至遭到厌弃。历代帖学作为书法的审美对象在晚明的遭遇正是如此。而碑学在此时萌发，恰好可以减轻这种疲劳感，带来新的审美意趣。本书较少从审美心理学维度对此进行审视，不无缺憾。

以上意见，隔靴搔痒，尚不成熟，有些甚至迹近苛责，未必就是作者留下的缺憾。我把意见写在这里，不过是作为引玉之砖，目的是向金光教授和从事书法史研究的朋友请教。作为本书最早的读者之一，我衷心希望能在与友朋们的相互研磨切磋之中，共同推进学术的健康发展。谨序。

附录一

酒量与学术豪气：纪念隗瀛涛先生[①]

十年前的今天，隗老师年届七旬，亲友门人前往贺寿。是日，天气晴和，隗老精神矍铄，容光焕发。有朋友请教健康秘诀何在？隗老答曰："吃烟、喝酒、不锻炼。"说罢莞尔，是庄是谑，听者不免退思。其实类似说法，我在川大桃林村隗老书房请教养生之道时，也曾亲聆。"吃烟"乃川人"抽烟"之谓，隗老何时开始接触香烟，我不知道，但自从开"吃"，便数十年不改常度，乘鹤西去之前，还请求家人允其最后一次品味吞云吐雾的感觉，直可谓得道之人。至于喝酒，更是隗老的一大嗜好，每天必小酌两杯，且不仅独饮，还常邀朋友一起喝；不仅与同辈共饮，还时常与学生同酌。"不锻炼"固非从不活动身板之谓，但严格意义的体育锻炼，则基本没有。

钟叔河说，人的生老病死，十之七八决定于遗传，由生活方式决定者仅十之一二，因而真正合理的养生方式是顺乎自然。有些人

[①] 此文为纪念隗瀛涛先生诞辰80周年而作，因内容涉及历史研究的理论与方法，故收入本书。

大清早起来到马路上狂跑,是自讨苦吃。从生物界观察,即使在幼虫阶段喂足核糖核酸球蛋白,朝生晦死的蜉蝣也活不过两天。他还说,有些老人为了多活几日(实为一厢情愿),这也不敢吃,那也不敢吃,煞是可怜。反观隗老,其人生态度和生活方式可谓地道的"顺乎自然",在古人"率性"与"作圣"的两难选择中,走的是"率性"路线:豪爽大气,不拘细节,我行我素,自得其乐,生活中的他极具亲和力,虽未得米茶高寿,却也活得自在潇洒。

隗老师学问大,好喝酒的名声也大,我读大学时就有所耳闻。1981年底,本科即将毕业,我曾和同学汤建平不约而同,准备报考隗老的硕士研究生,后来听说读隗老的研究生要能喝酒,我便打了退堂鼓。因为我酒量不大,而且喝了酒常肠胃发炎,怕酒量不及格,就报考到王介平先生门下。三年后,我完成硕士学位论文写作,不幸介平先生重病住院,无法审阅我的论文,仅在学位论文申请表指导教师签字栏写下"王介平"三字,并让我找隗老师负责答辩工作。对此,隗老师欣然接受,并专门邀请吴雁南教授由黔来川,主持我和隗门大弟子王炎的答辩。当我把答辩申请表交给隗老时,他指着王先生的签名说:"25年前,当我在川大作本科学年论文和毕业论文时,指导教师就是王先生,'王介平'这三个字的字迹,历经25年,丝毫没变。"停顿稍许,他又补充说:"王老师是我的老师,你是王老师的学生,尽管进入师门相差一代,你也应该算是我的小师弟。"我大惊失色,连说:"不敢当,不敢当。"但从回忆往事时流露出的对介平先生的尊敬,我看到了隗老师思想情感中传统的一面。

隗老师人做得很传统,学问却做得十分现代。在我的学术史记忆中，成名之前的隗老曾在中国近代史领域探索多年，涉猎广泛，其主要关注点在近代四川经济与社会，对清末四川保路运动，用功尤深。与很多因研究"边缘"历史而在学术上被"边缘化"的学者不同，隗老从一开始就找到区域历史研究与整个近代中国历史研究的契合点，并通过这一学术路径，走出夔门，步入学术中心。因为保路运动不是一次特定的区域性事件，而是与清末铁路国有政策相关联的一件大事，牵扯到斯时国家的内政与外交，又因被认为触发武昌起义，成为辛亥革命史研究的重要一环。从全国的宏观背景中去把握发生在近代四川的历史事件与人物，从方法论层面上讲，是对具象与抽象、个别与一般关系的极佳处置。如果历史研究一定要揭示事件的内涵与意义，这种将具体事件置于尽可能宏观的背景中去认知的方法，最能达致目的。后来章开沅、林增平两位先生编著《辛亥革命史》，面向海内广揽贤才，隗老成为分册主编，虽有斯时主持川大历史系工作的柯建中教授荐贤的成分，但隗老自己多年的学术准备，应是得以加盟"辛亥军团"的主要原因[①]。将隗老师独著的《四川保路运动史》与章、林二公主编的《辛亥革命史》加以比对，可以证明这一判断。

《辛亥革命史》一书的出版成就了现代中国学术史的一大奇迹：形成中国近代史研究新的学术范式，造就出一大批这一学科领域很长一段时间内被视为"学术大师"的重量级学者和学术领军人物。某种意义上，可说该书作者大多在一夜间"暴得大名"。这是好事，谁不追求学术上的重大影响呢？然而，正如胡适归国不久受

---

① 柯老荐贤之说在我读研究生时代就有所耳闻，但毕竟只是耳闻，实在情形当以章、林二位先生的说法或记录为准。

到追捧时所警惕的那样:"暴得大名不祥。"很多人在功成名就之后都受声名之累,成为"社会活动家",故步自封,不能与时俱进,作品日少,不久便落伍了。但"辛亥军团"成员大多能在尔后很长时间内,继续学术追求,引领学术潮流,推进学术不断发展。在这方面,章先生最为翘楚。1989年,章先生出国访学,在广泛吸纳国外最新理论方法的基础上,开辟中国近代史研究新领域,在近代商会史研究、基督教在华传教史研究以及日本侵华历史研究方面,做了大量拓荒工作,推进了中国近代史的学术发展,对中国大陆学术与国际学术接轨,作出重要贡献。

获益于加盟"辛亥军团",加之辛亥革命研究对海峡对岸具有"统战"价值而受到非常关注,本来就因宣讲爱国主义而享有名气的隗老此时更是名闻遐迩,不久就被任命为四川大学副校长,之后又被任命为四川省文史馆馆长。然而,名声大噪的隗老没有在学术上就此止步,而是继续学术追求。此后隗老最大的学术贡献是追踪海外的中国区域史及城市史研究,历十年功夫,先后主编《近代重庆城市史》《中国近代不同类型城市综合研究》两部大著,与国内其他学术先进一道,推进方兴未艾的大陆中国城市史研究。

说隗老系"追踪"海外的近代中国区域史及城市史研究没有丝毫贬损含义,任何学术都是学者相互影响的产物。从20世纪50年代开始,西方学术界研究近代中国通商口岸的著作接踵问世。其中较富影响的有墨菲(Rhoads Murphey)的《上海:开启近代中国之门的钥匙》、罗威廉(William T. Rowe)的《汉口:中国城市的商业与社会(1796—1889)》、鲍德威(David D. Buck)的《中国城市的变化:山东济南的政治和发展(1890—1949)》等等。这些著作堪称西方学术界近代中国城市史研究最具分量的成果。施坚雅（G. William Skinner）等人编辑的《晚期中华帝国的城市》及《两个世界中间的中国城市》则汇集众多城市研究理论探讨和城市个案研究的成果，显示出当代西方学者的研究取向。台湾学者的贡献也不可低估。早在1970年代，台北"中研院"近代史研究所等单位就制定《中国现代化的区域研究（1860—1916）》的庞大计划，将全国分成17个区域，分阶段进行"区域现代化"的专门考察，陆续推出一大批有价值的研究成果，影响甚广。

隗老以及大陆其他学者主持的城市史研究一定程度上乃是依托这一学术背景展开。虽然从全球学术视野上看，中国的城市史研究未必具有草莱初辟的拓荒性质，但立足中国大陆，凭借自身拥有的汉语文献方面的资源优势，一些基于个案展开的研究仍独具特色。隗老主持的重庆城市史研究，张仲礼、罗澍伟、皮明庥诸先生分别主持的上海、天津、武汉等近代城市的研究及其终端成果，一度在国内学术界引起轰动，即此证明。若作研究特色比较，张仲礼的上海研究最为深入，但多少带有专题探讨的性质，且张先生的研究与皮先生具有极大价值的武汉城市史研究一样，因有墨菲、罗威廉相同城市的研究成果出版在前，可为参照，原创性多少受到影响。而隗老主持的重庆城市史研究，虽未必比其他著作对城市史内涵有更为充分的揭示，但着眼西部，筚路蓝缕，开拓之功不可抹杀。

隗老师主持的城市史研究被认为形成了中国近代城市史研究的"结构与功能学派"。我没有听过隗老对这一说法的评价，因而不知他是否认同，但以我的判断，他是不会将自己置于这一学术队列的。"结构功能主义"（Structural Functionalism）是现代西方社会学的一个理论流派，认为社会是具有一定结构或组织化的系统，其组成部分以有序方式相互关联，并对社会整体发挥必要的功能。整体以平衡的状态存在，任何部分的变化都会趋于新的平衡。这种现代西方的"洋玩意儿"，隗门弟子王笛兄偶尔弄来玩玩，但隗老师是很少亲自把玩的。1950年代在中国大学里接受史学训练的老一辈学者，理论修养主要表现在当时所能接触的"唯一正确"的主义上面。因而，如果要划分学术流派，隗老应在马克思主义史学家队列，而不宜划归带有西方现代色彩的其他学术流派。

这涉及对马克思主义的认识评价问题。马克思主义内涵丰富，涉及哲学、政治、经济及思想文化等多个层面，政治层面我缺乏研究，无权发言。在史学领域，至少对史学的现代发展而言，马克思主义构筑了一块重要的理论基石。马克思对历史研究最大的贡献在于提供了合理排列人类社会历史复杂事变，使之具备可认知性的重要基础，唤起了人们对历史研究理论前提的关注及史学理论的兴趣。现在学者喜欢强调实证，以为此乃史学发展之"正途"，其实历史唯物主义与实证史学是相通的，都强调作为认识基础的"材料"（documentory）对史家作历史场景再现及事实还原的极端重要性，强调论证过程须遵循思维逻辑。这也正是许多与隗老同辈的学者坚持马克思主义理论方法而能做出成绩的原因所在。1980年代以后，学术界开始新的理论探讨，这是好现象。过去把马克思主义奉为"独尊"，将这一主义的个别说法放大为"普遍真理"，从而将历史研究做成千篇一律的公式化表达，当然存在极大问题。但这不是马克思主义史学"体"之过，而是"用"之误。因而，即便在中国学术语境发生变化之后，称隗老为"马克思主义史学家"，所具有的也应该是褒扬而非揶揄的含义。

前面提到"辛亥军团"成员成名而不受累,这大致属实。不过,要说隗老完全不受声名之累也不客观。其身边人都知道,担任副校长和馆长之后的隗老,亲自动笔写作的时间明显减少。但好似悖论,之后其学术影响却与日俱增。原因在于,随着身居高处,隗老学术交往的层次相应提升,视野拓宽,眼光也更高迈了。此外,更重要的是,隗老并非学术上的特立独行者,在他身边已结成一个可以火继薪传的学术团队。作为一名教师,隗老有理由让人羡慕他的成功,因为他带出了一批可以光大其学术门庭、既"沾"了老师的"光",后来又可以反过来让老师"沾光"的学生。

通常,"老师"和单纯"学者"的最大区别在于有无师徒授受过程中形成的"共生关系"。孔子弟子固然受益师尊,但若无弟子帮助记录老师言行,结成《论语》,孔老夫子恐怕也不会有当初仅能比肩老聃,最终却超越诸子百家、享受"独尊"的机会,这就是从学术的"共生关系"上获益。建立起这种关系的老师才是真正成功的老师。现在的隗门弟子,像王笛、谢放、何一民、王炎、陈建明、蒋晓丽、周勇,哪个不是可在学术上开拓局面、独自蹚打的英杰?但即便已功成名就,这些弟子又有谁不时常铭记并感恩老师曾经的扶持与提携?虽然《近代重庆城市史》与《中国近代不同类型城市综合研究》两部决定隗老学术地位的大著,具体章节是由谢、王、何、周、陈、蒋等及门弟子执笔完成,隗老殊少动笔,但如此大型的学术工程,若无隗老那样的尊者及长者争取立项并主持其间,高屋建瓴,设计规划,又岂能获致成功?故若论功夫,可以说隗老"诗内""诗外"功夫俱佳,勤奋修来的学问及与生俱来的酒量与豪气,是他能够得到并维持其学术声誉的重要原因。

我一直视隗老为业师之一,因为我曾听过他的课并从中受益。我发表的孙中山民生思想研究的几篇论文,就是上隗老师"辛亥革命专题讲座"的课程作业。隗门弟子王笛、谢放、何一民、王炎、陈建明、蒋晓丽等,虽非全都与我同届,却都是我在校时同专业的同学和多年好友。值此隗老80周年诞辰之际,我要套用25年前他对我说的那句话来表达我对他的尊敬:隗老是二王及谢、何、陈、蒋等人的老师,此数人乃我的先后同学,从这个意义上讲,即便我从未正式踏入隗门,也应算是隗老师的学生。

2010年4月17日于江安寒舍

附录二

我与龚书铎先生的学缘[①]

清明时节，细雨纷纷，人们都忙着扫祭已故亲人和师友。龚门弟子此时亦在商议征集缅怀文字，付梓出版，以纪念这位在中国现代高等教育和历史研究领域做出重要贡献的老师和学者。谢维以"同门"师弟的身份来函，嘱我写篇短文，寄托哀思。谢维没有弄错，广义地讲，我也算是书铎先生的弟子。中国传统将老师分为"业师"和"座师"，业师系直接传道授业解惑者，座师乃科举时代的主考官，受朝廷之命为国抡才。我的博士论文答辩系由龚先生主持，按照传统，龚先生是"座主"，我是"门生"。

不过我对龚先生执弟子礼却不免有些"忝列群贤，有辱师门"。龚先生是公认的马克思主义史学家，我不是，或没有资格被认为是。我对马克思主义的认知除了被"灌输"的那么一点常识以及被告知马克思的学说系认识宇宙及人类社会唯一的真理之外，几乎没有多少属于自己的个人体会。1990年代以后"误入歧途"，转

[①] 本书写于2012年，为纪念去逝不久的龚书铎先生而作，内容涉及史学理论，涉及我对历史唯物主义及部分老一辈马克思主义史学家的认知，故收入本书。

而追求学术多元的"时尚",在正统派学人看来,可能已沦落为思想与学术的"另类"。因为摄取了现代西方史学理论与方法,食洋不化,加之现实社会中因误读误用对马克思主义造成的负面影响,我对马克思主义史学往往采取敬而远之的态度。

和马克思主义史学家注重物质不同,我可能有些"心物二元"的倾向,在偶尔"客串"研究近代思想文化时我更看重主观心智的作用,虽承认物质构成了社会生活的重要基础,却不赞成极端化的"唯物",认为唯物主义与文化思想研究方枘圆凿,格格不入,以唯物主义信仰研究属于形上层面的思想文化尤其是宗教,本身就构成严重悖论,其基本套路只包含批判而不包含赏析,有时甚至连起码的"了解之同情"(empathy)也没有。几年前,在中国古代哲学研究领域颇有造诣的蔡方鹿教授和我谈到当代一位研究道教的著名学者,钦佩其学术努力和建树之余,却感慨其以长期的马克思主义唯物论训练转而研究中国传统宗教,颇犯古人由"经学"入"小学"之忌,虽不乏成就,弊窦亦由此丛生。方鹿教授可能未意识到所言包含的逻辑关系,忽略了"小学"非宗教之属所可伦类,但我却深然其治学须循学术内在理路演进之说。对龚先生我也曾产生类似看法,认为以唯物史观指导研究中国文化史和宗教史,难免将人类复杂的精神现象简单归结为"物质"的作用,在研究方法上未必是恰当的选择。

然而随着书本阅读及社会阅历加深,我逐渐意识到,在中国学界,将已成时尚的现代西方理论方法的撷取与坚持马克思主义史学立场截然对立很可能犯了一个错误,即忽略了马克思主义的"中国化"问题。马克思主义作为西学的一支传入中国之后,国人一直像对待其他西学一样,在做为我所需、为我所用的选择性改造,使之如同来华基督教那样入乡随俗,趋于"本色化"(indigenization)。就政治和学术的关系而言,虽然一段时间内有将两者搅和在一起的倾向,那个年代的政治斗争也表现出冷酷无情的一面,但坚持马克思主义理论的历史学者未必都卷入了政治,因为按照近代学人的观念,政学分殊,两者是有所区别的。在中国学界,以我现在的认知,多数马克思主义史学家并无政治背景,他们中的一些人在国家政治极左时偶尔就政治问题作出柔性表态,也与当时特定的情势有关,有其苦衷,不必苛责,毕竟他们只是书生。在理论上,他们更多选择的是马克思主义原理中注重物质与精神关系的一面,强调客观存在对于意识的决定作用,这与中国传统学术特别是清代学者提倡的"实事求是"学术精神正好契合。在已经丧失对"修正主义"的警惕的年代,他们虽未必意识到强调"实事求是"对于马克思主义的潜移默化作用,但"中国化"却在传统学术精神的作用下实实在在地展开并找到了"与时俱进"的行为学解释。可以说,在中国这样对舶来品富于创造性改造的传统国度和当下语境中,原教旨主义(fundamentalism)的马克思学说以及严格受其规范的思想学术是不存在的。从这个意义上讲,今日学者为追求学术的"现代性"而作理论方法的全新探求,与龚先生那一辈学者的主义坚守并不一定构成冲突。

21世纪的中国学术已进入多元化时代,今天能够承认自己宗奉马列的历史学者已不多。但不应否认的是,我自己甚至我们这一代被称为"中生代"的学者,都不同程度受惠于龚先生这样的马克思主义史学家。在我们学术成长的初期,在西方学术尚被严格"屏蔽"的1970至1980年代初，马克思主义史学在中国大陆堪称真正意义的"显学"。这种被弄得自尊独大的史学压抑了其他史学流派的生长，却也将一种学术思想如何演绎到极致作了充分展示。作为马克思主义史学家，龚先生坚守自己的信仰曾引来一些非议，认为他思想古板。然而在我看来，这里可能存在信仰真伪的辨别问题：真信仰与假信仰在境界上判若云泥，而中国现在最大的问题恐怕就是假信仰或无信仰。对有志寻求"现代性"学术发展的学者来说，姑不论信什么，能像龚先生那样一辈子坚守自己笃信的主义就令人敬佩。如果一个学者信念不坚，遇事调和，其思想学术将会因圆融而失去特色及存在的价值。

难能的是，龚先生虽有执着的信仰与理念，但当年轻一代作新的学术探讨和追求时，他却表现出少见的宽容。作为马克思主义史学家，至少学生的感觉是，龚先生并没有要求他们像自己那样坚持"唯马独尊"。在龚先生门下，多元化理论方法的探寻蔚然成风。作为大学教师，龚先生在几十年的教学生涯中辛勤耕耘，作育人才，培养了众多中生代及新生代马克思主义和非马克思主义的史学工作者。而以我可能有些厚诬同人的判断，其中"非马"应居多数。这或许证明，就思想和学术性状而言，中国的马克思主义史学及史学家应该与西方一些人基于特定政治立场所作的理解有很大不同，也反过来解释了像我这样多少显得"另类"的学人对作为马克思主义史学捍卫者的龚先生保持尊敬的原因。

我的博士论文答辩系龚先生主持，但我和龚先生初结"学缘"是在我完成博士论文之前12年。1989年冬，我到贵阳参加"基督教与近代中国反洋教运动"学术讨论会，会上认识了北师大的张守常先生。当时我们都在研究基督教在华传教史。他提交了一篇《教民小议》,我看后很受启发;而我提交的一篇题为《普法战争与天津教案》的文章也引起守常先生的注意。会议期间张先生很关切的问我是否有攻读博士学位的打算,我说川内尚无近代史专业博士点,我正为到哪里攻博犯愁。张先生说北师大有近代史博士点,龚先生在招博士生,正八方物色优秀生源,如果我愿意,他可向龚先生推荐。恰好头一年,我在川师大的邻居好友、现于川大中文系任职的谢谦教授被录取为北师大中文系启功先生的博士生,我对有可能与"不谦兄"同往北师大深造表示出极大兴趣,说方便的话可烦请张先生向龚先生绍介。回蓉后,我寄给张先生两篇我的习作祈转呈龚先生,一篇是次年发表在《近代史研究》上的那次会上提交的论文,一篇是两年前发表在《历史研究》上的《太平天国的租赋关系》。一段时间里,到北师大读龚先生的博士成为我隐匿心中的一个愿望。两年后,后来与我亦师亦友、当时正在普林斯顿攻读博士学位的罗志田兄向林霨教授(Arthur N. Waldron)推荐,为我争取到去该校参与中国教会大学史相关研究的机会和数额可观的经费,这使我在寻求自我超越的人生路上多了一种选择。然而让我至今引为遗憾的是,由于那几年为慢性结肠炎困扰,状态不佳,我既没有到北师大师从龚先生,也未能前往彼岸学习深造,但冥冥之中,我与当代中国文化史研究领域先后两代最卓越的学者的关系似乎已因此而前定。

1998年,我身体状况好转,攻博之事重新提上日程。无奈此时父母均年近八旬,本诸"父母在,不远游"的古训,加之志田先生已学成归国,任职川大,且川大已成功申请到专门史学科的博士学位授予权，遂决定选择川大，就近攻博，而我与龚先生的学缘似乎也就因此了结。

但有些缘分是不会被外在因素轻易割断的。缘（pratyaya）为心对境的作用或为心的虑知，故又称缘虑，表明缘即虑知。我心既为龚先生所营造的学境所吸引，即属有缘，且为善缘，终有顺遂我愿的机会。2001年我完成博士论文准备答辩。朋友们都知道，我是在职攻博，当时的我已在高校任教16年，晋职教授也已7年，已是四川省高级职称评审委员会历史学科组组长，并担任四川师大历史文化学院院长。论文交到川大历史文化学院后，院领导和老师们考虑到我的"特殊身份"，决定聘请一位"德高望重的老先生"来担任我的答辩委员会主席，以免其他资望辈分稍浅的人"占了我的便宜"。对学院的考虑，我事前并不知情，临近答辩才获悉，所聘"座主"竟然就是我仰慕已久的书锋先生。记得与我一起攻读博士学位的徐跃兄曾多次对我提及他在北师大读硕士期间龚先生指导他研究弘一法师的点点细节，说龚先生自己对佛法亦有很深的体认。当学院告知龚先生即将前来主持答辩时，我顿然悟到，这就是佛家所说的缘分！

2007年冬，在我调到川大工作两年之际，因学校申请国家重点学科之事到北京跑差，下榻北师大新落成的宾馆，办完差事之后，决定登门看望龚先生。从宾馆出发前，我特意给龚先生家里挂了电话，以免唐突。当时大约是下午三点，接电话的是师母，她和气地问我是谁，我告知身份之后，师母以很抱歉的口气说，龚老师感冒了，咳得厉害，正卧床休息（后来我才知道先生动了大手术，刚回家休养数日），能否改日再来？也许电话离卧室很近，龚先生听到是我想登门拜望，马上叫师母改口，说他身体并无大碍，可以见我，于是我径直前往先生宅第。那年冬天格外寒冷，在通往龚先生家的路上，我的内心却感觉十分温暖。

在我的记忆中，龚先生家住北师大校内东门附近几栋红砖楼房中的一栋，三楼靠右手。楼房可能建于1960或1970年代，历经数十年，显得十分陈旧。我抵达先生府上时，房门虚掩着，我轻喊了一声"龚先生"，门随之打开，师母将我带进书房，龚先生已和衣坐在椅子上等候。那是我第一次也是唯一一次登临龚宅。话匣子打开后，先生说了很多，但常被咳嗽打断，师母不断提醒他少说话，我也多次提出准备告辞，但先生硬是留我谈了一个多小时。谈话内容无法在这篇短文中详述，但至今我的耳畔还仿佛能听到先生带着浓重闽南口音的宏论，它让我见证了身边诸多朋友多次对我提到的龚先生的博学与多识。

聊到兴致渐高，我憋了很久没有说出的话终于脱口而出。我问道："我和先生以前并不认识，先生缘何应川大之邀，以逾古稀高龄，不远千里，入蜀专场主持我一个人的答辩并在后来的学位论文评优中极力推荐？"没想到先生反问说："怎么不认识？当初你不是请守常教授转给我两篇你自称是习作的论文，并表示想到北师大来攻博吗？那两篇论文早就让我认识了你！倒是该我问你，当初为何食言，没有前来报考！"先生的反问让我尴尬语塞，但几年前答辩时由我单方面认定的缘分，倏然与先生达成虑知耦合，让人不相信缘分都不行。

下午4点半，我向龚先生及师母告辞，先生执意起身将我送出家门。当我下到楼梯拐角处回首时，看见先生仍然站在门边向我微笑挥手，显得格外和蔼慈祥。这一形象蓦然映入我的眼帘，就像摄影一样将瞬间变作永恒，我顿时产生对中国的马克思主义史学家的全新认识，感觉他们不仅有马克思主义信仰，他们中的一些人也因中国传统文化的濡染而平和仁爱，是与龚先生一样的忠厚长者，是中生代和新生代学人成长过程中的良师益友。

壹卷
YE BOOK

让 思 想 流 动 起 来

官方微博：@壹卷YeBook
官方豆瓣：壹卷YeBook
微信公众号：壹卷YeBook
媒体联系：yebook2019@163.com

壹卷工作室
微信公众号